西吉年鉴

2023

中共西吉县委党史和地方志研究室　编

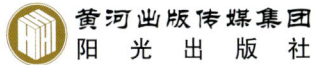
黄河出版传媒集团
阳光出版社

图书在版编目（CIP）数据

西吉年鉴. 2023 / 中共西吉县委党史和地方志研究室编. -- 银川：阳光出版社，2023.11
ISBN 978-7-5525-7204-9

Ⅰ. ①西… Ⅱ. ①中… Ⅲ. ①西吉县-2023-年鉴 Ⅳ. ①Z524.34

中国国家版本馆CIP数据核字(2024)第025686号

西吉年鉴2023
中共西吉县委党史和地方志研究室　编

责任编辑　林　薇
封面设计　张　帆
责任印制　岳建宁

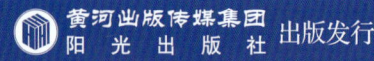

出版发行

出 版 人	薛文斌
地　　址	宁夏银川市北京东路139号出版大厦（750001）
网　　址	http://www.ygchbs.com
网上书店	http://shop129132959.taobao.com
电子信箱	yangguangchubanshe@163.com
邮购电话	0951-5047283
经　　销	全国新华书店
印刷装订	宁夏银报智能印刷科技有限公司
印刷委托书号	（宁）0028363

开　　本	880 mm×1230 mm　1/16
印　　张	19
字　　数	500千字
版　　次	2024年1月第1版
印　　次	2024年1月第1次印刷
书　　号	ISBN 978-7-5525-7204-9
定　　价	298.00元

版权所有　翻印必究

《西吉年鉴（2023）》编纂人员

主　编：郎凤明

副主编：朱萧杰　陈兵兵

总　纂：陈兵兵

编　辑：王蔚蔚　李万强　刘齐妍　杨冬梅　邵　瑾　曾嘉兴

编辑说明

一、《西吉年鉴2023》由中共西吉县委员会、西吉县人民政府主办,《西吉年鉴》编纂委员会承办,西吉县党史和地方志研究室编纂出版,是具有政府公报性质的县情资料。

二、本年鉴坚持以马克思列宁主义、毛泽东思想、邓小平理论、"三个代表"重要思想、科学发展观、习近平新时代中国特色社会主义思想为指导,坚持辩证唯物主义和历史唯物主义的立场、观点和方法。以服务西吉各项事业发展为宗旨,以推动西吉高质量发展,建设黄河流域生态保护和高质量发展先行区,建设经济繁荣、民族团结、环境优美、人民富裕的美丽新西吉为目标,是一部具有鲜明地方特色的综合年鉴。

三、本年鉴汇集2022年度西吉县政治、经济、文化、社会、生态和党的建设等社会各项事业发展的基本资料和重要信息,资料翔实、体例规范、内容丰富、特色鲜明、可读性强,是各界人士认识西吉、了解西吉的权威性工具书,具有较强的资政、存史、育人作用和收藏价值。本年鉴所收录的资料由各乡(镇)、县直各部门(单位)、区市直属部门(单位)提供,并经各主管部门审核,经过西吉县委党史和地方志研究室按照年鉴编辑体例和要求对部分内容进行了修改、审定、编纂定稿成书。

四、本年鉴采取分类编辑法,以类目、分目、条目组成框架结构的主体部分。全书条目标题统一用黑体字加【】表示,设西吉综览、专载、大事记、中国共产党西吉县委员会、西吉县人大常委会、西吉县人民政府、政协西吉县委员会、西吉县纪律检查委员会监察委员会、法治、军事、群众团体、城乡建设、农业和农村经济、财税金融、经济管理产业园区、商贸、教育体育卫生健康、文化旅游科技、社会管理、乡镇、先进名录、附录22个类目。全书共151个分目、837个条目。

五、本年鉴专设先进名录,先进集体及个人排名不分先后。组织机构与领导名录(时限为2022年1月1日—2022年12月31日),收录全县行政、事业、企业单位及中央、区、市直属单位副科级以上(含副科级)领导干部。县直属部门(单位)和企业排名不分先后。

六、本年鉴记述时限为2022年1月1日—2022年12月31日,部分工程建设、图片资料、表彰奖励记述到2022年或上溯至2021年。正文数据由各乡镇、部门(单位)提供,以《西吉县2022年国民经济和社会发展统计公报》数据为准。

七、本年鉴严格执行《出版物汉字使用管理规定》、法定计量单位、出版物数字用法、标点符号用法等规定,力求规范统一。使用"宁夏回族自治区""固原市""西吉县"称谓时,有时简称为"区""市""县"。

八、本年鉴在编纂过程中,各级领导给予高度关注和大力支持,自治区方志办、固原市方志办予以精心指导。同时,也得到各乡(镇)、县直各部门(单位)高度重视和支持,特别是县委办、县政府办、组织部、宣传部、统战部、文广局等部门(单位)提供了大量的文字、图片资料,为本年鉴的编纂充实了资料来源。值此,我们一并表示诚挚的感谢。限于水平,不妥之处敬请广大读者批评指正。

2022年1月16日，西吉县党史学习教育总结会议在县会议中心召开。

（西吉县融媒体中心提供）

2022年2月19日，中国共产党西吉县第十五届纪律检查委员会第二次全体会议召开。

（西吉县纪委监委提供）

2022年2月19日，全县科级领导干部学习贯彻党的十九届六中全会精神专题研讨班在县职业中学报告厅开班。

（西吉县融媒体中心提供）

2022年4月22日，西吉县开展"铸牢中华民族共同体意识"专题讲座。

（西吉县融媒体中心提供）

2022年6月27日，西吉县深入学习贯彻自治区第十三次党代会精神宣讲大会在县委党校报告厅举行。市委副书记、县委书记白学贵作首场宣讲。

（西吉县委党校提供）

2022年6月28日，全县乡（镇）领导班子巩固拓展脱贫攻坚成果同乡村振兴有效衔接专题培训班在县委党校报告厅举行。

（西吉县委党校提供）

2022年8月10日，西吉县学习贯彻习近平总书记视察宁夏重要讲话和重要指示批示精神"大学习、大讨论、大宣传、大实践"活动专题辅导讲座在县委党校报告厅举办。

（西吉县委党校提供）

2022年12月9日，中国共产党西吉县第十五届委员会第五次全体会议召开。

（西吉县融媒体中心提供）

2022年12月15日，西吉县学习贯彻党的二十大精神宣讲会暨县委理论学习中心组2022年第16次集中学习（扩大）会议在会议中心会堂召开。

（西吉县融媒体中心提供）

2022年3月28日，西吉县第十八届人民代表大会第二次会议在会议中心会堂召开。
（西吉县人大办公室提供）

2023年1月4日，中国人民政治协商会议第十二届西吉县委员会第二次全体会议在会议中心会堂开幕。
（宁夏柏德电子科技公司提供）

2022年1月11日，西吉县社会各界捐赠的320吨优质马铃薯及其他生活物资，载满11辆大货车，驰援西安抗击疫情第一线。
（西吉县工商业联合会提供）

2022年1月16日,2022年就业援助月暨春风行动招聘活动启动仪式在民生家园社区举行。

(西吉县人社局提供)

2022年1月25日,西吉县组织青年志愿者开展"迎新春走基层"志愿服务活动。

(共青团西吉县委提供)

2022年1月26日,宁夏银行普惠金融进乡村暨乡村振兴金融服务站启动仪式在兴隆镇玉桥村举行。

(宁夏银行西吉支行提供)

2022年1月26日，西吉县"迎冬奥"首届全民健身冰雪暨龙王坝冰雪旅游节在龙王坝滑雪场启动。

（西吉县融媒体中心提供）

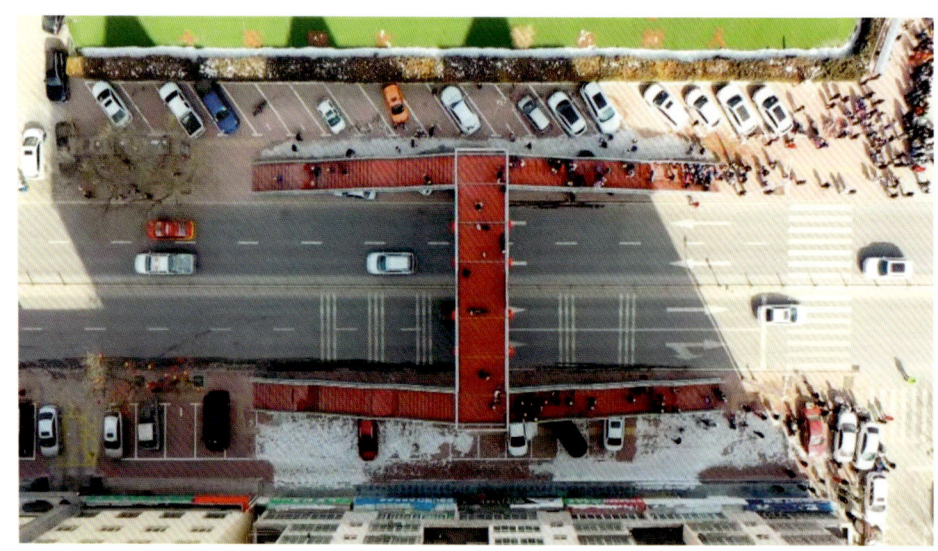

2022年1月27日，西吉县第一小学门口处"工"字型钢结构人行天桥建成通行。

（西吉县融媒体中心提供）

2022年2月13日，西吉县召开春季"点对点"输送务工人员启动大会，欢送首批150名务工人员赴福建务工。

（西吉县人社局提供）

2022年2月18日,"中国体育彩票杯"宁夏西吉县第五届农民篮球争霸赛在县体育馆开赛。
（西吉县融媒体提供）

2022年2月25日,宁夏金耀塑业有限公司组织生产农民春耕"放心地膜"。
（西吉县融媒体中心提供）

2022年3月3日,西吉县妇联举办手工编织订单式培训班
（西吉县妇联提供）

2022年3月8日，西吉县开展"弘扬雷锋精神，无偿献血我先行"志愿服务活动。
（西吉县红十字会提供）

2022年3月8日，震湖乡开展"喜迎二十大，巾帼建新功"暨庆祝"三八"国际妇女节表彰大会。
（西吉县震湖乡政府提供）

2022年3月9日，西吉县在永清湖广场举行"立功现役军人家属集中送喜报"仪式。
（宁夏柏德电子科技公司提供）

2022年3月16日，固原市"万企兴万村"行动启动会在西吉县震湖乡党岔村召开。

（西吉县工商业联合会提供）

2022年3月18日，宁夏第一批重大项目集中开工现场推进会西吉分会场开工仪式在偏城乡上马村高标准农田建设项目施工现场举行。

（西吉县融媒体中心提供）

2022年4月1日，全县组织宣传统战工作会议在会议中心会堂召开。

（西吉县融媒体中心提供）

2022年4月1日,西吉县税务局在全国税收宣传月期间邀请纳税人代表开展税费服务体验日活动。

（西吉县税务局提供）

2022年4月12日,白崖乡组织开展春季植树造林活动。

（西吉县白崖乡政府提供）

2022年4月13日,火石寨沙岗村高标准机修农田覆膜种植全部完成。

（范小强提供）

2022年4月21日,西吉县与宁夏职业技术学院"深化'双高校'建设 助力乡村振兴"校政合作签约暨揭牌仪式在吉强镇万崖村兴德移民安置点举行。

(西吉县融媒体中心提供)

2022年4月22日,西吉县开展"亲子共沐书香 强国复兴有我"家庭亲子阅读主题活动。

(西吉县妇联提供)

2022年4月26日,西吉县开展知识产权保护暨"绿书签"行动宣传活动。

(西吉县融媒体中心提供)

2022年5月8日,西吉县与全区同步举行宁夏第二批重大项目集中开工仪式。

(宁夏博德电子科技公司提供)

2022年5月12—13日,共青团西吉县委在县内五所中学组织开展希望工程健康守护——中高考考前心理辅导活动。

(共青团西吉县委提供)

2022年5月23日,西吉县开展整治养老诈骗集中宣传活动。

(西吉县政法委提供)

2022年5月27日，西吉县民政干部上街开展城乡居民最低生活保障和救助管理政策宣传。
（西吉县民政局提供）

2022年5月27日，西吉县"喜迎二十大·强国复兴有我"主题演讲比赛（决赛）在县文化馆举行。
（共青团西吉县委提供）

2022年5月28日，西吉县开展"美好生活·民法典相伴"集中宣传活动。
（西吉县司法局提供）

2022年6月中旬,将台堡镇火集村冬小麦喜获丰收。图为农民收割冬小麦。

(西吉县将台堡镇政府提供)

2022年6月30日,兴平乡在高崖村米湾林下经济专业合作社举行"三类人群"产业帮扶土鸡苗发放仪式。

(西吉县兴平乡政府提供)

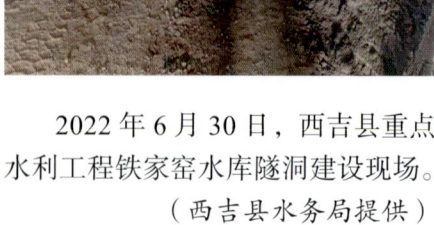

2022年6月30日,西吉县重点水利工程铁家窑水库隧洞建设现场。

(西吉县水务局提供)

2022年7月5日，宁夏"听党话、感党恩、跟党走"宣传教育活动暨农民培训"一提双促"行动启动会在吉强镇龙王坝全国农村实用人才培训基地召开。

（西吉县融媒体中心提供）

2022年7月6日，中央广播电视总台农业农村节目中心"乡村振兴观察点"项目正式落地吉强镇龙王坝村。

（西吉县融媒体中心提供）

2022年7月8日，"融吉手拉手 共筑山海情"福青市——西吉县困难青少年微心愿结对帮扶爱心物资接收暨发放仪式在西吉县第八小学举行，共有408名微心愿学生受助。

（共青团西吉县委提供）

2022年7月8日，西吉县"喜迎二十大 奋进新征程"职工篮球运动会在县体育馆开幕。

（西吉县融媒体中心提供）

2022年7月13日，兴隆镇公易村万亩青贮玉米种植示范带。

（西吉县兴隆镇政府提供）

2022年7月19日，西吉县"喜迎二十大 奋进新征程"广场舞大赛在将台堡红军长征会师纪念园广场举行。

（西吉县融媒体中心提供）

2022年7月20日，西吉县第二届"大飞机杯"航模挑战赛在将台中学开赛。

（西吉县教育体育局提供）

2022年7月21日，西吉县召开违规收送红包礼金和不当收益及违规借转贷或高额放贷专项整治动员部署会议。

（西吉县纪委监委提供）

2022年7月28日，"田野通达梦"宁夏农村寄递物流体系建设现场会在西吉县举办。

（西吉县融媒体中心提供）

2022年8月3日,马莲乡马铃薯种薯繁育基地生机盎然。

(宁夏柏德电子科技公司提供)

2022年8月5日,王民乡彩椒喜获丰收。

(西吉县王民乡政府提供)

2022年8月16日,中组部、农业农村部农村实用人才带头人和到村任职选调生(能力建设)专题培训班在吉强镇龙王坝培训基地开班。

(西吉县融媒体中心提供)

2022年8月19日,以"喜迎二十大 奋进新征程 宁静的夏天 凉爽的固原 西部福地 吉祥如意"为主题的固原市2022年乡村音乐节在西吉县文化广场举行。

(西吉县融媒体中心提供)

2022年8月24日,全区"万企兴万村"行动推进会议在西吉县县委党校召开。

(西吉县工商业联合会提供)

2022年8月31日,以"弘扬长征精神 奉献乡村振兴"为主题的全区2022年"三支一扶"高校毕业生赴基层服务出征仪式在将台堡红军长征会师纪念广场举行。　　　　(西吉县人社局提供)

2022年9月7日,田坪乡大岔村组织开展"庆佳节 增共识 促交融"暨关爱老人主题实践活动。

（西吉县田坪乡政府提供）

2022年9月7日,西吉县以"迎接党的二十大 培根铸魂育新人"为主题召开座谈会庆祝第38个教师节。

（西吉县融媒体中心提供）

2022年9月8日,西吉县开展网络安全宣传活动。

（西吉县融媒体中心提供）

2022年9月13日,全区秋冬农田水利基本建设现场启动会在西吉县召开。

(西吉县融媒体中心提供)

2022年9月13日,西吉县根治拖欠农民工工资工作领导小组2022年第二次联席会议在县会议中心召开。

(西吉县融媒体中心提供)

2022年9月14日,"十四五"国家重点研发计划"六盘山区萝卜机械化、标准化节水栽培关键技术研究与示范"子课题现场观摩会在吉强镇万崖村举行。

(西吉县融媒体中心提供)

2022年9月15日,什字乡马沟村农民在进行玉米青贮饲草加工。（西吉县农业农村局提供）

2022年9月30,西吉县公安局铁骑巡逻队成立。（西吉县公安局提供）

2022年10月10日,兴隆镇王河村"三粉"加工厂生产中。（西吉县兴隆镇政府提供）

2022年10月15日,西吉县红耀乡农民收获马铃薯。（西吉县红耀乡政府提供）

2022年11月9日，西吉县人武部为2022年秋季入伍新兵家属发放"最美全家福"。

（西吉县人武部提供）

2022年11月13—23日，2022年全国新录用公务员初任培训班宁夏固原市西吉分课堂在县委党校报告厅举办。

（西吉县委党校提供）

2022年11月14日，十五届西吉县委第三轮巡察工作动员部署会议召开。

（西吉县巡察办提供）

2022年12月1日，兴隆镇单南村"出户入园"肉牛养殖园区

（西吉县兴隆镇政府提供）

2022年12月11日，西吉县残疾人联合会第八次代表大会在会议中心会堂召开。

（西吉县融媒体中心提供）

2022年12月21日，西吉县公安局举行社区警务车辆配发仪式。

（西吉县公安局提供）

西吉县地图

目 录

专 载

全面学习宣传贯彻党的二十大精神
坚决把党的二十大决策部署落实在西吉大地上
  ——在县委十五届五次全体会议上的报告 …1
人大常委会工作报告
  ——在西吉县第十八届人民代表大会第三次会议上的报告 ………………………………9
政府工作报告
  ——在西吉县第十八届人民代表大会第三次会议上的报告 ………………………………16
中国人民政治协商会议第十二届西吉县委员会
常务委员会工作报告
  ——在政协第十二届西吉县委员会第二次会议上的报告 …………………………………26
西吉县2022年国民经济和社会发展统计公报 …31

大事记

1月 ………………………………………38
2月 ………………………………………40
3月 ………………………………………41
4月 ………………………………………43
5月 ………………………………………44
6月 ………………………………………47
7月 ………………………………………48
8月 ………………………………………50
9月 ………………………………………52
10月 ……………………………………53
11月 ……………………………………54
12月 ……………………………………54

西吉综览

西吉概貌 ……………………………………56
  地理位置·历史沿革·地形地貌·水利资源·动植物资源·人口情况·行政区划·年度气候·重大天气气候事件·历史人文

国民经济和社会发展 ………………………58
  概　况·乡村振兴·农业农村·固定资产投资·工业和建筑业·城乡建设·教育教学·科技发展·文化旅游·卫生健康·社会保障·就业创业·交通运输·环境治理

中国共产党西吉县委员会

综　述 …………………………………………62
  概　况·党的建设·政治建设·乡村振兴·产业发展·城乡建设·民生福祉·改革创新·生态环保·社会和谐

重要会议 ……………………………………65
十五届县委第一次常委会·十五届县委第二次常委会·十五届县委第四次常委会·十五届县委第八次常委会·十五届县委第九次常委会·十五届县委第十次常委会·十五届县委第十一次常委会·十五届县委第十三次常委会·十五届县委第十四次常委会·十五届县委第十五次常委会·十五届县委第十七次常委会·中共西吉县委第十五届第四次全体会议·十五届县委第十九次常委会·十五届县委第二十次常委会·十五届县委第二十二次常委会·十五届县委第二十三次常委会·十五届县委第二十四次常委会·十五届县委第二十七次常委会·十五届县委第二十八次常委会·中共西吉县第十五届第五次全体会议·十五届县委第三十次常委会

组织工作 ……………………………………69
概　况·基层党组织建设·干部队伍建设·人才队伍建设

宣传工作 ……………………………………70
概　况·新闻宣传·壮大主流舆论

统战工作 ……………………………………72
概　况·理论学习·自身建设·民族团结·服务大局

政策研究 ……………………………………72
概　况·理论学习·文稿服务·调查研究·深化改革

党史研究 ……………………………………73
概　况·理论学习·史志编研·宣传服务

机构编制 ……………………………………74
概　况·理论学习·机构编制管理·实名制库管理·机构编制监督·事业单位登记管理

档案管理 ……………………………………75
概　况·档案馆藏·档案管理·档案移交·数字档案建设·档案服务·档案共享·档案开放·档案安全

党校（行政学院） ……………………………76
概　况·作风建设·干部教育培训·理论宣讲·理论科研·学校建设

网信工作 ……………………………………77
概　况·网络宣传引导·网络综合治理·网络安全

西吉县人大常委会

综　述 ………………………………………78
概　况·政治建设·自身建设·依法监督·调研视察·检查督办·代表履职·议案办理

重要会议 ……………………………………80
西吉县第十八届人大常委会召开第二次会议·西吉县第十八届人大常委会召开第三次会议·西吉县第十八届人大常委会召开第四次会议·西吉县第十八届人大常委会召开第五次会议·西吉县第十八届人大常委会召开第六次会议·西吉县第十八届人大常委会召开第七次会议·西吉县第十八届人大常委会召开第八次会议·西吉县第十八届人大常委会召开第九次会议·西吉县第十八届人大常委会召开第十次会议·西吉县第十八届人民代表大会召开第二次会议

西吉县人民政府

综　述 ………………………………………82
概　况·经济发展·乡村振兴·产业发展·城乡建设·民生事业·改革创新

综合工作 ……………………………………83
自身建设·督查督办·政务办理·政务公开

重要会议 ……………………………………84
西吉县第十八届人民政府第六次常务会议·西吉县第十八届人民政府第七次常务会议·西吉县第十八届人民政府第八次常务会议·西吉县第

十八届人民政府第九次常务会议·西吉县第十八届人民政府第十次常务会议·西吉县第十八届人民政府第十一次常务会议·西吉县第十八届人民政府第十二次常务会议·西吉县第十八届人民政府第十三次常务会议·西吉县第十八届人民政府第十四次常务会议·西吉县第十八届人民政府第十五次常务会议·西吉县第十八届人民政府第十六次常务会议·西吉县第十八届人民政府第十七次常务会议·西吉县第十八届人民政府第十八次常务会议·西吉县第十八届人民政府第十九次常务会议·西吉县第十八届人民政府第二十次常务会议·西吉县第十八届人民政府第二十一次常务会议·西吉县第十八届人民政府第二十二次常务会议·西吉县第十八届人民政府第二十三次常务会议·西吉县第十八届人民政府第二十四次常务会议

审批服务 ································· 87
  概 况·政务服务标准化·政务服务规范化·政务服务便利化·政务服务智能化·便民服务热线

信访工作 ································· 89
  概 况·责任落实·积案化解·源头治理·宣传引导

机关事务服务 ··························· 90
  概 况·创新服务·服务保障·数字化建设

政协西吉县委员会

综 述 ··································· 91
  概 况·理论学习·调研工作·助力乡村振兴

专门委员会工作 ························ 91
  提案和委员联络委员会·经济委员会·科教文卫体委员会·社会治理委员会

重要会议 ································· 92
  县政协十二届二次常委会会议·县政协十二届三次常委会会议

西吉县纪律检查委员会监察委员会

纪检监察 ································· 93
  概 况·政治建设·监督检查·监督平台建设·案件查办·廉政教育·作风建设

巡视巡察 ································· 95
  概 况·组织领导·规范巡察·巡视巡察·巡视整改·队伍建设

人民团体

总工会 ···································· 97
  概 况·理论学习·组织建设·自身建设·创业就业·权益保障·权益维护

共青团西吉县委 ······················· 98
  概 况·组织建设·思想引领·主题教育·关爱帮扶·就业创业·志愿服务

妇女联合会 ····························· 99
  概 况·思想引领·组织建设·妇女发展·妇幼关爱·家庭教育·权益维护

文学艺术界联合会 ···················· 100
  概 况·政治建设·文艺工作·文学阵地·工作创新

科学技术协会 ·························· 101
  概 况·理论学习·全域科普·科普示范县创建·组织人才·科普宣传·基层建设·资源普惠共享

工商业联合会 ·························· 102
  概 况·理论学习·组织建设·助力企业发展·助力乡村振兴

残疾人联合会 ·························· 103
  概 况·理论学习·康复服务·助残帮扶·文化帮扶

西吉县红十字会 …………………………… 104
　　概　况·思想引领·队伍建设·组织建设·亮点工作·民生服务·爱心传递

法　治

政法工作 …………………………………… 106
　　概　况·理论学习·队伍建设·政治安全·社会治安·基层治理·平安建设
法治政府建设 ……………………………… 107
　　组织领导·依法行政·规范执法·行政复议·行政应诉
公　安 ……………………………………… 108
　　概　况·队伍建设·安保维稳·打击犯罪·警务改革·服务中心
检　察 ……………………………………… 109
　　概　况·政治建设·队伍建设·维护稳定·刑事检察·民事检察·行政检察·公益诉讼检察·监察监督
法　院 ……………………………………… 110
　　概　况·政治建设·队伍建设·打击犯罪·智慧法院·依法执行·审判公开·审判改革
司　法 ……………………………………… 112
　　概　况·队伍建设·依法治县·矫正教育帮扶·普法宣传·法律服务·人民调解

军　事

西吉县人民武装部 ………………………… 114
　　政治建设·民兵建设·安全管理·国防教育·双拥工作
武警西吉中队 ……………………………… 114
　　概　况·政治建设·执勤训练·行政管理
消防救援 …………………………………… 115
　　概　况·队伍建设·岗位练兵·执法检查

经济管理

宏观经济调控 ……………………………… 116
　　概　况·规划编制·经济运行·项目建设·营商环境·价格管理·储备管理
财　政 ……………………………………… 117
　　概　况·预算执行管理·财经秩序整治·民生支出保障·金融政策稳定·担保体系建设·乡村产业发展·金融示范区建设·国有资产监管
税　务 ……………………………………… 118
　　概　况·党的建设·队伍建设·税费收入·退税减税降费·优化营商环境
审　计 ……………………………………… 119
　　概　况·项目审计·质量管控·审计监督
统　计 ……………………………………… 120
　　概　况·队伍建设·统计宣传·统计服务·数据质量
市场监督管理 ……………………………… 121
　　概　况·党风廉政建设·卫生县城创建·民生领域执法·打击养老诈骗·食品安全监管·"两品一械"监管·特种设备监管·产品质量监管·消费维权·双随机一公开·知识产权保护·市场监管宣传

金融保险

人民银行西吉支行 ………………………… 123
　　概　况·服务实体经济·防范化解风险·金融服务·助力乡村振兴
工商银行固原西吉支行 …………………… 124
　　概　况·人才建设·支持实体经济·内部管理·风控防范
建设银行西吉支行 ………………………… 125
　　概　况·人才建设·助力乡村振兴·内部管理·风控防范

农业银行西吉支行 …………………126
  概　况·党的建设·信贷支持·清降管理·内控管理

西吉黄河农村商业银行 ………………126
  概　况·助力产业发展·助力企业纾困解难·巩固拓展脱贫攻坚成果·打造双拥主题银行·金融服务·社会责任

宁夏银行西吉支行 …………………127
  概　况·党的建设·人才建设·助力乡村振兴·风控防范

邮政储蓄银行西吉支行 ………………128
  概　况·助力乡村振兴·创新服务·"智·惠信用村"

石嘴山银行股份有限公司西吉支行 ……129
  概　况·自身建设·基础管理·助力乡村振兴

宁夏西吉汇发村镇银行 ………………129
  概　况·党的建设·公司治理·助力乡村振兴·支持小微发展·信贷风险防控·消费者权益保护·合规体系建设

固原市住房公积金管理中心西吉分中心 ……130
  概　况·公积金归集·公积金提取·公积金贷款·优化服务·信息建设·风险防范

中国人民财产保险股份有限公司西吉支公司 …131
  概　况·党的建设·经营情况·车险服务·商团业务·农险业务

中国人寿保险股份有限公司西吉支公司 ……132
  概　况·党的建设·保险服务·理赔服务

农业水利

农业农村 …………………………133
  概　况·特色优势产业·农业科技·农产品质量安全·农业生产安全·农业绿色发展·农村综合改革·农村人居环境

乡村振兴 …………………………135
  概　况·党建引领·政策落实·监测帮扶·稳岗增收·巩固提升·移民扶持·帮扶协作·乡村建设·乡村治理·资金整合·人才强农·文化惠农

水　务 ……………………………139
  概　况·供水保障·水利工程建设·水资源管理·河湖管理·水土保持

气　象 ……………………………140
  概　况·气象统计·气候评价·重大天气过程·气象服务

工　业

综　述 ……………………………142
  工业经济·企业培育·助企纾困·招商引资·绿色发展·规范管理

工业园区 …………………………143
  概　况·党建引领·园区规模·园区招商·园区服务·基础建设·安全生产

商贸服务

综　述 ……………………………145
  商贸流通·促进消费·电子商务

供销合作 …………………………146
  概　况·综合改革·数字化建设·农资供应·农产品销售

供电服务 …………………………147
  概　况·党建引领·安全管理·电力保供·配网建设·优化服务

烟草专卖 …………………………148
  概　况·证照管理·卷烟打假·营销网建·基础管理

盐业服务 …………………………149
  概　况·购销服务·营业收入·促销配送·安全管理

中国石油西吉分公司 ……………………150
　　概　况·销售服务
西吉县商业总公司 ………………………150
　　概　况·党建引领
宁夏六盘山水务有限公司西吉分公司 ………150
　　概　况·保供维修·安全生产·规范管理·智慧供水·项目建设

交通邮政通信

交通运输 …………………………………152
　　概　况·项目建设·公路管理·公路养护·道路运输·运输管理·安全监督
中国邮政西吉分公司 ……………………153
　　概　况·报刊发行·营投网络·企业管理·物流体系建设·文明创建
中国移动西吉分公司 ……………………154
　　业务拓展·网络建设·创新服务
中国电信西吉分公司 ……………………155
　　兴农服务·设施建设·升级改造·网络建设
中国联通西吉分公司 ……………………155
　　概　况·经营管理·网络建设

城乡建设

综　述 ……………………………………156
　　国土空间规划·国土空间管制·乡村建设·住房保障·老旧小区改造·基础设施建设
城市管理 …………………………………157
　　违建整治·卫生环境
行业监管 …………………………………157
　　质量安全监管·规范建筑秩序

自然资源与生态环境

自然资源局 ………………………………158
　　概　况·矿产资源管理·林业资源管理·土地资源保护·确权登记·检查执法
生态环境 …………………………………159
　　环境质量·督察整改·水污染防治·大气污染防治·土壤污染防治·环境监管执法·生态项目·国土绿化
火石寨景区管理 …………………………160
　　概　况·保护管理·林长管理·宣传教育

教育科技体育

教　育 ……………………………………162
　　概　况·教研管理·学前教育·义务教育·高中教育·职业教育·教育惠民·教育督导·教师管理·互联网+教育
科学技术 …………………………………164
　　概　况·科研规划·科技创新·科研项目·人才建设
体　育 ……………………………………165
　　概　况·竞技体育·群众体育·青少年体育·体育产业

文化旅游

文　化 ……………………………………166
　　公共文化·非遗传承·文物保护·文化惠民·文博展览·阅览服务·文化产业·文化市场监管
融媒体 ……………………………………167
　　新媒体宣传·新闻宣传
旅　游 ……………………………………168
　　概　况·基础设施·文旅产品·宣传营销·红色旅游

卫生健康

综　述 …………………………………… 170
　　综合医改·医质提升·健康西吉·互联网+医疗服务·基层医疗·爱国卫生运动
疾病预防控制 …………………………… 171
　　疾病防控·公共卫生·职业病防治·传染病防治·妇幼保健
医疗机构 ………………………………… 172
　　概　况·西吉县人民医院·西吉县中医医院

社会生活

就业创业 ………………………………… 173
　　转移就业·就业创业·就业帮扶
社会保险 ………………………………… 173
　　养老保险·医疗保险·基金监管
人事人才 ………………………………… 174
　　人才优化·人事管理
劳动关系 ………………………………… 175
　　收入分配·劳动监察
社会救助 ………………………………… 175
　　兜底保障·动态监测
基层治理 ………………………………… 175
　　社区治理·社会组织·基层共建
社会事务 ………………………………… 176
　　地名管理·养老服务·婚姻登记·殡葬管理
西吉县退役军人事务局 ………………… 176
　　概　况·政治引领·双拥工作·安置帮扶·权益维护·优抚工作·创新工作

应急管理

综　述 …………………………………… 179
　　概　况·防灾减灾·应急救援·灾后救助·救灾资金管理
安全生产 ………………………………… 180
　　责任落实·安全监管·宣传教育
防震减灾 ………………………………… 181
　　概　况·监测预警·宏观监测

乡镇概览

吉强镇 …………………………………… 182
　　概　况·基层党建·党风廉政·经济建设·文化建设·社会治理·乡村振兴·基础设施·民生保障·基层治理·生态环境
兴隆镇 …………………………………… 184
　　概　况·基层党建·党风廉政·经济建设·文化建设·社会治理·乡村振兴·基础设施·民生保障·基层治理·生态环境
平峰镇 …………………………………… 187
　　概　况·基层党建·党风廉政·经济建设·文化建设·社会治理·乡村振兴·基础设施·基层治理·生态环境·农村改革
将台堡镇 ………………………………… 189
　　概　况·基层党建·党风廉政·经济建设·文化建设·社会治理·乡村振兴·基础设施·基层治理·生态环境
新营乡 …………………………………… 192
　　概　况·基层党建·党风廉政·经济建设·文化建设·社会治理·乡村振兴·基础设施·民生保障·基层治理·生态环境
红耀乡 …………………………………… 195
　　概　况·基层党建·党风廉政·经济建设·文化建设·乡村振兴·民生保障·基层治理·生态环境
田坪乡 …………………………………… 197
　　概　况·基层党建·党风廉政·经济建设·文化建设·创新经营·乡村振兴·基础设施·民生保障·

基层治理·生态环境

马建乡 …………………………………200
  概　况·基层党建·党风廉政·经济建设·文化建设·乡村振兴·基础设施·民生保障·基层治理·生态环境

震湖乡 …………………………………202
  概　况·基层党建·党风廉政·经济建设·文化建设·乡村振兴·民生保障·基层治理·生态环境

兴平乡 …………………………………205
  概　况·基层党建·经济建设·文化建设·社会治理·乡村振兴·基础设施·民生保障·基层治理·生态环境

西滩乡 …………………………………207
  概　况·基层党建·党风廉政·经济建设·文化建设·社会治理·乡村振兴·民生保障·基层治理·生态环境

王民乡 …………………………………209
  概　况·基层党建·乡村振兴·农业产业·基层治理·民生保障·乡村文明·生态环境

什字乡 …………………………………211
  概　况·产业发展·乡村振兴·项目建设·基层治理·民生保障·社会治理·集体经济·生态环境

马莲乡 …………………………………213
  概　况·基层党建·党风廉政·经济建设·文化教育·社会治理·乡村振兴·民生保障·基层治理·生态环境

硝河乡 …………………………………215
  概　况·基层党建·党风廉政·经济建设·文化建设·社会治理·乡村振兴·基础设施·民生保障·基层治理·生态环境

偏城乡 …………………………………217
  概　况·基层党建·党风廉政·经济建设·社会治理·乡村振兴·基础设施·民生保障·基层治理·安全生产·生态环境

沙沟乡 …………………………………220
  概　况·基层党建·党风廉政·经济建设·文化建设·社会治理·乡村振兴·基础设施·民生保障·基层治理·生态环境

白崖乡 …………………………………222
  概　况·基层党建·党风廉政·经济建设·文化建设·社会治理·乡村振兴·基础设施·民生保障·基层治理·生态环境

火石寨乡 ………………………………224
  概　况·基层党建·党风廉政·经济建设·文化建设·社会治理·乡村振兴·基础设施·基层治理·生态环境

组织机构与组成人员

中国共产党西吉县第十五届委员会 …………227

西吉县第十八届人民代表大会常务委员会 …227

西吉县第十八届人民政府 …………………227

中国人民政治协商会议西吉县第十二届委员会
………………………………………………228

中共西吉县纪律检查委员会　西吉县监察委员会
………………………………………………228

中国人民解放军西吉县人民武装部 …………228

西吉县人民法院 ……………………………228

西吉县人民检察院 …………………………228

宁夏西吉工业园区党工委、管理委员会 ……229

西吉县委工作部门 …………………………229

西吉县委直属事业单位 ……………………230

西吉县人大常委会工作部门 ………………230

西吉县政协办公室及各工作委员会 …………231

西吉县人民政府工作部门 …………………231

西吉县人民政府直属事业单位 ……………233

西吉县群众团体 ……………………………233

乡　镇 ………………………………………234

自治区、固原市直属机构 …………………238

荣誉榜

2022年受国家部委表彰奖励的先进集体简表 …………………………………………………241
2022年受自治区(含领导小组)表彰奖励的先进集体简表 ……………………………241
2022年受自治区厅局表彰奖励的先进集体简表 ……………………………………………242
2022年受固原市表彰奖励的先进集体简表 …246
2022年受国家级部门(单位)表彰奖励的先进个人简表 ……………………………………246
2022年受自治区厅(局)表彰奖励的先进个人简表 …………………………………………247
2022年受固原市表彰奖励的先进个人简表 …252
2022年度西吉县效能目标管理考核结果 ……255

重要文献选载

西吉县2022年全面推进乡村振兴工作要点 …257
西吉县2022年农业产业高质量发展实施方案 …………………………………………………268
关于建立"1133"工作机制的实施方案 ………274

专载

全面学习宣传贯彻党的二十大精神 坚决把党的二十大决策部署落实在西吉大地上

——在县委十五届五次全体会议上的报告

固原市委副书记、西吉县委书记 白学贵

（2022年12月9日）

这次县委十五届五次全会的主要任务是，全面学习宣传贯彻党的二十大精神，按照党中央部署及自治区党委十三届二次全会、固原市委五届六次全会安排，对我县学习宣传贯彻工作进行全面部署，审议《县委关于学习宣传贯彻党的二十大精神的实施意见》，动员全县各级党组织和广大党员干部群众把思想和行动统一到党的二十大精神上来，把智慧和力量凝聚到党的二十大确定的各项目标任务上来，埋头苦干、锐意进取，推动党的二十大精神在西吉落地生根、开花结果。

一、充分认识党的二十大的重大意义，掀起学习宣传贯彻热潮

党的二十大是在全党全国各族人民迈上全面建设社会主义现代化国家新征程、向第二个百年奋斗目标进军的关键时刻召开的一次十分重要的大会，举国关注、举世瞩目，取得了重大政治成果、理论成果、制度成果，在党和国家事业发展进程中具有划时代的里程碑意义。

党的二十大发出了高举旗帜、凝聚力量、团结奋进的新动员。大会高举中国特色社会主义伟大旗帜，进一步指明了党和国家事业的前进方向，是承前启后、继往开来、不断夺取中国特色社会主义新胜利的政治宣言和行动纲领，对于全党全国各族人民进一步统一思想、坚定信心、凝聚力量、步调一致向前进，具有重大而深远的意义。大会选举产生了素质优良、分布均衡、结构合理、能够担负起历史重任的新一届中央委员会,选举产生了新一届中央纪律检查委员会。党的二十届一中全会选举产生了新的中央领导机构,习近平同志再次全票当选中央委员会总书记,这是9600多万党员的共同意志,是14亿多中国人民的共同心声,是党之大幸、国之大幸、民之大幸、民族之大幸,必将使全党全国各族人民团结成"一块坚硬的钢铁",形成"一心向红日、紧跟领路人"的磅礴力量。

党的二十大开辟了马克思主义中国化时代化新境界。大会作出了一系列原创性的重大理论概括,进行了一系列突破性的重大理论创新,取得了一系列开创性的重大理论成果,以全新的视野镌刻了我们党对共产党执政规律、社会主义建设规律、人类社会发展规律认识的新高度,实现了我们党"通往真理道路"上质的跃升,在马克思主义发展史上树起了中国化时代化的又一座丰碑。大会作出的理论贡献,体现了习近平新时代中国特色社会主义思想的新发展,凝结着中华优秀传统文化的深厚底蕴和我国国家治理的独创经验,必将推动全党更加坚定地统一思想、统一意志、统一行动,继续推进实践基础上的理论创新。

党的二十大展望了全面建成社会主义现代化强国、实现第二个百年奋斗目标的新征程。大会深刻总结我们党推进中国式现代化的宝贵经验,对中国式现代化作出深刻阐释,对中远期目标作出规划展望,承载到2035年基本实现现代化和到2050年全面建成社会主义现代化强国的战略谋划,引领第二个百年奋斗目标,为党和国家事业标定了新的历史方位、树起了新的时代坐标。大会的胜利召开,标志着风华正茂的中国共产党日益走向成熟自信、历史悠久的中华民族日益走向复兴辉煌、奋发奋进的中国人民日益走向自强自立,必将极大地鼓舞和动员全党全国各族人民为实现中华民族伟大复兴团结奋斗。

党的二十大描绘了未来5年党和国家事业发展的新图景。大会既亮出过去5年和新时代10年的"成绩单",又擘画未来5年乃至更长时期的新蓝图,对党和国家事业发展的战略任务和重大举措作出全面部署,科学确定了全面建设社会主义现代化国家的任务书、时间表、路线图,充分展现了全面推进中华民族伟大复兴的壮阔前景。党和国家事业发展的伟大实践,将书写党史、新中国史、改革开放史、社会主义发展史、中华民族发展史上宏伟壮丽的篇章,也将谱写世界社会主义发展史和人类社会发展史上宏伟壮丽的篇章。

党的二十大升华了党中央治国理政、管党治党的新经验。大会根据党的十九大以来党的理论创新、实践创新、制度创新成果对党章进行修改,把党的二十大确立的重大理论观点、重大方针政策写入党的根本大法,充分体现习近平总书记提出的一系列治国理政新理念新思想新战略,充分体现党的工作和党的建设的新鲜经验,鲜明确立了指引新征程方向的最大政治遵循。这次党章修改,实现了党的指导思想、党的事业战略安排、党的建设总体要求的与时俱进,必将推动全党更加自觉地学习党章、遵守党章、贯彻党章、维护党章。

党的二十大彰显了科学社会主义在21世纪的中国焕发出的新活力。大会以辉煌成就全面展现中国之治,以创新理论系统阐述中国之理,以坚定决心鲜明宣示中国之路,向世界展现了"领航中国"的强大力量、打开了"读懂中国"的未来之窗,在21世纪的中国展示了科学社会主义的强大生机活力,以中国式现代化为人类实现现代化提供了全新选择,必将为解决人类面临的共同问题提供更多更好的中国智慧、中国方案、中国力量。

学习宣传贯彻党的二十大精神是当前和今后一个时期的首要政治任务。习近平总书记高度重视党的二十大精神的学习宣传贯彻工作,10月25日主持召开中共中央政治局会议专门研究部署,印发《决定》提出明确要求。10月28日自治区党委召开十三届二次全会对学习宣传贯彻工作进行全面部署。11月4日固原市委召开五届六次全会对推动党的二十大决策部署在固原具体化作出系统安排。我们要按照党中央及自治区党委、固原市委的部署要求,在入脑入心、走深走实、见行见效上持续用力,切实把广大党员干部群众的思想统一到党的二十大精神上来,把力量凝聚到党的二十大确定的各项任务上来。

一要认真抓好学习培训。全县各级党组织要结合正在开展的党的二十大和习近平总书记视察宁夏重要讲话指示批示精神"大学习、大讨论、大宣传、大实践"活动,把学习党的二十大精神作为第一堂党课、第一堂政治必修课,以理论学习中心组、"三会一课"、主题党日等为载体,制定学习计划、开展专题研讨,引导广大党员干部原原本本学习研读党的二十大报告和党章,认真领悟党的二十大提出的新思想新论断、作出的新部署新要求。县工会、团委、妇联等人民团体要发挥各自优势,开展形式多样、各具特色的学习活动。县委组织部、党校要把学习党的二十大精神作为干部教育培训的必修课,分级分层对全县各级党员干部进行集中培训轮训,对全县驻村第一书记和工作队员开展"学习贯彻党的二十大精神,全面推进乡村振兴"主题培训。

二要广泛开展宣传宣讲。县委宣传部要把好基调、把好导向,统筹用好各种宣传资源,坚持对外宣传和对内宣传共同发力、传统媒体和新兴媒体齐头并进、网上宣传和网下宣传同频共振,充分利用政府网站、公众号、短视频、单位橱窗等媒介平台,全方位、多角度开展宣传工作,推动形成具有强烈冲击力的宣传氛围,引导干部群众真学真懂、真信真用,把全县党员干部群众的热情和干劲凝聚到推动经济社会高质量发展上来,使西吉发展的劲头更足、活力更强、前景更广。区市宣讲团将来我县宣讲,我们要在做好对接的同时,按照全县宣讲工作安排,集中开展党的二十大精神进机关、进社区、进乡村、进企业、进学校等宣讲活动,让党员干部群众听得懂、能领会、可落实,把党的二十大精神"传"入千家万户、"播"进田间地头。

三要坚持领导带头示范。全县各级领导干部要以身作则、率先垂范,在学深悟透做实上带好头、作表率,带头学习、带头思考、带头宣讲,以"关键少数"带动"绝大多数"。县级领导要带头深入包抓乡镇、基层联系点,宣传宣讲党的二十大精神,并认真组织、指导、督促做好分管领域和包抓乡镇的学习宣传贯彻工作。要深刻领会党的二十大提出的新思想、新目标、新战略、新举措,结合学习贯彻区市县党委全会部署要求,对产业发展、项目建设、乡村振兴等方面的工作思路进行再梳理、再细化、再完善,切实把学习成果转化为推动工作落实的实际成效。各乡镇、各部门(单位)党组织主要负责同志要主动学、带头讲、领着干,推动本乡镇、本部门、本领域学习宣传贯彻走深走实,确保党的二十大精神贯彻到每个党组织、每个党员干部。

二、牢牢把握党的二十大的丰富内涵和精神实质

党的二十大精神集中体现在习近平总书记所作的政治报告中。这个报告听下来、学下来、悟下来,酣畅淋漓,感到信心倍增、力量倍增、干劲倍增。报告集政治高度、变革深度、发展力度、民生温度于一体,充满着理论说服力、思想穿透力、政治凝聚力、时代感召力,通篇闪耀着马克思主义真理光辉,是马克思主义的纲领性文献。我们要深刻领会感悟,具体体现在"七个牢牢把握"。

一是牢牢把握党的二十大的鲜明主题。大会主题6句话、86个字,句句饱含深意、字字重若千钧,鲜明宣示了我们党在新征程上举什么旗、走什么路、以什么样的精神状态、朝着什么样的目标继续前进,明确了党和国家事业发展的总纲。高举中国特色社会主义伟大旗帜,宣示了旗帜方向;全面贯彻落实习近平新时代中国特色社会主义思想,宣示了思想指引；弘扬伟大建党精神，自信自强、守正创新，踔厉奋发、勇毅前行，宣示了精神状态；为实现全面建设社会主义现代化国家、全面推进中华民族伟大复兴而团结奋斗，宣示了奋斗目标。这个主题充分彰显了新时代我们党道不变、志不改的决心定力，对团结和激励全国各族人民为夺取中国特色社会主义新胜利而奋斗具有重大的意义。我们必须高举旗帜、坚定自信、接续奋斗，在新征程上不断开辟新境界、创造新辉煌。

二是牢牢把握过去5年工作和新时代10年伟大变革的重大意义。报告回顾的3件大事、件件干得出色，总结的16项工作、项项成绩斐然，概括的4个里程碑意义、个个影响深远。过去5年和新时代10年极不寻常、极不平凡，我们党面临的涉滩之险、爬坡之艰、闯关之难世所罕见、史所罕见，习近平总书记以巨大的政治勇气和强烈的使命担当，带领全党全国各族人民直面挑战、力挽狂澜，开创了守正创新、彪炳千秋的伟大时代，塑造了生机蓬勃、行稳致远的强盛国家，淬炼了自我革命、无惧风浪的坚强政党，交出了守正创新的思想答卷、强势崛起的发展答卷、更高品质的民生答卷、强力突破的改革答卷、全面从严的治党答卷，实现了"三个历史性胜利"，党和国家事业发生了"当惊世界殊"的历史巨变。新时代10年，是西吉发展最快、城乡面貌变化最大、人民得到实惠最多的10年，在党中央及区市党委的关心支持下，西吉人民彻底撕掉了千百年来"苦瘠甲天下"的贫困标签，我们深切感受到，西吉能打赢脱贫攻坚战、全面建成小康社会，根本在于有习近平总书记领航掌舵，有习近平新时代中国特色社会主义思想科学指引，我们发自肺腑地感恩共产党、感谢总书记、感念党中央。我们必须紧密联系党的百年奋斗历程特别是党的十八大以来新时代10年的伟大变革，深刻领悟"两个确立"的决定性意义，更加自觉地做到"两个维护"，坚持思想引领，让"总书记怎么说、我们就怎么做"成为西吉最鲜明的政治底色。

三是牢牢把握习近平新时代中国特色社会主义思想的世界观和方法论。习近平新时代中国特色社会主义思想鲜明提出了马克思主义中国化时代化的"第二个结合"，描绘了中华民族伟大复兴的"第二个百年奋斗目标"，开辟了人类实现现代化的"第二条路径"，不仅深刻改变了中国，而且深刻影响了世界。报告最重大的理论贡献，就是深刻阐释了习近平新时代中国特色社会主义思想的科学内涵和历史定位，为推进强国复兴立起了思想旗帜；深刻阐述了"两个结合"的理论依据和实践要求，为推进理论创新揭示了根本途径；明确提出了"六个必须坚持"，为我们感悟习近平新时代中国特色社会主义思想的真理伟力提供了"金钥匙"。我们必须深刻领会把握，坚持好运用好贯穿其中的立场观点方法，自觉做习近平新时代中国特色社会主义思想的坚定信仰者和忠实实践者，让这一伟大思想在西吉大地展现出更加强大的真理力量和实践力量。

四是牢牢把握以中国式现代化全面推进中华民族伟大复兴的使命任务。习近平总书记在报告中鲜明提出新时代新征程中国共产党的使命任务，阐述了中国式现代化的"五个中国特色"和本质要求，重申了全面建成社会主义现代化强国分两步走的战略安排，明确了前进道路上必须牢牢把握的"五个坚持"重大原则，对什么是中国式现代化、怎样建设中国式现代化作出了科学回答和战略部署，形成了系统完整的中国式现代化理论，标志着我们党对建设社会主义现代化国家在认识上不断深化、在战略上不断成熟、在实践上不断丰富。中国式现代化是现代化理论的重大创新，破除了现代化就是西方化的迷思，把人类对现代化的认识提升到了新高度。我们要深刻领会中国式现代化的部署要求，紧紧围绕习近平总书记给宁夏擘画的宏伟蓝图，自觉站位现代化建设全局谋划和推动发展，在大抓发展、抓大发展、抓高质量发展、实现"赶超式"发展中逐步缩小与川区的差距,为全面建设社会主义现代化美丽新宁夏作出西吉贡献。

五是牢牢把握全面建设社会主义现代化国家开局起步的战略部署。报告站在党和国家事业发展的制高点,围绕统筹推进"五位一体"总体布局、协调推进"四个全面"战略布局,从11个方面对未来5年工作作出全面部署,全面构建了推进社会主义现代化建设的实践体系。特别是把教育科技人才、全面依法治国、维护国家安全和社会稳定单列部分进行安排,体现了抓关键、补短板、防风险的战略考量。这些战略谋划既有宏观展望、又有具体部署,是党中央基于新的战略机遇、新的战略任务、新的战略阶段、新的战略要求、新的战略环境作出的科学判断和战略安排,必将引领全党全国各族人民有效应对世界之变、时代之变、历史之变,推动全面建设社会主义现代化国家开好局、起好步。我们既要着眼长远、统筹谋划,又要立足当前、稳扎稳打,不断开创各项事业发展新局面。

六是牢牢把握以伟大自我革命引领伟大社会革命的重要要求。新时代10年来,习近平总书记以"十年磨一剑"的定力推进全面从严治党,以"得罪千百人、不负十四亿"的使命担当推进史无前例的反腐败斗争,打出了一套自我革命的"组合拳",找到了自我革命这一跳出治乱兴衰历史周期率的第二个答案,丰富和发展了马克思主义建党学说。报告深入分析新形势下党的建设面临的新情况新问题,鲜明提出"两个永远在路上",从7个方面对坚定不移全面从严治党、深入推进新时代党的建设新的伟大工程作出了重大部署,彰显了我们党誓将自我革命进行到底的信心和恒心。大会审议通过的中央纪委工作报告,宣示了我们党以永远在路上的清醒坚定推进党风廉政建设和反腐败斗争的坚强决心。我们必须持之以恒推进党的自我革命,突出"严"的基调,强化"管"的措施,加大"治"的力度,把各级党组织建设得更加坚强有力。

七是牢牢把握团结奋斗的时代要求。报告把团结奋斗提到前所未有的战略高度,强调"团结奋斗是中国人民创造历史伟业的必由之路",指出"团结就是力量,团结才能胜利"、"党用伟大奋斗创造了百年伟业,也一定能用新的伟大奋斗创造新的伟业",号召全党"为全面建设社会主义现代化国家、全面推进中华民族伟大复兴而团结奋斗",这是从新时代伟大实践中总结的重要经验,也是胜利实现第二个百年奋斗目标的重要保证。特别是将"两个务必"升华为"三个务必",发出了在新时代新征程上准备经受重大考验的时代号召。我们要深刻把握团结奋斗的时代要求,用更加坚定的信心、拿出超常规的举措,心往一处想、劲往一处使,一步一个脚印把党的二十大的重大决策部署付诸行动、见之于成效。

三、团结奋斗、埋头苦干,把党的二十大精神落实在西吉大地上

学习宣传贯彻党的二十大精神关键是联系实际、务求实效,把党的二十大精神和区、市党委全会部署要求不折不扣落实到全县经济社会发展各领域各方面。这次全会审议通过的《实施意见》,对标对表中央《决定》及自治区党委《意见》、市委《实施意见》,突出政治性、战略性、指导性,根据新形势新任务作出新部署、提出新要求,明确了方向目标、重点任务和具体举措。全县上下要深入学习贯彻党的二十大精神,按照《实施意见》确定的任务,一件一件抓好落实、抓出成效。

一是坚定不移用习近平新时代中国特色社会主义思想武装头脑、指导实践、推动工作。党的二十大报告指出,用党的创新理论武装全党是党的思想建设的根本任务。中国共产党为什么能,中国特色社会主义为什么好,归根到底是马克思主义行,是中国化时代化的马克思主义行。要深入学习贯彻习近平新时代中国特色社会主义思想,坚持学思用贯通、知信行统一,把这一伟大思想转化为坚定信念、锤炼党性和指导实践、推动工作的强大力量。要加强理论武装,做到绝对忠诚。理论上越清醒,政治上就越坚定。要深刻领悟党的创新理论的真理伟力、实践伟力、精神伟力,悉心感悟习近平总书记马克思主义政治家、思想家、战略家的远见卓识和雄韬伟略,夯实践行"两个维护"的思想根基。"两个确立"是我们党在新时代取得的重大政治成果,已经写在了新时代的伟大征程中、写在了人民的心坎上。我们要更加深刻地领悟"两个确立"的决定性意义,增强"四个意识"、坚定"四个自信"、做到"两个维护",始终在思想上政治上行动上同以习近平同志为核心的党中央保持高度一致。要坚定理想信念,筑牢信仰之基。习近平新时代中国特色社会主义思想是党员干部的终身必修课,要坚持理论武装同常态化开展党史学习教育相结合,持之以恒加强理想信念教育,引导广大党员干部解决好世界观、人生观、价值观这个"总开关"问题,锻造信仰如山、信念如铁、信心如磐的坚强政治品格,自觉做共产主义远大理想和中国特色社会主义共同理想的坚定信仰者和忠实实践者。要坚持学用结合,强化使命担当。要坚持把习近平新时代中国特色社会主义思想作为想问题、办事情、抓工作的根本遵循,深刻把握贯穿其中的立场观点方法,结合学习贯彻习近平总书记视察宁夏重要讲话和重要指示批示精神,进一步团结奋斗、真抓实干,在推动改革发展稳定、全面推进乡村振兴、保障和改善民生、防范化解风险挑战等工作中勇担当、善作为。

二是坚定不移抓产业项目促发展,为大抓发展、抓大发展、抓高质量发展夯实基础。党的二十大报告指出,高质量发展是全面建设社会主义现代化国家的首要任务,发展是党执政兴国的第一要务。对西吉来讲,必须坚定不移抓产业项目,推动县域经济实现质的有效提升和量的合理增长。要全力推动产业发展提质增效。聚焦自治区"六新六特六优"产业,紧紧扭住肉牛大县、马铃薯之乡、冷凉蔬菜基地、优质杂粮产区不放松,以建链补链延链强链为重点,在品种培优、品质提升、品牌打造和标准化生产"三品一标"上狠下功夫,培育打造肉牛、马铃薯、冷凉蔬菜、杂粮四个特色产业集群。重点要在农产品精深加工上精准发力,加快推进肉牛养殖集群及牛羊精深加工全产业链建设,推动集中屠宰、分割加工、冷链配送、冰鲜上市;支持福农薯业、佳立、万里等马铃薯加工企业扩大淀粉、粉条等产品生产规模,不断提高产值产量;大力发展冷凉蔬菜、小秋杂粮精深加工,提高产品附加值和市场竞争力。要高质高效推进重点项目建设。项目建设是推动经济高质量发展的"压舱石"。要充分发挥主观能动性,增强工作敏锐性,变冬闲为冬忙,紧盯特色产业、生态环保、乡村振兴、交通水利、城市基础设施等重点领域,创新思路谋项目、主动对接争项目、强化保障促项目、压茬推进建项目,不断提高项目开工建设率、形成固投率、建成投产率。按照"要想富先修路、要增产抓农田、要效益兴水利、要跨越强工业"的思路,建设农业强县,创建全国乡村振兴示范县。以创建全国"四好农村路"示范县为契机,加快G566东延连接线、袁河至新营S103道路、农村公路改造提升等项目建设,切实改善城乡道路交通条件。要按照逐步把永久基本农田全部建成高标准农田的要求,积极争取中央和自治区项目资金支持,整县域连片推进高标准农田建设。要聚焦水源涵养、现代水网体系建设,加快葫芦河白城至袁河段综合治理、再生水回用工程、高效节水灌溉工程建设。

三是坚定不移抓城乡整治促提升,不断提高西吉人民获得感、幸福感、安全感。党的二十大报告指出,要打造宜居、韧性、智慧城市,要建设宜居宜业和美乡村,要推进城乡人居环境整治。环境就是资源,就是生产力、竞争力,我们要通过抓城乡环境综合整治,营造良好的生活环境、经济环境、社会环境,为高质量发展提供良好的环境支撑和可持续的竞争力。要打造美丽宜居的生活环境。要以自建房排查整治为契机,按照"认真摸排、科学鉴定、凡危贴标、清人停业、综合研判、分步整治"的24字要求进行全面整治,坚决遏制增量、消除存量、提升整治质量。深入开展城乡面貌提升行动,聚焦绿化、美化、亮化、完善设施、补齐短板、优化环境,让群众有一个路畅灯明、干净有序的宜居家园。持续加大农村人居环境整治力度,以实施农村人居环境整治"月百户"行动为抓手,建立健全网格化、常态化、长效化管理保洁机制,切实做到村里村外、院里院外、屋里屋外干净整洁。要创造平稳健康的经济环境。不论疫情防控政策如何调整,人民至上、生命至上的理念是贯彻始终的,这一理念和老百姓健健康康、快快乐乐生活的朴素愿望是一致的。所以,我们要始终坚持人民至上、生命至上,高效统筹疫情防控和经济社会发展,科学精准做好疫情防控,用心用情做好服务保障,最大程度保护人民生命安全和身体健康,最大限度减少疫情对经济社会发展的影响。在扩内需促消费上下功夫,全面落实减税降费各项政策,制定刺激市场消费措施,让大街小巷"烟火气"越来越浓,让"西部福地·吉祥如意"在西吉深入人心、提振信心,在县外逐步叫响、扩大影响。在抓产业稳增收上下功夫,加快企业复工复产,加强各企业的生产调度,切实解决原料、物流等实际困难,帮助企业纾困解难、渡过难关。要营造安全稳定的社会环境。以"时时放心不下"的责任感抓安全保安全,统筹抓好政治、经济、生态等领域的安全,及时稳妥处理疫情防控、房地产、金融市场、社会治安等领域存在的风险隐患,抓实安全生产工作,全方位守住安全底线,确保人民生命财产安全。

四是坚定不移抓纪律作风促落实,把全面从严治党的要求落在细处、落在实处。党的二十大报告指出,党风问题关系执政党的生死存亡。严明的纪律、务实的作风是事业成功的重要保障,要深入贯彻新时代党的建设总要求,持之以恒推进全面从严治党,坚持团结奋斗、真抓实干,推动西吉经济社会发展各项事业开创新局面。要以自我革命的勇气从严管党治党。抓好党建是本职、不抓党建是失职,必须严格落实党委(党组)主体责任、纪委监督责任、党组织书记第一责任人责任以及班子成员"一岗双责",以上率下种好"责任田"、守好"主阵地"。坚持和加强党的全面领导,抓好基层组织建设,夯实固牢基础;树立正确用人导向,选准用顺干部;把握意识形态主动权,弘扬主旋律、凝聚正能量;铸牢中华民族共同体意识,依法管理宗教事务,把党的领导落实到党和国家事业各领域各方面各环节。要以零容忍的态度正风肃纪反腐。牢记抓作风建设只有进行时、没有完成时,始终把中央八项规定作为长期有效的铁规矩、硬杠杠,严格执行自治区"八条禁令"和市委"十项规定",抓好"关键少数"以上率下,持续深化纠治"四风",重点纠治形式主义、官僚主义。要坚持不敢腐、不能腐、不想腐一体推进,同时发力、同向发力、综合发力,更加有力遏制增量,更加有效消除存量,彻底铲除滋生腐败问题的土壤和条件,严肃查处各类腐败问题。要以马上就办的速度推动工作落实。大力弘扬伟大建党精神,坚决落实"三个马上"要求,彻底改变"表态快、行动慢、落实差"的不良风气,教育引导广大党员干部迅速动起来、主动干起来,用心谋事、潜心干事、专心成事,切实把该履行的职责不折不扣履行,把该做的事情全心全意做好,把该完成的任务想方设法完成,使马上就干、抓紧落实形成风气、形成习惯、形成规矩。

最后我再强调一下当前经济工作,今年前三季度,全县主要经济指标有六项超过全区平均水平,在宁南山区和全市位居前列,全县经济保持稳定增长态势。但是我们还必须看到,距离GDP增长7.5%的目标还差31.84亿元,距离固定资产投资增长10%的目标还差近10亿元,距离社会消费品零售总额增长8%的目标还差7.3亿元,距离城镇居民人均可支配收入增长8%的目标还差8500元等等。现在距离年底仅剩21天了,各乡镇、各部门(单位)要紧盯年初确定的经济增长目标,保持分秒必争、全力冲刺的状态,在提升农业产值、挖掘工业潜力、刺激市场消费上精准发力,确保经济提质增效、考核争先进位,彻底改变外界对西吉原有的印象、已有的认知、旧有的看法和固有的偏见。

同志们,唯有矢志不渝、坚韧不拔、笃行不怠,方能不负时代、不负组织、不负人民。我们要更加紧密地团结在以习近平同志为核心的党中央周围,全面贯彻习近平新时代中国特色社会主义思想,坚定信心、踔厉奋发,埋头苦干、勇毅前行,为实现党的二十大确定的目标任务而团结奋斗,为全面建设社会主义现代化美丽新宁夏贡献西吉力量!

人大常委会工作报告

——在西吉县第十八届人民代表大会第三次会议上的报告

西吉县人大常委会主任 李 聪

（2023年1月6日）

2022年主要工作

2022年，是党的二十大胜利召开之年，是西吉高质量发展蓄力起势之年，也是县十八届人大开局履新之年。一年来，县人大常委会在区市人大常委会的精心指导下，在县委的坚强领导下，在"一府一委两院"和县政协的协同支持下，紧跟县委号召要求，紧扣全县发展大局，紧贴人民群众期盼，主动投身到民主政治建设的一线、法治西吉建设的一线、经济社会发展的一线、密切联系群众的一线，为谱写西吉高质量发展新篇章贡献了人大力量。一年来，召开人大常委会会议10次，主任会议18次；组织代表视察、执法检查和专题调研31项，配合上级人大常委会视察检查组开展检查调研14次；听取和审议"一府一委两院"专项报告33项，转交审议意见85条，作出决议、决定18项；依法任命干部51名。

一、对标"三个善于"讲政治，党的领导全面加强

坚持把"三个善于"作为人大工作最鲜明的政治底色，坚决把党的全面领导贯穿到人大工作的各方面全过程，政治上讲忠诚、组织上讲服从、行动上讲规矩。

坚持学思用贯通，坚定政治方向。坚定不移用习近平新时代中国特色社会主义思想统揽人大工作，专题化常态化落实"第一议题"制度，深化人大常委会党组中心组带头学、常委会集体学、专委会专题学、人大代表履职培训学、机关干部周二例会学等制度机制，扎实开展"大学习、大讨论、大宣传、大实践"活动，加强理论武装，提高政治素养，强化实践能力。党的二十大闭幕后，快速反应、全员行动，掀起学习贯彻热潮。全年开展党组中心组和常委会集体学习14次、周二例会学习20次、专题学习研讨9次，专家辅导2次，专题培训2期。

坚持"权责效"统一，严守政治原则。县委高度重视人大工作，听取人大工作汇报、研究解决重大问题、充实人大工作力量，创造了良好条件，提供了有力保障。我们始终秉持"权力就是责任、责任就要担当"的履职理念，坚决执行县委领导人大工作制度，对人大的重大事项、重要问题、重点工作及时向县委请示报告，确保人大工作有方向、能落实、见实效。严格落实人大常委会党组主体责任，召开6次党组会议专题研究部署全面从严治党、党风廉政建设、意识形态领域等工作，并跟进发力抓落实。坚决落实县委主张和意图，圆满完成了干部任免任务。

坚持"督战帮"融合，扛牢政治责任。始终突出

"围绕中心、服务大局"的政治责任，当好监督者、参战者、帮忙者。紧跟县委决策部署，紧贴人民群众所思所盼所愿，紧扣推进治理体系和治理能力现代化需求，聚力中心大局议大事、抓大事，紧贴民心民生督重点、抓难点。按照县委"三抓三促"要求，落实"领导包抓+专班推进+督查通报"机制，主动参与项目建设、产业发展、脱贫成果巩固、乡村振兴、环境整治、平安建设等重点工作。面对"11·19"突发疫情，带头落实县委部署要求，主任委员冲锋在前，机关干部全员出战，基层代表坚守一线，用实际行动践行初心使命。

二、对标"三种监督"显担当，服务大局全面跟进

坚持"正确监督"的督政方向、"有效监督"的目标任务、"依法监督"的途径方法，探索推行"六式监督法"，"三种监督"一体推进、共同发力、务求实效。

聚焦高质量发展开展全程式监督。落实"疫情要防住、经济要稳住、发展要安全"和"大抓发展、抓大发展、抓高质量发展"的要求，对经济运行情况进行全方位全过程监督，督促"稳保促"措施落实。对影响高质量发展的短板弱项开展专题调研，督进要素资源配置、优化营商环境、激发市场活力。听取审议了计划、预算执行情况报告及预算收支专项审计报告，批准了县本级财政决算和预算变动调整、债券资金调整安排，督促解决资金使用管理中的突出问题。对政府债务管理情况进行调研并听取工作报告，督促化解存量债务，提高风险防控能力。听取审议了国有资产管理情况专项报告，督促摸清底数、健全台账、完善管理。

聚焦产业项目建设开展专班式监督。认真落实县委"六个一"项目专班责任制，围绕全县40个重点项目和30个一般项目、"五特五新五优"产业、"六大提升行动"等，常委会各主任对标融入工作专班，集监督、支持、落实于一身，对产业项目同谋划、同发力、同推进。对老旧小区改造、"互联网+城乡供水"、社区卫生服务中心、肉牛产业、纺织服装产业等进展情况进行专项视察，听取审议专项报告6项，转交督办审议意见15条。对"两个不撂荒"、"三统三分"、"六权"改革等进行专题调研，以点带面促进各项改革全面深化。

聚焦乡村振兴战略开展包抓式监督。带头落实县委关于"网格化包抓"的部署要求，自觉扛起责任，深入乡镇村组，开展包抓督战，推动巩固拓展脱贫攻坚成果后评估、农村人居环境整治、项目建设、产业发展、乡村治理等各项任务落实。组织对农村人居环境整治、移民致富提升行动开展专项视察，听取审议专项报告，督办代表意见建议，促进乡村振兴战略全面实施。

聚焦保障改善民生开展点单式监督。探索改进民生事项的督办方式，紧贴群众急难愁盼问题，问需、问计、问政于民，建立民生清单，照单逐项督办，做到事前让群众出卷点题、事后由群众阅卷评判。组织视察并听取审议了三医联动改革、县医院三级乙等创建、高考综合改革、"县管校聘"改革、医保基金监管等"六大提升行动"，推进民生热点难点事项群众有期盼、人大有监督、政府有落实。

聚焦生态环保问题开展清零式监督。开展生态环保问题清零专项行动，将中央、区、市各级督察检查反馈问题整合打包、集中整改、动态监督、限期清零。对全县生态林业建设、生态环境污染治理情况专项视察，听取审议专项工作报告2项，督办审议意见6条。配合区市人大常委会开展中华环保世纪行活动，对环境保护法等三部法律法规贯彻执行情况进行检查，督促补齐预警能力建设、应急处置机制等方面的漏洞短板。

聚焦平安西吉建设开展联动式监督。围绕"六大治理"，坚持"小切口、精细化、易操作"原则，统筹安排、整合力量、多方联动，打出执法检查的"组合拳"。对法律援助法、家庭教育促进法、工会法等法律贯彻实施及"八五"普法工作进行执法检查，对打击防范电信网络诈骗、未成年人司法保护等情况进行视察检查，对法检两院工作进行专项检查，审议专项工作报告2项，交办意见建议5条。听取审议规范性文件备案审查工作专项报告，备案审查规范性文件6件。落实领导包案化解责任制，全年受理、转办来信来访17件次，包案化解突出信访案件9件。

三、对标"三个体现"有作为，代表作用全面发挥

认真落实习近平总书记对全过程人民民主"三个体现"的实践要求，激发代表活力，发挥代表作用，使践行全过程人民民主成为"民有所呼、我有所应"的生动实践。

抓能力素质，充实了发展全过程人民民主的一线主力军。把人大代表作为全过程人民民主的主体建设者、推动者、参与者，以提升政治素质、业务能力为核心，以强化代表意识、责任意识为关键，常态化抓学习，分层次搞培训，全面提升代表履职能力。先后组织186名区市县三级人大代表参加了履职能力提升班调训学习。结合落实"第一议题"和"会前学法"制度，对常委会组成人员以会代训10余次。邀请专家举办讲座，分期对243名县人大代表进行了综合轮训。组织代表开展线上线下互学互补，学理论、悟思想、受教育。

抓平台载体，强化了发展全过程人民民主的一线主阵地。按照"六有"标准，建成规范化代表联络站1个、代表之家19个、代表活动室270个。打造人大代表履职信息网络平台，强化"西吉人大"微信公众号综合功能，开展"数字人大"试点建设，代表履职信息化数字化有了新进展。按区域按专业将四级人大代表分编270个小组，组织代表"进家入站"，开展网格化便民化常态化履职活动。年内邀请人大代表260多人次列席县人大常委会会议，参与调研、视察、检查以及"一府一委两院"座谈会、听证会、开放日等活动。重视乡镇人大工作，加强业务指导，协调解决困难。重视代表履职服务保障，按政策规定保证了代表履职经费，落实了代表通讯交通补贴。重视人大工作宣传，及时推介法律法规、发布工作动态、报道代表事迹，营造关心、支持、参与人大工作的良好氛围。

抓议案建议，突出了发展全过程人民民主的一线主抓手。把代表议案建议作为了解民情、倾听民声、反映民意的鲜活实践，作为全过程人民民主在基层的有力抓手，完善议案建议集中交办、领导领办、部门承办、动态督办"全链条"办理机制，促进办理工作由"有来有往"向"常来常往"转变、由"答复满意"向"结果满意"转变，实现议案建议内容高质量、办理高质量的"双高"目标。县委学贵书记高度重视议案建议办理工作，多次指导督导，提出明确要求；政府天峡县长亲自推动议案建议办理，研究解决资金等困难问题；人大常委会先后2次对办理工作进行专项检查，听取审议办理情况专题报告。经过多方努力，县十八届人大一次会议决定的6件议案、6件建议全部办结。

四、对标"四个机关"树形象，自身建设全面从严

始终把习近平总书记"四个机关"定位要求作为十八届人大接班履新、接续奋斗的总抓手，抓好自身建设，办好人大事情，服务全县大局。

以严实的主体责任促政治过硬。常委会党组严格履行全面从严治党主体责任，压紧压实"一岗双责"，健全人大常委会党组政治建设制度，执行民主集中制，严肃党内政治生活。认真落实意识形态工作责任制，开展铸牢中华民族共同体意识主题教育。常态化落实"三会一课"、主题党日、民主评议党员等制度，持续开展理论学习、业务培训、调研观摩和研讨交流，不断提高政治判断力、政治领悟力、政治执行力。

以严实的制度执行促规范履职。坚持用制度管人、按规矩办事，修订党组会议、常委会会议、主任会议规则及常委会组成人员行为准则，完善人大组织制度、议事制度、监督制度等，健全规范化常态化工作机制。开展经常性自查自纠，对制度执行情况定期过滤、细挖问题、及时整改。在县委、县政府大力支持下,完成了全国人大常委会预算工委、福建省人大常委会、自治区人大常委会、石嘴山市人大常委会视察检查组来我县的接待服务工作,讲好人大故事,宣传推介西吉。

以严实的纪律作风促任务落实。严格贯彻中央八项规定及其实施细则精神、区市县党委相应禁令规定,深入推进党风廉政建设和反腐败斗争,认真落实"三个清单"制度,扎实开展违规收送红包礼金和不当收益及违规借转贷或高额放贷专项整治,全面开展机关纪律作风专项整顿。定期开展廉政教育"六个一"活动,及时传达区市县纪委相关违纪案例通报,教育监督常委会组成人员和机关干部知敬畏、存戒惧、守底线,树起了人大机关对党忠诚、为民尽责、担当作为、风清气正的良好形象。

各位代表,回顾工作、总结成绩,常委会的工作有改进有提升,根本在于习近平新时代中国特色社会主义思想的科学指引,在于区市人大的精心指导、县委的坚强领导,是"一府一委两院"和县政协相互支持的结果,是人大常委会组成人员、全体人大代表和全县人民群众团结奋斗的结果。在此,我代表县人大常委会表示衷心感谢、致以崇高敬意!

各位代表,对标形势、查找问题,常委会的工作还存在差距和不足,主要是:抓监督的刚性还不强,对一些痛点淤点堵点问题,还存在监督难、难监督情况;议大事的水平还不高,缺乏全局性战略性前瞻性眼光和思维;联代表的机制还不活,统筹区市县乡四级人大代表发挥作用的制度、办法、载体等都需要改进和完善;专业化的能力还不足,理念思路、专业素质、方法效能等还需要拓展提升。对此,我们将虚心听取意见、自觉接受监督、尽心尽力整改,不断提高人大工作质量和水平。

2023年主要任务

2023年,是全面学习把握落实党的二十大精神的开局起步之年,是西吉现代化建设、高质量发展的发力突破之年,也是县人大常委会奋进新征程、续写新篇章的重要一年。常委会工作总体要求是:坚持以习近平新时代中国特色社会主义思想为指导,全面学习把握落实党的二十大精神、习近平总书记视察宁夏重要讲话指示批示精神,深入贯彻落实中央人大工作会议和自治区党委人大工作会议精神,坚持党的领导、人民当家作主、依法治国有机统一,以现代化建设为引领,以高质量发展为主题,聚焦县委"要想富先修路、要增产抓农田、要效益兴水利、要跨越强工业"的思路、"加快建设农业强县、创建全国乡村振兴示范县"的目标以及"三种理念""四种关系""三抓三促""八大任务"的部署要求,依法行使监督权、决定权、任免权,践行全过程人民民主,开展高质量资政督政,为西吉人民过上更加美好的生活而团结奋斗。

一、始终把坚持党的全面领导作为人大工作的最高政治原则,使"三个善于"的政治底色更纯

认真落实习近平总书记"党的全面领导是全面的、系统的、整体的,必须全面、系统、整体加以落实"的政治要求,使"总书记怎么说,我们就怎么做,不仅要做到、而且要做好"成为人大政治最强音,使"三个善于"的政治底色更纯正、更鲜明。

一是坚决落实首要政治任务,提高识变应变的政治判断力。全面学习把握落实党的二十大精神,是当前和今后一个时期的首要政治任务。进一步完善中心组带头学、常委会集体学、专委会专题学、机关干部日常学、代表履职培训学等制度机制,深入开展党的二十大和习近平总书记视察宁夏重要讲话指示批示精神"大学习、大讨论、大宣传、大实践"活动,在全面学习、全面把握、全面落实上下功夫,做到学思用贯通、知信行统一。注重理论消化、思想净化、实践转化,把党的二十大对人大工作的新部署新要求,与习近平总书记关于坚持和完善人民代表大会制度的重要思想、中央人大工作会议和自治区党委人大工作会议精神结合起来,学好政治必修课,练强业务基本功,进一步识大局、应变局、开新局,丰富人大工作的时代特色、实践特色。

二是坚决捍卫重大政治成果,提高对标对表的政治领悟力。"两个确立"是党在新时代取得的重大政治成果,是走好新的赶考之路的根本保障。深刻领悟"两个确立"的决定性意义,旗帜鲜明地以"两个确立"领航定向、凝心聚神,确保人大工作方向不偏、靶心不散。坚持不懈用习近平新时代中国特色社会主义思想凝心铸魂,准确把握蕴含其中的世界观和方法论,更好地谋划和推动新时代人大工作,切实转化为坚定理想、锤炼党性和指导实践、推动工作的强大力量。集中开展习近平新时代中国特色社会主义思想主题教育,牢记"三个务必",淬炼思想灵魂,筑牢政治根基,提高斗争本领。

三是坚决遵循最高政治原则,提高笃信笃行的政治执行力。坚持党的全面领导,是人民代表大会制度的本质特征,是做好人大工作的最高政治原则。不折不扣执行党领导人大工作各项制度,切实把党的领导、党的工作融入人大工作全过程各方面,坚决做到县委有部署、有要求,人大有担当、有行动。严格执行请示报告制度,及时主动向县委请示报告人大重大事项、重要活动、重点工作,确保人大工作始终在县委统一领导下进行。始终坚持党管干部原则与人大依法任免高度统一,严谨规范圆满完成干部任免工作。

二、始终把围绕中心、服务大局、突出重点作为人大工作的鲜明导向,使"三种监督"的督政本色更浓

坚持围绕中心、服务大局、突出重点,坚持正确监督、有效监督、依法监督,更加自觉地投身现代化西吉建设新征程,确保党委中心工作在哪里,人大工作就跟进到哪里、力量就汇聚到哪里、作用就发挥到哪里。

一是中心工作带头抓。带头同谋划,对标总书记给宁夏擘画的宏伟蓝图,对照区市县党委的决策部署,对表新时代新征程人大工作使命任务,项目化、精准化、责任化制定人大工作年度要点和计划。带头同推进,继续按照县委"三抓三促"总要求和"网格化包抓"责任制,深入基层一线、深入工作点位、深入攻坚现场,发挥人大增团结、集智慧、聚合力、督落实的重要作用。带头同增效,增强高标准、高效率、高质量意识,坚持原则性、灵活性、针对性结合,注重从政治的、法律的、民主的、参与的角度找准工作切入点和着力点,力促日常工作见长效、急难工作见速效、重点工作见大效。

二是监督工作刚性抓。突出监督重点,围绕县委决策部署、"一府一委两院"履职重点、群众所思所盼所愿及工作推进中的难点痛点堵点,聚焦问题、靶向发力、强化监督。完善监督方式,继续探索改进"六式监督法",寓监督于支持中、寓支持于参与中,做到督进改革不失位、服务发展不缺位、维护稳定不离位。增强监督效果,选择好角度、掌握好尺度、把控好力度,坚持程序性监督与实质性监督、综合性监督与小切口监督、刚性手段与柔性方式、督人督事与问责问效相结合,不断增强监督的刚性和实效。

三是决定事项包案抓。坚持把依法行使重大事项决定权作为发展全过程人民民主的重要途径,完善制度机制,明确包抓责任,确保依法作出的决议决定有效落实。围绕全县改革发展稳定全局性紧迫性前瞻性问题,遵照县委主张和人民意愿,合法合规合理审议重大事项,确保决定决议的科学性民主性权威性。注重站位全局观大势、顺应变局开新局,努力提高议大事、抓大事的能力水平,在督政资政中力求谋在点子上、督到关键处。探索建立专家咨询、社会听证、联席论证、会商协商、媒体公示等制度，完善议事程序，提高议事质量。

四是议案建议闭环抓。创新机制、优化流程、延伸链条，形成问计问政、提出提交、审议审查、交办督办、评议评价、问责问效的工作闭环，实现议案建议"双高双转"目标。坚持让代表议案建议的"天线"接得更密，前移服务关口，开展议案建议大调研大征集活动，将着眼点放在事关发展大局、攸关群众利益的问题上，提出有理有据、可行可办、民需民盼的高质量议案建议。坚持让代表议案建议的"地气"接得更足，做到办前诉求明确、思路明确、重点明确，办中责任到位、措施到位、落实到位，办后及时答复、及时反馈、及时评价，全程承诺公开、进度公开、结果公开，真正体现既有高质量、又有好结果。

五是全盘工作系统抓。坚持系统观念，运用系统方法，密切与上下级人大的工作联系和协作配合，加强与"一府一委两院"的沟通协调和相互支持，增强工作合力，发挥共振效应。重视支持乡镇人大工作，做到业务培训到位、联系指导到位、督促检查到位，支持乡镇人大开展多元化、特色化、精准化履职活动，帮助解决经费、力量、阵地等方面的困难问题。加强人大工作宣传，挖掘基层鲜活经验，借鉴外地好的做法，推动县乡人大工作守正创新、与时俱进。

三、始终把发展全过程人民民主作为人大工作的重要使命，使"四个统一"的民主特色更亮

完整、准确、全面贯彻习近平总书记"四个统一""三全三最"等重要论述，以高质量、有特色的"西吉篇""人大篇"丰富全过程人民民主的基层实践。

一是力促民主建设过程"全链条"。强化程序链、责任链意识，对标流程环节，补齐短板弱项，补链延链强链，使全过程人民民主贯通到民主选举、民主协商、民主决策、民主管理、民主监督的各环节各程序。构建多样、畅通、有序的民主渠道，使人民的知情权、参与权、表达权、监督权更加真实、生动、具体地体现到人大工作各方面全过程，确保党委和政府在决策、执行、监督落实环节都能听到来自人民的声音。完善代表履职网络平台，健全管理监督评价体系，完善基层代表列席人大重要会议、参与人大重要工作常态化机制。完成县乡人大代表全员轮训，提升代表贯彻落实党的二十大精神、践行全过程人民民主的实践能力。

二是力促民主建设体系"全方位"。依靠县委统一领导，发挥人大牵头作用，调动各机关、各部门、各行业的积极性创造性，使全过程人民民主涵盖到党和国家政治生活、社会生活的各层级各体系。健全人大组织制度、会议制度、议事程序和工作机制，把总书记"八个能否""四个要看四个更要看""五个基本观点"等重要论述，有机地无缝地融入人大制度建设中，使人大监督、决定、任免、代表工作更好地契合全过程人民民主建设，最大限度吸纳民意、汇集民智、凝聚民心。深化代表联络"站家室"标准化建设，提升质量、丰富功能、拓展渠道。深化代表"双联"活动，开展"群众接待日、选民走访周、信访化解月"行动，解决一批急难愁盼问题，做到民有所呼、我有所应。加快"数字人大"建设，探索县乡人大互动、代表选民互动、线上线下互动的新途径。

三是力促民主建设领域"全覆盖"。拓展民主建设的内涵和外延，丰富民主建设的载体和方式，使全过程人民民主融入"四个全面"战略布局、"五位一体"总体布局的各方面各领域。注重用亲民便民惠民的理念和方法推进全过程人民民主建设，大到政策制定、经济发展、社会治理等关切，小到衣食住行、柴米油盐、酸甜苦辣等倾诉，只要是群众的期盼、希望、苦恼，都有地方说，说了有人听，听了有落实有反馈，真正让全过程人民民主起始于人民意愿充分表达、落实于人民意愿有效实现。注重领导带头示范，促使各级领导干部增强民主意识、发扬民主作风，自觉当好全过程人民民主的实践者、推动者、维护者。

四、始终把团结奋斗作为人大工作的时代要求，使"四个机关"的建设成色更足

团结奋斗是中国人民创造历史伟业的必由之路，也是人大奋进新征程、谱写新篇章的时代要求。要把团结奋斗作为最显著的精神标识，以"四个机关"高质量建设推动人大工作高质量发展。

一是以政治建设为统领，开启团结奋斗的新常态。严格落实"两个永远在路上"要求，压紧压实主体责任和"一岗双责"，加强和改进常委会党组、机关党组、机关党支部建设，提高政治站位，提升政治境界，自觉做到与县委一个调、与大局一盘棋、与群众一条心，无论是开展监督、助力发展，还是重大事项决定、重要人事任免，都立足政治站位看、把握政治逻辑办、注重政治效果干。坚持民主集中制原则，加强与"一府一委两院"的沟通衔接、互通有无、融通共进，加强与上下级人大的日常联络、资源联盟、工作联动，构建立体监督格局。发挥人大代表遍布各领域各行业的优势，做好增团结、促稳定、聚合力的工作，形成最大团结面，聚起最大正能量，开启团结奋斗新常态。

二是以能力建设为关键，练好团结奋斗的基本功。开展常委会组成人员、人大代表、机关干部"三支队伍"能力提升行动，采取专家学者讲座、专题调训轮训、实践锻炼历练、观摩交流见学等方式，分期分批对人大代表和工作队伍进行系统培训，丰富知识储备，拓宽思维视野，增强能力本领，努力打造政治坚定、服务人民、尊崇法治、发扬民主、勤勉尽责的人大工作队伍。坚持守正和创新相统一，坚守党的性质宗旨、理想信念、初心使命不动摇，同时以新的理念、思路、办法、手段解决好能力方面的短板弱项、工作方面的矛盾问题，学习借鉴外地先进做法，挖掘提炼基层首创经验，推动新时代人大工作创新发展。

三是以作风建设为依托，提振团结奋斗的精气神。坚持以严的基调强化正风肃纪，从严落实中央八项规定及其实施细则精神、区市县党委相应禁令规定，持之以恒纠"四风"、转作风、树新风。深入推进党风廉政建设和反腐败斗争，坚持党性党风党纪一起抓，从思想上固本培元、政治上凝心铸魂、作风上祛疴除瘤，不断增强拒腐防变能力。强化"一线"意识，破除"二线"思想，扛牢担当奋进之责，大兴调查研究之风，锤炼求真务实之功，听党号召、闻令出战，做到平常时候看得出来、关键时刻站得出来、危难关头豁得出来。

各位代表，新时代是奋斗者的时代，党在召唤，我们唯有矢志不渝、笃行不息而奋进；新征程是追梦人的征程，民在期盼，我们唯有不负时代、不负人民以报之。让我们更加紧密地团结在以习近平同志为核心的党中央周围，高举习近平新时代中国特色社会主义思想伟大旗帜，紧紧依靠县委的坚强领导，紧紧依靠人民的强大力量，自信自强、守正创新、踔厉奋发、勇毅前行，为西吉人民过上更加美好的生活而团结奋斗！

政府工作报告

——在西吉县第十八届人民代表大会第三次会议上的报告

西吉县委副书记、政府县长　马天峡

（2023年1月5日）

2022年工作回顾

2022年，是西吉发展史上极具考验、极为难忘、极不平凡的一年。面对新冠疫情的多轮冲击和经济社会发展多重压力，我们坚持以习近平新时代中国特色社会主义思想为指导，全面学习宣传贯彻党的二十大精神，深入落实习近平总书记视察宁夏重要讲话和重要指示批示精神，全面落实区市党委、政府和县委的各项决策部署，攻坚克难、砥砺前行，以实干创造新业绩，用担当交出新答卷。预计全年地区生产总值增长7%，城乡居民人均可支配收入分别增长8%、11%，基本完成了县十八届人大一次会议确定的目标任务。

一、政策发力稳保促守，经济运行回升向好

坚决贯彻落实"疫情要防住、经济要稳住、发展要安全"的要求，认真落实国家和自治区稳经济一揽子政策，开展"大干40天奋战200日"行动，制定出台稳保促守"35条"和扩大消费"13条"政策措施，打出纾困解难、稳定增长、扩大消费组合拳。拿出真金白银，全年退税减税降费6881.7万元，清欠中小微企业账款227万元，减缓返社保费7230.5万元，21.79亿元财政直达资金惠企利民，新增市场主体2707户，各类市场主体达到2.1万户。线上线下消费协同发力，新型传统消费齐头并进，积极开展"5·19""6·18""两晒一促"推介活动，筹措850万元撬动社会消费，发放消费券8万张，带动社会消费1.6亿元。积极争取项目资金，有效解决要素保障难题，经济大盘稳中有进。预计社会消费品零售总额增长3%，地方一般公共预算收入同口径增长12%以上，主要经济指标增速位居全区前列。

二、脱贫攻坚成果巩固，乡村振兴全面推进

聚焦"守底线、抓发展、促振兴"，落实"四个不摘"，抓好"四个衔接"。对重点和特殊群体实行"八必访"、风险户"一键预警"，精准落实帮扶措施，消除风险监测对象1895户8724人，国家和自治区考核评估反馈问题全面整改，"三保障"和饮水安全水平稳步提升。科学应对去年罕见的冻、旱、涝、雹等自然灾害，及时安排抗旱资金1000万元，积极动员群众拆墒改种、抢墒播种、浇灌补灌，抗旱保苗12.7万亩，努力将灾害损失降到最低。集中开展耕地和劳动力"两个不撂荒"行动，巩固提升创业孵化基地10家、帮扶车间76家，转移农村劳动力11.15万人，脱贫人口实现稳定就业4.23万人，人均纯收入达1.21万元，同比增长16.6%，增速位居全区第一，"两个高于"目标稳定实现，守住了不发生规模性返贫底线。坚持把产业振兴作为重中之重,整合涉农资金9.15亿元,争取闽宁协作、中央单位定点帮扶资金8645万元,投放小额信贷10.28亿元,实施衔接项目50个,打造乡村振兴示范乡(镇)2个、乡村振兴示范村38个,培育致富带头人2257名,全县295个村集体经营性收益达到2852.49万元。中央广播电视总台农业农村节目中心"乡村振兴观察点"落地西吉。

三、持之以恒调优结构,特色产业不断壮大

培育形成肉牛、马铃薯、冷凉蔬菜、杂粮(油料)四大产业集群,建成投产"出户入园"肉牛养殖园区17个,全县肉牛饲养量达50.1万头,种植马铃薯53.5万亩、冷凉蔬菜15万亩、杂粮(油料)39.4万亩,西吉芹菜入选2022年第三批全国名特优新农产品名录。超额完成2万亩春小麦和8万亩大豆玉米带状复合种植任务,粮食播种面积133.7万亩,粮食总产量32.88万吨。采取"低水高用""引水上山"等措施,打造火石寨沙岗、王民小湾等示范基地12个4.3万亩,建成高标准农田21.74万亩,全县高标准农田累计达到63.13万亩,农作物耕种收综合机械化水平达72%,被评为全国第七批率先基本实现主要农作物生产全过程机械化示范县。2022年全区秋冬农田水利基本建设现场启动会在西吉召开。全县农林牧渔总产值达到49.85亿元。持续实施工业"四大改造"提升,推进工业园区扩容升级,支持引导金曜塑业、福寿康宁等企业技改增效,福农薯业、佳立、万里等马铃薯加工企业增资扩产,培育5000万元以上企业3家,"小升规""专精特新"企业2家,入限商贸企业9家,金曜塑业、福农薯业产值历史性突破亿元大关,规上工业扭负转正,总产值5.76亿元,同比增长3.5%。做足"引留消"文章,组织各类促销活动16场,网络销售、直播电商、无接触配送广泛开展,成功举办全区物流现场会。打造"西吉好吃头"特色街区3个,区级特色旅游村2个,将台堡镇获评全国特色旅游镇。全年接待游客265.57万人次,"西部福地·吉祥如意"文旅品牌深入人心,成为西吉亮丽名片。

四、想方设法扩大投资,城乡面貌显著改观

持续开展"扩大有效投资攻坚年"活动,组织重大项目集中开工5次,实施建设项目111个,当年完成投资46.6亿元。预计完成固定资产投资40.3亿元以上,同比增长10%以上。S60西出口连接线工程建成通车,S103、G566等一批重点交通项目有序推进。固海扩灌扬水更新改造、张家沟水库等重大水利工程全面开工。格兰美景二期、湖滨花园三期等6个商住小区顺利推进。组团前往福建、上海、江苏、湖北等地招商引资,落地项目26个,实际到位资金40.74亿元。改造提升老旧小区12个,改扩建东四路、安居路等城市道路5条,整治安全隐患房屋605栋,拆除整治私搭乱建13.7万平方米,亮化23.3万平方米。拆除县城空地围挡,整治改造利用,新增停车场9个、公厕14座。全力争创自治区级卫生县城,病媒生物预防控制和无烟草广告城市创建顺利通过自治区验收。实施乡村建设"183"行动,完成"多规合一"实用性村庄规划编制114个,新(改)建农村道路59公里,硬化巷道186公里,成功申报2022年"四好农村路"全国示范县。农村自来水、动力电、光纤网、标准化卫生室实现全覆盖。

五、坚持为民造福理念,民生保障坚实有力

深入实施"六大提升行动",聚合90%以上财力用于保障和改善民生,发展成果惠及全县人民。坚持教育优先发展,投入7.3亿元实施学前教育、薄弱学校改造等项目47个,全面落实护学岗,建设人行过街天桥2座,"双减"政策全面落实,"县管校聘"持续深化,成立幼教集团5个、义务教育城乡学校共同体11个,高职及以上录取率79.46%。成立西吉县医疗健康总院,深化"互联网+医疗健康",建成县乡村三级医共体信息平台,引进心脏冠状动脉植入术等高精尖技术10余项,打造健康示范村卫生室50个，家庭医生签约21.83万人，重点人群签约率达到100%，新冠疫苗全程接种任务完成率达到99.6%，医疗机构实现中医馆、中医适宜技术服务全覆盖。深入实施全民参保计划，城乡居民基本养老、医疗保险应保尽保，提高基础养老金标准，累计发放保障金1.06亿元，惠及群众4.4万人次，群众基本生活保障网更密更牢。深入实施文化惠民工程，推出《西吉好吃头》原创音乐短视频等宣传作品35期，西吉刺绣抱枕登上国产C919大飞机，完成"送戏下乡"等演出249场次，打造"苍天一滴泪"、西吉文艺之家等"1+9"文艺创作阵地，中国首个文学之乡品牌更加响亮。抓好重点群体就业，开展职业技能培训5568人，发放创业担保贷款4660万元，培育创业实体281个，城镇新增就业2208人，全区首届"三支一扶"高校毕业生赴基层服务出征仪式在西吉举办。

六、多措并举植绿添彩，生态底色愈发亮丽

持续开展国土绿化行动，完成生态保护与修复重点工程建设任务18.15万亩，栽植绿化苗木1233.79万株，全县森林覆盖率达19.95%。治理水土流失59.63平方公里，水土保持率达到78.27%。扩大"四尘同治""五水共治""六废联治"成果，全面实施河湖长制、林长制，完成县城污水处理厂提标改造，新建乡村污水处理站6座，葫芦河玉桥国控断面水质稳定在Ⅲ类以上，大气优良天数比例保持在95%以上。深入推进农村人居环境整治，扎实开展"月百户"整治行动，新建农村户厕2859座，全县295个行政村全域保洁机制全部建立。推进秸秆粪污"两利用"，探索建立"牛粪银行"3家，农作物秸秆综合利用率、畜禽粪污资源化利用率分别达到90%、92%。各级各类环保督察反馈问题整改完成率达98.6%，生态保护由集中整改向常态化机制化转变。高质量编制国土空间规划，实事求是划定永久基本农田159.88万亩、城镇开发边界3.07万亩、生态保护红线116.89万亩，发展空间大幅拓展。"双碳"工作稳步推进，能耗强度控制在合理区间，交出了绿色发展的环境答卷。

七、坚定不移深化改革，发展动力持续增强

扎实推进"六权"改革，聚焦"节水增效、盘活增值、降污增益、植绿增绿、节能转型、碳达峰碳中和"重要任务，聚力"确权、赋能、定价、入市"关键环节，全面摸清底数，建立确权核算体系，在全区率先完成年度闲置土地处置任务，城乡建设用地增减挂钩拆旧复垦跨省域调剂270亩；确权水量4153万立方米，积极先行先试，成功实践黄河水用水权跨区域交易；完成42.08万亩生态移民迁出区和73.02万亩退耕还林地界线区划和勘界工作；对20家企业初始排污权进行确权，减碳减排有力推进，资源有价、使用有偿、交易有市、节约有效的制度体系不断完善。投入R&D资金575万元，同比增长30%，申报认定国家、自治区高新技术企业各1家。国企改革三年行动圆满收官，综合医改、财税金融、园区管理等领域改革取得阶段性成效。持续优化营商环境，推进基层审批服务便民化改革，高频事项实行"一事一卡"，社会投资简易低风险工程实现"拿地即开工"，医疗卫生等民生服务类事项"指尖查、掌上办""即来即办、立等可取"，123项政务服务事项实现"跨省通办"，县乡村一体化政务服务智能化管理模式创优推进，获自治区以奖代补考核奖励。

八、齐心共建平安西吉，社会大局和谐稳定

牢固树立底线思维，坚决贯彻自治区党委、政府"四防"工作部署，全力化解重大风险，推动形成政治安全、社会安定、人民安宁的良好社会局面。成立社区建设服务中心，新增社区居委会5个，全面实行"1133"基层治理机制，网格化管理更加精准有效，矛盾纠纷化解率达99.8%。深入开展"八五"普法，培育"法律明白人"3100人，火石寨乡小红庄村被司法部、民政部命名为"第九批全国民主法治示范村"。常态化开展扫黑除恶斗争，深入推进打击整治养老诈骗专项行动，侦破"3·28"特大跨境电信网络诈骗案、"6·25"诈骗专案,刑事、治安、电信诈骗发案率同比下降10.8%、6.7%、21.3%,社会治安明显好转,信访维稳形势总体稳定。深入开展自建房、燃气等15个领域隐患排查治理,安全生产形势总体平稳,综合防灾减灾能力明显增强。金融领域风险化解有力有序,政府债务风险等级处于绿色区间。深入贯彻党的民族政策和宗教工作基本方针,认真落实中央民族工作、全国宗教工作会议精神,民族团结、宗教和顺局面切实巩固,成功创建第十批全国民族团结进步示范区,中华民族共同体意识不断增强。

各位代表,一年来,县人民政府全面加强政府系统党的建设,深入学习宣传贯彻党的二十大精神,扎实开展习近平总书记视察宁夏重要讲话和重要指示批示精神"大学习、大讨论、大宣传、大实践"活动,自觉把旗帜鲜明讲政治贯穿于政府工作各方面全过程。严格执行重大事项请示报告制度,提请县委研究重大事项80件,办理人大议案建议12件、政协提案20件,办复率均为100%。推行政府常务会议会前学法制度,严格落实党风廉政建设责任制,坚决贯彻中央八项规定及其实施细则精神,以"严细深实勤俭廉+快"和"三个马上"的工作作风,落实"三抓三促"要求,政府效能全面提升。人防、档案、史志、国防动员和民兵预备役等工作迈出了新步伐;工会、共青团、工商联、妇女儿童、机关事务、伊协、科协、文联、残联、红十字会等事业开启了新局面;金融、税务、通信、邮政、烟草、供电等区市驻县单位为全县经济社会发展作出了新贡献。

各位代表,一年来,我们遇到的困难挑战虽然超出预期,但是实际发展成效却好于预期。面对大事要事难事叠加的复杂局面、极端自然灾害接踵而至的严峻形势、改革发展稳定的繁重任务,我们承压奋进、迎难而上,解决了许多难题,办成了许多大事,啃下了许多硬骨头,交出了极为不易、十分难得的发展答卷。全县发展取得的每一点成绩、每一个进步,都是党中央、国务院亲切关怀的结果,是区市党委、政府和县委坚强领导的结果,是县人大、县政协和社会各界监督支持的结果,是各位人大代表、政协委员理解信任、鼎力支持的结果,是全县人民群众勠力同心、砥砺奋进的结果。在此,我谨代表县人民政府,向全县人民,向人大代表、政协委员,向各民主党派、工商联、无党派人士和人民团体,向区市驻县单位,向武警及驻地官兵、公安民警和消防救援人员,向广大医务工作者、社区工作者和志愿者,向倾情帮扶西吉的福建省福清市和中国商飞公司,向所有参与西吉建设、支持西吉发展的各界朋友,表示崇高的敬意和衷心的感谢!

各位代表,思危方能居安,知忧才能克难。在肯定成绩的同时,我们也清醒地认识到发展中还面临不少问题和不足:发展不平衡不充分仍是西吉最突出的矛盾,经济总量不大,产业链条短、层次不高、附加值低;市场主体总量偏少、体量偏小,抗风险能力较弱,特别是受疫情影响部分中小微企业、个体工商户经营困难;改革开放程度不够,全社会创新活力不足;民生保障、社会治理还有不少短板;部分干部能力作风与高质量发展的要求还不相适应。对此,我们将增强忧患意识,直面问题挑战,采取更加有力有效的举措加以解决和克服,以民之所望为施政所向,决不辜负全县人民期待!

2023年重点工作

2023年,是全面贯彻落实党的二十大精神、全面建设社会主义现代化国家的开局之年,是实施"十四五"规划承上启下的关键之年,做好今年工作意义重大、影响深远。按照县委十五届六次全会部署,政府工作的总体要求是:坚持以习近平新时代中国特色社会主义思想为指导,全面贯彻落实党的二十大精神,深入贯彻落实习近平总书记视察宁夏重要讲话和重要指示批示精神,全面落实自治区第十三次党代会、自治区党委十三届二次三次全会和固原市委五届五次六次七次全会及县第十五次党代会、县委十五届五次六次全会部署要求，扎实推进中国式现代化，坚持稳中求进工作总基调，完整、准确、全面贯彻新发展理念，主动融入新发展格局，着力推动高质量发展，高效统筹疫情防控和经济社会发展，更好统筹发展和安全，坚定不移抓产业项目促发展、抓城乡整治促提升、抓纪律作风促落实，按照"要想富先修路、要增产抓农田、要效益兴水利、要跨越强工业"的思路，加快建设农业强县，创建全国乡村振兴示范县，为西吉人民过上更加美好的生活而团结奋斗。

主要预期目标是：地区生产总值增长7.5%，固定资产投资增长13%，社会消费品零售总额增长6%，地方财政一般公共预算收入同口径增长6%；城镇居民人均可支配收入增长8.5%，农村居民人均可支配收入增长11%；居民消费价格涨幅控制在3%以内；城镇调查失业率控制在5.5%以内；万元地区生产总值能耗和主要污染物减排等约束性指标完成区市下达任务。

上述预期目标，综合考虑了宏观环境影响，衔接了"十四五"规划和2022年发展情况，充分估计了各方面机遇条件和有利因素，体现了"稳"的基调、"进"的态势、"高"的要求和"新"的作为。从全局大势看，党的二十大擘画蓝图、引领航程，中华民族伟大复兴进入了不可逆转的历史进程，中央经济工作会议作出了明年我国经济有望总体回升的战略判断，为我们做好明年经济工作指明了方向、增强了底气。随着国家疫情防控优化调整政策的推进，国内市场将迎来复苏发展的旺季，我县市场主体必将持续壮大，消费回暖步伐必将明显加快，经济运行企稳回升势头必将更加巩固。从政策趋势看，自治区深入实施先行区建设重大战略，加快构建"一主一带一副"发展新格局，赋予固原建设生态文旅特色市和宁夏副中心城市的任务，西吉县作为国家乡村振兴重点帮扶县、全区农业大县，在补齐基础短板、承接产业转移、放大绿色优势、建设农业强县等方面将迎来新的更大机遇，随着诸多利好政策落地和重大项目实施，必将有效解决县级财力薄弱、发展后劲不足等问题。从发展态势看，我县文化、旅游、农业等资源富集，土地、劳动力等要素优势明显，特色优势产业和新兴产业不断发展壮大，发展势能和潜力加速释放，进入了拔节孕穗、蓄力起跳、后发赶超的新阶段。我们也要清醒地看到，发展中不确定因素、不可预见性风险更加复杂严峻，我们要大力弘扬"不到长城非好汉"的革命精神，乘势而上、顺势而为、苦干实干，不断缩小发展差距、实现赶超，交出高质量发展的新答卷。

一、巩固拓展成果强弱项守底线，推动乡村振兴再谱新篇章

坚持把乡村全面振兴作为农业农村现代化建设的重中之重，统筹"五大振兴"，抓实"六项重点任务"，全力创建全国乡村振兴示范县。

巩固脱贫成果防返贫。坚持"四个不摘"要求，落实"三项机制"，巩固提升"三保障"和饮水安全水平，精准开展产业就业、社会兜底、金融扶持等帮扶措施，实现脱贫人口稳定就业4.2万人，让脱贫群众生活更上一层楼。大力推进移民致富提升行动，对94个800人以下生态移民安置点基础设施、公共服务进行改造提升，打造2个区级、1个县级示范安置区，开发移民公益性岗位1000个。用好国家和自治区乡村振兴重点帮扶县支持政策，整合财政涉农资金10亿元，争取协作资金8500万元以上，实施产业富农、人才助农、乡村建设等项目45个，打造乡村振兴示范村19个、闽宁示范村4个、大飞机示范村2个。

夯实发展基础促振兴。严格耕地用途管制和进出平衡，坚决遏制耕地"非农化"、基本农田"非粮化"，压实粮食安全主体责任，实施粮食产能提升行动，产量保持在35万吨以上。建设旱作高标准农田25万亩,改造提升高效节水灌溉10万亩,持续深化"三统三分"农业经营体制改革,大力推广"引水上山、低水高用""联产单干""牛粪银行"等做法模式,建设特色产业示范基地70个,促进农村改革增能、农业发展提速、农民参与获利。开展壮大村集体经济提质行动,行政村收益全部达到5万元以上,为乡村全面振兴注能提速。

推进乡村建设提质效。瞄准"农村基本具备现代生活条件"目标,加快防疫、养老、教育、医疗等方面公共服务设施建设,提高乡村基础设施完备度、公共服务便利度、人居环境舒适度。深入开展农村人居环境整治,打造农村人居环境整治示范村70个,改造农村户厕3300座,完成农村"厕所革命"整村推进10个,建设垃圾分拣站19座,争创区级农村生活垃圾治理三级示范县。扎实推进政治、法治、自治、德治、智治"五治融合",实施公民道德建设和文明创建扩面提质工程,改造提升新时代文明实践所(站)35个,不断提高乡村文明程度。

二、培育壮大产业延链条提质效,推动县域经济实现新突破

牢固树立大抓发展、抓大发展、抓高质量发展、实现赶超式发展的理念,聚焦固原市"五特五新五优"产业布局,有中生新改造传统产业,小中生大做足增量产业,无中生有发展新兴产业,着力打造新的经济增长极。

加快农业提档升级。瞄准"农业强县"目标,按照肉牛大县、马铃薯之乡、冷凉蔬菜基地、优质杂粮产区的发展定位,全产业链布局发展特色优势产业。集中打造肉牛良种繁育基地1家,培育"50家庭牧场"20家,建设"出户入园"肉牛养殖小区4个,肉牛饲养量达到55万头。加快推进肉牛养殖集群暨牛羊肉精深加工全产业链建设,打造宁夏肉牛养殖核心大县、国内优质高端牛肉供应基地、打造全国马铃薯种薯繁育基地、绿色产品标准化示范基地,全力建设"农业强县"建设蔬菜标准化种植基地40个,打造高山冷凉蔬菜基地2.5万亩,冷凉蔬菜面积稳定在15万亩。大力发展订单种植,集中连片建设500亩以上杂粮(油料)标准化种植基地30个,种植杂粮(油料)31万亩。持续在品种培优、品质提升、品牌打造和标准化生产"三品一标"上狠下功夫,做好"土特产"文章,建设"西吉好东西"门店100个,不断做大做强"西"字号农产品。

力促工业提速增量。持续推进结构、绿色、智能、技术四大改造,培育亿元以上企业2家、"小升规"企业1家、"专精特新"企业2家,力争规上工业增加值增速达到8%以上。支持福农薯业、金曜塑业等龙头企业增资扩产,持续推动"个转企、小升规、规改股、股上市"。积极承接东南沿海劳动密集型产业转移,发展壮大轻工纺织产业。加快汇能50兆瓦风电二期项目和国电投20兆瓦分散式风电项目建设。精深加工高端牛肉、果品饮料,做大薯制品、方便粉丝等主食化"拳头产品",开发马铃薯膳食纤维、薯蛋白、变性淀粉等新产品,主食化开发马铃薯40万吨,大力开发脱水蔬菜、速冻蔬菜、预制菜、蔬菜汁等产品,打造预制菜产业园,多元化加工冷凉蔬菜10万吨,全县农产品加工转化率达到65%以上,将西吉打造成为宁南地区重要的农副产品加工基地。

推进三产提质扩容。坚持把恢复和扩大消费摆在优先位置,扎实开展"消费需求促进年"活动,配套出台扩大消费政策措施,积极支持扩大休闲康养、文化旅游、家具家电等商品消费,激发本地消费,吸引外来消费,让城市人气更旺、烟火气更浓。培育限上商贸企业4家、电商企业53家,建设县城统仓共配物流中心和冷凉蔬菜冷链物流集配中心,争取京东(西吉)数字产业基地落地。大力发展"旅游+"新业态,创建4星级旅游宾馆2家、特色民宿5家,新建特色餐饮街区2个,接待游客210万人次以上,综合收入突破8.5亿元,成功创建自治区全域旅游示范区,让"西部福地·吉祥如意"文旅品牌更具知名度、更有影响力。

三、狠抓项目建设强带动促提速，推动城乡发展开创新局面

牢固树立抓项目就是抓发展理念，充分发挥投资拉动的关键作用，着力推进城乡一体融合和区域协调发展，将西吉打造成为宜居宜业西部福地。

狠抓项目建设增强发展后劲。深入开展项目"五比"活动，充分利用今冬明春时间，变冬闲为冬忙，做实做细今年确定实施的122个建设项目前期工作，全面掀起项目建设热潮，突出抓好G566东延连接线路、S103新营至袁河段公路、西吉县水质提升及区域再生水回用工程、葫芦河灌区现代高效节水工程等重点项目，强化项目调度和要素保障，力争6月底前全部开工。严格落实"六个一"项目包抓机制，不断提高项目开工建设率、形成固投率、建成投产率。紧盯国家政策导向、资金投向，储备谋划一批打基础、利长远重大项目，形成项目滚动梯次，为高质量发展蓄势储能。

完善市政设施提升县城品位。推进城市功能更新和品质提升，实施城市内涝排洪治理、格兰美景三期、泰合嘉园西区道路建设、生态绿地、基础设施等22个项目，全力争创自治区园林县城。大力推进"红色物业"建设，完成广电、电信等3个老旧小区和钰秀公租房改造提升，实施160套住宅区棚改项目。巩固提升自治区卫生县城创建成果，扩增城市保洁服务面积13万平方米，新建大型垃圾中转站2座，实现生活垃圾分类制度有效覆盖。按照"认真摸排、科学鉴定、凡危贴标、清人停业、综合研判、分步整治"的24字要求，持续推进自建房排查整治，坚决遏制增量、消除存量、提升整治质量。推动智慧城管系统升级改造，新建供热检测系统、智能公交站点监控系统。

补齐乡村短板打造宜居家园。扎实推进农村道路、供水供电、采暖用能、住房安全等生产生活设施建设，新建高标准重点镇1个、美丽宜居村庄2个，新（改）建农村公路18条188公里，路面提升改造49条544公里，开通城乡发展线路4条。升级改造自然村电力设施75个，架设线路223.6公里。完成15个北方地区冬季清洁取暖项目建设，继续实施危房改造及抗震宜居农房改造，解决好有新房没新村、有新村没新貌问题。

四、着力改善民生强保障增福祉，推动社会事业再上新台阶

坚持把人民利益、人民需要、人民满意作为政府一切工作的出发点和落脚点，关心关注百姓急难愁盼，用心用情办好民生实事，使群众获得感、幸福感更加充实、更有保障、更可持续。

增加就业岗位，让劳有厚得更有力度。聚焦"两个同步""两个高于"目标，加快发展特色种养业，落实惠民增资和社会保障政策，促进群众稳步增收。抓好高校毕业生、退役军人、农民工等重点群体就业，零就业家庭动态清零，城镇新增就业1700人以上，农村劳动力转移就业10万人、创收24亿元以上，全力创建自治区级劳动力转移就业示范县。开展职业技能培训3000人以上，发放创业担保贷款3000万元以上，培育创业实体250户，创业带动就业1400人。

提高教育质量，让学有优教更有厚度。坚持办人民满意教育，一体推进"五育并举"，构建家庭学校社会协同育人机制。续建一中，加快推进一小、八小等12所城乡中小学薄改提升工程，不断优化城乡教育资源配置。持续推进学前教育普及普惠优质安全、义务教育优质均衡、普高教育多样特色、职业教育职普融通、产教融合、科教融汇。持续深化"县管校聘"教师管理体制，抓实师德师风建设工程，重塑西吉教育强县品牌，争创自治区"习近平新时代中国特色社会主义思想铸魂育人"示范县。

建设健康西吉，让病有良医更有广度。实施医疗服务"双提升"计划，拓展"互联网+医疗健康"应用，深化"三医"联动改革，建设县域医疗副中心

4个,设置哨点诊室26个,改造提升25个卫生院基础设施,创建国家优质服务基层行乡镇卫生院和五星级村卫生室,实现基层首诊率达65%,县域就诊率达90%以上。深入开展健康西吉行动,加大公共体育、健康保健设施建设,积极申报亚高原训练基地,增强全民健康素养。认真落实新冠病毒感染"乙类乙管"措施,全力守护人民群众身体健康和生命安全。

提升文明程度,让精神粮仓更有高度。扎实推进思想政治引领、文明风尚提升、优秀文化传承、文化服务惠农、文化产业富农五项行动,以西吉文学馆为中心,辐射带动"苍天一滴泪"、西吉"文艺之家"等"1+9"文艺创作阵地,使中国首个"文学之乡"品牌底色更亮、成色更足。加快推进长征国家文化公园将台堡红军长征会师纪念园建设,完成古城、烽燧等文物原址划定保护,积极申报中国古堡之乡、中国楹联文化之乡、中华诗歌之乡,打造文化兴盛沃土。

优化服务供给,让弱有众扶更有温度。实施"一老一小"养育工程,发展社区养老、医养结合服务,建设社区综合养老服务中心4个,强化日间照料中心、老饭桌等养老机构的运行指导,新增普惠养老床位100张,老年人健康管理率达到80%。完善三孩生育配套措施,加强托育机构监管,让儿童快乐成长、老人安享晚年。实施社保扩面提标工程,加大政策提档,逐年提升城乡低保、特困人员供养标准,健全重特大疾病医疗保险和救助制度,发展社会福利、公益慈善事业,兜牢基本民生保障网,托起群众"稳稳的幸福"。

五、坚持生态优先添绿色靓底色,推动生态文明建设取得新成效

围绕节约优先、保护优先、自然恢复方针,协同推进降碳、减污、扩绿、增效,构建生态优美、集约循环、绿色转型发展新格局。

统筹生态保护开发。推进山水林田湖草系统治理,实施生态保护修复3.4万亩、退化林分改造修复4.69万亩、未成林抚育提升2.94万亩、森林抚育1万亩、月亮山水源涵养林2.2万亩,草原植被盖度达到96.8%、森林覆盖率达到20.43%。加快实施21家非煤矿山生态修复治理和坡耕地整治、淤地坝建设等重点水土保持项目建设,常态化开展水土流失遥感监管,不断提高水土流失治理程度,积极创建全国水土保持示范县。

加强污染防控治理。坚持精准治污、科学治污、依法治污,持续推进标准化建筑工地建设,确保空气优良天数、优良率等指标持续稳定提升。实施葫芦河白城至袁河段综合治理,加快推动县城一、二污水处理厂污泥无害化处理,常态化开展河湖突出问题排查整治,积极推进自治区美丽河湖创建。严格落实化肥农药两减量行动,有效降低农业面源污染。高标准、严要求抓好各级督察及"回头看"反馈问题整改。

推动绿色低碳发展。聚焦"碳达峰、碳中和"目标,坚决遏制"两高一低"项目盲目发展,坚决不上环保不达标项目。坚持和完善能耗双控制度,严守生态保护红线、严把环境质量底线、严控资源利用上线,改造5座热源站、51座换热站和一、二级供热管网,分年度实施农户清洁取暖改造,推动经济社会发展绿色转型。

六、持续深化改革解难题激活力,推动创新发展增加新动能

坚持以改革破题,以开放赋能,加快推动质量变革、效率变革、动力变革,不断培育发展新动能、增添发展新优势,蹄疾步稳推进改革开放。

加快推进"六权"改革。全面落实"四水四定"管控指标方案,建立用水权收储交易管理机制,健全完善二级交易市场、取用水计量监测体系;加强用地规划管控,形成集体建设用地土地定级基准地价成果,探索集体经营性建设用地入市,促进产业集约高效用地,有效盘活土地资源;积极引导企业技术改造,降污减排,开展富裕排污量入市交易;稳步推进"三权分置",健全"政府+银行+保险"林业金融服务机制,赋予经营权抵押融资权能,有序开展山林权交易;推进用能权指标确定、探索碳排放权有偿分配,加快推进燃煤供热区清洁取暖工程,不断优化能源消费结构。

加快重点领域改革。深化"放管服"改革,持续推进政务服务标准化、规范化、便利化建设,推行15类工程建设项目"分类定制审批"和简易低风险项目"清单制+承诺制"极简审批。深化金融投资、财税体制改革,巩固拓展国企改革三年行动成果。加大科技投入,打造国家重点研发项目基地2个、区级科技成果转化项目基地2个。

加快扩大对外开放。推动科技供给与产业需求有效对接,全方位、宽领域与福建省福清市、中国商飞公司开展合作交流,与宁大、西北农大等校企开展技术合作,推动闽宁协作和中央单位定点帮扶由政府主导向发挥市场主体作用转变、由单向援助向全面合作转变。强化项目引进,优化落地服务,全面兑现优惠政策,力争引进项目15个以上,到位资金36亿元以上,努力打造企业成长沃土、投资兴业宝地。

七、树牢底线思维保稳定促和谐,推动治理效能得到新提升

坚持以人民安全为宗旨、以政治安全为根本,有效防范化解各类风险隐患,努力建设更高水平的平安西吉,以新安全格局保障新发展格局、以高水平安全保障高质量发展。

打好政治安全阵地战。推进维护政治安全"十大专项行动",坚决维护国家政权安全、制度安全、意识形态安全。以铸牢中华民族共同体意识为主线,全面贯彻党的民族宗教政策,深化"5585"创建模式,建设新时代民族工作高质量发展的典范。加快建设网络综合治理体系,提高网络安全水平。防范化解政府隐性债务,依法打击非法金融活动。

打好法治建设整体战。深入贯彻落实习近平法治思想,深化行政复议体制改革,推动行政执法三项制度落实。深化"八五"普法,加快民主法治示范村(社区)创建,做好全区首批"法律明白人"试点工作,争创全区法治政府示范基地。

打好平安建设保卫战。巩固深化扫黑除恶斗争成果,抓好常态化扫黑除恶10件实事,严厉打击养老诈骗、电信诈骗等各类违法犯罪,全力保障人民群众生命财产安全。严格落实安全生产责任制,深入开展安全生产专项整治。加强食品药品监管执法,纵深推进全域食品药品安全区和全国食品安全示范城市创建工作。

打好社会治理攻坚战。坚持和发展新时代"枫桥经验",规范提升信访服务水平,畅通群众利益诉求、权益保障通道,健全源头预防和前端化解机制。健全城乡社区治理体系,全面推广"1133"基层治理机制,实行网格化管理服务,不断提高社会治理社会化、法治化、智能化、专业化水平,打造共建共治共享治理新格局。

全力建设人民满意政府

使命重在担当,实干成就未来。我们要始终牢记习近平总书记"长征永远在路上"的重要嘱托,坚决扛起新时代新征程政府的使命与重任,大力弘扬"不到长城非好汉"的革命精神,自我加压、接续奋斗,锐意进取、务实苦干,坚决把决策变为实践、把任务变为行动、把目标变为现实,努力建设让党中央放心、让人民满意政府。

狠抓政治建设,铸牢绝对忠诚品质。旗帜鲜明把党的政治建设摆在首位,坚持党对政府工作的全面领导,坚持不懈用习近平新时代中国特色社会主义思想凝心铸魂,深刻领悟"两个确立"的决定性意义,把增强"四个意识"、坚定"四个自信"、做到"两个维护"落实到政府具体工作中、体现到干部实际行动上。深入学习宣传贯彻党的二十大精神,学出绝对忠诚、坚定信仰、使命担当,不断提高政治判断力、政治领悟力、政治执行力,确保党中央、国务院、区市党委、政府和县委各项决策部署落实落细。

狠抓法治建设,提高依法行政水平。持续深化常务会议会前学法制度,全面推行行政机关负责人出庭应诉制度,弘扬社会主义法治精神,大力推进民主法治建设,严格按照法定权限和程序行使权利、履行职责。自觉接受人大及其常委会法律监督、政协民主监督和社会舆论监督,认真办理人大议案建议和政协提案。健全民主集中制和重大政策事前评估、事后评价制度,畅通群众参与政策制定渠道,不断提高政府决策科学化、民主化、法治化水平。

狠抓作风建设,擦亮实干担当底色。积极践行习近平总书记"社会主义是干出来的"伟大号召,强化政治担当,狠抓责任落实,大力发扬"严细深实勤俭廉+快"工作作风,认真落实"三个马上",推动政府系统知责明责、守责担责,在现代化建设新征程中主动作为、贡献智慧、奋勇争先,努力谱写无愧于新时代的优秀答卷。

狠抓廉政建设,坚守清正清廉信条。认真贯彻落实全面从严治党要求,切实履行"一岗双责",突出"严"的基调,强化"管"的措施,加大"治"的力度,推动政府系统党风廉政建设纵深发展。严格执行中央八项规定及其实施细则精神,持续纠治形式主义、官僚主义,坚决纠正不作为、慢作为。加强财政审计监督,落实"过紧日子"要求,确保有限资金投在关键处、花在急需处、用在紧要处,不断树立廉洁勤政、务实高效的政府形象。

各位代表!扬帆起航,我们正奋进在更壮阔的征程;乘势而上,我们必将取得更瞩目的成绩。让我们紧密地团结在以习近平同志为核心的党中央周围,在县委的坚强领导下,始终保持务实苦干、争创一流的锐气,攻坚克难、志在必得的勇气,蓬勃向上、奋发有为的朝气,咬定目标不放松,只争朝夕不懈怠,全面推进乡村振兴,加快富民强县步伐,在全面建设社会主义现代化美丽新宁夏中展现西吉担当、作出西吉贡献。

中国人民政治协商会议
第十二届西吉县委员会常务委员会工作报告

——在政协第十二届西吉县委员会第二次会议上的报告

西吉县政协主席 马保师

（2023年1月4日）

2022年工作回顾

2022年是党和国家历史上具有里程碑意义的一年。党的二十大胜利召开，吹响了全面建设社会主义现代化国家、全面推进中华民族伟大复兴的奋进号角。一年来，在中共西吉县委的坚强领导和区、市政协精心指导下，县政协常委会坚持以习近平新时代中国特色社会主义思想为指导，深入贯彻落实习近平总书记关于加强和改进人民政协工作的重要思想，紧紧围绕县委中心工作，充分发挥专门协商机构作用，团结引导政协委员和各族各界人士履行政治协商、民主监督、参政议政、凝聚共识职能，圆满完成了政协第十二届西吉县委员会第一次会议确定的各项目标任务。政协工作得到县委、县政府13次批示肯定，文史资料编纂工作受到区、市政协的充分肯定，党建、宣传工作先后在全区交流发言。选派3名干部到西滩乡张村堡村开展驻村帮扶工作，筹集资金近10万元用于村部办公条件改善、促进产业发展。接待全国政协及河南、安徽、重庆、福建等省市及区内县（区）政协考察16批300多人（次）。

一、始终坚持党的领导，在夯实共同思想政治基础中彰显政协定力

（一）政治引领明方向。旗帜鲜明讲政治，压实党对政协工作领导的政治责任，认真落实"第一议题"制度，通过常委会会议、党组会议、主席会议等多种形式，学习党的二十大精神及习近平总书记视察宁夏重要讲话和重要指示批示精神27次，带动机关党组和功能型党支部学习研讨43次。政协党组向县委常委会报告工作2次，专题听取机关党的建设、党风廉政建设和意识形态工作汇报3次。

（二）思想引领筑同心。深入开展"大学习、大讨论、大宣传、大实践"活动，以党组会议、理论学习中心组、常委会会议系统学、集中学，委员和机关干部培训学、研讨学等形式，及时跟进学习习近平总书记最新重要讲话精神、中央和区市县党委重要会议和文件精神66次，班子成员深入包抓乡镇和基层联系点开展宣讲活动12场次，深刻领悟"两个确立"的决定性意义，"四个意识"更加牢固，"四个自信"更加坚定，做到"两个维护"更加坚决。

（三）党建引领强根基。充分发挥政协党组把方向、管大局、保落实的重要作用，召开政协系统党建工作推进会，以健全组织体系为突破口，坚持党的组织体系和政协工作体系同频共振,调整4个功能型党支部,把77名党员委员按照界别分别纳入各个功能型党支部,党组成员分别联系一个专委会和相关界别党员委员,77名党员委员分别联系119名党外委员,实现了党组织对党员委员、党的工作对政协委员的"两个全覆盖"。比如：第四辑《西吉文史资料》编纂工作筹备之初就成立了临时党总支和8个临时党支部,始终坚持把党的领导贯穿到政协工作全过程各方面,推动了党建与履职有机融合。

（四）规矩意识保成效。政协第十二届西吉县委员会全面落实县委《关于加强和改进新时代人民政协工作实施意见》要求,研究制定了政协全体会议、常委会会议、主席会议、协商工作规则等16项工作制度,建立了以制度规范履职、以制度管人管事的长效机制。在聚焦中心、汇集力量中发出"政协声音",在服务大局、促进发展中释放"政协力量",做到县委的工作部署到哪里、政协的力量就汇聚到哪里,县委的工作推进到哪里、政协的作用就发挥到哪里。严格落实请示报告制度,重大事项及时向县委请示,重要工作情况和协商议政成果及时向县委报告,年度协商计划报请县委批准后实施,切实担负起把县委决策部署和对人民政协工作要求落实下去,把全县各族各界群众智慧和力量凝聚起来的政治责任。

二、始终坚持围绕中心,在推动高质量发展中贡献政协智慧

（一）对标重点工作协商议政。一年来,县政协紧扣县委第十五次党代会确定的目标任务和工作分工,以黄河流域生态保护和高质量发展先行区、乡村全面振兴样板区、铸牢中华民族共同体意识示范区建设为牵引,通过"领导点""群众提""委员议",谋划制定了2022年协商任务和责任清单。《关于全县民营企业发展情况的调研协商报告》《关于考察流域治理工作的调研报告》等9篇调研报告得到县委主要领导批示,各相关部门认真研究、贯彻落实,为县委、县政府科学决策提供了参考依据。

（二）强化民主监督助推议政。召开民主监督工作专题会议,围绕"百万移民致富、城乡居民收入、基础教育质量、全民健康水平"四大提升行动、高标准农田建设、社区治理、网络低俗文化整治等开展协商式监督14次,提出"关于加强师德师风建设""关于多措并举引进医疗人才""关于建立县、乡、村三级联动网络监管机制"等意见建议64条,组织委员积极参加听证会、案件审理和"政府开放日"等活动22次,委员履职能力得到了进一步提升。

（三）提升提案办理跟进议政。高度重视提案办理工作,将"关于加大对文史资料、乡愁文化资源挖掘、搜集和整理的提案""关于加大乡村小规模学校教师走教支持计划的提案"等7件重点提案和"关于建设西吉县新营至红庄公路的提案""关于加强学校周边环境治理的提案"等13件提案办理情况融入日常视察调研中,实行"清单化"管理,强调协商贯穿办理全过程,健全部门走访、委员回访、面对面答复新机制,6件重点提案和13件提案得到有效办理,办结率95%,办复率达到100%。

（四）丰富参政形式深化议政。充分运用"有事好商量"协商平台,以"委员活动室"为载体,构建"协商议事室、委员工作室、社情民意信息联系点"三位一体建设,先后搭建了13个委员活动室和郭文斌、刘生珍2个委员会客室,围绕"西吉大饭店恢复经营""西滩乡光伏发电""西吉好吃头"等项目开展"会诊式协商",有效助推了相关工作的顺利开展。

（五）汇集社情民意高效议政。坚持"小切口"反映"大民生",按照反映社情民意信息"五步闭环"工作模式,健全完善了《政协西吉县委员会反映社情民意信息工作实施细则》,全年共收到委员反映的社情民意信息87条,经整理筛选"关于提升农村A类低保户和散居特困供养人员生活质量的建议""关于进一步加强县城亮化工程的建议""关于加强和完善县城公厕规划建设与管理的建议"等10期社情民意信息得到县委、县政府主要领导批示,并全部办理落实,其余77条社情民意信息转交各部门（单位）承办落实,进一步提升了群众的幸福感和获得感。

（六）编纂文史资料赋能议政。本届政协将编纂文史资料作为开局重点工作,精心安排部署,积极筹备成立了8个工作专班和临时党支部,聘请72名文史资料研究员,在将台堡、硝河等乡镇建立了6个文史资料采集基地,为文史资料编纂工作奠定了基础。在编纂期间,县委、县政府主要领导多次听取工作汇报、亲临现场指导,并提出修改意见,有力推动文史资料编纂工作顺利进行。第四辑《西吉文史资料》共8卷,辑录文章900余篇、配套插图800多张,共360余万字,全面记录了西吉建县八十年特别是党的十八大以来艰苦奋斗、砥砺前行的辉煌成就和壮阔历程,充分体现了"亲历、亲见、亲闻"特色,发挥了"存史、资政、团结、育人"功能。

三、始终坚持作风建设,在提升履职能力上展现政协活力

（一）双向发力提升机关作风。严格落实中央八项规定及其实施细则精神、自治区党委加强作风建设"八条禁令"和固原市委关于改进干部作风"十项规定",扎实开展从严加强干部监督管理、切实转变干部作风、违规收送红包礼金和不当收益及违规借转贷或高额放贷专项整治等活动,不断增强机关干部的纪律意识和规矩意识;组织政协机关全体党员赴六盘山红军长征会师纪念馆、任山河烈士陵园等地开展"喜迎二十大·奋进新征程""铸牢中华民族共同体意识——学讲话、悟思想、见行动、当先锋"等主题党日活动,不断提高党员干部的政治判断力、政治领悟力、政治执行力。

（二）凝聚共识彰显委员作为。制定《委员履职考核办法》,从提交提案、反映社情民意、建言献策、社会贡献等9个方面,对196名委员履职能力进行考核赋分,对考核优秀委员予以表彰,增强了委员的荣誉感、责任感和使命感。通过组织委员培训、举办"石榴花开、籽籽同心""图书漂流"读书活动、开设"西吉红色故事""铸牢中华民族共同体意识"等委员大讲堂和"委员风采""文史资料大家谈"栏目,激发了委员履职尽责的主动性和积极性。鼓励袁强、金玉龙等委员投资近700万元在西滩乡西滩村、林家沟村建设肉牛养殖场,在吊咀村建立高效节水灌溉+脱毒马铃薯原种繁育基地,并通过委员吸引在外创业青年在西滩乡投资近600万元建设牛羊饲料加工厂,联农、带农、助农效益显著。

（三）团结奋进展现委员作用。县委有号召、政协有响应,县委有安排、政协有行动。抗击疫情期间,县政协第一时间发出《致全县政协委员的倡议书》,吹响政协委员参与疫情防控"集结号",广大政协委员迅速响应,通过捐赠物资、下沉社区值守、开展志愿服务、纾解群众情绪等多种形式,彰显政协委员责任担当。

各位委员!一年来工作成绩的取得,根本在于习近平新时代中国特色社会主义思想的科学指引,是西吉县委坚强领导的结果,是县人大、政府、纪委监委、法院、检察院和社会各界鼎力支持、协同配合的结果,也是广大政协委员、政协各参加单位和全体机关干部职工共同努力的结果。在此,我代表县政协常委会表示衷心的感谢和崇高的敬意!

一年来,我们深切地体会到:做好政协工作,必须始终加强党的领导和党的建设,才能保证政协事业沿着正确方向前进;必须始终坚持政协性质定位和工作定位,才能充分彰显社会主义协商民主的独特优势;必须始终对标对表县委、县政府中心工作和区市政协工作部署要求,才能真正实现政协工作的价值取向;必须始终发挥好专委会基础性、支撑性作用,才能更好担负起"落实下去、凝聚起来"的政治责任;必须始终注重发挥政协委员主体作用,才能推动政协事业可持续发展;必须始终以改革创新精神推进履职能力建设,才能充分发挥专门协商机构作用。

回顾一年来的工作,我们也清醒认识到还存在一些不足和短板:"两个薄弱"问题还没有得到有效解决,协商议政质量还需进一步提高,民主监督力度还需进一步加大,委员联系基层的触角还需进一步延伸,政协履职能力建设还需进一步提升。这些问题,今后将高度重视,并认真研究加以改进。

2023年工作部署

习近平总书记在党的二十大报告中科学阐明了全过程人民民主和协商民主的性质、地位,对政协工作作出了一系列新论述新部署新要求,为新时代人民政协事业发展指明了前进方向、提供了根本遵循。县政协要把学习宣传贯彻党的二十大精神作为当前和今后一个时期的首要政治任务,坚决按照习近平总书记"在全面学习、全面把握、全面落实上下功夫"的重要要求,按照中央和区、市、县党委决策部署,深化"大学习、大讨论、大宣传、大实践"活动,切实用学习成果指导工作、推动落实。

2023年县政协工作的总体要求是:坚持以习近平新时代中国特色社会主义思想为指导,全面贯彻落实党的二十大精神,深入贯彻落实习近平总书记视察宁夏重要讲话和重要指示批示精神,全面落实自治区党委十三届二次三次全会、固原市委五届六次七次全会和县委十五届五次六次全会精神,紧紧围绕"肉牛、马铃薯、冷凉蔬菜、优质杂粮"等产业,按照"要想富先修路、要增产抓农田、要效益兴水利、要跨越强工业"的思路,认真履行政治协商、民主监督、参政议政和凝聚共识职能,更好发挥人民政协"重要阵地、重要平台、重要渠道"作用,坚决担负起"落实下去、凝聚起来"的政治责任,把党的二十大作出的部署要求写在西吉大地上,为加快建设农业强县、创建全国乡村振兴示范县和西吉人民过上更加美好的生活作出政协贡献。

一、在强化政治思想引领上旗帜鲜明

党的二十大报告指出,"要坚持和完善中国共产党领导的多党合作和政治协商制度,坚持党的领导、统一战线、协商民主有机结合,坚持发扬民主和增进团结相互贯通、建言资政和凝聚共识双向发力。"人民政协为党领导下的政治组织,必须把旗帜鲜明讲政治作为第一位的政治原则和工作遵循。坚持党的全面领导。坚持以政治建设为统领,深刻领悟"两个确立"的决定性意义,切实增强"四个意识"、坚定"四个自信"、做到"两个维护",不断提高政治判断力、政治领悟力、政治执行力,坚决贯彻落实党中央大政方针和区、市、县党委决策部署,让忠诚、担当、奋斗成为政协最鲜明的政治底色。加强思想理论武装。持续深化落实习近平新时代中国特色社会主义思想"第一议题"制度,发挥党组理论学习中心组"龙头"作用,以学促讲、以讲促用,带动机关党组、各功能型党支部理论武装和思想政治建设。组织委员开展经常性学习,努力使人民政协成为用党的创新理论团结教育引导各族各界代表人士的重要平台。深刻把握性质定位。人民政协是统一战线的组织,多党合作和政治协商的机构,人民民主的重要实现形式,是社会主义协商民主的重要渠道,是国家治理体系的重要组成部分,是具有中国特色的制度安排。要严格按照宪法和政协章程履行职能,确保政协工作始终沿着正确方向前进,积极搭建协商议政平台,推动政协协商民主向基层延伸,把发挥政协统战功能融汇于履职各项工作之中,促进大团结大联合。

二、在发挥人民政协专门协商机构作用上持续提升

党的二十大报告指出,"要发挥人民政协作为专门协商机构作用,要加强制度化、规范化、程序化等功能建设。"只有始终对标县委、县政府中心工作,紧密围绕人民群众所想所盼,才能更好体现人民政协工作的价值所在。制定协商计划。坚持协商于决策之前和决策实施之中,围绕"六大提升行动""巩固拓展脱贫攻坚成果同乡村振兴有效衔接、促进农业、农村、农民'三农'工作高质量发展,创建全国乡村振兴示范县""全面实施历史文化保护工程,创建宁夏全域旅游示范县""推进铸牢中华民族共同体意识示范县创建"等22个方面开展专题议政性协商、界别协商和提案办理协商,形成党政关注、群众期盼、结构合理的高质量报告，确保建言建到点子上、议政议到关键处。丰富协商形式。把"有事好商量"平台作为广大政协委员协商议政的开放平台，引导委员紧扣县委、县政府中心工作任务，充分发挥自身优势，精心酝酿选题，明确问题导向，做到有的放矢，争取在任期内至少参与一次"有事好商量"协商议事活动，把"有事好商量"平台打造成为县委、县政府的"好帮手"、人民群众的"连心桥"、委员履职的"新平台"。提高协商质量。要把提高协商议政质量摆在突出位置，助推政协工作从"做了多少"向"做出什么效果"转变，进一步探索和建立协商议政的互动交流机制，通过发言、讨论、提问等方式，落实好协商后再协商举措，有效促进"建议"和"落实"双向互动，着重做好协商议政"下半篇文章"，提高协商议政质量。

三、在广泛凝聚共识合力上持续深化

党的二十大报告指出"要提高深度协商互动、意见充分表达、广泛凝聚共识水平。"人民政协具有代表性强、联系面广、包容性大的优势，要在深度、充分、广泛上下功夫，汇聚团结奋斗的正能量。提高"两支队伍"凝聚共识能力。健全专委会运行机制，切实发挥在凝聚共识工作的基础性、组织性作用，举办专题培训班，把机关干部培养成会学习、善思考、重总结、肯奉献的组织、服务、协商专家，全面提升机关干部凝聚共识能力。加强委员履职考核，将凝聚共识工作情况作为委员履职考核的重要指标，健全委员培训制度，开展年度集中培训和分级分类培训，提升委员履职能力，广泛凝聚共识。拓宽凝聚共识渠道。邀请县委、县政府领导参加政协各类重要会议和协商议政活动，继续完善主席会议成员走访看望委员、专门委员会联系界别委员等制度，健全完善政协委员按界别联系"两新"组织等机制，不断打造面向群众的开放工作平台，创办文史资料期刊，让群众走进来，进一步扩大群众参与度，在开放中凝聚各方共识。营造凝聚共识氛围。在协商议政活动中，更加注重安排民主党派、工商联和无党派人士进行协商交流，让大家充分表达意见建议。密切同党外知识分子、非公有制经济人士、新的社会阶层人士等交流联谊，主动开展谈心谈话，沟通意见建议，并为其有序参与协商、合理表达诉求创造条件，在全社会努力营造良好的凝聚共识氛围。

四、在完善民主监督发展上注重实效

党的二十大报告指出，要完善人民政协民主监督制度机制。民主监督是人民政协的主要职能之一，是社会主义协商民主包括人民政协协商民主的重要实现形式。健全制度保障机制。聚焦县委、县政府中心工作，在深入总结政协民主监督实践经验的基础上，进一步突出民主监督特点，制定《民主监督实施计划》，健全知情民政、协调落实、办理反馈、权益保障等机制，切实增强民主监督实效。坚持服务发展大局。聚焦县委、县政府重点工作开展重点监督，将高标准农田、水利、医疗卫生、公路建设和基础教育质量提升等课题列为五年监督计划，常盯不放，确保监督监在关键处。丰富拓展监督形式。要把全过程人民民主的理念和实践要求贯彻到政协民主监督工作的全过程、全链条、全方位，推动会议监督、视察监督、提案监督、专项监督等监督形式同党内监督、人大监督、行政监督、司法监督等其他监督形式贯通协调，更好发挥人民政协民主监督作用。

各位委员、同志们，风正扬帆正当时，砥砺奋进开新局。让我们更加紧密地团结在以习近平同志为核心的党中央周围，发扬伟大建党精神，在中共西吉县委的坚强领导和区、市政协的关心指导下，坚定信心、同心同德、踔厉奋发、勇毅前行，为实现党的二十大确定的目标任务而团结奋斗，为西吉人民过上更加美好的生活作出政协贡献。

西吉县2022年国民经济和社会发展统计公报

西吉县统计局　国家统计局西吉调查队

（2023年5月8日）

2022年，在县委、县政府的坚强领导下，全县上下坚持以习近平新时代中国特色社会主义思想为指导，全面学习宣传贯彻党的二十大精神、习近平总书记视察宁夏重要讲话和指示批示精神，高效统筹经济社会发展，有效实施稳住经济一揽子政策和接续政策措施，主动作为、高效调度、应变克难，砥砺前行，全县经济社会大局保持稳定，就业物价总体平稳，粮食安全、能源安全和人民生活得到有效保障，主要经济指标保持合理增长，实现了"十四五"良好开局。

一、综合

初步核算，全年全县实现地区生产总值86.10亿元，比上年增长3.7%。其中，第一产业增加值22.98亿元，增长4.8%；第二产业增加值12.35亿元，增长4.8%；第三产业增加值50.78亿元，增长2.9%。一二三产业增加值占地区生产总值比重分别为26.7%∶14.3%∶59.0%，三次产业对全县经济增长的贡献率分别为：36.4%、16.8%和46.8%，分别拉动经济增长1.35、0.62和1.73个百分点。按常住人口计算，人均地区生产总值26992元，比上年增长3.1%。

表1　2022年全县主要经济指标完成及增长速度一览表

指标	单位	2022年	增速（%）
一、地区生产总值	万元	861047	3.7
第一产业	万元	229752	4.8
第二产业	万元	123517	4.8
工业	万元	41354	-16.4
建筑业	万元	82163	17.0
第三产业	万元	507778	2.9
二、农业			
农林牧渔业总产值	万元	496220	4.8
三、规上工业增加值增速	万元	—	3.1
四、全社会固定资产投资总额	万元	—	15.4
五、社会消费品零售总额	万元	202804	0.4
六、地方财政收入	万元		
一般预算收入	万元	19601	17.1
地方财政支出	万元	652102	-0.5
七、人民生活			
城镇居民人均可支配收入	元	33026.1	5.7
农民人均纯收入	元	13924.3	9.0

年末全县户籍人口472758人，比上年末减少1307人。其中城镇人口70138，乡村人口402620人。全县汉族户籍人口185990人，占总人口的39.3%，回族人口286534人，占总人口的60.6%。全县常住人口31.99万人，其中城镇人口10.05万

人,城镇化率为31.42%。全年出生人口0.47万人,出生率为14.73‰;死亡人口0.24万人,死亡率为7.52‰;自然增长率为7.21‰。

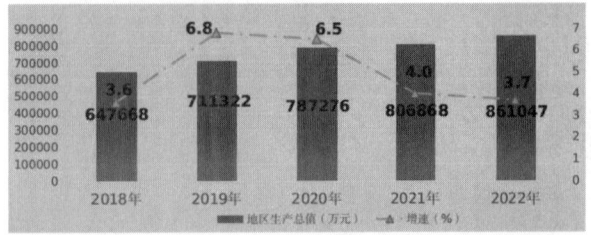

图1 2018—2022年全县地区生产总值及其增长速度

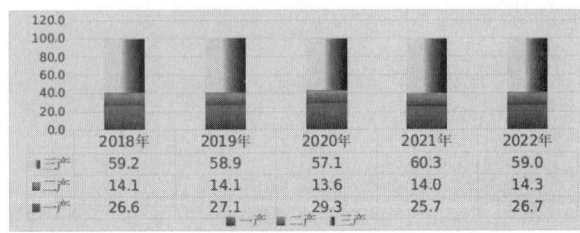

图2 2018—2022年全县三次产业增加值占地区生产总值比重(%)

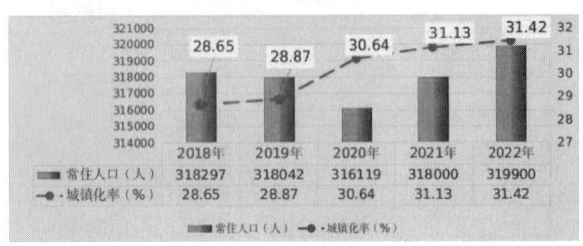

图3 2018—2022年年末全县常住人口及城镇化率

表2 2022年人县户籍人口及其构成

指标	年末数(万人)	比重(%)
全县人口	472758	100.0
其中:城镇	70138	14.8
乡村	402620	85.2
其中:男性	246529	52.1
女性	226229	47.9
其中:汉族	185990	39.3
回族	286534	60.6
其中:0—17岁(含不满18周岁)[10]	136480	28.9
18—34岁(含不满35周岁)	133643	28.3
35—59岁(含不满60周岁)	148180	31.3
60周岁及以上	54455	11.5

全年城镇新增就业人员2208人,城镇失业人员实现再就业857人。年末全县城镇登记失业率为4.2%,比上年下降0.3个百分点。创业培训人数240人,技能培训人数5568人。创造新岗位380个,创业担保贷款4660万元,全年农村劳动力转移就业人数11.15万人,实现工资收入24.5亿元,全县办理失业保险金人员共453人,领取失业保险金共315.0万元。

全年全县居民消费价格比上年上涨1.51%,工业生产者出厂价格同比增长11.1%。

二、农业

全年实现农林牧渔业总产值49.62亿元,同比增长4.8%。其中:农业产值30.84亿元,同比增长1.0%,牧业产值15.60亿元,同比增长13.2%。实现农林牧渔业增加值24.45亿元,同比增长4.7%。

全年粮食作物播种面积133.70万亩,同比增长0.04%。其中:小麦10.10万亩,下降0.30%;玉米38.90万亩,增长0.62%;马铃薯53.50万亩,下降19.26%,小秋杂粮27.30万亩,增长72.40%。

全年粮食总产量32.88万吨,同比增长2.12%。其中:夏粮产量1.49万吨,下降8.07%;秋粮产量31.39万吨,增长2.66%。全年全县小麦产量1.48万吨,下降1.80%;玉米产量11.25万吨,增长20.73%;马铃薯产量17.16万吨,下降13.69%;小秋杂粮产量2.71万吨,增长96.23%。

表3 2022年全县粮食作物及产量统计表

品种	面积(万亩)	增长(%)	产量(万吨)	增长(%)
粮食	133.70	0.04	32.88	2.12
夏粮	10.40	-19.25	1.49	-8.07
小麦	10.10	-0.30	1.48	-1.80
秋粮	123.30	2.10	31.39	2.66
玉米	38.90	0.62	11.25	20.73
马铃薯	53.50	-19.26	17.16	-13.69

全年生猪饲养量为95972头,肉牛饲养量为385303头,羊饲养量为570403只,分别增长0.8%、7.2%、4.2%。其中:生猪出栏47379头,同比增长7.5%,肉牛出栏107982只,同比增长17.8%,羊出栏275992只,同比增长12.5%。

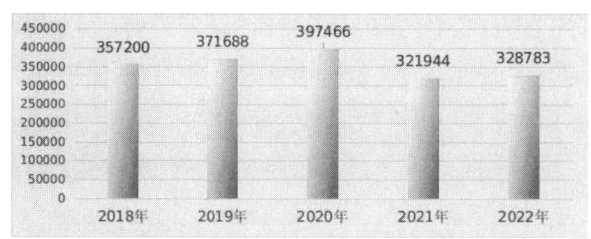

图4　2018—2022年全县粮食总产量(吨)

全年肉类总产量25610吨，比上年增长13.0%。其中，猪肉产量3585吨，增长8.6%；牛肉产量16981吨，增长17.2%；羊肉产量4656吨，增长7.3%；禽肉产量252吨，下降45.1%，其他小畜品种肉产量63.7吨，增长19.7%。

三、工业和建筑业

全年实现工业增加值41354万元，比上年下降16.4%。其中：规模以上工业增加值增长3.1%。从11家企业财务状况来看，8家企业盈利，占全部规上工业企业的72.7%。11家企业实现利润总额1.0亿元，同比增长82.0%。其中风电国补资金结算拉动规上企业效益大幅跃升，贡献突出。全年营业成本5.48亿元，同比增长7.9%，平均用工人总数753人，同比下降8.8%，应交增值税总额0.37亿元，同比增长156.6%。

全年规模以上工业中，农副食品加工业增加值比上年增长74.2%，非金属矿物制品业增长2.9%，塑料制品业增长46.0%，食品制造业增长32.4%，电力、热力生产和供应业下降37.1%。主要规上工业产品产量方面，塑料薄膜全年产量9644吨，增长62.3%，商品混凝土203607立方米，增长4.4%，淀粉产量30874吨，增长37.8%，全年风电企业发电量44993万千瓦时，增长11.0%。

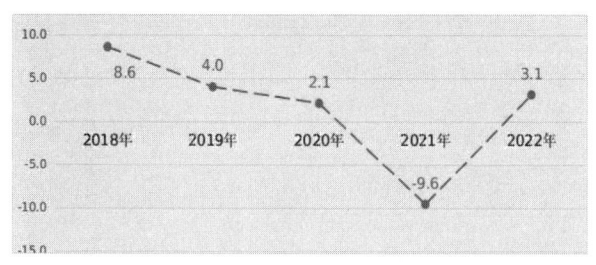

图5　2018—2022年全县规模以上工业增加值增长速度(%)

全年全县完成建筑业增加值82163万元，同比增长17.0%。注册地在本地且具有总承包资质和专业承包资质的建筑企业6家，全年完成建筑业总产值8.94亿元，比上年增长44.6%。建筑业企业房屋建筑施工面积127625平方米，下降4.9%；房屋竣工面积78633平方米，下降27.5%；竣工产值5.6亿元，增长27.3%。

四、固定资产投资

全年全县固定资产投资同比增长15.4%。其中：地方项目投资同比增长16.1%，占全县固定资产投资比重64.9%，上拉全县投资10.4个百分点；房地产投资同比下降9.5%，占全社会固定资产投资比重17.0%，下拉全县投资2.1个百分点；厅局投资增长51.9%，占全社会固定资产投资比重18.1%，上拉全县投资7.2个百分点。

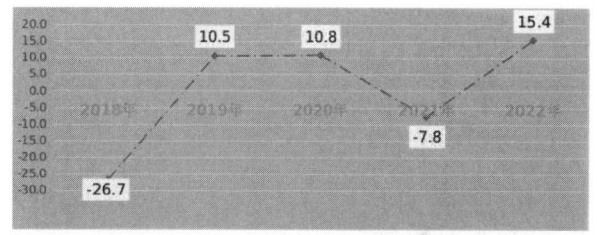

图6　2018—2022年全县固定资产投资增长速度(%)

全年全县房地产开发投资7.2亿元，比上年下降8.9%。其中，住宅投资5.2亿元，下降5.5%；商业营业用房投资1.1亿元，下降35.3%。商品房销售面积13.5万平方米，增长7.1%，商品房待售面积15.9万平方米，下降5.9%。商品房销售额5.1亿元。其中：住宅销售额4.74亿元，商业营业用房销售额0.27亿元，其他销售额0.09亿元。

五、批发零售和住宿餐饮业

全年全县实现社会消费品零售总额20.28亿元，比上年增长0.4%。按经营地统计：城镇消费品零售额13.13亿元，增长1.9%；乡村消费品零售额7.15亿元，下降2.2%。按消费行业统计：批发业零售额6.53亿元，增长0.3%；零售业零售额11.66亿元，增长0.2%；住宿业零售额0.11亿元，增长2.5%；餐饮业零售额1.97亿元，增长2.4%。

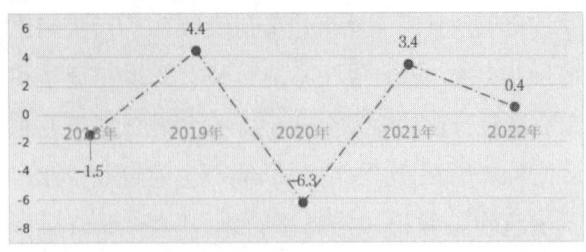

图7　2018—2022年全县社会消费品零售总额增长速度(%)

六、交通运输和邮电通信业

全县境内等级公路里程达到3289公里。按技术等级分:高速公路72公里,一级公路51公里,二级公路137公里,三级公路396公里,四级公路2633公里。按行政等级分:省级高速72公里,国道131公里,省道197公里,县道26公里,乡道658公里,村道2146公里,专用公路59公里。全县营运车辆455辆。其中:客运169辆,公共交通运营车辆48辆,出租汽车238辆。

全年旅客运输总量1453.4037万人次。其中:客运运输总量53.8037万人次;出租车旅客运输量总量977.6万人次;公交车旅客运输总量422万人次。

年末全县民用汽车保有量53268辆(包括三轮汽车和低速货车),同比增加5402辆,增长11.3%。其中:私家车保有量21643辆,同比增加4402辆,增长25.5%。(备注:私家车保有量是指在西吉本地上户挂牌的车辆)。

全年全县道路交通事故死亡人数32人,道路交通万车死亡人数6.007人/万车。邮政电信业:全年完成邮政行业业务总量1263.28万元,比上年增长5.9%。其中:全年完成邮政函件业务6.37万元,包裹业务8.86万元,快递业务254.69万元。

全年完成电信业务总量7656万元,比上年增长1.2%。年末全县电话用户总数31.09万户。其中:固定电话5943户,移动电话用户30.49万户。全县互联网宽带接入用户9.83万户。

七、财政金融

年末全年地方一般公共预算收入1.96亿元,同口径增长17.1%。其中,税收收入0.95亿元,下降12.5%,占地方一般公共预算收入的48.4%。年末全县地方一般公共预算支出65.21亿元,比上年下降0.5%。其中,社会保障和就业支出11.02亿元,比上年增长10.2%。

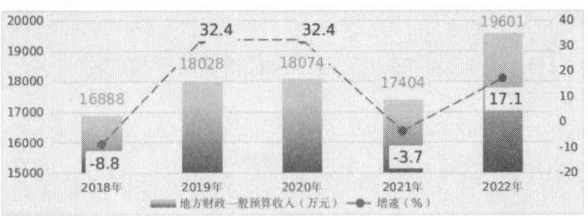

图8　2018—2022年全县地方一般公共预算收入及其增长速度

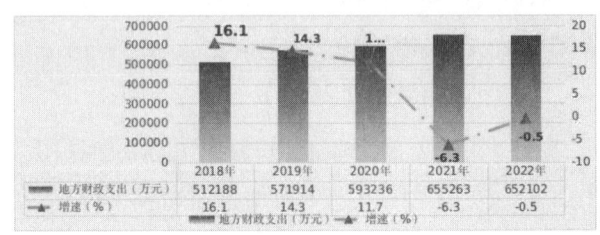

图9　2018—2022年全县地方一般公共预算支出及其增长速度

年末全县金融机构各项存款余额110.14亿元,较去年同期增加1.41亿元,同比增长1.30%;金融机构各项贷款余额111.28亿元,较去年同期增加13.12亿元,同比年增长13.36%。全县县级营业性保险公司7家,全年实现保费收入23440.23万元。其中:寿险收入5867万元,财产保险收入8452.69万元,农业保险收入4241.02万元。支付各类赔款和给付10780.96万元。其中:财产赔款4255.61万元,寿险业务给付1290.74万元,农业险赔款10527.66万元。

八、居民收入消费和社会保障

全年全县城镇居民人均可支配收入33026元,比上年增长5.7%,农村居民人均可支配收入13924元,比上年增长9.0%。城乡居民人均可支配收入比为2.37。

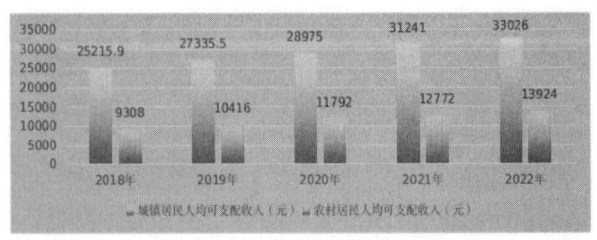

图10　2018—2022年全县城乡居民人均可支配收入(元)

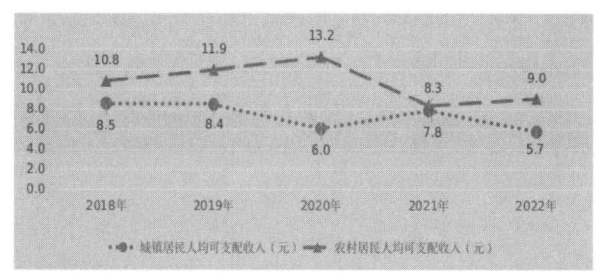

图11 2018—2022年全县城乡居民人均可支配收入增速(%)

全年全县城镇居民人均生活消费支出20390.0元,城镇居民恩格尔系数为32.4%;农村居民人均生活消费支出10358.8元,居民恩格尔系数为30.6%。

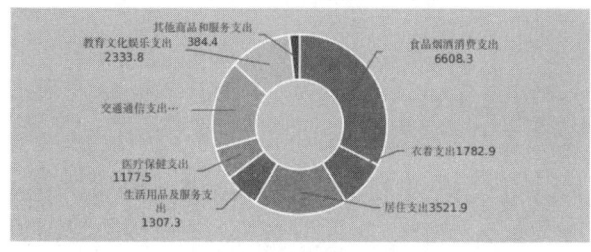

图12 2022年全县城镇居民人均生活消费支出构成(元)

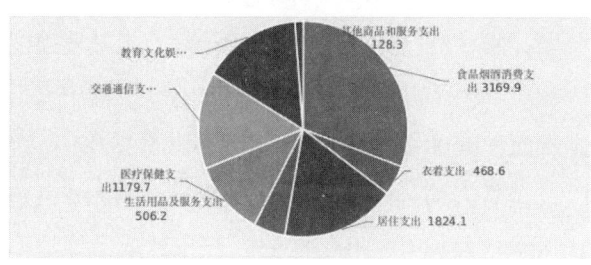

图13 2022年全县农村居民人均生活消费支出构成(元)

年末全县参加城镇职工基本养老保险人数36995人,比上年末增加6282人。参加城乡居民基本养老保险人数256748人,增加15525人,参保率为100%。参加基本医疗保险人数413271人。其中:参加职工基本医疗保险人数20183人;参加城乡居民基本医疗保险人数393088人,参保率为98.7%。参加失业保险人数14059人,增加252人。参加工伤保险人数22413人,增加135,其中,参加工伤保险的农民工6307人,减少2106人。

全县城乡居民最低生活保障人数53548(含高龄)人。其中:城市居民最低生活保障3049人(含高龄),农村居民最低生活保障50499人(含高龄)。发放城镇居民最低生活保障金2399.456万元(含高龄42.856万元);发放农村居民最低生活保障金26862.06万元(含高龄1830.56万元),690人享受农村特困人员救助,全年临时救助15775人次。全年全县退役军人和其他优抚对象4075人,其中重点优抚对象1334人,年发放抚恤生活补助753.5万元。

年末全县有敬老院5所,床位1017张,五保供养人数697人,其中:集中供养159人。年末全县各类提供住宿的社会服务机构6个,其中养老机构4个。提供住宿的社会工作机构床位1137张,其中养老服务床位1017张。年末共有社区服务中心303个(包括社区服务站)。

年末全县缴存住房公积金人数11522人,当年归集住房公积金37000万元,当年发放贷款160户6839万元,公积金当年提取3130人19086万元,公积金使用率77.34%,公积金个贷率42.88%。

九、科学技术与教育

2022年共签订技术合同53项,技术合同成交金额1342.6万元,比上年增长32.0%。争取区、市科技部门安排资金1054.84万元,实施科技研发和成果转化项目30个。农业科技进步贡献率62.0%。县财政安排574.6万元专项资金,实施科技研发项目20个,撬动全社会R&D经费投入3100万元,R&D经费投入强度0.35%;全县培训发展科技特派员247名,其中,法人科技特派员121名,自然人特派员126名。培育种养科技示范户2300户,推广草畜、中蜂等新品种12个。

年末全县各级各类学校352所。其中:幼儿园162所(其中民办幼儿园16所),普通小学161所(含61个教学点,1所特殊教育),初级中学26所(含9所九年一贯制学校),完全中学1所,高级中学1所,职业中学1所。全县年末专任教师4793人(不含特岗)。其中:幼儿园37人,普通小学2372人,普通中学2162人,职业高中222人。年末在校学生76477人。其中:学前教育12386人(含民办幼儿园2819人），普通小学生33071人（含特教学生94人），初中学生17209人（含特教学生36人），普通高中学生9356人，职业高中学生4455人。学前教育毛入园率88.86%，小学学龄人口入学率100%，初中阶段毛入学率104.07%，高中阶段毛入学率94.64%，小学六年巩固率和初中三年巩固率均为100%。

十、文化旅游、卫生健康和体育

年末全县文化和旅游系统有艺术表演团体14个，共举办文艺演出330场，有县级文化馆1个，乡镇文化站19个，村级文化室295个，社区文化室8个，农家书屋295个。有公共图书馆2个，藏书22.5256万册，借阅人次16.299万人次。有博物馆1处，馆藏文物4087件（可移动文物），其中国家级二级文物127件。不可移动文物全县定级23处，其中7处为区级保护单位，14处为县级保护单位。年末全县有线电视实际用户5189户，广播电视节目综合人口覆盖率均为100%。全年共完成新闻制作284条，制作各类视频号515个。全县共有旅游景点6个，其中4A级旅游景点2个，3A级旅游景点1个。全年接待游客265.57万人次，创旅游总收入4783.77万元。

年末全县共有各类卫生机构355个。其中：公立医院2所，民营医院2所，乡镇卫生院19所，城市社区卫生服务站4个，妇幼保健院1个，疾病预防控制中心1个，卫生监督所1个，村卫生室296个，个体诊所29个。各类卫生技术人员2774人。其中：执业医师和执业助理医师883人，护士1306人，药剂师67人，技师47人，其他卫生技术人员470人。公立医院实有病床数1092张，私立医院实有病床数419张，全年总诊疗931087人次，出院人数39001人。

年末全县体育场馆50个。在小区、公园、广场、社区安装健身路径累计10套，篮球架累计12副，健身驿站3个。共组织开展体育活动赛事35项，新建社区健身广场2个，广场配体育健身器材累计32个。全县共有体育场地344个，体育场地总面积85.09万平方米，建筑面积33.66万平方米，人均体育场地面积达2.68平方米。县全民健身中心、县体育场、社区多功能运动场，城乡所有体育运动场所全部免费对外开放。参加体育锻炼的人数达12.01万人次，占常住人口的37.6%以上。全县运动员参加国际国内比赛共取得金牌26枚，取得银牌37枚，有44人达国家二级运动员等级标准。

十一、资源、环境和应急管理

全年全县总用水量3511万立方米，比上年增长8.7%。其中，生活用水1011万立方米，增长4.2%；工业用水14.82万立方米，增长48.2%；农业用水2474万立方米，增长10.0%。万元GDP用水量40.78立方米，人均用水量110立方米。年末行政区域面积3129.44平方公里，耕地面积139903.44公顷，森林面积49047.41公顷，自然保护区面积14871公顷，国家级自然保护区1个，草原综合植被覆盖度96.8%。全年完成造林面积12100.6公顷，其中人工造林面积4600公顷，占全部造林面积的38.0%。

全县人均公园绿地面积16.85平方米，城市建成区绿地面积4052100平方米，城市建成区绿地率35.08%，污水处理厂4座，污水处理厂集中处理率100.0%，垃圾处理站8个，城市生活垃圾无害化处理率100.0%。全县环境空气有效监测天数362天，其中优良天数343天（扣除沙尘天气影响后），优良天数比例达到94.5%。吸入颗粒物（PM10）平均浓度为47.0μg/m³，细颗粒物（PM2.5）平均浓度为22.0μg/m³。

全年平均气温为7.3℃，比往年偏高1.0℃。全年降水量301.1mm，比上年偏少103.6mm，日照时数2111.9小时，比上年偏少168.2小时。

全年全县共发生各类安全生产事故2起，死亡3人。其中工矿商贸建筑施工死亡3人，没有发生一次性死亡10人以上重大安全生产事故，亿元GDP生产安全事故死亡人数0.03484/亿元。

公报相关指标解释

1.本公报中部分数据因四舍五入的原因,存在着与分项合计不等的情况。

2.地区生产总值、三次产业及相关行业增加值、人均地区生产总值绝对数按现价计算,增长速度按不变价格计算。根据第四次全国经济普查结果及有关制度规定,对2000—2018年地区生产总值进行了修订。

3.根据国家统计局2012年制定的《三次产业划分规定》,第一产业增加值不含农林牧渔服务业增加值。

4.自2018年起,不再公布固定资产投资总量。

5.2018年农业相关数据为第三次农业普查修正数据。

6.根据第四次全国经济普查结果及有关制度规定,对1992—2019年社会消费品零售总额数据进行了修订。

7.道路交通事故死亡人数与安全生产事故人数是两个统计口径。

8.此公报数据若与上年公报数据有不衔接之处,系按2022年统计年报最终核准数据或普查相关资料调整。

部门数据来源

本公报中涉及的城镇新增就业、登记失业率、财政、水资源、公路里程等数据均来自县劳动就业局、财政局、水务局、交通运输局、发展和改革局、教育体育局、科学技术局、公安局交警大队、民政局、自然资源局、住房和城乡建设局、文化旅游广电局、卫生健康局、退役军人局、应急管理局、医疗保障局、固原市生态环境局西吉分局、体育中心、社保局、人民银行西吉支行、住房公积金管理中心、气象局、邮政局、人寿保险公司、财产保险公司等保险公司,其余数据均来自统计局和国家统计局西吉调查队。

大事记

1月

1日 由县住房和城乡建设局牵头,县城市管理综合执法大队联合电信、移动、联通三大运营商主动整治路面"挡道杆"、空中"蜘蛛网"。

同日 县市场监管局深入开展"双节"节前市场安全检查,为全县"双节"期间市场安全保驾护航。

3日 固原市政府副市长、西吉县委副书记、政府县长杨生俊带队深入吉强等部分乡镇,实地督查中央生态环境保护督察信访转办件整改落实情况。

5日 团县委联合县消防救援大队在城区开展中小学生校外租住房屋安全隐患排查摸底工作。

6日 固原市消防救援队伍冰域救援技术培训班在将台堡镇张家嘴头水库开班。

7日 自治区关工委、西吉县关工委携手"琅環爱心团队"在震湖乡幼儿园举行暖冬助学捐赠活动。

同日 西吉县爱心企业和爱心人士为西安疫情防控捐赠款物。

▲ 全县电子商务进农村吉强镇培训班在县电商孵化园举行。

8日 市委副书记、县委书记白学贵在县委五楼会议室主持召开西吉县征求市委常委会党史学习教育专题民主生活会意见座谈会,就开好市委常委班子2021年度民主生活会和县委常委班子2021年度民主生活会,认真听取各方意见建议。

10日 自治区政府副主席吴秀章一行来我县调研定点帮扶工作,看望驻村工作队员、慰问部分困难群众。

同日 宁报集团党委书记、社长、传媒公司董事长景瑜带领调研组来我县调研宁报集团与县级融媒体合作共赢路径,并开展"新春走基层"采访活动。

▲ 备受社会关注的"3·28"特大跨境电信网络诈骗案由宁夏固原市西吉县人民法院一审公开开庭审理。因新冠疫情防控要求,庭审以现场公开+远程视频提讯方式审理,庭审实况以网络直播形式对外公开。

▲ 西吉援心公益队携手西吉县楹环环境科技有限公司、西吉县黄菊花早餐店分别在永清湖广场、秀屿广场、工业园区广场开展2022年"浓情腊八·爱暖西吉"全国联动公益活动。

11日 自治区文化和旅游厅调研组专题调研西吉县文化旅游工作。政府副县长鲜瑞芳及市县文广局负责人随行调研。

同日 由西吉县爱心企业捐赠的320吨优质马铃薯及其他生活物资,载满11辆大货车,驰援西安抗击疫情第一线。

12日 中国共产党西吉县第十五届委员会第三次全体会议暨2021年度县(区)党委"一把手"述责述廉调查测评工作会议在县会议中心会堂召开。

同日　市委副书记、县委书记白学贵,政府副市长、县委副书记、政府县长杨生俊分别带队深入我县部分城中村和社区调研城市建设工作。县人大常委会主任李聪、县政协主席马保师及在家县级领导和相关部门负责人参加调研。

▲　国能宁夏电力公司董事、总经理、党委副书记是建新一行来西滩乡五岔村开展帮扶捐赠活动。

14日　县委教育工作领导小组在政府三楼会议室召开全县"双减"工作协调推进暨校外培训机构寒假专项检查会议。

16日　西吉县党史学习教育总结会议在县会议中心一会议室召开。

同日　西吉县2022年就业援助月暨春风行动招聘活动启动仪式在民生家园社区举行。

17日　市政府副市长、县委副书记、政府县长、县安委会主任杨生俊在会议中心一会议室主持召开县安委会2022年第一次全体(扩大)会议暨消防安全、森林草原防灭火、春运工作会议。

同日　县委涉粮问题专项巡察反馈会议在县会议中心二楼视频会议室召开。

18日　县妇联、红十字会携手社会爱心企业、爱心人士走进袁河敬老院开展"人生都有夕阳红,尊老敬老树新风"送温暖献爱心活动。

19日　市委常委、市委秘书长、政法委书记位西北一行调研我县基层社会治理工作。

21日　县总工会在永清湖广场开展"迎新春、送万福、进万家"公益活动,为群众送春联、送"福"字。

22日　西吉县"西部福地·吉祥如意——喜迎新春"网上年货节在县电子商务公共服务中心启动,县委副书记邵剑波及相关部门(单位)负责人参加活动。

23日　西吉县获得2021年度自治区农田水利基本建设"黄河杯"竞赛一等奖,获以奖代补资金300万元。

25日　市委常委、组织部部长杨继宏来我县走访慰问困难群众。

同日　西吉县举办2022年"迎新春送春联"志愿服务活动,特邀请全县20名书法爱好者组成小分队在县城及各乡村指定场地开展送"春联"送"福"字。

26日　市委副书记、县委书记白学贵带领调研组就全县近期重点工作进行调研并开展春节前慰问活动。

同日　宁夏银行普惠金融进乡村暨乡村振兴金融服务站启动仪式在兴隆镇玉桥村举行。宁夏银行首席风险官李学明、县委副书记邵剑波及相关部门(乡镇)、金融机构负责人参加启动仪式。

▲　2022年西吉县"迎冬奥"首届全民健身冰雪暨龙王坝冰雪旅游节在龙王坝滑雪场启动。

▲　自治区党委书记、人大常委会主任陈润儿到西吉县慰问基层优秀党务工作者、离休老战士及全国劳动模范,看望脱贫群众和生活困难群众。

27日　县委常委会党史学习教育专题民主生活会在县委二楼会议室召开,市委副书记、县委书记白学贵主持会议并讲话。县人大常委会主任李聪,政协主席马保师列席会议。

同日　西吉县第一小学校本部人行天桥正式通行。

28日　西吉县2021年度党管武装述职暨2022年度人武工作会议在会议中心一会议室召开。

29日　市委副书记、县委书记白学贵带队调研全县消防安全、市场保供、安全生产等工作,并开展节前走访慰问活动。

同日　西吉县环卫工作者、城管工作者迎春茶话会在县住建局四楼会议室召开。市委副书记、县委书记白学贵及县领导魏廷峰、王旭东、马绍瑞、马桂英出席茶话会。

▲　市委常委、市委秘书长、政法委书记位西北来我县看望慰问困难群众。县委常委、政法委书

记吴铁军参加慰问。

▲ 县新冠疫情应急处置桌面推演会议在县卫生健康局四楼会议室召开，政府副县长鲜瑞芳，县疫情防控指挥部各工作组、工作专班、吉强镇、各医疗卫生健康单位负责人参加会议。

2月

8日 固原市政府副市长、西吉县委副书记、政府县长杨生俊在政府三楼会议室主持召开全县春季农村劳务输出工作安排部署会议。

9日 全县农村党员冬季轮训"学习贯彻十九届六中全会精神"线上专题培训班开班。

10日 固原市政府副市长、西吉县委副书记、政府县长杨生俊带队调研县城重点建设项目。

11日 自治区农业农村厅副厅长王生林带领自治区党委督查组来我县督查"四大提升行动"工作。

同日 全县领导干部学习贯彻党的十九届六中全会精神专题学习班在会议中心会堂开班。

13日 西吉县召开2022年春季"点对点"输送务工人员启动会，欢送首批150名务工人员赴福建务工。

15日 西吉县2022年"文化进万家 视频直播家乡年"活动在县文化馆举行颁奖仪式。

同日 西吉县2022年"猜灯谜·闹元宵"活动在县文化广场举行，近万名群众参加"猜灯谜·闹元宵"活动。

17日 县工商联（民间商会）2022年度工作会议暨支援西安抗疫总结会在会议中心一会议室召开。

18日 "中国体育彩票杯"宁夏西吉县第五届农民篮球争霸赛在县体育馆开赛

同日 西吉县2022年"春风行动"招聘会暨春季"点对点"输送务工人员欢送会在县文化广场举行。

19日 市委副书记、县委书记白学贵在会议中心会堂主持召开全县经济和农村工作会议，传达学习中央经济工作会议、中央农村工作会议和自治区党委经济工作会议、自治区党委农村工作会议精神，总结2021年工作成绩，部署2022年重点工作任务，动员全县上下统一思想行动、坚定发展信心、勇毅克难前行，稳住农业基本盘，推动全县经济高质量发展。

同日 中国共产党西吉县第十五届纪律检查委员会第二次全体会议在会议中心会堂召开。固原市委副书记、县委书记白学贵出席全会并讲话。

19日至20日 全县科级领导干部学习贯彻党的十九届六中全会精神专题研讨班在县职业中学报告厅举办。

21日 西吉县"四权"改革专题培训班在县会议中心一会议室举办。

22日 西吉县双拥主题银行揭牌暨西吉农商行"拥军贷"授信仪式在西吉农商行火石寨支行举行。

23日 政协西吉县第十二届委员会委员履职能力提升专题培训班在县文化馆三楼报告厅举行。

同日 西吉县2021年教育教学质量监测分析暨2022年教学教研工作安排会在县职业中学报告厅召开。

26日 市委副书记、政府市长冼国义来我县调研肉牛产业发展、高效节灌项目、高标准农田改造等重点工作。

27日 县政府党组理论学习中心组2022年第2次会议在政府三楼会议召开，传达学习了习近平总书记在山西考察时的重要讲话精神、在2022年春节团拜会上的讲话精神、在十九届中共中央政治局第三十六次集体学习会上的讲话精神、对粮食安全的重要指示精神，专题学习了《习近平法治思想学习纲要》和《中华人民共和国安全生产法》。

3月

1日 甘宁两省(区)三市五县(区)第四十六届鼠疫联防工作会议在我县会议中心一会议室召开。甘宁两省(区)白银市、固原市、中卫市、西吉县、原州区、平川区、会宁县、海原县相关领导,地病办主任、疾控中心负责人及鼠防队队长和部分鼠防先进代表参加会议。

同日 西吉县2022年"学雷锋志愿服务月"活动在县文化广场启动。

2日 自治区政府副主席王和山带领相关厅局负责人一行调研我县蔬菜和肉牛产业发展情况。

同日 自治区政协副主席、自治区党委第四督查调研组组长冯志强带队督查调研我县贯彻落实中央和自治区党委政协工作会议精神情况。

▲ 县公安局举行"食品药品和环境安全保卫大队"揭牌仪式。

3日 《西吉文史资料》第四辑编纂工作第一次全体会议暨启动会在县政协五楼会议室召开。

4日 全县道路交通安全管理工作会议在县公安局四楼会议室召开。

5日 在全国第59个学雷锋纪念日,县老干部局组织西吉二中、四中离退休干部党支部的党员在民生社区举办"雷锋精神永不断 老幼携手共传承"活动。

7日 西吉县建设领域复工复产安全防范暨警示教育会议在会议中心一会议室召开。

同日 自治区党委常委、宣传部部长李金科带领相关厅局负责人一行来我县调研宣传思想文化工作。

8日 福建省人大常委会党组成员、副主任袁毅带领福建省人大常委会调研组来我县调研乡村振兴工作。

同日 自治区政府副主席刘可为带领相关厅局负责人一行来我县调研月亮山水源涵养林建设项目实施、保障性住房建设、中央生态环保督察典型案例通报问题整改等情况。

▲ 十五届县委第一轮巡察工作动员部署会在会议中心一会议室召开。

▲ 由西吉县妇女联合会主办,文化馆协办的"喜迎党的二十大庆祝三八妇女节"活动在县文化馆三楼报告厅举行。

▲ 西吉县红十字会联合义工联合会在商业广场开展"弘扬雷锋精神,无偿献血我先行"志愿服务活动,动员社会各界广泛参与到无偿献血及加入中华骨髓库的爱心公益活动中来。

▲ 全县2022年创建自治区卫生县城工作推进会在县会议中心一会议室召开。

▲ 全县2022年"路长制"暨农村公路管养工作会议在会议中心一会议室召开。

9日 我县立功现役军人家属集中送喜报仪式在永清湖广场举行。

10日 固原市政协党组书记、主席余剑雄带领调研组调研我县政协工作。

同日 自治区政府副主席王道席带领相关厅局负责人一行来我县调研乡村旅游示范村发展和马其沟水库除险加固项目。

11日 自治区派驻我县驻村第一书记座谈会在会议中心一会议室召开。

同日 西吉县主要畜禽监测调查工作培训会在会议中心二楼会议室召开。

▲ 全县强化农村道路安全隐患突出路口路段治理攻坚整治行动部署会在县公安局四楼会议室召开。

14日 西吉县在会议中心会堂召开县委常委(扩大)会议。市委书记冼国义出席并讲话。市委常委、组织部部长杨继宏宣布自治区党委干部任免决定:杨生俊同志不再担任西吉县政府县长职务,马天峡同志提名为西吉县政府县长候选人。

15日 县政协主席马保师带领督导组围绕《西吉县2022年农业产业高质量发展实施方案》开展民主监督。

16日 西吉县开展重点人群新冠病毒核酸检测筛查工作。

17日 西吉县2022年消防工作暨森林草原防灭火工作安排部署会在会议中心一会议室召开。

18日 宁夏第一批重大项目集中开工现场推进会西吉分会场开工仪式在偏城乡上马村高标准农田建设项目施工现场举行。

同日 县领导对全县33个医疗卫生机构，121个查验点，295个行政村和8个社区疫情防控一线人员开展慰问活动。

▲ 县委副书记、代县长马天峡带领政府副县长冯玉宝、马绍瑞及相关部门负责人一行先后深入G566西吉上堡至夏寨段工程标段和兴隆至什字公路改造提升项目施工现场调研。

20日 市委副书记、县委书记白学贵先后深入硝河、将台堡、马莲、兴隆等乡镇调研全县农业产业项目推进工作。

21日 县人武部组织春季入伍新兵在将台堡红军长征会师纪念园开展入伍前"感悟长征精神，争当红色传人"主题活动。

22日 宁夏农林科学院固原分院研究员、科技特派团团长常克勤带领科技特派团成员来我县开展对接工作。

同日 西吉县2022年春季新兵欢送仪式在县人武部举行，57名优秀青年步入绿色军营。

23日 宁夏报业传媒集团帮扶项目——西吉县偏城乡曹垴中型淤地坝工程开工建设。

24日 市委书记冼国义带领市领导胡斌、杨生俊及相关部门负责人一行，来我县调研肉牛产业发展工作。强调要按照自治区党委九个重点产业和市委"5+4"重点产业布局，加快推动肉牛产业转型升级，围绕饲料加工、规模养殖、屠宰分割、有机肥生产等重点环节，全产业链谋划布局，着力构建现代肉牛产业体系。

同日 县人大常委会主任李聪带领视察组，视察全县重点工作。

23日至24日 自治区安委会第四巡查督查组组长陈钧带领巡查督查组来我县开展安全生产巡查督查工作。

25日 公安部挂牌督办、备受社会关注的"3·28"特大跨境电信网络诈骗案，由西吉县人民法院一审公开宣判，因疫情原因，宣判采取"现场+远程提讯+云庭审"方式进行。

28日 西吉县第十八届人民代表大会第二次会议在会议中心会堂召开。马天峡当选为西吉县人民政府县长。

26日至29日 县科技局先后在什字乡唐庄村、兴隆镇单南村、震湖乡孟湾村和马建乡同化村开展"乡村振兴科技指导员项目技术培训会"。

29日 西吉县工程建设政府采购等重点领域突出问题专项治理工作领导小组第九次会议在会议中心一会议室召开。

30日 县委宣传部联合相关部门开展"平安清明，文明祭扫"志愿服务宣传活动，引导广大群众树立安全、健康、文明、环保的祭祀新风尚。

31日 市委书记冼国义，市委副书记、县委书记白学贵带领固原市在职厅级领导干部来我县党风廉政警示教育馆，通过集中参观学习和观看警示教育片接受党风廉政警示教育。

同日 市委副书记、县委书记白学贵先后走进西吉中学和西吉四中，为广大师生上了一堂思想政治课。

▲ 县领导吴铁军、孙占新一行深入我县人流、车流相对集中，交通安全隐患风险突出路口路段开展督导调研工作。

4月

1日 全县组织宣传统战工作会议在会议中心会堂召开，传达学习全国和全区、全市组织部长会议、宣传部长会议、统战部长会议精神，全面总结2021年工作，安排部署2022年工作。

同日 县委政法工作会议在会议中心会堂召开，总结成绩、分析形势，研究部署2022年全县政法各项工作。

▲ 固原市人大常委会副主任李建平、师淑莲带领调研组来我县调研"两法"实施情况和医疗卫生机构医疗废物收集处理情况。

▲ 县安委会第二次全体（扩大）会议暨全县"清明""五一"森林草原防灭火工作专题会议在会议中心一会议室召开。

2日 市退役军人事务局在我县北山烈士陵园开展"2022·清明祭英烈暨代烈士家属祭扫"活动。

3日 市委副书记、县委书记白学贵在县委二楼会议室与中国商飞集团在我县挂职干部和支教人员座谈交流。

4日 清明节前夕，自治区党委书记梁言顺先后来到西吉县将台堡红军长征会师纪念园、兴隆镇单家集革命旧址，向革命先烈敬献花篮，感悟习近平总书记关于走好新的长征路的伟大号召。

5日 市委副书记、县委书记白学贵深入火石寨和新营两乡调研农业产业项目进展情况。

同日 由县农业农村局牵头筹集的35吨优质马铃薯，驰援上海抗击疫情第一线。

▲ 县委副书记、政府县长马天峡深入大寨山林场、偏城林场等地，通过听汇报、问情况，详细检查森林草原防灭火工作落实情况

6日 市委副书记、县委书记白学贵在县委五楼会议室主持召开县委常委会（扩大）会议，传达学习自治区党委书记梁言顺同志在固原调研时的讲话指示精神，研究贯彻落实意见。

10日 县委副书记、政府县长马天峡深入马莲乡、将台堡镇调研我县马铃薯、冷凉蔬菜和玉米大豆带状复合种植等产业发展情况。

12日 县委副书记、政府县长、县安委会主任马天峡在政府三楼会议室主持召开全县安全生产委员会会议，总结分析当前全县安全生产形势，对安全生产工作进行再安排。

13日 固原市人大常委会副主任吴璞带领调研组来我县调研移民致富提升行动。

15日 政府副县长鲜瑞芳带领县招生委员会成员单位负责人对我县2022年高职分类招生考试考点及周边环境进行全面检查。

同日 县公安局、市场监督管理局、教体局、烟草局抽调工作人员组成联合检查组，开展校园周边环境专项整治行动。

16日 县委副书记、政府县长马天峡带领县领导张杰及相关部门负责人深入我县燃气、供水、交通、建筑等行业领域调研安全生产工作。

21日 西吉县与宁夏职业技术学院"深化'双高校'建设　助力乡村振兴"政校合作签约暨揭牌仪式在吉强镇万崖村兴德移民安置点举行。

22日 西吉县在会议中心会堂举行全县"铸牢中华民族共同体意识"专题讲座。市委副书记、县委书记白学贵作了题为《弄清铸牢中华民族共同体意识的深刻内涵》的授课。

同日 西吉县在县委二楼会议室召开复旦大学研究生支教团座谈交流会。

▲ 全县驻村（社区）第一书记和工作队员乡村振兴专题培训班在龙王坝实训培训基地开班。

▲ 西吉县道路交通安全管理工作推进会在会议中心二楼视频会议室召开。

21日至22日 自治区政协调研组来我县调研"延长农副产品产业链、价值链，提高农民收入水平"工作。

24日 自治区党校常务副校长郝彤带领调研组来我县调研县委党校迁建项目建设工作。

同日 市委副书记、县委书记白学贵调研全县农业产业项目推进工作。

25日 市委副书记、县委书记白学贵先后深入红耀乡和吉强镇看望部分困难退役军人和现役军人家属。

同日 县委巡察组联合平峰镇党委、平峰派出所、司法所在平峰镇街道"摆摊设点"开展巡察宣传活动。

26日 开斋节来临之际,市委副书记、政府代市长杨青龙带领市委常委、统战部部长胡斌一行来我县走访慰问部分少数民族群众。

28日 市委副书记、县委书记白学贵在县委五楼会议室主持召开全县党的建设领导小组2022年第1次会议,深入学习贯彻习近平总书记关于全面从严治党的重要论述,认真贯彻新时代党的建设总要求和新时代党的组织路线,全面落实自治区、固原市党的建设领导小组2022年第1次会议精神,听取全县各领域党建工作情况汇报,安排2022年党建工作。

同日 政府县长马天峡主持召开县人民政府党组会议暨理论学习中心组2022年第4次会议,传达学习习近平总书记系列重要讲话精神,对安全生产、防汛抗旱、疫苗接种等工作进行再安排。

29日 西吉县在应急管理局五楼会议室召开"五一"节前安全生产推进会议,对全县"五一"期间安全生产和防灾减灾工作进行再安排。

同日 县应急管理局联合县住建、文广、公安、消防等部门(单位),对景区、车站、大型商超、建筑工地等安全生产领域开展"五一"节前安全生产大检查。

5月

2日 县委副书记、政府县长马天峡在政府三楼会议室主持召开全县重大项目谋划情况汇报会。

同日 中央广播电视总台大型直播报道《走进老区看新貌》聚焦我县吉强镇龙王坝村,通过视频连线直播的形式报道我县乡村旅游产业。

▲ 西吉县自建房等建筑安全隐患排查整治工作会议召开,对全县自建房等建筑安全隐患排查整治工作进行部署安排。

3日 市委书记冼国义带领调研组到我县调研特色产业发展、群众增收致富等工作。

5日 市委副书记、县委书记、县委全面依法治县委员会主任白学贵在县委五楼会议室主持召开县委全面依法治县委员会第四次会议,传达学习有关会议精神,安排2022年全面依法治县工作。

同日 市委副书记、县委书记、县总河长白学贵在县委五楼会议室主持召开全县总河长第六次会议,传达学习2022年自治区河湖长制工作第一次联席会议精神,听取有关工作汇报,安排2022年全县河湖长制重点工作。

▲ 全县禁毒工作会议在会议中心一会议室召开。市委副书记、县委书记、县禁毒委主任白学贵及县禁毒委副主任、禁毒办主任、副主任,县禁毒委成员单位负责人和各乡镇党委书记参加会议。

▲ 自治区住房和城乡建设厅党组成员、总经济师杨普带领调研组一行,来我县调研自建房等建筑安全隐患排查整治工作。

6日 全县2021年度巩固拓展脱贫攻坚成果同乡村振兴有效衔接考核评估发现问题整改工作暨2022年重点工作部署会议在会议中心会堂召开。会议以视频会议形式召开。市委副书记、县委书记白学贵参加会议并讲话。县委副书记、政府县长马天峡主持会议。

同日 市委副书记、县委书记白学贵在会议中心一会议室主持召开县委农村工作领导小组2022年第3次会议。

7日 市政协副主席剡小平带领调研组来我县开展"加强人才队伍建设,为先行区建设提供人才支撑"专题调研。

同日 由县委宣传部、文明办、妇联、新时代文明实践中心主办,团县委、民政局承办的"浓情五月天,感恩母亲节"志愿服务活动在震湖乡苏堡村举行。

▲ 市委副书记、县委书记白学贵在县委五楼会议室主持召开脱贫地区脱贫人口增收调度会议。

8日 西吉县举行"铸牢中华民族共同体意识"专题教育第二专题授课。县委副书记、政府县长马天峡主讲。

9日 市委副书记、县委书记白学贵调研全县粮食安全工作。强调:要切实提高政治站位,坚决扛稳粮食安全的重大政治责任,扎实做好粮食安全各项工作,筑牢粮食安全防线。

10日 自治区广电局党组书记、局长高瑞莉一行来我县调研广播电视工作。

同日 福建省青年建筑师协会秘书长刘炳辉一行来我县调研闽宁协作和文化旅游等工作。

▲ 全县纪检监察机关"喜迎党代会 献礼二十大"暨"高素质专业化队伍建设年"主题演讲比赛在县文化馆三楼报告厅举行。

11日 市人大常委会主任李志达带领调研组来我县调研县乡人大工作开展情况。

同日 在全国第14个"防灾减灾日"来临之际,我县在永清湖广场开展地质灾害防治科普宣传活动。

▲ 西吉县消防救援大队联合隆德县消防救援大队在西吉县兴隆镇开展地震救援拉动演练。

12日 西吉县社区建设服务中心揭牌仪式在吉强镇举行。

同日 西吉县启动第十四个"防灾减灾日"宣传演练活动。

▲ 县人民医院举办庆祝"5·12"国际护士节护理知识竞赛暨表彰会。

13日 宁夏大学与西吉县人民政府校地合作签约仪式在吉强镇龙王坝村举行。宁夏大学党委书记李星,市委副书记、县委书记白学贵等相关领导出席签约仪式。

同日 西吉县在永清湖广场开展第32次"全国助残日"活动。

▲ 国家统计局宁夏调查总队党组书记、总队长李强带领调研组来我县调研产业发展情况。

14日 自治区党委常委、组织部部长石岱深入我县火石寨乡小红庄村、沙岗村,恒丰农业综合开发有限公司和吉强镇兴德村等地,调研我县基层党建、人居环境整治、民族团结、基层治理、农业产业等情况。

16日 市委副书记、县委书记白学贵在县委五楼会议室主持召开全县经济发展安全稳定工作座谈会,深入贯彻党中央和区市党委决策部署,研究全县经济发展和安全稳定工作。

同日 县委副书记、政府县长马天峡带领相关部门负责人调研我县自建房安全专项整治工作。

▲ 西吉县举行"铸牢中华民族共同体意识"专题教育第三专题授课。县政协主席马保师主讲。

▲ 全县防汛抗旱暨地质灾害防治工作会议在会议中心一会议室召开。

▲ 市委副书记、县委书记白学贵在县委五楼会议室主持召开县委统一战线工作领导小组2022年第1次会议,传达学习相关文件精神,听取全县统一战线工作汇报。

▲ 县政协副主席马桂英带领调研组对全县民营企业发展情况进行调研。

17日 自治区妇联副主席郝晓红来我县调研"美丽庭院"创建工作。

同日 由县委宣传部、新时代文明实践中心主办,县教育体育局承办的"强国复兴有我"主题宣传教育系列活动在将台堡镇中心小学启动。

18日 县人民政府党组书记、县长马天峡在政府三楼会议室主持召开政府党组2022年第6次会议,传达学习相关精神,对当前各项工作进行再安排。

▲ 庆祝"5·18国际博物馆日"暨"宁夏长城保护宣传日"活动在县博物馆广场举行。

▲ 市委副书记、县委书记白学贵主持召开县委专题听取政府党组关于中央生态环境保护督察通报问题整改情况汇报会,研究部署督察通报问题整改工作。

19日 2022"中国旅游日"固原分会场暨第十二届西吉火石寨丁香花节活动在火石寨景区举行。

同日 市人大常委会副主任袁秉和带领执法检查组来我县检查《中华人民共和国环境保护法》《宁夏回族自治区环境保护条例》《宁夏回族自治区环境教育条例》实施情况。

20日 全县巩固拓展脱贫攻坚成果同乡村振兴有效衔接重点工作推进会在会议中心会堂召开。

19日至20日 福州市副市长林治良带领福州市考察团来我县考察闽宁对口帮扶协作工作。

21日 西吉县在永清湖广场举行"职等你来 就业同行"为主题的"2022年民营企业招聘月百日千万网络招聘活动暨乡村振兴就业帮扶专项行动招聘会"。

22日 由自治区商务厅主办,市县商务部门和宁夏家电行业协会承办的"宁夏绿色智能家电惠民行动"走进我县并在县商业广场举行启动活动。

23日 市委副书记、县委书记白学贵检查指导县纪委监委和县委组织部关于抓纪律作风促落实,进一步优化营商环境受理投诉举报的办理情况。

同日 打击整治养老诈骗专项行动成员单位在永清湖广场联合开展"严厉打击养老诈骗违法犯罪 坚决守好老年人钱袋子"宣传活动。

▲ 市委副书记、县委书记白学贵在县委二楼会议室主持召开全县群团工作座谈会,听取工作汇报,提出工作要求。

24日 西吉县委理论学习中心组召开2022年第5次集中学习(扩大)会暨习近平总书记视察宁夏重要讲话和重要指示批示精神宣讲会。

25日 自治区党委统战部副部长、民委主任、宗教局局长陈建龙带领调研组调研我县民族团结进步示范县创建工作。

同日 西吉县创建"全国禁毒示范城市"安排部署会议在会议中心视频会议室召开。

▲ 宁夏书画院采风基地、宁夏秦腔剧院孵化基地在我县龙王坝举行揭牌仪式。

▲ 固原市委书记冼国义来我县调研基层治理及"1133"工作机制运行情况。

▲ 全县"三区三线"划定工作推进会在会议中心一会议室召开。

24日至25日 县政协调研专班对全县基础教育提升和健康水平提升两大行动及卫生县城创建、医疗保障体系建设工作开展专题调研。

26日 自治区人大常委会副主任杨玉经带领执法检查组来我县开展《宁夏回族自治区促进民族团结进步工作条例》执法检查。

27日 县委退役军人事务工作领导小组召开"崇军行动"启动会,安排全县"崇军行动"工作。

同日 西吉县与兴业证券股份有限公司在政府三楼会议室举行"一司一县"闽宁协作结对帮扶签约仪式。市委常委、政府副市长、第十二批援宁工作队领队陈论生,兴业证券党委办公室副主任、兴业证券慈善基金会秘书长梁谦,兴业证券宁夏分公司总经理霍斌,县领导张杰、林传炬及兴业证券有关部门、县乡村振兴局负责人参加签约仪式。

▲ 西吉县"奔跑吧·少年"暨第三届"体教融

合杯"青少年田径运动会在县体育场开幕。

28日 西吉县在县商业广场开展以"美好生活·民法典相伴"为主题的集中宣传活动。

同日 全县2022年科技活动周暨主场宣传活动启动仪式在龙王坝乡村科技馆广场举行。

26日至27日 县人大常委会副主任王宏忠带领议案审查委员会委员及提案县级人大代表组成的检查组，对县十八届人民代表大会第一次会议确定的议案建议办理情况进行专项检查。

30日 固原市委副书记、县委书记白学贵带队调研全县抗旱减灾工作，强调要认清形势、突出重点、科学统筹，切实抓好农业抗旱减灾，精准施策促进农民增收，最大限度减少旱情造成的损失。

31日 县委、县政府以视频会形式召开全县抗旱减灾保增长工作动员部署会，分析研判当前旱情形势，安排全县抗旱减灾工作。

6月

1日 固原市人大常委会主任李志达，市政协副主席杨银梅来我县第三小学看望慰问广大师生，并向全县少年儿童致以节日的祝贺，向辛勤工作在教育一线的广大教育工作者表示亲切的问候。

同日 西吉县在永清湖广场举行"六·五"环境日暨全县环境教育宣传周启动仪式。

▲ 西吉县多部门联合在永清湖广场举行全民禁毒宣传月暨学习贯彻《中华人民共和国禁毒法》，创建"全国禁毒示范城市"宣传活动。

2日 固原市政府副市长杨生俊带领市相关部门负责人来我县调研农业生产和乡村振兴工作。

同日 全县争创全国民族团结进步示范县工作推进会在会议中心一会议室召开。

2日 由县委宣传部主办，县新时代文明实践中心、团县委和县文化旅游广电局承办的"强国复兴有我——我们的节日·端午"暨平峰镇庙坪村第六届民俗文化节在庙坪村张苟湾组举行。

5日 市委副书记、县委书记白学贵带队检查我县2022年高考准备工作，强调要以精益求精的理念、严而又严的纪律、细之再细的措施，全力做好高考期间的各项服务保障工作，确保高考顺利进行。

同日 市委书记冼国义到西吉县调研高标准农田改造、特色农产品种植、肉牛养殖"出户入园"等重点工作。

6日 自治区人力资源和社会保障厅副厅长肖生勤带领自治区第四督导组对我县稳经济保增长促发展政策措施落实情况进行全面督导。

7日 政府县长马天峡主持召开县人民政府党组会议暨理论学习中心组2022年第5次会议，传达学习习近平总书记系列重要讲话精神，对纪律作风建设、稳经济保增长促发展、信访等工作进行再安排。

同日 自治区2022年度文化工作者培训班（第二期）开班仪式在我县将台堡镇毛家沟红军寨举行。

9日 县委全面依法治县委员会守法普法协调小组2022年第一次会议召开。

同日 市人大常委会副主任马有芳带领执法检查组来我县就《中华人民共和国工会法》贯彻实施情况进行执法检查。

10日 自治区财政厅副厅长杨冬梅、文化和旅游厅副厅长赵明霞带领调研组专题调研我县非遗发展和文旅融合工作。

11日 银川一中校长张永宏带领帮扶支教人员来我县第四中学开展帮扶送教活动。

12日至13日 自治区安委会第四巡查督查组来我县开展安全生产巡查督查。

15日 自治区党委书记梁言顺带领党委常委张雨浦、陈雍、艾俊涛、雷东生、李金科、石岱、马汉成、陈春平、买彦州、郭建军、赵旭辉、王刚，来到西吉县将台堡红军长征会师纪念园，缅怀革命先烈、感悟长征历史、重温入党誓词,郑重宣示新一届自治区党委常委班子牢记领袖嘱托,坚守初心使命,重整行装再出发,始终沿着习近平总书记指引的方向,走好新时代长征路的必胜信念和坚定决心。

17日 全县常态化开展扫黑除恶斗争暨打击整治养老诈骗、预防打击电信诈骗推进会在会议中心一会议室召开。

20日 自治区退役军人事务厅党组书记、厅长范锐君带领相关处室负责人调研我县退役军人事务工作。

21日 固原市人大常委会副主任童全成带领调研组来我县调研工业经济发展和优化营商环境情况。

同日 自治区政协调研组来我县开展"铸牢中华民族共同体意识若干问题的建议"专题调研。

22日 公安厅党委副书记、常务副厅长徐海宁带领相关处室负责人来我县调研督导疫情防控及公安工作。

23日 石嘴山市政协党组书记、主席魏和清带领考察组来我县开展"赓续革命精神、走好新时代长征路"主题党日暨政协工作学习活动。

24日 2022年西吉县"文旅杯"乒乓球、羽毛球比赛在县体育馆开幕。

同日 西吉县在商业广场开展以"喜迎二十大 奋进新征程"为主题的第35个国际禁毒日集中宣传教育活动。

26日 全县2022年高考质量分析座谈会在西吉中学五楼会议室召开。

27日 西吉县深入学习贯彻自治区第十三次党代会精神宣讲会在县委党校新址报告厅举行,市委副书记、县委书记白学贵宣讲。

同日 县委副书记、政府县长马天峡带队对全县2022年中考准备工作进行检查

28日 全县乡(镇)领导班子巩固拓展脱贫攻坚成果同乡村振兴有效衔接专题培训班在县委党校新址报告厅举行。

29日 市委副书记、县委书记、县规委会主任白学贵在县委五楼会议室主持召开城乡规划委员会2022年第5次会议上强调,要科学规划设计、完善功能布局,确保项目早开工、早落地。

同日 十五届县委第二轮巡察工作动员部署会在会议中心一会议室召开。

30日 市委副书记、县委书记白学贵带领县领导马天峡、邵剑波、庞子杰、张杰、李林、魏廷峰、马生林、林传烜、单国典及县委部门负责人,来到将台堡红军长征会师纪念园开展主题研讨系列活动,深入学习贯彻自治区第十三次党代会精神,深切感悟革命先烈长征的艰辛历程和伟大成就,深刻领悟习近平总书记关于走好新的长征路的重要指示精神,牢记总书记的殷切嘱托,重整行装再出发,义无反顾扛起新的历史使命,继续走好新时代长征路。

同日 西吉县人居环境整治"月百户"行动推进会在县会议中心一会议室召开。

7月

1日 福州市委常委、福清市委书记叶仁佑带领考察团来我县开展闽宁协作工作。

同日 宁夏职业技术学院宁夏开放大学党委副书记苏晓军一行来我县开展帮扶捐赠活动。

▲ 西吉县巩固拓展脱贫攻坚成果同乡村振兴有效衔接工作现场推进会在吉强镇万崖村召开。

4日 全国政协常委、人口资源环境委员会主任,国务院发展研究中心原主任、党组副书记李伟带领视察团来我县开展新时代生物多样性保护工作党外委员专题视察。

5日 全区"听党话、感党恩、跟党走"宣传教育活动暨农民培训"一提双促"行动现场推进会在我县吉强镇龙王坝村召开。

6日 中央广播电视总台农业农村节目中心

"乡村振兴观察点"项目正式落地我县龙王坝村。

同日 由中央农业广播电视学校主办的农业农村主体人才和支撑人才培训班在龙王坝乡村振兴学院开班。

▲ 2022年西吉县安委会第三次全体（扩大）会议在县会议中心二楼视频会议室召开。

7日 自治区党委统战部副部长、工商联党组书记周兆川带领调研组来我县就自治区稳经济保增长促发展50项政策措施在民营企业落实情况和民营企业参与乡村振兴情况开展专题调研。

同日 西吉县交通运输领域安全专项整治行动安排会议在会议中心一会议室召开。

▲ 西吉县物流保通保畅工作机制指挥部会议在会议中心一会议室召开。

8日 西吉县"喜迎二十大 奋进新征程"职工篮球运动会在县体育馆开幕。

11日 市委副书记、县委书记白学贵先后来到吉强镇大滩村居民点和西滩小学，实地调研防汛减灾和群众避险转移工作。

同日 西北农林科技大学党委常委、副校长房玉林一行来我县调研特色农业发展情况。

13日 市委副书记、县委书记白学贵调研全县重点项目建设情况时强调，要科学、文明、安全、高效施工，把每一个项目都打造成精品工程和良心工程。

同日 自治区退役军人事务厅党组书记、厅长范锐君带领退役军人事务厅全体党员干部来我县开展主题党日活动。

14日 由国家牧草产业技术体系首席科学家、中国农业大学草业科学与技术学院院长张英俊教授带队的国家乡村振兴科技特派团来我县开展牧草产业技术培训。

15日 县委理论学习中心组2022年第9次集中学习（扩大）会暨自治区第十三次党代会精神宣讲会在会议中心会堂召开。

同日 固原市科技局联合自治区生产力促进中心，在我县龙王坝培训基地举办全市企业家创新精神培育培训班。固原市各县（区）企业主要负责人、技术开发与财务管理业务骨干、市县科技部门工作人员、各类科技服务人员参加培训。

▲ 市委副书记、县委书记白学贵在会议中心一会议室主持召开全县防汛工作专题视频调度会议。

同日 中国文联主席、作协主席铁凝为西吉文学馆赠书交接仪式暨中国首个"文学之乡"夏令营活动结业仪式在我县将台堡镇红军寨举行。自治区文联主席、作协主席郭文斌，县领导刘杏萍及相关部门负责人和80多名夏令营学员参加仪式。

16日 市委副书记、县委书记白学贵带领县领导马天峡、张杰、冯玉宝及县应急管理局、水务局、交通运输局等相关部门负责人深入一线查看雨后受灾情况并现场办公，确保防汛减灾工作落到实处。

同日 宁夏大学党委常委、副校长李建设带领宁夏大学及自治区科技厅相关人员来我县检查科技部部省联动项目进展情况。

17日 县委副书记、政府县长马天峡深入民生家园小区调研小区管网改造提升工程建设情况。

19日 固原市人大常委会副主任袁秉和带领督查调研组来我县对市人大重点议案建议办理进展情况等代表工作进行专项督查调研。

同日 西吉县"喜迎二十大 奋进新征程"2022年广场舞大赛在将台堡红军长征会师纪念园广场举行。

▲ 石嘴山市人大考察组来我县考察红色文化保护利用和乡村旅游发展情况。

20日 全县第二届"大飞机杯"航模挑战赛在将台中学开赛。

同日 自治区总工会党组成员、副主席毛洪峰带领调研组来我县调研工会工作。

21日 国家乡村振兴局规划财务司规划统计

处四级调研员董家齐带领调研组在我县会议中心一会议室主持召开国家乡村振兴局调研西吉县防止返贫动态监测和帮扶工作座谈会。

同日　自治区生态环境厅党组副书记、厅长平学智带领调研组来我县调研生态环境保护工作。

22日　西吉县新时代文明实践基地揭牌暨"星火"志愿服务队授旗仪式在将台堡镇红军寨举行。

同日　西吉县2022年双拥工作领导小组暨创建全国双拥城（县）安排部署会议在会议中心会堂召开。

▲　全区第六届中小学体育教师教学技能比赛在我县第七中学举行。

▲　西吉县实施乡村振兴战略工作领导小组2022年第3次会议暨2021年度巩固拓展脱贫攻坚成果同乡村振兴有效衔接考核评估发现问题整改工作第4次调度会在会议中心一会议室召开。

同日　全县防止返贫动态监测和帮扶工作培训会在会议中心一会议室召开。会议以视频会形式召开到村。

27日　中国共产党西吉县第十五届委员会第四次全体会议在会议中心会堂召开。

同日　由自治区科协主办，西吉县科协及宁夏医院管理协会承办的科技志愿服务活动走进我县兴隆镇下范村。活动特邀自治区第五人民医院、宁夏医科大总医院、宁安医院的部分医疗专家开展义诊志愿服务活动。

▲　固原市人大常委会主任李志达带领视察组来我县视察全市产业发展、重点项目建设和城乡居民收入提升行动推进情况。

28日　全县安全生产"百日专项整治行动"动员部署会在会议中心一会议室召开。

同日　固原市委常委、政府副市长陈论生带领相关负责人来我县调研闽宁协作及特色产业发展情况。

▲　西吉县打击整治养老诈骗专项行动、打击电信网络新型违法犯罪第三次推进会在县委五楼会议室召开。

▲　国家乡村振兴重点帮扶县西吉县科技特派团大宗蔬菜产业组人才培训班在我县开班。

29日　市委副书记、县委书记白学贵，县委副书记、政府县长马天峡分别带队到县武警中队、人武部、消防救援大队和部分退役军人家中开展"八一"建军节慰问活动，向他们送去节日的问候和崇高的敬意。

同日　安徽省政协副主席牛立文带领考察组来我县围绕"生物多样性保护情况"开展考察。

28日至29日　以"物通四海　流润万家"为主题的首届宁夏物流节第三场活动——"田野通达梦"宁夏农村寄递物流体系建设现场会在我县举办。

30日　市委副书记、县委书记白学贵带领县领导马生林、孙占新、冯玉宝走访慰问部分少数民族群众，向他们送去县委、县政府的问候和关怀。

31日　民盟福建省委会副主委、民盟福州市委会主委、福州经济技术开发区管委会副主任、福州市马尾区政府副区长林群慧带领民盟福州市委会考察组来我县考察。

8月

1日　县委副书记、政府县长马天峡带领县领导冯玉宝及县农业农村局、乡村振兴局、自然资源局、财政局等部门负责人到将台堡镇和兴隆镇调研乡村振兴项目和肉牛屠宰加工项目实施情况。

同日　西吉县政法系统2022年政治轮训培训班在县委党校开班。

▲　健康西吉建设暨全民健康水平提升行动推进会在县政府三楼会议室召开

2日　西吉县创建全国民族团结进步示范县推进会在会议中心会堂召开，进一步动员全县上下坚定信心、笃定前行,用心用情、用力用智做好全国民族团结进步示范县创建工作。

同日 县委副书记、政府县长马天峡在会议中心会堂主持召开全县防溺水工作部署会议,对防溺水工作进行再调度、再安排。

4日 县委理论学习中心组2022年第11次集中学习(扩大)会暨反腐倡廉警示教育专题讲座在会议中心会堂以视频会形式召开。

6日 全县农村道路交通安全专项整治推进会在县会议中心一会议室召开。

9日 市委副书记、县委书记白学贵检查环保督察反馈问题整改完成情况。

10日 县委理论学习中心组2022年第12次集中学习(扩大)会暨习近平总书记视察宁夏重要讲话和重要指示批示精神"大学习、大讨论、大宣传、大实践"活动专题讲座在县委党校报告厅举办。

同日 固原市人大常委会副主任马有芳带领调研组来我县调研公共法律服务体系建设情况。

▲ 县委副书记、政府县长马天峡到硝河乡关庄村专题调研乡村振兴工作。

9日至10日 自治区文联党组书记、副主席黄明旭带领调研组来我县开展文学创作专题调研。

12日 县法院、检察院、司法局与工商联(民间商会)建立沟通联系机制工作推进会在会议中心一会议室召开

13日 市委副书记、县委书记白学贵,县委副书记、政府县长马天峡来到县公安局对"6·25"专案组成员进行慰问。要求县公安局坚定信心、鼓足干劲,保持力度不减、节奏不变,彰显县委、县政府坚决打击损害群众切身利益的一切违法行为的决心和信心。

同日 闽宁协作食用菌现场观摩会和产业发展座谈会分别在马莲乡陆家沟村闽宁协作毛木耳试验示范基地和县委党校召开。

▲ 县委副书记、政府县长马天峡在会议中心一会议室主持召开全县2022年项目建设暨三季度经济运行调度会,安排三季度经济和项目建设工作。

16日 在会议中心会堂召开县委农村工作领导小组2022年第5次会议暨全面推进乡村振兴观摩推进会,动员全县上下进一步振奋精神、真抓实干,加快推进各项重点任务,以优异成绩迎接党的二十大胜利召开。

同日 中组部、农业农村部农村实用人才带头人和到村任职选调生(能力建设)专题培训班在我县龙王坝培训基地开班。

▲ 中国商飞公司党委常委、纪委书记、国家监委驻中国商飞监察专员赵九方带领调研组来我县开展定点帮扶调研活动。

17日 自治区人大常委会副主任姚爱兴带领调研组来我县调研农村人居环境整治工作。

同日 全区创建2021—2025年度第二批全国科普示范县座谈会在我县召开。

19日 县委副书记、政府县长马天峡深入吉运客运公司、夏寨水库、吉源天然气加气站和格兰美景二期项目建设工地,对我县道路运输、防汛及防溺水、城镇燃气、建筑施工等行业领域的百日专项整治情况进行专题调研。

同日 固原市退役军人事务工作现场观摩推进会在我县举行。

▲ 以"喜迎二十大 奋进新征程 宁静的夏天 凉爽的固原 西部福地 吉祥如意"为主题的2022年固原·西吉乡村音乐节在县文化广场举行。

22日 市委副书记、县委书记白学贵带队调研全县工业经济发展情况。

23日 中组部、农业农村部农村实用人才带头人和到村任职选调生(乡村发展与治理)主题培训班在我县龙王坝村培训基地开班。

24日 全市党建引领基层治理"1+1+3"工作机制现场观摩推进会在我县召开。

同日 自治区"万企兴万村"行动推进会议在我县县委党校召开。

25日 市委副书记、县委书记白学贵在会议中心一会议室主持召开全县生态环保问题排查整治推进会,安排开展生态环保问题排查整治专项行动。

同日 2022年中国商飞公司"大飞机助学金"发放仪式在会议中心一会议室举行,向100名脱贫户及监测户家庭大一新生发放助学金30万元。

同日 市委副书记、县委书记白学贵在会议中心一会议室主持召开全县迎接2022年度自治区效能目标管理考核部署会,动员全县上下统一思想、鼓足干劲、晋位争先,全力打好效能目标考核翻身仗。

24日至25日 自治区党委常委、统战部部长马汉成带队调研我县新时代统战工作。

29日 市委副书记、县委书记,县委退役军人事务工作领导小组组长白学贵在县委五楼会议室主持召开县委退役军人事务工作领导小组第四次会议。专题学习《习近平总书记关于退役军人工作重要论述》、中央退役军人事务领导小组第十二次、十三次全体会议精神等内容,审议通过相关文件,进一步明确相关部门及各乡镇退役军人事务工作重点任务。

30日 自治区统计局党组书记、局长徐秀梅带领相关处室负责人,来我县调研驻村帮扶和产业发展等工作。

同日 全县2022年夏季高校毕业生现场招聘会在永清湖广场举行,来自区内外20余家各类用人单位为待业高校毕业生提供就业岗位和求职平台。

31日 以"弘扬长征精神 奉献乡村振兴"为主题的全区2022年"三支一扶"高校毕业生赴基层服务出征仪式在我县将台堡红军长征会师纪念广场举行。

同日 全县中长期青年发展规划实施工作联席会议第二次全体会议在县委五楼会议室召开。

▲ 西吉县弘扬中华优秀传统文化、铸牢中华民族共同体意识暨政协委员大讲堂、铸牢中华民族共同体意识专题培训班在会议中心会堂举办。

9月

1日 宁夏农垦集团在我县什字乡什字村举行助力乡村振兴捐赠仪式。

5日 县政协组织部分政协委员分四组对全县19个乡镇的重点项目、亮点工程和创新型工作进行观摩,感受城乡面貌新变化和经济社会发展好势头。

7日 以"迎接党的二十大 培根铸魂育新人"为主题的全县庆祝第38个教师节座谈会在县职业中学报告厅召开。市委副书记、县委书记白学贵出席会议并讲话。

同日 全县农村道路交通安全集中攻坚"百日行动"部署会在吉强镇派出所召开。

▲ 全县用水权改革工作推进会暨用水权证颁证仪式,在会议中心一会议室举行。

8日 县委副书记、政府县长马天峡主持召开全县安全生产百日专项整治行动推进会。

同日 第9个国家网络安全宣传周之日,县公安局联合县委宣传部、政法委、网信办等部门在永清湖广场开展网络安全集中宣传活动。

9日 西吉县2021—2022学年度第二学期教育教学质量分析会在职业中学报告厅召开。

同日 西吉县"喜迎二十大,奋进新征程"农村基层党组织微党课宣讲比赛在县文化馆举办。

▲ 全县工程建设政府采购等重点领域突出问题专项治理工作领导小组第十次会议暨工作推进会在县纪委一楼会议室召开。

8日至9日 县委统战部先后在马建乡和怡秀社区开展2022年"民族团结进步月"宣传活动。

13日 2022年度全区秋冬农田水利基本建设

现场启动会在我县召开。自治区党委副书记陈雍出席会议并宣布：全区秋冬农田水利基本建设启动，自治区政府副主席王和山主持会议。固原市委书记冼国义，市委副书记、政府市长杨青龙，市委副书记、县委书记白学贵，政府副市长杨生俊等区市领导，自治区相关厅局负责人，贺兰县、青铜峡市相关负责人及全体县级领导参加启动会。

同日　西吉县根治拖欠农民工工资工作领导小组2022年第二次联席会议在会议中心一会议室召开。

14日　自治区人大常委会副主任、党组成员沈凡带领调研组来我县调研人大代表联络站建设和产业发展情况。

同日　固原市人大常委会副主任童全成带领调研组来我县调研民族工作开展情况。

▲"十四五"国家重点研发计划"六盘山区萝卜机械化、标准化节水栽培关键技术研究与示范"子课题2022年现场观摩会在我县吉强镇万崖村举行。宁夏大学农学院、县科技局、农业农村局相关负责人及县蔬菜协会和蔬菜种植新型经营主体参加现场观摩会。

15日　固原市政协副主席剡小平带领调研组就我县"持续挖掘'红色资源'助推文旅产业深度融合发展"工作开展专题调研。

同日　西吉县食品药品安全委员会成员单位在县商业广场开展以"共创食安新发展　共享美好新生活"为主题的食品安全宣传周集中宣传活动。

16日　县委副书记、政府县长马天峡调研县城集中供热设施改造工作。

同日　固原市2022年全民国防教育周启动仪式在我县第二小学举行。

19日　市政协党组成员、副主席杨银梅带领调研组调研我县落实"双减"政策、撤并小规模学校、深入推进基础教育提升行动工作开展情况。

同日　自治区督查组督查我县推进使用正版软件工作问题反馈会在会议中心一会议室召开。

20日　全国人大财经委副主任委员、全国人大常委会预算工委主任史耀斌带领调研组，在自治区人大常委会副主任杨玉经的陪同下来我县调研乡村振兴和人大工作。

28日　市委副书记、县委书记白学贵在县委五楼会议室主持召开全县重点工作调度会，就全县项目建设、农业农村、工业经济等近期重点工作进一步明确责任、梳理问题、鼓劲加压，力促全县经济发展稳中向好。

30日　县委常委、政府副县长魏廷峰带领县安委办、交通运输局、市监局、消防救援大队等部门负责人开展国庆节节前安全生产大检查，进一步压紧压实安全生产责任，确保节日期间安全生产形势稳定向好。

同日　县公安局在文化广场举行应急处突实战演练。

10月

2日　市委副书记、县委书记白学贵带领县委副书记、政府县长马天峡，县人大常委会主任李聪，县政协主席马保师及县委、县政府部分班子成员和相关部门负责人调研全县重点项目建设情况。

11日　市委副书记、县委书记白学贵在会议中心一会议室主持召开全县实施乡村振兴战略工作领导小组2022年第4次会议。会议以视频形式召开。

13日　政府县长马天峡先后来到汇发村镇银行项目建设工地和金曜塑业有限责任公司，实地检查各行业领域疫情防控和安全生产工作。

14日　市委副书记、县委书记白学贵带领政府副县长冯玉宝及相关部门负责人调研水利工程建设工作。

15日　自治区应急管理厅二级巡视员王廷文

带领自治区第四巡查督查组来我县开展第三阶段安全生产巡查督查工作。

14日至15日 县四大机关领导白学贵、马天峡、李聪、马保师等分别带队,到县人民医院、西吉东高速收费站查验点、河畔人家集中隔离医学观察点、兴隆镇下范村查验点等地慰问疫情防控一线广大党员干部和工作人员。

21日 县政协主席马保师、副主席王自元带领部分政协委员对全县教育重点项目建设情况进行调研。

24日 市委副书记、县委书记白学贵深入县城中心敬老院和兴隆中心敬老院,调研指导疫情防控等工作。

同日 政府县长马天峡在政府三楼会议室主持召开全县审计查出问题整改进展推进会议。

25日 县人大常委会副主任王宏忠带领部分县议案审查委员会委员、县人大代表对县十八届人民代表大会第一次会议确定的议案建议办理情况进行专项检查。

28日 西吉县组织宣传系统学习宣传贯彻党的二十大精神会议在会议中心一会议室召开。

31日 县政协主席马保师、副主席王庭孝带领调研组开展"平安西吉建设、三线改造"专题调研和对口协商工作。

11月

2日 市委副书记、县委书记白学贵带队调研全县重点项目和张家沟水库工程建设情况。

同日 西吉县召开迎接2022年度自治区巩固脱贫成果后评估档案资料查阅现场会。

▲ 市委副书记、县委书记、县总林长白学贵在会议中心一会议室主持召开全县总林长第一次会议暨2022年秋冬季森林草原防灭火工作会议。

▲ 市委副书记、县委书记、县总河长白学贵在会议中心一会议室主持召开全县总河长2022年第2次会议。

3日 市委副书记、县委书记白学贵在县委五楼会议室主持召开全县经济分析调度会议,强调要深入学习宣传贯彻党的二十大精神,在保持前三季度经济稳步增长的基础上,持续用力固优势、补短板、强弱项,冲刺四季度,打好全年经济工作收官战。

同日 市委副书记、县委书记、县规划委员会主任白学贵在县委五楼会议室主持召开全县城乡规划委员会2022年第6次会议。

6日 市委副书记、县委书记白学贵调研市政基础设施项目建设时强调,要始终坚持以人民为中心的发展思想,认真践行承诺,抢时间、赶工期,全力以赴保质量、保安全、保进度,有力、有序、有效推进市政基础设施项目建设,确保项目早建成、群众早受益。

9日 西吉县在永清湖广场启动主题为"抓消防安全 保高质量发展"2022年"119"消防宣传月活动。

14日 西吉县"文艺之家"维修改造竣工暨宁夏金曜塑业有限公司捐赠仪式在县城什字北街举行。

同日 十五届县委第三轮巡察工作动员部署会在会议中心一会议室召开。

15日 西吉县教育系统党的二十大精神宣讲专题辅导讲座在西吉中学报告厅举行。

18日 县人大常委会主任李聪带领部分县十八届人大常委会组成人员、相关乡镇人大主席及人大代表,对全县当前重点工作进行视察。

12月

8日 市委副书记、县委书记白学贵,政府县长马天峡先后来到西会高速西出口、金曜塑业有限公司、农贸市场、县医院、盛世万家和超市,实地调研疫情防控和生产生活秩序恢复情况。

9日 中国共产党西吉县第十五届委员会第五次全体会议召开。

11日 西吉县残疾人联合会第八次代表会议在会议中心会堂召开。

15日 全县学习贯彻党的二十大精神宣讲会暨县委理论学习中心组2022年第16次集中学习(扩大)会议在会议中心会堂召开,邀请自治区宣讲团成员、自治区生态环境厅党组书记张柏森作专题宣讲。

21日 西吉县公安局举行社区警务车辆配发仪式。

25日 西吉县新时代文明实践中心联合吉强镇党委、共青团西吉县委、青年志愿者协会在惠安社区举行免费发放抗疫药品活动,用实际行动守护市民生命健康安全。

31日 市委副书记、县委书记、县委国家安全委员会主任白学贵在县委五楼会议室主持召开十五届县委国安委第六次会议暨年终岁尾安全稳定工作安排部署会议。

西吉综览

西吉概貌

【地理位置】 西吉县地处宁夏回族自治区南部、六盘山西麓，位于北纬35°35′至36°14′，东经105°20′至106°04′。东与固原市原州区接壤，距固原市63千米；南与宁夏隆德县、甘肃静宁县毗连，距隆德县91千米，距静宁县73千米，南距陕西西安450千米；西与甘肃会宁为邻，距会宁县132千米，西距甘肃兰州272千米；北同海原县相依，距海原县城96千米，北距银川市391千米。县境东西宽67千米、南北长74千米，总面积3129.44平方公里，耕地面积139903.44公顷，森林面积49047.41公顷。

【历史沿革】 早在新石器时期便为中华古文明发祥地的雍州属地，古代县境先后分属北地郡、安定郡、原州、平凉郡，西北部属会州、镇戎州、德顺州。宋天禧元年（1017年），在将台堡镇火家集村置隆德寨，金皇统二年（1142年）置隆德县。元代撤县属开城府和静宁州。明清属固原州，西吉为朱元璋十四子朱瑛和义子沐英之牧地。清代属固原州，清同治十三年（1874年），以硝河城为固原直隶州置硝河城州判。民国时期，县境属泾源道，后改属陇东行政公署。1941年秋，甘肃省第二行政督察专员行署驻沐家营，筹办建县事宜。1942年10月10日建制立县。1949年8月9日，县境解放，时归甘肃省定西专区，1950年划属平凉专区，1953年属甘肃省西海固回族自治区。1955年属固原回族自治州。1958年划归宁夏回族自治区固原地区。2002年固原撤地设市后，属固原市辖区。

【地形地貌】 西吉县地处陇西黄土高原腹地，境内群山连绵，峰峦叠嶂，沟壑纵横，山势错落。主要有葫芦河川道平原区、西南部黄土丘陵沟壑区和东北部土石山区3个地貌类型，地势南低，北、东、西渐次增高，海拔1688米至2633米。地貌分3种类型，黄土丘陵区分布最广、面积最大、占土地总面积的83.5%；中部葫芦河川道区地势平坦，占总面积的6.1%；东北部为月亮山和六盘山余脉的土石山区，占总面积的10.4%。月亮山是境内最高山峰，形似弧月而得名，主峰海拔2633米，呈西北往东南走向。

【水利资源】 西吉县境内有葫芦河、清水河、祖厉河3条水系，均属季节性河流。葫芦河为境内最大的河流，发源于县境西北边缘的月亮山南麓，状如葫芦，曲流南下，经新营、吉强、硝河、将台堡、兴隆等乡镇流入甘肃静宁，经秦安注入渭河，境内全长97千米，流域面积1358.5平方千米。清水河发源于偏城乡双羊套和白崖乡九条沟垴，经固原、同心抵中宁流入黄河，境内全长30千米，流域面积565平方千米。祖厉河发源于震湖、田坪、马建、红耀、新营等地，经甘肃会宁等地汇入黄河，流域面积491平方千米。近年，由于干旱和地下水位的下降，这3条河系大部分地段已干涸或断流。全年全县总用水量3511万立方米，比上年增长8.7%。其中,生活用水1011万立方米,增长4.2%;工业用水14.82万立方米,增长48.2%;农业用水2474万立方米,增长10.0%。万元GDP用水量40.78立方米,人均用水量110立方米。

【动植物资源】 西吉县境内主要野生动物有蜜蜂、狍、鼬、刺猬、松鼠、狐狸、雉鸡、野兔、白琵鹭、黑鹳、白鹳、凤头麦鸡、凤头鹏鹏、白骨顶鸡、白腰草鹬、针尾鸭、绿翅鸭、绿头鸭、赤麻鸭、猎隼、豹猫、鸢等,主要分布于全县河流、湖泊湿地、火石寨、月亮山自然保护区;山杨、旱柳、黑榆、柽柳、山杏、白桦、山楂、紫丁香、珍珠梅、黄刺玫、沙棘、构子、榛子、山桃等乔灌木,甘草、白芍、秦艽、黄芪、茵陈、大蓟等中药材和蕨类、酸模、草地风毛菊、点地梅、东方草莓、土人参、山丹、石竹、蒲公英、野西瓜、野枸杞、茇茇草等草本植物。主要分布于全县河流、湖泊湿地、火石寨、月亮山自然保护区。

【人口情况】 2022年末全县户籍人口472758人,比上年末减少1307人。其中城镇人口70138,乡村人口402620人。全县常住人口31.99万人,其中城镇人口10.05万人,城镇化率为31.42%。全年出生人口0.47万人,出生率为14.73‰;死亡人口0.24万人,死亡率为7.52‰;自然增长率为7.21‰。

【行政区划】 西吉县辖4镇(吉强镇、兴隆镇、平峰镇、将台堡镇)15乡(新营乡、红耀乡、田坪乡、马建乡、震湖乡、兴平乡、西滩乡、王民乡、什字乡、马莲乡、硝河乡、偏城乡、沙沟乡、白崖乡、火石寨乡)、295个行政村、8个居委会,属宁夏人口第一大县、少数民族聚居县。

【年度气候】 2022年平均气温为7.3℃,较2021年(6.9℃)偏高0.4℃,较历年平均气温(6.3℃)偏高1.0℃。年极端最高气温为32.6℃,出现在7月8日;年极端最低气温为-20.6℃,出现在2月8日。1、3月至9、11月气温较历年平均值偏高,2、10、12月份偏低。最热月为7月,平均气温均为20.3℃,最冷月为2月,平均气温为-6.2℃。2022年总降水量为301.1mm,比2021年(393.7mm)偏少92.6mm,比历年平均(404.7mm)偏少103.6mm。其中降水量1、2、8、10、11、12月份较历年平均值偏多,3月至7、9、11月份不同程度偏少,特别是9月份偏少43.3mm。2022年年日照时数2111.9小时,比2021年日照总时数(2151.9小时)偏少40小时,比历年平均(2280.1小时)偏少168.2小时。

【重大天气气候事件】 2022年5月23日18时30分至50分,西吉县什字乡唐庄村出现冰雹天气,冰雹直径为3~4mm。7月4日西吉县出现了短时强降水天气过程,最大累计降水量69.3mm和最大小时降水量42.4mm均出现在兴隆镇杨茂村,14时10分至20分,火石寨沙岗村出现冰雹天气,最大冰雹最大直径约为1.5厘米。7月15日西吉县出现了暴雨天气过程,最大累计降水量123.8mm出现在杨茂村,最大小时降水量55.0mm出现在什字村。9月9日14时左右吉强大营出现冰雹,持续时间20分钟左右,最大冰雹直径1cm。9月12日15时40分左右马莲乡罗曼沟村出现冰雹,持续时间20分钟左右,最大冰雹直径1cm。

【历史人文】 1935年8月至1936年10月,中国工农红军第二十五军、中央红军、西征红军曾三次途经西吉并驻扎将台堡、兴隆镇,以单家集为中心,开展了一系列革命活动。西吉红色文化底蕴深厚,是红色革命圣地,毛泽东夜宿单家集,红军长征胜利会师将台堡,1996年江泽民同志为"中国工农红军长征将台堡纪念碑"亲笔题词,2016年7月,习近平总书记冒雨来到将台堡向红军长征纪念碑敬献花篮,参观了红军长征纪念园,发出了"缅怀先烈、不忘初心,走好新的长征路"的伟大号召。文化旅游资源独特,是中国首个"文学之乡",也是华夏古钱币收藏第一县,境内有入列国家森林公园、地质公园的火石寨丹霞地貌4A级自然景区,有亚洲第一、世界第二的国家级地震堰塞湖遗址。农产品资源丰富,是"中国马铃薯之乡""中国西芹之乡","西吉马铃薯""西吉芹菜"是"中国驰名商标"。劳动力资源充裕,是"全国劳动力转移就业示范县"。

国民经济和社会发展

【概　况】　2022年,西吉县实现地区生产总值86.10亿元,比上年增长3.7%。其中,第一产业增加值22.98亿元,增长4.8%;第二产业增加值12.35亿元,增长4.8%;第三产业增加值50.78亿元,增长2.9%。一、二、三产业增加值占地区生产总值比重分别为26.7%、14.3%、59.0%,三次产业对全县经济增长的贡献率分别为:36.4%、16.8%和46.8%,分别拉动经济增长1.35、0.62和1.73个百分点。按常住人口计算,人均地区生产总值26992元,比上年增长3.1%。固定资产投资同比增长15.4%;实现社会消费品零售总额20.28亿元,比上年增长0.4%;完成地方一般公共预算收入1.96亿元,同口径增长17.1%;完成地方一般公共预算支出65.21亿元,比上年下降0.5%;城镇居民人均可支配收入33026元,比上年增长5.7%,农村居民人均可支配收入13924元,比上年增长9.0%,城乡居民人均可支配收入比为2.37。全年全县城镇居民人均生活消费支出20390.0元,城镇居民恩格尔系数为32.4%;农村居民人均生活消费支出10358.8元,居民恩格尔系数为30.6%。

【乡村振兴】　2022年,西吉县坚持以习近平新时代中国特色社会主义思想为指导,深入学习宣传贯彻党的二十大精神,认真学习习近平总书记关于"三农"工作重要论述和视察宁夏重要讲话重要指示批示精神,全面贯彻落实党中央、国务院及区市党委、政府关于巩固拓展脱贫攻坚成果同乡村振兴有效衔接各项决策部署,坚定不移抓产业项目促发展、抓城乡整治促提升、抓纪律作风促落实,守牢粮食安全和不发生规模性返贫两条底线,抓实"产业促进乡村发展、稳妥推进乡村建设、加强和改进乡村治理"三项重点任务,脱贫攻坚成果有效巩固,乡村振兴取得新进展,农业农村现代化迈出新步伐。一是强化政治担当。成立巩固拓展脱贫攻坚成果同乡村振兴有效衔接、产业振兴、人才振兴、乡村治理等9个工作专班,统筹推进各项工作落实。健全"领导包抓+专班推进+驻村帮扶"机制,32名县级领导包抓19个乡镇、联系62个行政村、29个基层党组织。选优派强第一书记298名,工作队员494名,帮扶责任人6728名。二是抓好政策落实。认真落实好部门、乡镇、村级3个层面4类28方面134项目标任务(部门4类15方面104项、乡镇5方面30项、行政村8方面),构建了符合西吉实际、务实高效的"1+N"衔接政策体系。统筹整合资源要素,围绕巩固脱贫攻坚成果、发展壮大特色产业、乡村基础设施建设等7个方面谋划项目738个,总投资103.18亿元。完成新增建设用地指标199.86亩,城乡建设用地增减挂钩拆旧复垦跨省域调剂270亩。三是落实帮扶责任。健全完善防返贫"3310"动态监测帮扶和部门信息对接核查机制,将全县40.4万农业人口纳入网格化管理。"点对点"输送就业452人,中介组织和经纪人引领就业3632人,帮扶车间带动就业1633人,县内重点项目、以工代赈、园区企业吸纳就业7184人、开发公益性岗位稳定就业5058人,全县农村劳动力转移就业11.15万人。多方筹措资金1000万元,抗旱保墒12.7万亩。制定出台35条"稳保促"政策措施和扩大消费13条,21.79亿元财政直达资金惠企利民,新增市场主体2707户。发放低保等各类社会救助资金3.36亿元。2022年度脱贫人口人均纯收入12102.26元。落实各学段教育资助政策资金8019.08万元,惠及学生11.72万人次,雨露计划助学补助1.29万人次1932.45万元。组建247个家庭医生服务团队签约服务21.83万人。改造危房154户、修缮加固抗震宜居房屋478户、新建抗震宜居房310户。投入1.48亿元实施26类137个项目,改造提升集中养殖园区6个、扩展养殖圈棚34户、建设日光温室(拱棚)26座,实施菌菇和青苗菜无土种植。四是巩固脱贫成果。成立以县委、县政府主要领导为组长的整改工作领导小组,设立9个专班和5个专责小组,对反馈的5方面14类57个问题,围绕目标、措施、责任、时限4个方面,制定《西吉县2021年度巩固拓展脱贫攻坚成果同乡村振兴有效衔接考核评估发现问题整改工作方案》。争取闽宁协作资金7450万元,实施产业发展、消费帮扶等项目30个,受益人口41172人,开展互访8批次71人次,结成帮扶对子60对,建成闽宁乡村振兴示范村4个,福建省、福清市选派92名教育、医疗、商务、招商等领域专业技术人员到我县开展组团式技术帮扶、挂职交流。争取中国商飞公司帮扶资金1195万元,实施产业振兴、人才振兴等项目29个,建成大飞机帮扶示范村2个。实施乡村建设"183"行动,完成"多规合一"实用性村庄规划编制114个,打造乡村振兴示范村38个,建设美丽宜居村庄2个,重点小城镇1个,新(改)建农村道路59公里,硬化巷道186.32公里。改造提升县、乡、村物流站点140个,新建户厕2859座,新建高标准农田21.94万亩,全县高标准农田达64.8万亩,被评为全国第七批率先基本实现主要农作物生产全过程机械化示范县。发放富民贷1024户15103万元,全县脱贫人口小额信贷余额10.28亿元,户均贷款5万元,覆盖率63.95%。全县扶贫项目实际投入110.85亿元,形成扶贫资产23622个,资产原值88.61亿元,其中经营性资产456个,2021—2022年以来累计收益2780.6万元。

【农业农村】 2022年实现农林牧渔业总产值49.62亿元,同比增长4.8%。其中:农业产值30.84亿元,同比增长1.0%,牧业产值15.60亿元,同比增长13.2%。实现农林牧渔业增加值24.45亿元,同比增长4.7%。全年粮食作物播种面积133.70万亩,同比增长0.04%。其中:小麦10.10万亩,下降0.30%;玉米38.90万亩,增长0.62%;马铃薯53.50万亩,下降19.26%,小秋杂粮27.30万亩,增长72.40%。全年粮食总产量32.88万吨,同比增长2.12%。其中:夏粮产量1.49万吨,下降8.07%;秋粮产量31.39万吨,增长2.66%。全年全县小麦产量1.48万吨,下降1.80%;玉米产量11.25万吨,增长20.73%;马铃薯产量17.16万吨,下降13.69%;小秋杂粮产量2.71万吨,增长96.23%。全年生猪饲养量为95972头,肉牛饲养量为385303头,羊饲养量为570403只,分别增长0.8%、7.2%、4.2%。其中:生猪出栏47379头,同比增长7.5%,肉牛出栏107982只,同比增长17.8%,羊出栏275992只,同比增长12.5%。全年肉类总产量25610吨,比上年增长13.0%。其中,猪肉产量3585吨,增长8.6%;牛肉产量16981吨,增长17.2%;羊肉产量4656吨,增长7.3%;禽肉产量252吨,下降45.1%,其他小畜品种肉产量63.7吨,增长19.7%。

【固定资产投资】 2022年全县固定资产投资同比增长15.4%。其中:地方项目投资同比增长16.1%,占全县固定资产投资比重64.9%,上拉全县投资10.4个百分点;房地产投资同比下降9.5%,占全社会固定资产投资比重17.0%,下拉全县投资2.1个百分点;厅局投资增长51.9%,占全社会固定资产投资比重18.1%,上拉全县投资7.2个百分点。全年全县房地产开发投资7.2亿元,比上年下降8.9%。其中:住宅投资5.2亿元,下降5.5%;商业营业用房投资1.1亿元,下降35.3%。商品房销售面积13.5万平方米,增长7.1%,商品房待售面积15.9万平方米,下降5.9%。商品房销售额5.1亿元。其中:住宅销售额4.74亿元,商业营业用房销售额0.27亿元,其他销售额0.09亿元。

【工业和建筑业】 2022年全年实现工业增加值41354万元,比上年下降16.4%。其中:规模以上工业增加值增长3.1%。从11家企业财务状况来看,8家企业盈利,占全部规上工业企业的72.7%。11家企业实现利润总额1.0亿元,同比增长82.0%。其中风电国补资金结算拉动规上企业效益大幅跃升,贡献突出。全年营业成本5.48亿元，同比增长7.9%，平均用工人总数753人，同比下降8.8%，应交增值税总额0.37亿元，同比增长156.6%。全年规模以上工业中，农副食品加工业增加值比上年增长74.2%，非金属矿物制品业增长2.9%，塑料制品业增长46.0%，食品制造业增长32.4%，电力、热力生产和供应业下降37.1%。主要规上工业产品产量方面，塑料薄膜全年产量9644吨，增长62.3%，商品混凝土203607立方米，增长4.4%，淀粉产量30874吨，增长37.8%，全年风电企业发电量44993万千瓦时，增长11.0%。全年全县完成建筑业增加值82163万元，同比增长17.0%。注册地在本地且具有总承包资质和专业承包资质的建筑企业6家，全年完成建筑业总产值8.94亿元，比上年增长44.6%。建筑业企业房屋建筑施工面积127625平方米，下降4.9%；房屋竣工面积78633平方米，下降27.5%；竣工产值5.6亿元，增长27.3%。

【城乡建设】 2022年，完成安居路、西中东巷改造及新建东四路，对袁河什字道路、给排水及供热等基础设施进行提升改造，完成西吉县兴隆镇希望小学周边育才巷、东环路道路建设。完成第五中学人行天桥1座。新建政府街、团结路公共停车场，占地面积165152平方米，设置小型停车位271位。新建临时停车场7处、环保公厕14座，划分停车位2000个，安装无障碍人行通道6处。启动税苑小区、卫生系统住宅小区、畜牧工商小区、吉兴小区、金苑小区等12个老旧小区楼体及室外配套基础设施改造项目，共改造30栋住宅楼，涉及892户居民，改造总面积9.52万平方米，改造内容包括楼体保温装饰、屋面保温、屋面防水、更换门窗、室外供排水、采暖管道、小区道路、院坪、围墙、路灯及智能监控设施等，总投资6559万元。

【教育教学】 2022年末，全县各级各类学校352所。其中：幼儿园162所（其中民办幼儿园16所），普通小学161所（含61个教学点，1所特殊教育），初级中学26所（含9所九年一贯制学校），完全中学1所，高级中学1所，职业中学1所。全县年末专任教师4793人（不含特岗）。其中：幼儿园37人，普通小学2372人，普通中学2162人，职业高中222人。年末在校学生76477人。其中：学前教育12386人（含民办幼儿园2819人），普通小学生33071人（含特教学生94人），初中学生17209人（含特教学生36人），普通高中学生9356人，职业高中学生4455人。学前教育毛入园率88.86%，小学学龄人口入学率100%，初中阶段毛入学率104.07%，高中阶段毛入学率94.64%，小学六年巩固率和初中三年巩固率均为100%。

【科技发展】 2022年共签订技术合同53项，技术合同成交金额1342.6万元，比上年增长32.0%。争取区、市科技部门安排资金1054.84万元，实施科研发和成果转化项目30个。农业科技进步贡献率62.0%。县财政安排574.6万元专项资金，实施科技研发项目20个，撬动全社会R&D经费投入3100万元，R&D经费投入强度0.35%；全县培训发展科技特派员247名，其中，法人科技特派员121名，自然人特派员126名。培育种养科技示范户2300户，推广草畜、中蜂等新品种12个。

【文化旅游】 2022年，全县文化和旅游系统有艺术表演团体14个，共举办文艺演出330场，有县级文化馆1个，乡镇文化站19个，村级文化室295个，社区文化室8个，农家书屋295个。有公共图书馆2个，藏书22.5256万册，借阅人次16.299万人次。有博物馆1处，馆藏文物4087件（可移动文物），其中国家级二级文物127件。不可移动文物全县定级23处，其中7处为区级保护单位，14处为县级保护单位。年末全县有线电视实际用户5189户，广播电视节目综合人口覆盖率均为100%。全年共完成新闻制作284条，制作各类视频号515个。全县共有旅游景点6个，其中4A级旅游景点2个，3A级旅游景点1个。全年接待游客265.57万人次，创旅游总收入4783.77万元。

【卫生健康】 2022年,全县共有各类卫生机构355个。其中:公立医院2所,民营医院2所,乡镇卫生院19所,城市社区卫生服务站4个,妇幼保健院1个,疾病预防控制中心1个,卫生监督所1个,村卫生室296个,个体诊所29个。各类卫生技术人员2774人。其中:执业医师和执业助理医师883人,护士1306人,药剂师67人,技师47人,其他卫生技术人员470人。公立医院实有病床数1092张,私立医院实有病床数419张,全年总诊疗931087人次,出院人数39001人。

【社会保障】 2022年末全县参加城镇职工基本养老保险人数36995人,比上年末增加6282人。参加城乡居民基本养老保险人数256748人,增加15525人,参保率为100%。参加基本医疗保险人数413271人。其中:参加职工基本医疗保险人数20183人;参加城乡居民基本医疗保险人数393088人,参保率为98.7%。参加失业保险人数14059人,增加252人。参加工伤保险人数22413人,增加135,其中,参加工伤保险的农民工6307人,减少2106人。全县城乡居民最低生活保障人数53548(含高龄)人。其中:城市居民最低生活保障3049人(含高龄),农村居民最低生活保障50499人(含高龄)。发放城镇居民最低生活保障金2399.456万元(含高龄42.856万元);发放农村居民最低生活保障金26862.06万元(含高龄1830.56万元),690人享受农村特困人员救助,全年临时救助15775人次。全年全县退役军人和其他优抚对象4075人,其中重点优抚对象1334人,年发放抚恤生活补助753.5万元。

【就业创业】 2022年,全年城镇新增就业人员2208人,城镇失业人员实现再就业857人。年末全县城镇登记失业率为4.2%,比上年下降0.3个百分点。创业培训人数240人,技能培训人数5568人。创造新岗位380个,创业担保贷款4660万元,全年农村劳动力转移就业人数11.15万人,实现工资收入24.5亿元,全县办理失业保险金人员共453人,领取失业保险金共315.0万元。

【交通运输】 2022年,全县境内等级公路里程达到3289公里。按技术等级分:高速公路72公里,一级公路51公里,二级公路137公里,三级公路396公里,四级公路2633公里。按行政等级分:省级高速72公里,国道131公里,省道197公里,县道26公里,乡道658公里,村道2146公里,专用公路59公里。全县营运车辆455辆。其中:客运169辆,公共交通运营车辆48辆,出租汽车238辆。全年旅客运输总量1453.4037万人次。其中:客运运输总量53.8037万人次;出租车旅客运输量总量977.6万人次;公交车旅客运输总量422万人次。年末全县民用汽车保有量53268辆(包括三轮汽车和低速货车),同比增加5402辆,增长11.3%。其中:私家车保有量21643辆,同比增加4402辆,增长25.5%。(备注:私家车保有量是指在西吉本地上户挂牌的车辆)。

【环境治理】 2022年,全县人均公园绿地面积16.85平方米,城市建成区绿地面积405.21公顷,城市建成区绿地率35.08%,污水处理厂4座,污水处理厂集中处理率100.0%,垃圾处理站8个,城市生活垃圾无害化处理率100.0%。全县环境空气有效监测天数362天,其中优良天数343天(扣除沙尘天气影响后),优良天数比例达到94.5%。吸入颗粒物(PM10)平均浓度为47.0μg/m³,细颗粒物(PM2.5)平均浓度为22.0μg/m³。

中国共产党西吉县委员会

综　述

【概　况】 2022年,西吉县委全面落实区市党委、政府的各项决策部署,坚持稳中求进工作总基调,统筹疫情防控和经济社会发展,坚定不移抓产业项目促发展、抓城乡整治促提升、抓纪律作风促落实。全县经济实力持续增强,产业发展高质高效,民生水平显著提高,改革开放持续深化,社会文明不断进步,生态环境明显改善,治理效能大幅提升,党的建设全面加强。全年地区生产总值增长3.7%,固定资产投资增长15.4%,社会消费品零售总额增长0.4%,地方一般公共预算收入同口径增长17.1%,城乡居民人均可支配收入分别增长5.7%、9%,主要经济指标增速位居全区前列。

【党的建设】 深入推进农村党建"一抓两整"示范县乡创建行动,创建党建工作示范点29个,整顿软弱涣散基层党组织9个,发展党员267名。深入推进各领域基层党组织建设,创建模范机关19个,非公和社会组织党组织"两个覆盖"率逐步提升。严格落实新时代好干部标准,提拔使用长期在乡村振兴、环境整治、疫情防控等一线真抓实干、实绩突出的干部123名,重新起用一批曾被问责免职而扎实工作的干部,进一步调动干部干事创业的积极性。制定《西吉县中层干部选拔任用办法(试行)》,对全县中层干部开展专项考察,对在人事、财务、项目管理岗位连续工作5年以上的干部交流轮岗。突出"严"的基调,切实加强对"一把手"和各级领导班子的监督,对6个乡镇和5个部门(单位)开展常规巡察,共发现6个乡镇党委面上问题195个,村级党组织问题915个,移交问题线索14条,移交并督促立行立改问题26个,巡察"利剑"作用得到充分发挥。持续深化工程建设、政府采购、粮食购销等重点领域专项治理,推进"两个违规""在编不在岗"作风整治,累计处置问题线索237件、给予党纪政务处分78人,全县政治生态持续向好。

【政治建设】 全面落实党中央及区市党委关于全面从严治党的部署要求,认真履行全面从严治党主体责任,把坚决做到"两个维护"作为加强党的政治建设的首要任务,牢牢把稳政治方向之舵。制定《西吉县关于学习宣传贯彻党的二十大精神的实施意见》和《2022年西吉县全面从严治党党风廉政建设和反腐败工作主要任务分工方案》,召开县委常委会会议30次、理论学习中心组学习会议17次,专题学习研讨7次。围绕学习宣传贯彻党的二十大和习近平总书记视察宁夏重要讲话指示批示精神"大学习、大讨论、大宣传、大实践"活动、自治区第十三次党代会精神等主题,举办全县领导干部学习班、编印《全县领导干部学习班资料汇编》,组织开展各类宣讲1200余场次,确保党中央决策部署及区市党委工作要求上传下达迅速、贯彻执行有力、落地落实见效。带头严守政治纪律和政治规矩,及时调整县委常委班子分工、县级领导基层联系点、县委议事协调机构及部门职责,强化四套班子协调联动,进一步提高县委总揽全局、协调各方的能力。专题听取人大常委会、政府、政协、法检"两院"党组和群团工作汇报,确保党的领导落实到各领域各方面。深化意识形态安全托底工程,将意识形态工作作为党的建设和政权建设的重要内容,纳入县委工作重要议事日程和巡察范围,县委常委会先后召开专题会议3次,听取全县意识形态工作汇报,每季度召开意识形态联席会,牢牢把握工作领导权和主动权。紧扣西吉实际、聚焦重点工作,组织开展重大课题研究,把学习贯彻会议精神转化为思想成果和工作成效,推动党的二十大精神在西吉落地见效。

【乡村振兴】 聚焦"守底线、抓发展、促振兴",落实"四个不摘",抓好"四个衔接"。对重点和特殊群体实行"八必访"、风险户"一键预警",精准落实帮扶措施,消除风险监测对象1895户8724人,国家和自治区考核评估反馈问题全部整改到位,"三保障"和饮水安全水平稳步提升。科学应对冻、旱、涝、雹等自然灾害,及时安排抗旱资金1000万元,积极动员群众拆翻改种、抢墒播种、浇灌补灌,抗旱保苗12.7万亩,努力将灾害损失降到最低。集中开展耕地和劳动力"两个不撂荒"行动,巩固提升创业孵化基地10家、帮扶车间76家,转移农村劳动力11.15万人,脱贫人口实现稳定就业4.23万人,人均纯收入达1.21万元,同比增长16.6%,增速位居全区第一,"两个高于"目标稳定实现,守住了不发生规模性返贫底线。坚持把产业振兴作为重中之重,整合涉农资金9.15亿元,争取闽宁协作、中央单位定点帮扶资金8645万元,投放小额信贷10.28亿元,实施衔接项目50个,打造乡村振兴示范乡镇2个、乡村振兴示范村38个,培育致富带头人2257名,全县295个村集体经营性收益达到2852.49万元。中央广播电视总台农业农村节目中心"乡村振兴观察点"落地西吉。白崖乡库房沟村的垂钓园、小喷泉,西滩乡甘岔村的工匠之家、生态科普园,让人感受到鸟语花香、田园风光。全面加强和改进乡村治理,修订完善村规民约,推进移风易俗,倡树文明新风,高额彩礼整治见到实效。

【产业发展】 培育形成肉牛、马铃薯、冷凉蔬菜、杂粮(油料)四大产业集群,建成投产"出户入园"肉牛养殖园区17个,全县肉牛饲养量达50.1万头,种植马铃薯53.5万亩,冷凉蔬菜15万亩,杂粮(油料)39.4万亩。超额完成2万亩春小麦和8万亩大豆玉米带状复合种植任务,粮食播种面积133.7万亩,粮食总产量32.88万吨。采取"低水高用""引水上山"等方式,打造火石寨沙岗、王民小湾等示范基地12个4.3万亩,建成高标准农田21.74万亩,全县高标准农田累计达到63.13万亩,全区秋冬农田水利基本建设现场启动会历史性地定在西吉召开。农作物耕种收综合机械化水平达72%,被评为"全国第七批率先基本实现主要农作物生产全过程机械化示范县"。持续实施工业"四大改造"提升,推进工业园区扩容升级,培育5000万元以上企业3家,"小升规""专精特新"企业2家,限上商贸企业9家,金曜塑业、福农薯业产值历史性突破亿元大关,工业总产值5.76亿元,同比增长3.5%。做足"引留消"文章,组织各类促销活动16场,成功举办全区物流现场会。打造"西吉好吃头"特色街区3个,区级特色旅游村2个,将台堡镇入选第四批全国乡村旅游重点镇,兴隆镇单南村入选第六批中国传统村落。全年接待游客265.57万人次,营业收入4783.77万元,"西部福地·吉祥如意"文旅品牌深入人心,成为西吉亮丽名片。

【城乡建设】 持续开展"扩大有效投资攻坚年"活动,组织重大项目集中开工5次,实施建设项目111个,当年完成投资46.6亿元。预计完成固定资产投资40.3亿元以上,同比增长10%以上。S60西出口连接线工程建成通车,S103、G566等一批重点交通项目有序推进。固海扩灌扬水更新改造、张家沟水库等重大水利工程全面开工。格兰美景二期、湖滨花园三期等6个商住小区顺利推进。组团前往福建、上海、江苏、湖北等地招商引资，落地项目26个，实际到位资金40.74亿元。改造提升老旧小区12个，改扩建东四路、安居路等城市道路5条，整治安全隐患房屋605栋，拆除整治私搭乱建13.7万平方米，亮化23.3万平方米。实施乡村建设"183"行动，完成"多规合一"实用性村庄规划编制114个，新（改）建农村道路59公里，硬化巷道186公里，成功创建2022年"四好农村路"全国示范县。农村自来水、动力电、光纤网、标准化卫生室实现全覆盖。全面加强和改进乡村治理，修订完善村规民约，推进移风易俗，倡树文明新风，高额彩礼整治见到实效。

【民生福祉】 坚持以人民为中心的发展思想，聚合90%以上财力用于保障和改善民生，"六大提升行动"深入实施，民生福祉不断增强。坚持教育优先发展，投入7.3亿元实施学前教育、薄弱学校改造等项目47个，建设人行过街天桥2座，"双减"政策全面落实，"县管校聘"持续深化，成立幼教集团5个、义务教育城乡学校共同体11个。坚持把人民健康摆在优先位置，深化"互联网+医疗健康"，建成涵盖县乡村三级医疗机构的县域医共体信息平台，引进心脏冠状动脉植入术等先进诊疗技术10余项。打造健康示范村卫生室50个，家庭医生签约21.83万人，重点人群签约率达到100%，基本医疗服务水平显著提升。深入实施全民参保计划，城乡居民基本养老、医疗保险应保尽保，提高基础养老金标准，累计发放保障金1.06亿元，惠及群众4.4万人次，群众基本生活保障网更密更牢。深入实施文化惠民工程，推出《西吉好吃头》原创音乐短视频等宣传作品35期，完成"送戏下乡"等演出249场次，打造"苍天一滴泪"、西吉文艺之家等"1+9"文艺创作阵地，中国首个文学之乡品牌更加响亮。抓好重点群体就业，开展职业技能培训5568人，发放创业担保贷款4660万元，培育创业实体281个，城镇新增就业2208人。

【改革创新】 "六权"改革深入推进，完成用水权确权4153万立方米，实现首笔跨区域用水权交易。城乡建设用地增减挂钩拆旧复垦跨省域调剂270亩，在全区率先完成年度闲置土地处置任务，开展农村土地承包经营权抵押贷款61笔。完成全县初始排污权单位确权，减碳降碳有力推进。创新发展"低水高用、引水上山"高效节水农业4.3万亩，打造王民小湾、偏城北庄、火石寨沙岗等示范基地12个。固原市委提出的土地集约高效利用"三统三分"机制在西吉落地见效，得到自治区党委副书记陈雍同志批示肯定。农业生产托管社会化服务工作在全国相关会议上作了交流发言，条垛（覆膜）堆肥技术被全国畜牧总站作为典型案例推广。持续深化"放管服"改革，县乡村一体化政务服务模式在全区推广，获自治区以奖代补考核奖励。加强与宁夏大学、西北农林科技大学等院校合作，建立乡村振兴、教学实践、食用菌技术指导中心等基地8个。强化科技创新应用，恒丰农业和金曜塑业被认定为国家高新技术企业，填补了我县历史空白，西吉县被认定为第二批全国科普示范县。

【生态环保】 大力开展国土绿化行动，实施月亮山水源涵养林建设、未成林抚育提升、乡村道路绿化等生态工程，全县森林覆盖率提高到19.95%、草原综合植被盖度达到96.8%。实施小流域综合治理项目，治理水土流失59.63平方公里。将台堡镇打造了山水林田湖草综合治理生态示范带，田坪乡创建了二岔村生态生产生活综合体，生态与产业统筹发展意识进一步增强。持续打好蓝天、碧水、净土保卫战，全面实施河湖长制和林长制，空气质量优良天数比例达到95%以上，葫芦河国控断面水质稳定在Ⅲ类以上，畜禽粪污综合利用率达90%以上。各级各类环保督察反馈问题整改成效明显，建成工业园区污水处理厂和乡村污水处理站，兴隆下范煤炭交易市场进行绿植复垦，完成吉强、马莲等生活垃圾填埋场封场和田坪、新营等生活垃圾填埋场转场。统筹山绿民富互促共赢，探索推行"以林养林"

模式,发展林下休闲采摘、特色种养、林下旅游27.7万亩,将绿色资源转化为绿色财源。建立健全"政府+银行+保险"林业金融服务机制,134.52万亩公益林缴纳森林保险费271万元,有效防范和抵御森林资源风险。

【社会和谐】 稳步推进维护政治安全"十大专项行动",建立重大安全风险研判防控工作机制,全面加强网络生态治理,党的二十大和自治区第十三次党代会期间社会大局和谐稳定、风平浪静。持续开展民族团结进步创建"八大行动""铸牢中华民族共同体意识+"行动,成功创建全国民族团结进步示范县,陕义堂清真寺荣获全国宗教界先进集体,民族团结、宗教和顺的局面进一步巩固。常态化推进扫黑除恶,严厉打击电信、养老诈骗等违法犯罪活动,侦破"3·28"特大跨境电信网络诈骗案、"6·25"寻衅滋事案,成功化解西区阳光逾期交房问题,社会治安形势切实好转。全力以赴应对200年来最大的突发汛情,保障了河道行洪通畅和群众生命财产安全。深入开展安全生产百日专项整治,安全生产形势总体平稳,综合防灾减灾能力明显增强。金融领域风险化解有力有序,政府债务风险等级处于绿色区间。通过积极对接争取,新增社区居委会5个、社区建设服务中心1个,社区治理能力明显提升。基层治理"1133"模式列入自治区法治政府建设示范项目,火石寨乡小红庄民主法治示范村被司法部、民政部命名为"第九批全国民主法治示范村",全县矛盾纠纷化解率达到99.8%,实现了小事不出村、大事不出乡、矛盾不上交。

重要会议

【十五届县委第一次常委会】 2022年1月11日召开,市委副书记、县委书记白学贵同志主持,研究议定了下列事项。1.传达学习习近平总书记在中共中央政治局民主生活会上的重要讲话精神、对"三农"工作作出的重要指示精神、对全国老干部工作作出的重要指示精神,研究贯彻落实意见;2.传达学习中央农村工作会议精神和《中共中央 国务院关于做好2022年全面推进乡村振兴重点工作的意见》,全国老干部工作先进集体和先进个人表彰大会精神,全国、全区党史学习教育总结会议精神,固原市第五届人大一次会议和固原市政协五届一次会议精神,研究贯彻落实意见;3.传达学习全区市域社会治理现代化试点工作推进会议精神,研究贯彻落实意见;4.传达学习区纪委《关于2022年元旦春节期间加强监督执纪问责的通知》和固原市纪委《关于加强2022年元旦春节期间监督执纪问责工作的通知》,研究贯彻落实意见;5.听取2022年农业产业发展工作安排、文化旅游产业工作思路和重点项目推进情况的汇报,安排部署下一阶段工作。

【十五届县委第二次常委会】 1月28日召开,市委副书记、县委书记白学贵同志主持,研究议定了下列事项。1.传达学习习近平总书记关于党内法规制度建设重要指示和全国党内法规工作会议精神,研究贯彻落实意见;2.传达学习习近平总书记在省部级主要领导干部学习贯彻党的十九届六中全会精神专题研讨班开班式上发表的重要讲话精神,研究贯彻落实意见;3.传达学习习近平总书记在十九届中央纪委六次全会上的讲话和十九届中央纪委六次全会、自治区纪委十二届六次全会、市纪委五届二次全会精神,研究贯彻落实意见;4.传达学习自治区第十二届人大五次会议和自治区政协十一届五次会议精神,研究贯彻落实意见。

【十五届县委第四次常委会】 2月18日召开,市委副书记、县委书记白学贵同志主持,研究议定了下列事项。1.传达学习全国组织部长会议、自治区党委人才工作会议、全区组织部长会议精神,研究贯彻落实意见;2.传达学习全国、全区宣传部长会议精神,研究贯彻落实意见;3.传达学习全国统战部长会议、全国民委主任会议和全区统战部长会议精神,研究贯彻落实意见;4.传达学习中共中央办公厅 国务院办公厅关于印发《地方党委和政府领导班子及其成员粮食安全责任制规定》的通知,研究贯彻落实意见。

【十五届县委第八次常委会】 3月21日召开,市委副书记、县委书记白学贵同志主持,研究议定了下列事项。1.传达学习十三届全国人大五次会议、全国政协十三届五次会议、习近平总书记在中共中央政治局会议、中央全面深化改革委员会第二十四次会议、中央党校(国家行政学院)中青年干部培训班开班式、中共中央政治局第三十七次集体学习时关于中国人权发展道路的重要讲话、习近平总书记在中央政治局第三十五次集体学习时关于建设中国特色社会主义法治体系的重要讲话、全国高级法院院长会议、全区法院院长会议、全国检察长(扩大)会议、全区检察长会议、中共中央办公厅 国务院办公厅《关于更加有效发挥统计监督职能作用的意见》、全国、全区保密工作会议、全区机要密码和电子政务内网工作会议精神,研究贯彻落实意见;2.传达学习习近平总书记在中共中央政治局常务委员会会议上关于疫情防控工作重要讲话精神,研究贯彻落实意见;3.研究审定《中共西吉县委关于进一步改进作风大抓落实切实为基层减负的七条措施》的请示;4.研究审定《调整县级领导同志基层联系点》的请示。

【十五届县委第九次常委会】 4月2日召开,市委副书记、县委书记白学贵同志主持,研究议定了下列事项。1.传达学习全国安全生产电视电话会议、全区安全生产电视电话会议暨自治区安委会2022年度第二次全体(扩大)会议、全市安全生产视频会议精神,研究贯彻落实意见;2.传达学习《中共宁夏回族自治区委员会关于新时代坚持和完善人民代表大会制度加强和改进人大工作的实施意见》,研究贯彻落实意见;3.传达学习自治区和固原市工程建设政府采购等重点领域突出问题专项治理工作领导小组第三次会议精神,研究贯彻落实意见;4.传达学习《自治区党委办公厅 人民政府办公厅印发〈关于改革完善宁夏粮食储备体制机制加强粮食储备安全管理的实施意见〉的通知》,研究贯彻落实意见。

【十五届县委第十次常委会】 4月6日召开,市委副书记、县委书记白学贵同志主持,传达学习了自治区党委书记梁言顺同志在固原调研时的讲话指示精神,研究贯彻落实意见。

【十五届县委第十一次常委会】 4月12日召开,市委副书记、县委书记白学贵同志主持,研究议定了下列事项。1.传达学习全国巡视工作会议暨十九届中央第九轮巡视动员部署会精神,研究审定《中共西吉县委巡察工作规划(2022—2026年)》;2.传达学习《中国共产党政法工作条例》《中共宁夏回族自治区委员会贯彻〈中国共产党政法工作条例〉实施细则》、全区反诈人民战争工作部署会和全区打击整治养老诈骗专项行动部署会议精神,研究审定《贯彻落实〈中共宁夏回族自治区委员会贯彻《中国共产党政法工作条例》实施细则〉任务分工方案》《贯彻落实自治区党委办公厅印发〈关于维护全区政治安全工作的意见〉的任务分工方案》;3.传达学习自治区党委书记梁言顺同志在自治区应急管理厅调研全区安全生产、防灾减灾工作时的讲话精神,研究审定《西吉县深化应急管理综合行政执法改革实施方案》;4.研究审定《西吉县2022年度城乡建设用地增减挂钩项目拆旧复垦方案》。

【十五届县委第十三次常委会】 6月7日召开,市委副书记、县委书记白学贵同志主持,研究议定了下列事项。1.传达学习习近平总书记在中央政治局第三十九次集体学习时的讲话和庆祝中国共产主义青年团成立100周年大会上的重要讲话精神;2.传达学习习近平总书记对湖南长沙居民自建房倒塌事故作出的重要指示和近期重要致辞、贺信、回信精神;3.传达学习全国稳住经济大盘电视电话会议、区市稳经济保增长促发展电视电话会议精神和张雨浦同志调研固原经济社会发展时的讲话精神,研究审定《西吉县稳经济保增长促发展35条政策措施》;4.传达学习《信访工作条例》和固原市2022年第2次信访联席会议精神,听取全县信访工作汇报。

【十五届县委第十四次常委会】 6月17日召开,市委副书记、县委书记白学贵同志主持,研究议定了下列事项。1.传达学习自治区第十三次党代会精神,研究贯彻落实意见;2.听取全县2022年上半年意识形态工作情况汇报;3.召开西吉县物流保通保畅工作领导小组会议,传达学习全国和区、市物流保通保畅会议及文件精神,宣读《中共西吉县委办公室 县人民政府办公室关于建立西吉县物流保通保畅工作机制的通知》,研究审定《西吉县物流保通保畅工作方案(送审稿)》和《西吉县应急物资运输中转站实施预案(送审稿)》;4.研究审定《西吉县创建自治区园林县城工作实施方案》;5.研究其他事宜。

【十五届县委第十五次常委会】 7月7日召开,市委副书记、县委书记白学贵同志主持,研究议定了下列事项。1.学习习近平总书记在十九届中共中央政治局第四十次集体学习、中央全面深化改革委员会第二十六次会议、习近平总书记在庆祝香港回归祖国25周年大会暨香港特别行政区第六届政府就职典礼和湖北武汉考察时的重要讲话精神,研究贯彻落实意见;2.传达学习习近平总书记在中央政协工作会议暨庆祝中国人民政治协商会议成立70周年大会上的重要讲话和中共中央政治局会议审议《中国共产党政治协商工作条例》时的重要讲话精神、全国政协文史工作座谈会精神、自治区《关于加强和改进新时代市县政协工作的实施意见》精神,听取县政协党组工作汇报,审议《自治区党委督查调研组督查西吉县贯彻落实中央和自治区党委政协工作会议精神情况反馈问题的整改方案》,研究贯彻落实意见;3.听取十五届县委第一轮巡察综合情况汇报;4.听取全县生态环境保护督察反馈问题整改情况汇报;5.研究其他事宜。

【十五届县委第十七次常委会】 7月26日召开,市委副书记、县委书记白学贵同志主持,研究议定了下列事项。1.传达学习习近平总书记在新疆考察时的重要讲话精神,《习近平谈治国理政》第四卷,《中共宁夏回族自治区委员会关于广泛开展习近平总书记视察宁夏重要讲话和重要指示批示精神"大学习、大讨论、大宣传、大实践"活动的实施意见》和《关于保持换届后乡镇党政正职任期内稳定的通知》精神,研究贯彻落实意见;2.传达学习十三届自治区党委2022年第6次常委会会议和全区上半年经济形势分析会精神,听取县政府党组上半年全县经济运行情况汇报,研究部署下半年经济工作;3.传达学习全区党的二十大维稳安保工作推进会和全区反邪教工作会议精神,研究贯彻落实意见;4.传达学习全区违规收送红包礼金和不当收益及违规借转贷或高额放贷专项整治工作动员会精神,研究贯彻落实意见。

【中共西吉县委第十五届第四次全体会议】 7月27日召开,全会由县委常委会主持。市委副书记、县委书记白学贵代表常委会作了讲话。1.传达学习习近平总书记视察宁夏重要讲话精神、自治区第十三次党代会和固原市委五届五次全会精神;2.审议《西吉县深入学习宣传、全面贯彻落实自治区第十三次党代会精神工作方案》;3.递补十五届县委委员。县委副书记、政府县长马天峡分析了全县上半年经济运行情况,安排部署了下半年重点工作。

【十五届县委第十九次常委会】 8月8日召开,市委副书记、县委书记白学贵同志主持,研究议定了下列事项。1.传达学习习近平总书记在省部级主要领导干部"学习习近平总书记重要讲话精神,迎接党的二十大"专题研讨班上的重要讲话精神,研究贯彻落实意见;2.传达学习习近平总书记在中央统战工作会议上的重要讲话精神,研究贯彻落实意见;3.听取党的二十大信访维稳工作情况汇报,安排部署下一阶段工作;4.听取部分县级领导关于2022年上半年争先创优及重点工作情况汇报。

【十五届县委第二十次常委会】 9月2日召开,市委副书记、县委书记白学贵同志主持,研究议定了下列事项。1.召开县委理论学习中心组2022年第13次学习会议,传达学习《习近平的山海情》《中华人民共和国档案法》《习近平经济思想学习纲要》第四章节,《习近平谈治国理政》第四卷第二、三、四、五章节,《中国共产党宣传工作条例》,研究贯彻落实意见;2.传达学习习近平总书记在辽宁考察时的重要讲话精神,研究贯彻落实意见;3.传达学习全区"六权"改革推进会精神和《自治区党委 人民政府印发〈关于贯彻落实自治区第十三次党代会精神继续推进全面深化改革的意见〉的通知》,研究贯彻落实意见;4.传达学习《自治区党委 人民政府 宁夏军区关于加强和改进新时代全民国防教育工作的实施意见》,研究贯彻落实意见。

【十五届县委第二十二次常委会】 10月3日召开,市委副书记、县委书记白学贵同志主持,研究议定了下列事项。1.传达学习习近平总书记8月30日和9月9日在中共中央政治局会议上的重要讲话精神,研究贯彻落实意见;2.传达学习李克强总理在全国稳经济大盘四季度工作推进会议上的讲话精神、十三届自治区党委2022年第14次常委会会议精神、《自治区党委办公厅 人民政府办公厅关于贯彻落实中央决策部署抓好当前经济工作的通知》,研究贯彻落实意见;3.传达学习《十九届中央政治局贯彻执行中央八项规定情况报告》《关于党的十九大以来整治形式主义为基层减负工作情况的报告》,研究贯彻落实意见;4.传达学习《中共中央办公厅关于浙江省嘉兴市违规改扩建南湖宾馆问题查处情况的通报》,研究贯彻落实意见。

【十五届县委第二十三次常委会】 10月13日召开,市委副书记、县委书记白学贵同志主持,研究议定了下列事项。1.传达学习中国共产党第十九届中央委员会第七次全体会议精神,研究贯彻落实意见;2.传达学习《自治区党委办公厅关于印发〈宁夏回族自治区国家安全宣传教育工作规划(2022—2027年)〉的通知》,研究贯彻落实意见;3.研究审定《西吉县共青团基层组织改革工作实施方案》;4.研究其他事宜。

【十五届县委第二十四次常委会】 10月26日召开,市委副书记、县委书记白学贵同志主持,专题传达学习了党的二十大精神,安排部署全县学习宣传贯彻工作。

【十五届县委第二十七次常委会】 11月17日召开,市委副书记、县委书记白学贵同志主持,研究议定了下列事项。1.传达学习中国共产党第二十届中央委员会第一次全体会议、习近平总书记在二十届中共中央政治局会议、二十届中共中央政治局第一次集体学习、带领中央政治局常委瞻仰延安革命纪念地、在陕西延安和河南安阳考察时的重要讲话精神,研究贯彻落实意见;2.传达学习《国务院联防联控机制综合组关于进一步优化新冠疫情防控措施 科学精准做好防控工作的通知》和《自治区应对新冠疫情工作指挥部办公室关于优化有关新冠疫情防控措施的紧急通知》,研究贯彻落实意见;3.传达学习《中共中央 国务院 关于印发〈全国国土空间规划纲要(2021—2035年)〉的通知》,研究贯彻落实意见;4.传达学习中共宁夏回族自治区第十三届委员会第二次全体会议和固原市第五届委员会第六次全体会议精神,研究审议《关于召开中共西吉县委十五届五次全体会议的请示》《中共西吉县委员会关于学习宣传贯彻党的二十大精神的实施意见(讨论稿)》。

【十五届县委第二十八次常委会】 12月7日召开,市委副书记、县委书记白学贵同志主持了中共西吉县第十五届委员会2022年第28次常委会会议,研究议定了下列事项。1.召开县委理论学习中心组

2022年第15次集中学习(扩大)会议,围绕"从新时代伟大成就中坚定历史自信"主题进行交流研讨,传达学习《习近平谈治国理政》第四卷中关于安全生产的重要论述,研究贯彻落实意见;2.传达学习《自治区党委印发〈自治区党委常委会关于坚定维护以习近平同志为核心的党中央集中统一领导的若干规定〉的通知》,研究贯彻落实意见;3.传达学习《自治区党委印发〈自治区党委常委会关于贯彻落实中央八项规定及其实施细则精神的若干意见〉的通知》,研究贯彻落实意见;4.传达学习《中共宁夏回族自治区委员会贯彻落实〈中共中央关于加强新时代统一战线工作的意见〉的实施意见》,研究贯彻落实意见。

【中共西吉县委第十五届第五次全体会议】 12月9日召开,全会由县委常委会主持,市委副书记、县委书记白学贵同志作了讲话。1.传达学习党的二十大精神及自治区党委十三届二次全会、固原市委五届六次全会精神;2.审议《中共西吉县委员会关于学习宣传贯彻党的二十大精神的实施意见(讨论稿)》;3.白学贵同志就学习宣传贯彻党的二十大精神讲话;4.通过《中共西吉县第十五届委员会第五次全体会议公报(草案)》。

【十五届县委第三十次常委会】 12月30日召开,市委副书记、县委书记白学贵同志主持,研究议定了下列事项。1.传达学习中央经济工作会议、中央农村工作会议精神,习近平总书记在"杂交水稻援外与世界粮食安全"国际论坛上的致辞、对非物质文化遗产保护工作作出的重要指示精神,研究贯彻落实意见;2.传达学习自治区党委十三届三次全会及固原市委五届七次全会精神,研究贯彻落实意见;3.传达学习梁言顺、白尚成同志在自治区党委人大工作会议上的讲话精神,研究贯彻落实意见;4.传达学习固原市第五届人民代表大会第三次会议和政协固原市五届二次会议精神,研究贯彻落实意见。

组织工作

【概　况】 西吉县委组织部是县委主管党的组织建设、干部工作、公务员工作、人才工作和老干部工作的职能部门,为正科级单位。挂直属机关工作委员会、公务员局、老干部局牌子。非公有制经济组织和社会组织工作委员会、离退休老干部工作委员会设在县委组织部。

【基层党组织建设】 2022年,深入推进"一抓两整"示范县乡创建行动,创新"党建+""星级+"等模式,推行"一乡一特色""一村一亮点",创建火石寨乡沙岗村、白崖乡库房沟村等29个党建工作示范点,打造"红色教育""生态文旅""基层治理"等一批特色党建品牌,党建引领力明显提升;共创建震湖乡、兴平乡等示范乡镇10个,创建吉强镇大滩村、红耀乡关儿岔村等党建工作示范村216个,创建率分别达到52.6%和73.2%;累计培育农村致富带头人2257人,"二合一"带头人194人,带动5.64万群众增收致富;建立"领导包抓+专班推进+驻村帮扶"机制,32名县级领导对19个乡镇、303个村(社区)、16个重点移民安置区(点)包抓指导,明确21项具体包抓职责,成立巩固拓展脱贫攻坚成果同乡村振兴有效衔接、产业振兴、人才振兴、文化振兴、生态振兴和组织振兴"1+5"工作专班,选派298名第一书记、494名工作队员结对帮扶,推动工作力量下沉基层一线,形成覆盖全域、上下贯通、执行有力的组织体系;严格发展党员和教育管理,全年发展党员267名,扎实开展农村发展党员排查整顿"回头看"工作,共向14个党支部、138名党员亮"黄星",向192名老党员颁发"光荣在党50年"纪念章,有效促进党员在落实基层治理、乡村振兴、疫情防控等重点工作中走在前做表率。实施"三强九严"工程,创建"让党中央放心、让人民群众满意"模范机关19个,创建率达80%以上。

【干部队伍建设】 严格落实好干部标准提拔123名长期在乡村振兴、疫情防控等一线实绩突出的干部。提拔使用能扛硬活、能打胜仗的85后年轻优秀干部58名,其中90后31名,极大调动了各年龄段干部干事创业的积极性;坚持严管厚爱管干部,常态化开展"从严加强干部监督管理切实转变干部作风"专项整治,清退违规借调491人,1名领导干部因履职不力、3名领导干部因违反入党程序被免职,1名领导干部因违反相关法律法规给予撤销党内职务、政务撤职处分,对2名实干担当的干部重新起用,进一步明规矩、严纪律、转作风;制定《西吉县中层干部选拔任用办法(试行)》,对全县中层干部开展专项考察,对在人事、财务、项目管理等重点岗位连续工作5年以上的干部进行交流轮岗,激发干部干事创业热情。统筹做好干部教育培训,围绕专业能力和综合素质提升,对科级干部、驻村干部、村干部等进行分类分层次培训共23批(次)11489人,干部综合素质能力明显提升。

【人才队伍建设】 坚持党管人才原则,调整成立县委人才工作领导小组,出台《西吉县委人才工作领导小组工作规则》《西吉县委人才工作领导小组办公室工作细则》等系列措施,制定《关于大力推进新时代人才强县战略的若干措施及任务分工方案》,为做好新时代人才工作划出重点任务、细化具体措施,形成工作合力。与西北农林科技大学、宁夏大学、宁夏职业技术学院建立校地合作关系,签订框架协议,引进一批优秀人才、培育一批本土人才;依托闽宁协作、央企、教育、医疗"组团式"帮扶、区直部门挂职等资源和机遇,争取区直部门选派优秀挂职干部14名,柔性引进各类专家人才95名;加强对各领域人才的激励表彰,推荐固原"六盘英才"人选2名,借助"西部之光""基层之星"等人才培养项目,选派教育、农业农村等领域5名基层人才赴外研修,为乡村振兴提供坚强的人才支撑。

宣传工作

【概　况】 2022年,县委宣传部以习近平新时代中国特色社会主义思想为指导,突出学习宣传贯彻党的二十大精神这条主线,加强整体策划,集中宣传,为全县经济社会发展提供了强有力的思想保证、精神动力和舆论支持。

【新闻宣传】 一是设立"乡村振兴观察点"。2022年7月6日,中央广播电视总台农业农村节目中心"乡村振兴观察点"项目正式落地西吉县龙王坝村。活动当天,中央电视台17套、新华社、人民网等主流媒体,通过电视直播、报刊、新闻客户端等多种渠道,在重要版面刊发启动仪式相关报道,充分发挥舆论引导作用,推广经验、推介典型,营造浓厚氛围。参与媒体刊发西吉相关报道120余篇(条),全民阅读量1657万人次,十万张西吉海报飞机票飞向全国、走向世界,掀起了宣传西吉新高潮,一大批有温度、有深度、有影响的新闻报道,详细记录了西吉县巩固脱贫攻坚成果同乡村振兴衔接的好做法、好经验。二是做好"两晒一促·我是家乡带货王直播"活动的宣传。2022年全区"两晒一促·我是家乡带货王直播"网络投票活动期间,西吉县高位推动、有序组织、大力宣传、全员行动,在全区22个县(区)中以1539141票喜提第一,进一步向外界展示了西吉县广大干部群众的凝聚力、战斗力和执行力。西吉县以此次"两晒一促·我是家乡带货王直播"活动为契机,组织开展各类营销推介活动,拓宽西吉县产品销售渠道,提升特色产品的知名度与销售量,促进"互联网+"与农业农村深度融合,促进全县名特优产品产销衔接,持续打响"西部福地　吉祥如意"文旅品牌,扩大西吉的知名度和美誉度。三是持续打响"西部福地　吉祥如意"文旅品牌。不断完善吃住行、游购娱基础设施,下大力气做好"引、留、消"文章,争创全域旅游示范县。做好"西吉好吃头"美食推介，本着广泛性、大众性、民俗性、特色性的原则，充分挖掘展示西吉美食文化，优选推出25期"西吉好吃头"视频，充分利用新媒体形成全媒体宣传矩阵，广大干部群众积极转发，反响热烈，为后续"西吉好吃头"特色街区（闽宁特色街区）顺利开业和落实全县稳保促工作营造良好社会氛围。做好乡村旅游宣传，建成两个乡村旅游示范村吉强镇龙王坝村和将台堡镇毛沟村红色民宿村，完成了火石寨乡沙岗村旅游线路提升工程。开展了第十二个"中国旅游日"暨西吉火石寨丁香花节活动，同时组织33家特色商品及文创产品企业，开展了特色旅游商品及文创产品展销及线上直播带货销售活动。充分利用好全县红色资源，依托将台堡"红军长征会师"和"走好新时代长征路"出发地优势，为干部群众打造党性教育的"红色熔炉"。开展民族团结主题教育，讲深讲透"单家集夜话"这一红色经典故事，引导广大党员干部群众铸牢中华民族共同体意识。四是做好巩固拓展脱贫攻坚成果同乡村振兴有效衔接的宣传。紧密联系中央、区、市等主流媒体，深入报道全县重点产业发展情况，围绕肉牛、马铃薯、冷凉蔬菜、杂粮等种养殖业重大项目工程进展情况报道，全年共推出514篇稿件。坚持以"拆清整建绿亮管"为抓手持续改善城乡人居环境，把乡村建设作为实施乡村振兴战略的重点任务，绿化县乡道路，改造农村户厕，努力让群众过上现代文明生活，以普惠性、基础性、兜底性民生建设为重点实施基础设施，全年共推出90篇稿件。全力宣传西吉县健全完善防返贫"3310"动态监测帮扶和"一键预警"机制，优化监测对象自上而下排查和自下而上申报流程，坚持行业部门协调联席会议机制和问题动态清零机制，确保不发生规模性返贫，全年共推出6篇稿件。五是央视发稿创历史新高。2022年，西吉县精准发力，全方位挖掘西吉宣传题材，在央视共发稿21条，刷新了近年来西吉县在央视发稿记录，起到了良好的宣传效果。如"同上一节课 西吉'互联网+教育'跃上新台阶""宁夏西吉 五彩秋分 印染山川大地""党的二十大报告在广袤乡村引发热烈反响""山河锦绣 壮美'塞'秋：看，西吉这幅'油画'在流彩！""奋进新征程 建功新时代·走进老区看新貌 塞上新长征 宁夏实现新跨越""宁夏西吉 走进老区看新貌 美丽乡村：黄土地里的'花果山'""老区新貌'穷沟沟'变身美丽乡村"等报道，极大的提高了西吉县特色产业、教育、文化旅游等对外宣传力度，全方位讲好西吉故事，不断提升西吉对外知名度和美誉度。

【壮大主流舆论】 一是大张旗鼓开展主题宣传。深入实施迎接宣传贯彻党的二十大聚力工程，以官方"两微一端"为主，联系指导县融媒体中心、县内各微信公众平台围绕全县中心工作开展网上宣传活动。精心开展"奋进新征程·建功新时代"重大主题采访，"老区新貌""足迹""领航"等主题宣传报道。高质量高标准完成了党的二十大、自治区第十三次党代会、共青团成立100周年、创建自治区卫生县城、全县重点项目现场推进会等重大主题宣传报道，新闻宣传工作持续呈现良好发展态势。全年制作短视频278条，累计阅读量超1310万次。二是广泛开展社会宣传。在机关、农村、企业、社区、校园等场所精心组织开展"强国复兴有我"等群众性主题宣传教育活动，积极构建"互动+宣讲""文艺+宣讲""互联网+宣讲""红色资源+宣讲"新体系，持续推动新时代党的创新理论铭刻脑海、扎根心田、融入血脉。在党的二十大、自治区第十三次党代会、国庆节等重大会议和节日期间，利用公交站点、楼宇轿厢、高速收费站、加油站、宾馆超市、药店、商店、出租车、公交车、广场等电子屏广泛宣传，营造团结奋进浓厚社会氛围。三是浓墨重彩开展对外宣传。围绕全县中心工作，进行全方位、立体化、多角度的宣传报道，采写刊发了大量有深度、有影响的新闻稿件。中央、区、市等主流媒体共发表了902篇稿件，引起强烈反响，形成了多方呼应的大外宣格局。如《宁夏西吉："四好农村路"

跑出乡村振兴"加速度"》《西吉:党建引领产业发展"活起来"》等相关报道详细介绍了西吉县社会经济稳定运行、民生持续改善、社会和谐稳定的良好局面。四是强化全媒体报道、互动化传播,形成覆盖全网、上下联动的大外宣格局,让正能量产生大流量、好声音成为最强音。实施移动优先战略,推动资源向移动端倾斜,开发推出"云端西吉"客户端,借助"西吉融媒体""西吉宣传"微信公众号、微信视频号、抖音、快手、新闻网站等平台搭建新媒体矩阵,制作推出微视频、H5等新媒体产品,以文字、图片、音频、视频等传播形式,提升各类媒体信息的阅读量、关注度和用户黏性。

统战工作

【概　况】　2022年,在县委、县政府的坚强领导下,在区市党委统战部、民委(宗教局)的精心指导和大力支持下,全县统战工作坚持以习近平新时代中国特色社会主义思想为指导,以学习宣传贯彻党的二十大精神为主线,深入学习贯彻习近平总书记关于做好新时代党的统一战线工作的重要思想和视察宁夏重要讲话精神,坚决贯彻党中央和区市县党委部署要求,坚持围绕中心、服务大局,守正创新,真抓实干,各项工作实现了新突破、取得了新成绩、迈上了新台阶。

【理论学习】　坚持把凝聚思想共识作为重要政治任务,"传承党的百年光辉史基因,铸牢中华民族共同体意识"等主题教育深入开展,马克思主义五观大宣讲活动深入推进,党的创新理论、铸牢中华民族共同体意识、我国宗教中国化方向深入人心,大团结大联合的思想政治共识空前广泛、全面深化。

【自身建设】　深入实施"三强九严"工程,制定实施全面从严治党"三个清单",严格落实"三会一课"制度,丰富支部主题党日活动,广泛开展廉政警示教育,从严管理监督干部。强化干部教育培训,组织开展党史学习教育专题学习36次,开展研讨交流21次,交流发言41人次,撰写交流研讨材料41份,进一步夯实了基层统战工作基础,统战部门自身建设明显加强。

【民族团结】　不断深化创建模式,完善创建工作机制,创新载体、丰富内涵、拓展外延,齐众心、汇众力、聚众智,在西吉县创建成全区民族团结进步示范县的基础上,一举翻越了创建路上的"六盘山",成功创建全国民族团结进步示范县,在西吉民族团结历史上留下了浓墨重彩的一笔。

【服务大局】　积极争取少数民族发展资金1703万元助力乡村振兴,发放民贸民品贴息资金374万元,推动民营企业健康持续发展。动员统一战线成员为疫情防控捐资200余万元。扎实开展"万企兴万村"行动,全区推进会在西吉县召开。

政策研究

【概　况】　县委政策研究室是为县委决策服务、从事综合性研究的职能部门。县委全面深化改革委员会办公室(简称县委改革办)、县委财经委员会办公室(简称县委财办)设在县委政策研究室,接受县委全面深化改革委员会、县委财经委员会的直接领导,承担县委全面深化改革委员会、县委财经委员会的具体工作,组织开展全面深化改革、财经重大问题的政策研究,协调督促有关方面落实县委全面深化改革委员会、县委财经委员会决定事项、工作部署和要求等。

【理论学习】　始终把领导班子和干部队伍政治建设放在首位,狠抓学习教育,加强理论武装,坚持用党的最新理论成果统一思想、指导实践、推动工作,不断提高做好本职工作的能力和水平。一是深化理论学习。深入学习贯彻党的二十大精神、习近平新时代中国特色社会主义思想、习近平总书记视察宁夏重要讲话和重要指示批示精神、自治区第十三次党代会精神,及时跟进学习党中央和区市县党委会议精神,组织单位集中学习69次,集体研讨7次。二是做实业务学习。筛选各级领导会议讲话、优秀调研文章和区内外深化改革、推动高质量发展等方面典型经验案例,作为单位学习必备内容,不断增强学习的针对性和实效性,着力提高干部队伍文稿撰写水平。三是强化培训学习。督促干部认真完成宁夏干部网络学院年度培训任务及学习强国学习内容,持续提升履职能力。

【文稿服务】 始终把服务决策、发展、落实"三服务"作为工作的出发点和落脚点,认真履行以文辅政职能职责,力促各项任务全面落实、圆满完成。按照县委要求,对标区市党委和政府部署,结合实际,会同有关部门制定了《中共西吉县委全面深化改革委员会2022工作要点》《西吉县贯彻落实自治区2022年重点改革任务清单》《西吉县贯彻落实区市2022"四权"改革重点任务清单》等重要文件,完成县委办转办自治区党委理论文章约稿《坚持以铸牢中华民族共同体意识为主线 奋力推进西吉民族工作高质量发展》《聚焦"三抓三促" 全面推进乡村振兴》等3篇,在《宁夏工作研究》刊发交流。

【调查研究】 扎实组织开展全县大调研活动,协调配合区市党委政研室开展联合调研,深入基层总结典型经验,认真做好信息调研。扎实组织开展全县大调研活动,聚焦县委中心工作和民生热点,形成"三统三分"系列调研等高质量信息类调研报告22篇,编印《调研与参考》(西吉县2022年"大调研"活动文集),上报各类信息37篇供县委、县政府主要领导决策参考。

【深化改革】 坚持把深化改革作为政治责任,紧盯区市确定的重大改革任务和全县深化改革重点工作,加强统筹协调、压实压紧责任、强化督查问效,有力推动改革工作深入开展、落实落细。一是强化统筹协调。提请县委主要领导召开县委深化改革委员会第七次、第八次会议,及时传达学习党中央和区市党委各项改革部署和有关文件、会议精神,及时安排部署,全面研究安排改革工作,做到了县委主要领导重要改革亲自部署,重大方案亲自把关,关键改革举措亲自协调,重要工作亲自督查落实。二是层层压实责任。实施清单制管理,层层压实责任、传导压力,确保每项改革任务有人抓、有人管。狠抓全面深化改革工作落实,全面发挥统筹协调作用,组织建立改革任务台账2本、举办"四权"改革培训班1期。三是加强督查考核。把全面深化改革工作列入县委效能目标考核内容,制定了专门改革督查工作方案,与县委各项重点工作同安排、同部署、同督查,协同县委、县政府督查室开展全面督查3次,配合区市党委政研室专题调研督查5次。

党史研究

【概　况】 2022年,县委史志室在县委、县政府的坚强领导下,在上级业务部门的正确指导和大力支持下,坚持以习近平新时代中国特色社会主义思想为指导,认真学习贯彻党的二十大精神、习近平总书记视察宁夏重要讲话精神和关于党史、地方志工作的重要指示精神,围绕县委、县政府决策部署,立足新发展阶段,贯彻新发展理念,履职尽责,团结奋进,主动担当,积极作为,圆满完成了《西吉年鉴》《西吉扶贫志》《中国共产党西吉历史》第一卷等地方史志著作编纂工作。

【理论学习】 坚持不懈用党的创新理论武装头脑、指导实践、推动工作全面深入系统学习领会党的二十大精神、习近平总书记视察宁夏重要讲话精神和自治区第十三次党代会精神,深刻领悟"两个确立"的历史性意义,进一步"四个意识"、坚定"四个自信"、做到"两个维护",确保党史和地方志工作政治方向正确、政治立场坚定、政治纪律严明。全年共召开党员大会12次,开展党课学习15次,党风廉政建设学习4次,开展研讨交流9次,撰写心得体会文章13篇。组织党员干部前往将台堡红军长征会师纪念园、单家集革命旧址等党史宣传教育基地开展现场教学,接受红色教育,缅怀革命先烈。

【史志编研】 一是高质量完成《中国共产党西吉历党史》(第一卷)编纂工作。通过精心设计编纂方案、编纂目录,全面落实单位内部审读审校、部门联合评审、专家评审、县委常委会会议审定等环节,完成六审六校,达到出版印刷各项要求,送交中共党史出版社终审出版。二是高标准开展《西吉扶贫志》编修工作。根据全区扶贫志推进会议精神,县委研究决定,重新修编《西吉县扶贫志》。起草了《关于重新编纂〈西吉扶贫志〉的实施方案》,制定编纂目录,成立工作专班,全面启动《西吉县扶贫志》编纂工作。三是严要求完成《西吉年鉴2022》编纂工作。严格按照县级年鉴规范要求开展《西吉年鉴2022》资料搜集、归类、编纂,合理划分类目、分目、条目,严把政治关、文字关、质量关,努力打造精品年鉴。四是认真完成《脱贫攻坚口述史(西吉篇)》采编工作。按照区党史办要求,我室对25位在脱贫攻坚中有重大贡献的个人进行采编,以口述史的形式,真实、生动、具体地再现我县脱贫攻坚重大决策、重要成就、重大事件、重要人物、主要经验。五是深入开展党史专题研究。围绕红二十五军长征在西吉、中央红军长征在西吉、红军西征在西吉、毛泽东夜宿单家集、红军长征将台堡会师等重要党史题材深入开展专题研究,形成"红军长征将台堡会师的前前后后""单家集夜话""红军西征在西吉境域的九次战斗""西吉境域建立的第一个红色政权及革命活动"等地方党史研究成果。

【宣传服务】 认真开展"5·18"地方志宣传日活动,撰写各类信息48条,开展精品年鉴品读会、部门志审读会4场次,向兴隆镇洞洞村和中街社区赠送年鉴、志书等300余册,《西吉史志》微信公众平台及时更新丰富内容89条。按照《西吉县政协十二届委员会第一次会议提案任务分工方案》要求,史志室积极协调争取场所、资金,广泛征集县内、县外地情资料书籍,高标准完成西吉县党史和地方志展览室。

机构编制

【概　况】 中共西吉县委机构编制委员会办公室(简称县委办)是县委机构编制委员会(简称县委编委)常设办事机构,受县委编委领导,承担县委编委日常工作,是县委工作机关,归口县委组织部管理,挂县事业单位登记管理局牌子。

【理论学习】 坚持全面学、系统学、深入学,采取集中学、研讨交流学、专题辅导学和个人自学相结合的方式,促进学习贯彻党的二十大精神走心、走深、走实,深刻领悟"两个确立"的历史性意义,进一步增强"四个意识"、坚定"四个自信"、做到"两个维护"。坚持联系实际、务求实效,把贯彻落实党的二十大精神与深入贯彻落实习近平总书记视察宁夏重要讲话和重要指示批示精神结合起来,与贯彻落实自治区第十三次党代会、固原市第五次党代会和县第十五次党代会部署结合起来,强化问题导向、实践导向、需求导向,以党的二十大精神为指引,推动机构编制工作高质量发展。

【机构编制管理】 一是持续优化重点领域关键环节机构职能配置,向市委编办请示设立西吉县公安局园区派出所,在西吉博物馆加挂文物管理所牌子加强文物保护工作机构设置,在县司法局内设机构公共法律服务管理室加挂西吉县法律援助中心牌子,进一步规范了西吉县法律援助中心相关工作。撤销县委政研室1名副主任、县工商联1名副主席,增设县政府办公室1名副主任、县水务局1名副局长、县委编办1名副主任、县商务和工业和信息化局1名副局长、县审计局1名副局长,核定县公安局禁毒办专职副主任1名(副科级),保障了重点部门工作有序开展。二是调整事业单位布局,整合东街、西街、钰秀三个社区卫生服务站,设立西吉县社区卫生服务中心,腾出机构限额理顺管理体制,设立县科学技术服务中心、电子商务服务中心、新时代文明实践指导中心、粮食和物资储备中心、种子工作站5个部门所属事业单位,健全了重点工作机构,促进了公益事业平衡充分高质量发展。在西吉县安全生产监察执法大队的基础上组建西吉县应急管理综合执法大队,增加事业编制6名,强化应急管理执法力量,完善执法体系。三是优化编制配备,盘活冗余闲置的编制资源,从全县事业单位空编中统筹调剂22名暂借于教育系统保障公费师范生和事业编教师招录,有效缓解全县教育系统高中教师短缺的问题。对全县各乡镇卫生院编制数重新进行了核定,推动卫生系统编制合理配置。

【实名制库管理】 认真做好实名制库管理,实时、准确地维护机构编制人员、领导职数、事业单位、副科级事业单位等台账。及时根据文件做好机构设立撤并、编制调整、领导任命、自然减员、干部职工调动、信息变更等事项的调整,全年共调整机构23次、调整编制195次,办理干部调动开出控编单53张、核减单76张,领导干部任命调整402人,干部调动调整512人。

【机构编制监督】 强化机构编制监督检查,推进机构编制管理制度化、精准化、规范化。加大《机构编制违规违纪违法行为处理和问责规则(试行)》《宁夏回族自治区事业单位机构编制管理办法(试行)》等法规制度的宣传和贯彻落实,认真梳理全县各单位存在的机构编制违规违纪违法行为处理和问责情形,做到有法必依、有规必行,不断提高机构编制科学化、规范化、法治化水平。

【事业单位登记管理】 2022年,全县共登记事业单位559个,其中法人事业单位180个(冻结3个、非营利性机构6个),非法人事业单位377个,其他事业单位(市场监管局个协和消协)2个。认真开展事业单位实地核查工作,加强对事业单位指导和监督,规范事中事后监管,维护事业单位登记管理工作的严肃性,确保法人公示信息的真实性、及时性和准确性,着力提高事业单位公益服务质量和水平。

档案管理

【概　　况】 西吉县档案馆主要负责全县档案事业的统筹规划、监督、指导、征集整理、保护利用,并向全县各级组织各人民团体及全县所有干部群众提供档案咨询服务、查询利用等工作。内设综合办公室、查阅利用室、安全保卫与接待室、指导征集室,核定正科级职数1名、副科级2名。

【档案馆藏】 2022年西吉县档案馆负责管理保存全县各类档案资料全宗137个,各种门类档案共有88863卷,25863盒453183件(其中,各种门类文书档案32349卷,8961盒147871件,业务档案56514卷,16902盒305312件,业务档案中有土地确权档案12959盒182430件,脱贫攻坚档案17790卷,697盒15200件,婚姻档案2451盒99735件,会计档案34811卷),革命历史档案143件。

【档案管理】 2022年共接收文书档案和业务档案3444卷,674盒12378件。其中:脱贫攻坚档案共计移交进馆3444卷,120盒3325件,党史学习教育档案共计34盒564件,教育体育局文书档案移交进馆427盒7038件,应急管理局文书档案移交进馆93盒1451件。2022年共接待查阅利用单位及个人554多人次,3056卷/件次。

【档案移交】 全县脱贫攻坚档案全面完成移交进馆工作,共整理档案23923卷,16445盒65507件,移交进馆共计19025卷,747盒15920件。其中,县直部门共移交9049卷,343盒9861件;乡镇共移交9976卷,404盒6059件,移交进馆数字化率100%,脱贫攻坚目录挂接比例为25%。疫情防控档案有序归档。

【数字档案建设】 与县档案局积极配合,在开展好档案信息资源"馆际共享"平台的同时,着手探索档案数字化建设系统。先后邀请区内外四家软件公司设计方案,经比较并与区市档案馆、县财政局对接,向县委、县政府分管领导及主要领导汇报,2022年7月17日,追加了西吉县档案数字化设备采购经费98万元。2022年年底已完成数字化设备采购工作。我县档案数字化建设初步取得成效。

【档案服务】 全馆党员干部树立"服务就是档案工作的使命"这一理念,按照档案行业特点,今年为各行各业和广大查阅利用者在婚姻登记、土地纠纷、编史修志、工龄证明、招工招干、政策依据、城市建设等诸方面提供了大量翔实的原始档案资料,2022年共接待查阅利用单位及个人554多人次,3056卷/件次。

【档案共享】 馆际共享平台于2022年6月9日正式上线运行,西吉县档案馆与自治区、其他市县共计27家档案馆提供查询服务。在平台运行之前,县档案馆就线上平台相关事宜积极与自治区档案馆对接,完成教育体育局部分文书档案挂接工作。自平台运行以来,西吉县档案馆已协助其他县区查阅档案320次,平台运行平稳。

【档案开放】 根据馆藏数量和立档单位实际情况,划控1个全宗(就业局),对相关文书档案进行鉴定,共计146条,已报自治区档案局审核成功,实现挂接。

【档案安全】 根据自治区档案局的要求,2022年对档案馆安全进行了全面排查,对排查出的问题进行梳理汇总,制定整改台账,落实整改时限。根据《西吉县档案馆应急预案》,组织开展了应急演练。通过开展安全排查及应急演练,进一步明确应急目的、适用范围、工作重点、启动条件、责任体系和具体应急处置措施。

党校(行政学院)

【概 况】 2022年,县委党校立足西吉、服务全区、面向全国,重点围绕习近平新时代中国特色社会主义思想、党的十九大及十九届历次全会精神、党的二十大精神、习近平总书记来宁视察重要讲话和重要指示批示精神、自治区第十三次党代会精神以及乡村振兴等内容,全年举办各类培训班26期,培训人员3000余人次,办学效益得到了县委、县政府高度肯定和社会各界一致好评。

【作风建设】 一是弘扬学习之风。制定支部理论学习计划,组织开展专题研讨交流、领导干部上党课等活动,落实"学习、研讨、点评"三个环节。全年共开展主题党日活动10次,党支部集体学习7次。二是加强机关效能建设。实行责任领导、责任室、责任人员三级管理,根据人员调整定岗定责,实行AB岗管理,形成互为补充、相互协作的工作机制。三是加强作风整治。认真开展违规收送红包礼金和不当收益及违规借转贷或高额放贷专项整治工作,以室为单位,扎实开展自查,深入查摆问题,签订保证书,撰写自查报告。深化常态化干部作风整治行动,进一步营造党校风清气正的工学环境。

【干部教育培训】 一是立足西吉,积极组织县内培训班次。与县委组织部等部门单位合作,举办各类专题培训班12期、中青年干部主题班1期,培训1951人次,包括西吉县科级领导学习自治区第十三次党代会精神专题培训班4期、西吉县科级领导干部及村(社区)干部深入学习贯彻党的二十大精神专题班3期、西吉县政法系统2022年政治轮训培训班4期。二是面向全区,主动承接县外培训班次。借助西吉县红色资源丰富优势、乡村振兴示范优势,积极开展对外培训,2022年度对外培训共12期,培训人次达到962人次。包括宁夏大学办公室主任培训班1期89人,自治区团委2022年第三次常委(扩大)会议学习班1期100人,自治区戒毒管理局学习宣传贯彻自治区第十三次党代会精神暨戒毒管理教育业务培训班1期60人,2022年全区法学会系统深入学习贯彻习近平总书记视察宁夏重要讲话和重要指示批示精神暨自治区第十三次党代会精神专题培训班1期50人。三是服务全国,精心筹备中国商用飞机有限责任公司培训班次。借助央企对口帮扶政策优势,中国商用飞机有限责任公司于2022年8月在西吉县委党校挂牌"党员教育基地",加强了西吉县委党校与中国商用飞机有限责任公司党员教育培训的合作。2022年对接举办上海商飞公司党务工作者宁夏西吉专题培训班2期共计99人,为展现西吉形象,加强企地合作,进一步做好乡村振兴工作贡献党校力量。

【理论宣讲】 立足职能,落实县委、县政府工作部署,全年累计宣讲124场次,参训人员达17000多人次。特别是深入开展党的二十大和习近平总书记视察宁夏重要讲话和重要指示批示精神"大学习、大讨论、大宣传、大实践"活动,7名骨干教师参与全县宣讲团,分五组深入到全县各乡(镇)、县直部门(单位)、农村社区、学校、企业等部门扎实做好宣传阐释,让党的二十大精神深入人心。

【理论科研】 紧密围绕全县经济社会发展情况开展调研,撰写理论文章、调研及决策咨询报告。全年全校教员撰写的4篇决策咨询报告和调研报告被上级党校和县委政研室采纳,有效发挥党校智库作用,其中《谋发展 促振兴 促进西吉补齐共同富裕短板》《提高新时代青年干部政治能力的实践路径》分别被宁夏党校通讯、魅力中国刊登,《深刻领悟"两个确立"的重大意义》《党的百年奋斗史是推进中华民族实现伟大复兴的历史进程》入选全区党校系统学习宣传贯彻党的十九届六中全会精神理论研讨会。

【学校建设】 认真落实县委、县政府工作部署,按照安全可靠优先、时间服从质量原则,加强协调配合,精心组织实施,科学施工、安全施工、绿色施工,高质量推进县委党校(行政学校)迁建项目工程建设。不定期检查工地施工情况,发现问题及时协调施工方、监理、跟踪审计解决问题。完成智能化及附属工程和办公家具、厨灶具的安装及验收等工作。2022年6月县委党校迁建项目落成,6月27日,市委副书记、县委书记白学贵同志在党校报告厅为全县领导干部作了"开班第一讲",开启了县委党校事业发展新局面。

网信工作

【概　　况】 中共县委网信办成立于2019年2月22日,在编干部5名。

【网络宣传引导】 紧紧围绕党的二十大及自治区第十三次党代会、疫情防控、乡村振兴,充分组织属地网络新媒体形成网上网下、全方位的宣传报道格局。精心策划系列网络文化活动,打造中华优秀传统文化传播阵地,不断弘扬和壮大网上正能量;组织属地网评员积极参与网评工作"创四优"竞赛活动和"好评中国"网络评论大赛,切实推进网评工作高质量发展。扎实开展2022年网络安全宣传周活动,制作六大主题日视频,发布"网络无边际　安全有界限""构建绿色健康网络"等专题宣传片,牵头开展网络安全进机关、进校园、进社区、进村组系列活动,全年举办宣传活动114场次,维护了网络清朗空间。

【网络综合治理】 在"@西吉发布""西吉宣传"等官方媒体设置互联网不良信息举报平台,畅通网民举报渠道,优化举报受理机制;组织网络监督员积极参与网络治理,共同维护良好网络生态。综合运用软件监测和人工巡查方式,做到早发现、早研判、早处置,积极开展网络舆情处置工作,持续受理网民诉求。

【网络安全】 建立健全网络安全责任制度和安全管理制度并严格落实,组织开展网络安全技术培训会,积极配合市委网信办开展2022年网络安全应急演练,增强全县网络安全意识,提升网络安全管理能力。

西吉县人大常委会

综 述

【概　况】 2022年,西吉县人大常委会在区市人大常委会的精心指导下,在县委的坚强领导下,在"一府一委两院"和县政协的协同支持下,紧跟县委号召要求,紧扣全县发展大局,紧贴人民群众期盼,主动投身到民主政治建设的一线、法治西吉建设的一线、经济社会发展的一线、密切联系群众的一线,为谱写西吉高质量发展新篇章贡献了人大力量。召开人大常委会会议10次,主任会议18次;组织代表视察、执法检查和专题调研31项,配合上级人大常委会视察检查组开展检查调研14次;听取和审议"一府一委两院"专项报告33项,转交审议意见85条,作出决议、决定18项;依法任命干部51名。

【政治建设】 坚持把"三个善于"作为人大工作最鲜明的政治底色,坚决把党的全面领导贯穿到人大工作的各方面全过程,政治上讲忠诚、组织上讲服从、行动上讲规矩。坚定不移用习近平新时代中国特色社会主义思想统揽人大工作,专题化常态化落实"第一议题"制度,深化人大常委会党组中心组带头学、常委会集体学、专委会专题学、人大代表履职培训学、机关干部周二例会学等制度机制,扎实开展"大学习、大讨论、大宣传、大实践"活动,加强理论武装,提高政治素养,强化实践能力。坚决执行县委领导人大工作制度,对人大的重大事项、重要问题、重点工作及时向县委请示报告,确保人大工作有方向、能落实、见实效。严格落实人大党组主体责任,召开6次党组会议专题研究部署全面从严治党、党风廉政建设、意识形态领域等工作,跟进发力抓落实。紧跟县委决策部署,紧贴人民群众所思所盼所愿,紧扣推进治理体系和治理能力现代化需求,聚力中心大局议大事、抓大事,紧贴民心民生督重点、抓难点,落实"领导包抓+专班推进+督查通报"机制,主动参与项目建设、产业发展、脱贫成果巩固、乡村振兴、环境整治、平安建设等重点工作。

【自身建设】 始终把习近平总书记"四个机关"定位要求作为十八届人大接班履新、接续奋斗的总抓手,抓好自身建设,办好人大事情,服务全县大局。常委会党组严格履行全面从严治党主体责任,压紧压实"一岗双责",健全人大常委会党组政治建设制度,执行民主集中制,严肃党内政治生活。认真落实意识形态工作责任制,开展"铸牢中华民族共同体意识"主题教育。常态化落实"三会一课"、主题党日、民主评议党员等制度,持续开展理论学习、业务培训、调研观摩和研讨交流,不断提高政治判断力、政治领悟力、政治执行力。以严实的制度执行促规范履职,坚持用制度管人、按规矩办事,修订党组会议、常委会会议、主任会议规则及常委会组成人员行为准则,完善人大组织制度、议事制度、监督制度等,健全规范化常态化工作机制。严格贯彻中央八项规定及其实施细则精神、区市县党委相应禁令规定,深入推进党风廉政建设和反腐败斗争,认真落实"三个清单"制度,扎实开展违规收送红包礼金和不当收益及违规借转贷或高额放贷专项整治,全面开展机关纪律作风专项整顿。定期开展廉政教育"六个一"活动,及时传达区市县纪委相关违纪案例通报,教育监督常委会组成人员和机关干部知敬畏、存戒惧、守底线,树起了人大机关对党忠诚、为民尽责、担当作为、风清气正的良好形象。

【依法监督】 聚焦高质量发展开展全程式监督,落实"疫情要防住、经济要稳住、发展要安全"和"大抓发展、抓大发展、抓高质量发展"的要求,对经济运行情况进行全方位全过程监督,督进"稳保促"措施落实。对影响高质量发展的短板弱项开展专题调研,促进要素资源配置、优化营商环境、激发市场活力。听取审议预算执行情况报告及预算收支专项审计报告,督促解决资金使用管理中的突出问题。对政府债务管理情况进行调研并听取工作报告,督促化解存量债务,提高风险防控能力。听取审议国有资产管理情况专项报告,督促摸清底数、健全台账、完善管理。

【调研视察】 聚焦产业项目建设开展专班式监督,围绕全县40个重点项目和30个一般项目、"五特五新五优"产业、"六大提升行动"等,常委会各主任对标融入工作专班,集监督、支持、落实于一身,对产业项目同谋划、同发力、同推进。对老旧小区改造、"互联网+城乡供水"、社区卫生服务中心、肉牛产业、纺织服装产业等进展情况进行专项视察,听取审议专项报告6项,转交督办审议意见15条。对"两个不撂荒""三统三分""六权"改革等进行专题调研,以点带面促进各项改革全面深化。带头落实县委关于"网格化包抓"的部署要求,自觉扛起责任,深入乡镇村组、开展包抓督战,推动巩固拓展脱贫攻坚成果后评估、农村人居环境整治、项目建设、产业发展、乡村治理等各项任务落实。组织对农村人居环境整治、移民致富提升行动开展专项视察,听取审议专项报告,督办代表意见建议,促进乡村振兴战略全面实施。探索改进民生事项的督办方式,紧贴群众急难愁盼问题,问需、问计、问政于民,建立民生清单,照单逐项督办,做到事前让群众出卷点题、事后由群众阅卷评判。组织视察并听取审议了三医联动改革、县医院三级乙等创建、高考综合改革、"县管校聘"改革、医保基金监管等"六大提升行动",推进民生热点难点事项群众有期盼、人大有监督、政府有落实。对全县生态林业建设、生态环境污染治理情况专项视察,听取审议专项工作报告2项,督办审议意见6条。

【检查督办】 聚焦生态环保问题开展清零式监督,开展生态环保问题清零专项行动,将中央、区、市各级督察检查反馈问题整合打包、集中整改、动态监督、限期清零。配合区市人大常委会开展中华环保世纪行活动,对《中华人民共和国环境保护法》等三部法律法规贯彻执行情况进行检查,督促补齐预警能力建设、应急处置机制等方面的漏洞短板。聚焦平安西吉建设开展联动式监督,对《中华人民共和国法律援助法》《中华人民共和国家庭教育促进法》《中华人民共和国工会法》等法律贯彻实施及"八五"普法工作进行执法检查,对打击防范电信网络诈骗、未成年人司法保护等情况进行视察检查,对法检两院工作进行专项检查,审议专项工作报告2项,交办意见建议5条。听取审议规范性文件备案审查工作专项报告,备案审查规范性文件6件。落实领导包案化解责任制,全年受理、转办来信来访17件次,包案化解突出信访案件9件。

【代表履职】 把人大代表作为全过程人民民主的主体建设者、推动者、参与者,以提升政治素质、业务能力为核心,以强化代表意识、责任意识为关键,常态化抓学习,分层次搞培训,全面提升代表履职能力。建成规范化代表联络站1个、代表之家19个、代表活动室270个。打造人大代表履职信息网络平台,强化"西吉人大"微信公众号综合功能,开展"数字人大"试点建设,代表履职信息化数字化有了新进展。按区域按专业将四级人大代表分编

270个小组,组织代表"进家入站",开展网格化便民化常态化履职活动。做好人大代表履职服务保障,按政策规定保证代表履职经费,落实代表通讯交通补贴。

【议案办理】 完善议案建议集中交办、领导领办、部门承办、动态督办"全链条"办理机制,促进办理工作由"有来有往"向"常来常往"转变、由"答复满意"向"结果满意"转变,实现议案建议内容高质量、办理高质量的"双高"目标。人大常委会先后2次对办理工作进行专项检查,听取审议办理情况专题报告。经过多方努力,县十八届人大一次会议决定的6件议案、6件建议全部办结。

重要会议

【西吉县第十八届人大常委会召开第二次会议】 2022年2月23日召开,会议传达学习了习近平总书记在中共中央政治局常务委员会会议上关于疫情防控工作重要讲话精神、中国共产党第十九届中央委员会第六次全体会议精神、中央人大工作会议精神、第十三届全国人大五次会议精神、自治区党委全区领导干部廉政警示教育会议精神和《中华人民共和国各级人民代表大会常务委员会监督法》。审议通过了西吉县第十八届人民代表大会常务委员会代表资格审查委员会关于县十八届人大一次会议以来代表变动及补选代表资格审查情况的报告以及有关人事议案。

【西吉县第十八届人大常委会召开第三次会议】 2022年3月17日召开,会议传达学习了中央人大工作会议精神、第十三届全国人大五次会议精神。听取了县第十八届人民代表大会第二次会议筹备情况的报告;听取和审议了县第十八届人民代表大会第二次会议相关材料、西吉县人民代表大会常务委员会代表资格审查委员会关于代表资格变动情况的报告和西吉县人民代表大会常务委员会代表联络与选举工作委员会关于补选西吉县人民代表大会代表有关情况的说明;表决通过了相关决定(草案)和有关人事任免议案。

【西吉县第十八届人大常委会召开第四次会议】 2022年3月27日召开,会议传达学习了习近平总书记在中共中央政治局常务委员会会议上关于疫情防控工作重要讲话精神、中国共产党第十九届中央委员会第六次全体会议精神、中央人大工作会议精神、第十三届全国人大五次会议精神、自治区党委全区领导干部廉政警示教育会议精神和《中华人民共和国各级人民代表大会常务委员会监督法》。审议通过了西吉县第十八届人民代表大会常务委员会代表资格审查委员会关于县十八届人大一次会议以来代表变动及补选代表资格审查情况的报告以及有关人事议案。

【西吉县第十八届人大常委会召开第五次会议】 2022年4月20日召开,会议传达学习了习近平总书记在十九届中央政治局第二十八次集体学习时的讲话、中国共产党第十九届中央委员会第六次全体会议精神、中央人大工作会议精神、《中华人民共和国各级人民代表大会常务委员会监督法》;听取和审议了县人民政府关于全县重点项目建设进展、农村人居环境综合整治、肉牛产业发展、医保基金监管工作开展情况的报告和县人大常委会视察组关于以上工作的视察报告。

【西吉县第十八届人大常委会召开第六次会议】 2022年6月29日召开,会议传达学习了中国共产党第十九届中央委员会第六次全体会议精神、自治区第十三次党代会精神等内容。听取和审议了法检两院2022年上半年工作开展情况的报告;听取和审议了县人民政府关于全县高考综合改革、"县管校聘"教师管理体制改革、《中华人民共和国法律援助法》贯彻实施、公安机关打击防范电信网络诈骗、县十八届人民代表大会第一次会议代表议案建议办理情况的报告以及县人大常委会视察组关于以上工作的视察报告。表决通过了《县人大常委会关于批准西吉县2022年新增政府一般债券资金

(第一批)安排方案的决议》和有关人事任免。

【西吉县第十八届人大常委会召开第七次会议】2022年8月18日召开,会议传达学习了《习近平谈治国理政》第四卷和有关会议、文件精神;听取了县人民政府关于全县生态林业建设、"互联网+城乡供水"、水权改革和服装纺织工作开展情况的报告;听取并审议了县人民政府关于2022年上半年国民经济和社会发展计划执行情况、2021年县本级财政决算草案和2022年上半年预算执行情况、2021年度县本级预算执行和其他财政收支情况的审计工作、2021年度国有资产管理情况、西吉县2022年新增政府一般债券资金(第二批)安排方案、调整安排历年政府一般债券结余资金方案以及县人大常委会关于以上工作的视察和审查报告。表决通过了有关文件。

【西吉县第十八届人大常委会召开第八次会议】2022年10月28日召开,会议传达学习了中国共产党第二十次全国代表大会精神;听取和审议了全县深化三医联动改革、县人民医院三级乙等医院创建、深入打好污染防治攻坚战、"智慧法院"建设、未成年人司法保护、《中华人民共和国工会法》《中华人民共和国家庭教育促进法》贯彻实施、县十八届人民代表大会第一次会议代表议案建议办理情况、规范性文件备案审查工作情况的报告和县人大常委会关于以上工作的视察、检查报告,表决了有关决定(草案)。会议通过了相关人事任免,任命李彦科为西吉县人民政府副县长,郭文全为县教育体育局局长,戴华盛为县农业农村局局长,县人大常委会主任李聪为新任命同志颁发了任命书,新任命的同志进行了宪法宣誓。

【西吉县第十八届人大常委会召开第九次会议】2022年12月11日召开,会议传达学习了中国共产党第二十次全国代表大会报告、《中华人民共和国宪法》。听取和审议了县人民政府关于全县移民致富提升行动工作开展情况的报告;县人大常委会视察组关于全县移民致富提升行动工作开展情况的视察报告;县人民政府关于西吉县吉强镇中街社区卫生服务中心建设情况的报告;县人大常委会视察组关于西吉县吉强镇中街社区卫生服务中心建设情况的视察报告;县监察委员会关于开展廉政教育工作情况的报告;县人民政府关于西吉县2022年财政预算调整情况的报告;县人大常委会财政经济工作委员会关于西吉县2022年财政预算调整情况的审查报告;表决通过了有关决定(草案)。会议通过了相关人事任免,任命赵强为西吉县乡村振兴局局长,县人大常委会主任李聪为新任命同志颁发了任命书,新任命的同志进行了宪法宣誓。

【西吉县第十八届人大常委会召开第十次会议】2022年12月31日召开,会议传达学习了中国共产党第二十次全国代表大会报告(第九、第十部分)、中央经济工作会议精神、中央农村工作会议精神、自治区党委十三届三次全体会议精神等内容;听取了西吉县第十八届人民代表大会常务委员会代表资格审查委员会关于县十八届人大二次会议以来代表变动及补选代表资格审查情况的报告;提交县人大常委会主任会议《关于提请审议西吉县人民代表大会常务委员会关于召开西吉县第十八届人民代表大会第三次会议的决定(草案)的议案》;提交县人大常委会主任会议《关于提请审议西吉县第十八届人民代表大会第三次会议主席团和秘书长名单草案等相关材料的议案》;审议了县人大常委会工作报告(审议稿)和关于县十八届人民代表大会第一次会议代表议案建议处理结果的报告;表决通过了《关于召开西吉县第十八届人民代表大会第三次会议的决定(草案)》。

【西吉县第十八届人民代表大会召开第二次会议】 2022年3月28日召开,会议以无记名投票的方式选举产生了西吉县人民政府县长。马天峡当选为西吉县人民政府县长。会议表决通过了西吉县第十八届人民代表大会第二次会议选举办法(草案)。

西吉县人民政府

综　述

【概　况】 2022年,西吉县政府坚持以习近平新时代中国特色社会主义思想为指导,全面学习宣传贯彻党的二十大精神,深入落实习近平总书记视察宁夏重要讲话和重要指示批示精神,全面落实区市党委、政府和县委的各项决策部署,统筹常态化疫情防控和经济社会发展,坚定不移抓产业项目促发展、抓城乡整治促提升、抓纪律作风促落实,攻坚克难、砥砺前行,以实干创造新业绩,用担当交出新答卷,全年地区生产总值增长3.7%,城乡居民人均可支配收入分别增长5.7%、9.0%。

【经济发展】 坚决贯彻落实"疫情要防住、经济要稳住、发展要安全"的要求,认真落实国家和自治区稳经济一揽子政策,开展"大干40天奋战200日"行动,制定出台稳保促守"35条"和扩大消费"13条"政策措施,打出纾困解难、稳定增长、扩大消费组合拳。拿出真金白银,全年退税减税降费6881.7万元,清欠中小微企业账款227万元,减缓返社保费7230.5万元,21.79亿元财政直达资金惠企利民,新增市场主体2707户,各类市场主体达到2.1万户。线上线下消费协同发力,新型传统消费齐头并进,积极开展"5·19""6·18""两晒一促"推介活动,筹措850万元撬动社会消费,发放消费券8万张,带动社会消费1.6亿元。积极争取项目资金,有效解决要素保障难题,经济大盘稳中有进。预计社会消费品零售总额增长3%,地方一般公共预算收入增长12%,主要经济指标增速位居全区前列。

【乡村振兴】 聚焦"守底线、抓发展、促振兴",落实"四个不摘",抓好"四个衔接"。对重点和特殊群体实行"八必访"、风险户"一键预警",精准落实帮扶措施,消除风险监测对象1895户8724人,"三保障"和饮水安全水平稳步提升。科学应对历史罕见的冻、旱、涝、雹等自然灾害,及时安排抗旱资金1000万元,积极动员群众拆翻改种、抢墒播种、浇灌补灌,抗旱保苗12.7万亩,努力将灾害损失降到最低。集中开展耕地和劳动力"两个不撂荒"行动,巩固提升创业孵化基地10家、帮扶车间76家,转移农村劳动力11.15万人,脱贫人口实现稳定就业4.23万人,人均纯收入达1.21万元,较2021年增长16.6%,增速位居全区第一,"两个高于"目标稳定实现,守住了不发生规模性返贫底线。坚持把产业振兴作为重中之重,整合涉农资金9.15亿元,争取闽宁协作、中央单位定点帮扶资金8645万元,投放小额信贷10.28亿元,实施衔接项目50个,打造乡村振兴示范乡(镇)2个、乡村振兴示范村38个,培育致富带头人2257名,全县295个村集体经营性收益达到2852.49万元。中央广播电视总台农业农村节目中心"乡村振兴观察点"落地西吉。

【产业发展】 培育形成肉牛、马铃薯、冷凉蔬菜、杂粮(油料)四大产业集群,建成投产"出户入园"肉牛养殖园区17个,全县肉牛饲养量达50.1万头,种植马铃薯53.5万亩、冷凉蔬菜15万亩、杂粮(油料)39.4万亩,西吉芹菜入选2022年第三批全国名特优新农产品名录。超额完成2万亩春小麦和8万亩大豆玉米带状复合种植任务,粮食播种面积133.7万亩,粮食总产量32.88万吨,全县农林牧渔总产值达到49.85亿元。持续实施工业"四大改造"提升,支持引导金曜塑业、福寿康宁等企业技改增效,福农薯业、佳立、万里等马铃薯加工企业增资扩产,培育5000万元以上企业3家,"小升规""专精特新"企业2家,限上商贸企业9家,金曜塑业、福农薯业产值历史性突破亿元大关,规上工业扭负转正,总产值5.76亿元,同比增长3.5%。做足"引留消"文章,组织各类促销活动16场,网络销售、直播电商、无接触配送广泛开展,成功举办全区物流现场会。打造"西吉好吃头"特色街区3个,区级特色旅游村2个,将台堡镇获评全国特色旅游镇。全年接待游客265.57万人次,"西部福地·吉祥如意"文旅品牌深入人心,成为西吉亮丽名片。

【城乡建设】 持续开展"扩大有效投资攻坚年"活动,组织重大项目集中开工5次,实施建设项目111个,当年完成投资46.6亿元。S60西出口连接线工程建成通车。改造提升老旧小区12个,改扩建东四路、安居路等城市道路5条,整治安全隐患房屋605栋,拆除整治私搭乱建13.7万平方米,亮化23.3万平方米。新增停车场9个、公厕14座。全力争创自治区级卫生县城,病媒生物预防控制和无烟草广告城市创建顺利通过自治区验收。实施乡村建设"183"行动,完成"多规合一"实用性村庄规划编制114个,新(改)建农村道路59公里,硬化巷道186公里,成功申报2022年"四好农村路"全国示范县。农村自来水、动力电、光纤网、标准化卫生室实现全覆盖。

【民生事业】 坚持教育优先发展,投入7.3亿元实施学前教育、薄弱学校改造等项目47个,全面落实护学岗,建设人行过街天桥2座,成立幼教集团5个、义务教育城乡学校共同体11个。成立西吉县医疗健康总院,深化"互联网+医疗健康",建成县乡村三级医共体信息平台,引进心脏冠脉植入术等高精尖技术10余项,打造健康示范村卫生室50个,家庭医生签约21.83万人,重点人群签约率达到100%,医疗机构实现中医馆、中医适宜技术服务全覆盖。深入实施全民参保计划,城乡居民基本养老、医疗保险应保尽保,提高基础养老金标准,累计发放保障金1.06亿元,惠及群众4.4万人次,群众基本生活保障网更密更牢。深入实施文化惠民工程,完成"送戏下乡"等演出249场次,打造"苍天一滴泪"、西吉文艺之家等"1+9"文艺创作阵地,中国首个文学之乡品牌更加响亮。抓好重点群体就业,开展职业技能培训5568人,发放创业担保贷款4660万元,培育创业实体281个,城镇新增就业2208人,全区首届"三支一扶"高校毕业生赴基层服务出征仪式在西吉举办。

【改革创新】 扎实推进"六权"改革,聚焦"节水增效、盘活增值、降污增益、植绿增绿、节能转型、碳达峰碳中和"重要任务,聚力"确权、赋能、定价、入市"关键环节,全面摸清底数,建立确权核算体系,在全区率先完成年度闲置土地处置任务,城乡建设用地增减挂钩拆旧复垦跨省域调剂270亩;确权水量4153万立方米,积极先行先试,成功实践黄河水用水权跨区域交易;完成42.08万亩生态移民迁出区和73.02万亩退耕还林地界线区划和勘界工作;对20家企业初始排污权进行确权,减碳减排有力推进,资源有价、使用有偿、交易有市、节约有效的制度体系不断完善。

综合工作

【自身建设】 全面加强政府系统党的建设,深入学习宣传贯彻党的二十大精神,扎实开展习近平总书记视察宁夏重要讲话和重要指示批示精神"大学习、大讨论、大宣传、大实践"活动,自觉把旗帜鲜明讲政治贯穿于政府工作各方面全过程。严格执行重大事项请示报告制度,提请县委研究重大事项80件,办理人大议案建议12件、政协提案20件,办复率均为100%。推行政府常务会议会前学法制度,严格落实党风廉政建设责任制,坚决贯彻中央八项规定及其实施细则精神,以"严细深实勤俭廉+快"和"三个马上"的工作作风,落实"三抓三促"要求,政府效能全面提升。

【督查督办】 对年初县委、县政府确定的重点工作、政府领导批示、会议议定事项实行跟踪督办,开展专项督查48次,督办领导批示69件,下发督查通报30期。同时,对承办的12件人大议案建议、20件政协提案,逐项分解,定期督导,办复率达100%。

【政务办理】 起草各类文稿210余篇,其中政府主要领导同志讲话、汇报发言等材料90余篇,大型汇报、上级领导视察调研材料等50余篇。围绕政府中心工作,聚焦乡村振兴、产业发展等重点领域,编发政务信息201期。制发正式文件229件,其中县政府文件(函)105件、办公室文件(函)124件,撰写政府常务会议纪要16期。通过公文平台下发文件351件,接收3492件。高质高效承办区、市、县各类会议110余场(次)。

【政务公开】 制定政务公开工作要点和《西吉县人民政府办公室政府信息公开指南》《西吉县政府网站及新媒体建设运营管理制度》等文件,完成政府网站改版升级和机房网络边界安全升级。深化政府门户网站政务信息主平台作用,规范政府信息公开专栏和重点工作信息发布。梳理规范重点领域公开专栏,抓好事项清单、权责清单、政策文件、重点项目及安全生产、执法公示、财政预决算、就业和社会保障、环境保护等重点领域信息公开。

重要会议

【西吉县第十八届人民政府第六次常务会议】 2022年1月6日晚召开,会议主要内容:1.传达学习习近平总书记对"三农"工作作出的重要指示精神,李克强总理对"三农"工作提出的要求,中共农村工作会议精神,研究我县贯彻落实意见。2.传达学习固原市两会精神。3.研究审定关于定向培养引进医学生实施方案、引进公费师范毕业生实施方案等事宜。

【西吉县第十八届人民政府第七次常务会议】 1月26日召开,会议主要内容:1.传达学习自治区两会及自治区人民政府第六次全体(扩大)会议精神,研究我县贯彻落实意见。2.对春节期间的安全生产、春运道路交通安全、疫情防控、森林草原防灭火等工作进行了具体安排部署。

【西吉县第十八届人民政府第八次常务会议】 2月14日晚召开,会议主要内容:1.会议传达学习《中共中央办公厅 国务院办公厅关于印发〈地方党委和政府领导班子及其成员粮食安全责任制规定〉的通知》精神,研究我县贯彻落实意见。2.会议传达学习陈润儿在全区新材料产业高质量发展现场会上的讲话精神和固原市人民政府全体(扩大)会议暨廉政工作会议精神。3.会议还研究审定了《西吉县2022巩固脱贫攻坚成果全面推进乡村振兴工作要点的请示》《西吉县肉牛养殖"出户入园"项目实施方案的请示》等相关事宜。

【西吉县第十八届人民政府第九次常务会议】 2月27日召开,会议主要内容:1.研究审定《西吉县2022年"四权"改革任务清单的请示》。2.研究审定《关于拨用集体建设用地的请示》《西吉县2022年度村庄规划编制计划的请示》。

【西吉县第十八届人民政府第十次常务会议】 3月31日晚召开,会议主要内容:1.传达学习中央第四生态环境保护督察组督察宁夏情况反馈会精神及宁夏回族自治区中央生态环境保护督察报告,研究我县贯彻落实意见。2.传达学习全国安全生产电视电话会议、全区安全生产电视电话会议暨自治区安委会2022年度第二次全体(扩大)会议、全市安全生产电视电话会议精神,听取第一季度安全生产工作汇报,安排部署下一步工作。3.听取全县第一季度经济运行情况汇报,并就当前经济工作作出具体安排。

【西吉县第十八届人民政府第十一次常务会议】 4月11日晚召开,会议主要内容:1.传达学习自治区党委书记梁言顺在固原调研时的讲话精神和市委常委会贯彻要求,研究我县贯彻落实意见。2.传达学习全国巩固拓展脱贫攻坚成果同乡村振兴有效衔接暨乡村振兴重点帮扶县工作推进会议精神、《固原市巩固拓展脱贫攻坚成果同乡村振兴有效衔接动态督导考评工作方案》等。

【西吉县第十八届人民政府第十二次常务会议】 4月27日晚召开,会议主要内容:1.传达学习习近平总书记在十九届中央纪委六次全会上的重要讲话精神、国务院第五次廉政工作会议和自治区人民政府廉政工作会议精神。2.传达学习习近平总书记在中央政治局常委会会议听取2021年度巩固拓展脱贫攻坚成果同乡村振兴有效衔接考核评估情况汇报时的重要讲话、中央农村工作领导小组办公室国家乡村振兴局2021年度巩固拓展脱贫攻坚成果同乡村振兴有效衔接考核评估约谈提醒会等相关会议精神,研究贯彻落实意见。3.传达学习李克强总理关于防汛抗旱工作重要批示精神和全国、全区防汛抗旱工作电视电话会议精神等。

【西吉县第十八届人民政府第十三次常务会议】 5月17日召开,会议主要内容:1.传达学习《中共中央办公厅 国务院办公厅印发〈关于推进以县城为重要载体的城镇化建设的意见〉》。2.传达学习区、市工程建设政府采购等重点领域突出问题专项治理工作领导小组第三次会议精神。3.传达学习全国和区市自建房安全专项整治电视电话会议精神。4.安排全县防汛抗旱、法治政府建设等工作。

【西吉县第十八届人民政府第十四次常务会议】 6月7日召开,会议主要内容:1.传达学习李克强总理关于一季度经济形势和做好下一步经济工作的讲话、全国稳住经济大盘电视电话会议、自治区党委常委会会议、区市稳经济保增长促发展电视电话会议精神,审议《西吉县稳经济保增长促发展35条政策措施》。2.传达学习自治区党委副书记、自治区政府主席张雨浦来固调研等精神,集体学习了《中华人民共和国安全生产法》。3.对全县稳经济保增长促发展和安全生产等工作进行安排。4.研究审议有关事宜。

【西吉县第十八届人民政府第十五次常务会议】 6月20日召开,会议主要内容:1.传达学习自治区第十三次党代会、自治区党委十三届一次全会和自治区政府第七次全体(扩大)会议精神。2.传达学习自治区党委建设黄河流域生态保护和高质量发展先行区推进会精神。3.集中学习《中华人民共和国禁毒法》,听取了2022年1—5月份全县经济运行情况的汇报,研究审议了有关事宜。

【西吉县第十八届人民政府第十六次常务会议】 7月28日召开,会议主要内容:1.传达学习李克强总理在交通运输部考察并主持召开座谈会时的讲话精神。2.传达学习国家乡村振兴局调研组来我县调研巩固拓展脱贫攻坚成果同乡村振兴有效衔接工作情况及要求。3.传达学习全区违规收送红包礼金和不当收益及违规借转贷或高额放贷专项整治工作动员会、中国共产党固原市第五届委员会第五次全体会议、西吉县委第十五届四次全体会议等会议精神,集中学习了《中华人民共和国乡村振兴促进法》,研究审定了有关事宜。4.分析研判当前全县经济运行形势,对全县乡村振兴、经济等工作进行再安排、再部署。

【西吉县第十八届人民政府第十七次常务会议】 8月16日召开,会议主要内容:1.传达学习习近平总书记在省部级主要领导干部"学习习近平总书记重要讲话精神,迎接党的二十大"专题研讨班、党外人士座谈会、7月28日中共中央政治局会议上的重要讲话精神。2.传达学习李克强总理关于安全生产的批示和刘鹤副总理王勇国务委员赵克志国务委员在全国安全生产电视电话会议上的讲话精神;集中学习了《信访工作条例》;听取了有关工作汇报。

【西吉县第十八届人民政府第十八次常务会议】 9月9日召开,会议主要内容:1.传达学习习近平总书记关于气象工作重要指示精神、全国气象高质量发展工作电视电话会议精神和《气象高质量发展纲要(2022—2035)》。2.传达学习自治区、固原市工程建设政府采购等重点领域突出问题专项治理工作领导小组第四次会议精神。3.传达学习全区"六权"改革推进会、全区深化"放管服"改革持续优化营商环境电视电话会议、自治区安委会2022年第四次全体(扩大)会议等会议精神,听取了近期全县安全生产、信访维稳工作汇报,对下阶段工作进行了安排。4.集中学习《中华人民共和国土地管理法》《中华人民共和国土地管理法实施条例》。

【西吉县第十八届人民政府第十九次常务会议】 10月1日召开,会议主要内容:1.传达学习李克强总理关于森林草原防灭火工作重要指示及全国秋冬季森林草原防灭火工作电视电话会议精神,全国、全区、全市安全生产电视电话会议精神。2.传达学习李克强总理在全国稳经济大盘四季度工作推进会议上的讲话精神和自治区党委办公厅、人民政府办公厅关于抓好当前经济工作的有关文件通知。3.集中学习《中华人民共和国传染病防治法》,研究审议有关事宜。4.期间召开了新冠疫情防控工作指挥部会议,听取全县疫情防控工作汇报,对国庆期间疫情防控工作进行具体安排。5.研究安排国庆期间带班值班、秋冬季森林草原防灭火、稳经济保增长促发展等工作。

【西吉县第十八届人民政府第二十次常务会议】 10月17日召开,会议主要内容:1.传达学习中国共产党第十九届中央委员会第七次全体会议精神。2.传达学习自治区党委"四防"工作部署专题会议精神,听取相关工作汇报,并召开县安委会第五次全体(扩大)会议。3.听取了党的二十大期间安保维稳工作汇报,并安排相关工作。

【西吉县第十八届人民政府第二十一次常务会议】 10月31日召开,会议主要内容:1.深入学习宣传贯彻党的二十大精神,安排当前经济运行、项目建设、生态环保等工作。2.听取2022年1—9月份全县经济运行情况汇报,对经济运行、生态环保、法治政府建设等工作进行了具体安排。

【西吉县第十八届人民政府第二十二次常务会议】 12月10日晚召开,会议主要内容:1.传达学习中国共产党第二十届中央委员会第一次全体会议、习近平总书记在二十届中共中央政治局会议、二十届中共中央政治局第一次集体学习等系列重要讲话重要指示批示精神。2.传达学习中共宁夏回族自治区第十三届委员会第二次全体会议、固原市第五届委员会第六次全体会议和西吉县十五届委员会第五次全体会议精神。3.研究安排全县安全生产、民生保障等有关工作。

【西吉第县十八届人民政府第二十三次常务会议】 12月11日召开,会议主要内容:1.研究《西吉县2023年重点建设项目责任清单(送审稿)》等有关事宜,审议了《关于加快推进宁夏西吉县工业园区体制机制改革和高质量发展实施方案》等。2.研究安排全县经济运行、项目谋划等有关工作。3.集体学习《中华人民共和国行政诉讼法》。

【西吉县第十八届人民政府第二十四次常务会议】 12月16日晚召开,会议主要内容:1.传达学习《中共中央办公厅 国务院办公厅关于印发〈乡村振兴责任制实施办法〉的通知》。2.传达学习市委五届七次全体会议等有关精神。3.听取相关工作汇报,对审计、经济、安全生产等工作进行安排部署。

审批服务

【概　况】　西吉县行政审批服务局主要承担180项行政许可事项集中审批,负责政务服务中心、固原市"12345"便民服务热线西吉分中心运行监管和乡(镇)民生服务大厅业务指导。设有综合办公室、网络信息化服务室、效能监察室、项目投资审批股、项目建设审批股、市场准入登记股、社会事业服务股7个股(室)。设"三厅""十区""59个窗口",进驻34个部门、14个企事业单位78项公共便民服务事项。2022年,共办理各类政务服务事项33.76万件(县政务服务大厅办理13.14万件,乡镇民生服务大厅办理20.62万件)。

【政务服务标准化】　对标全国一体化政务服务平台建设规范和区、市、县政务服务标准化要求,推动政务服务事项清单、办事指南、办理状态等相关信息在宁夏政务服务网、西吉县人民政府网站、县政务服务大厅、移动终端等服务渠道同源发布、同步更新,推进线上线下深度融合,实现同一事项、同一标准、同一规范办理。根据全区政务服务"一张网、一体化、一盘棋"的建设思路,依托宁夏政务服务网,主动融入国家、区、市、县、乡五级贯通的政务服务"一张网",推进宁夏政务服务"一张网"西吉站点深度应用,实现从网上咨询、网上申报到网上预审、网上办理、网上反馈"应上尽上、全程在线",办事群众和企业仅需登录一张网,即可办理各类政务服务事项,"一网通办"办件率不断提升。梳理承接37个部门(单位)1433项"四级四同"政务服务事项,建成政务服务"一张网"西吉旗舰店,县本级网上办事大厅实际办理事项1433项。一体推进固原"163"政务服务模式,明确5方面26条改革创新措施。在县政务大厅一楼设置20个综合受理服务窗口,三楼审批服务大厅设置18个一窗受理窗口,对数据畅通、条件成熟的"四级四同"政务服务事项通过"前台综合受理、后台分类审批、综合窗口出件"的"一窗受理、综合服务"新模式办理。

【政务服务规范化】　持续规范政务服务场所设立、窗口设置、人员管理,为企业和群众提供更暖心、更贴心、更放心的服务。规范场所设立。建成2200平方米综合政务服务大厅,设置三厅十区,设2个一窗受理区和7个综合服务区,60个服务窗口,进驻34个部门(含人社局、医保局、税务局、司法局、交巡警大队),进驻率达91.9%;进驻1372项"四级四同"政务服务事项(县政务大厅967项,人社、税务、交巡警、公共法律服务4个分厅405项),进驻率达95.7%以上;进驻14个企事业单位78项公共便民服务事项。培树优质服务榜样,举办"提升政务服务·优化营商环境"专题培训班,全县政务窗口人员的仪容仪表、行为举止和服务语言进一步规范。"五亮四比三评两满意一品牌"评选活动扎实开展,每季度评选党员示范岗6名、文明服务窗口6个、文明服务标兵6名,积极营造争先进、学先进、赶先进的良好氛围,促进政务干部服务作风转变、服务意识提升、服务过程规范、服务水平提高。全县19个乡镇全部设立了便民服务中心,303个行政村(社区)设立了便民服务站。依托宁夏政务服务网,120项"四级四同"事项可在乡镇办理,45项事项可不出村(社区)办理,基本实现群众办事"不出村(社区)",全力打通了服务群众"最后一公里"。

【政务服务便利化】　政务服务"345"工作举措创新推进,全力解决审批服务工作中的难点、痛点、堵点,群众满意度和获得感不断提升。一是推行函告培训、包联包抓、联席共商机制,推动重点建设项目落地落实。举办2022年全县项目立项审批培训会,对重点建设项目建立包联包抓责任清单,严格落实"一个项目、一位责任领导、一个工作专班、一名具体负责人、一套方案、一抓到底"工作机制,实行"7×24小时"审批模式,倒排工期、全程跟踪、全速推进,各类项目按计划节点开复工建设。组织召开项目包联包抓协调会15次。全年完成政府投资项目审批238项,批复概算总投资29.72亿元,同比增长40%;完成企业投资项目备案101项,备案总投资18.8亿元,同比增长57%。二是创新预约办、分流办、转交办、加时办服务,政务服务365天不打烊。通过预约办、分流办、转交办、加时办服务,有效解决群众办理业务扎堆聚集难题。全年提供预约服务853余次,答复各类电话咨询服务685余次,转办政务服务事项138件,加时服务办件量达1506件。三是创新完善"减""简""接""改""通"5项措施,推进营商环境再优化。全面推行"零材料""一证通办",持续优化办事流程,大幅精简申报材料,企业投资项目备案等自治区规定273项事项"零材料"办理;社会投资简易低风险工程实现"拿地即开工",社团设立、医疗卫生、民办教育等民生服务类事项"即来即办、立等可取",办理社团组织登记证、医疗机构许可证等995件;企业开办时间压缩在0.5个工作日内,简易注销登记公告压缩为20天;政府投资项目审批2个工作日办结,建设内容简单的项目1个工作日办结,企业投资项目"不见面审批";建设用地规划、工程规划、施工许可等行政许可3个工作日内办结。全年新增市场主体2261户,变更登记1207户,注销登记1716户,核发项目建设用地规划许可等6类许可证514件。积极实行容缺补正办理机制,全面推行县本级12项涉企经营许可事项告知承诺制;推行"多证合一""一照一码"改革,推行登记注册前置审批制度改革,实现44证合一;深化"证照分离"改革,对全县74项涉企经营许可事项全覆盖清单管理。高频政务服务事项制作"一事一卡",明确服务事项、流程等,让群众少跑路。全力推行"主动对接、跟踪服务"项目审批新模式,为重点建设项目提供业务咨询、政策引导、审批代办等服务,保障重点项目落地投产。整合不动产前后台及税务窗口,实现二手房过户"不动产+税务"联办、后台就近审批的"一站式"办件模式。全面落实政务服务"跨省通办",推动公安、市场监管、医疗、住房、社保、民政、交通等领域高频事项"跨省通办",实现"跨省通办"事项123项,累计办件1.38万件。全力推动"一件事一次办"主题集成服务改革,厘清婚育、出生、二手房过户等22个主题事项235项高频事项清单,设置"一件事一次办"综合窗口,公布事项清单,实行一次告知、一次表单、一次受理、一次办成。设立解决企业群众"办不成事"服务窗口,解决办事过程遇到的疑难问题,真心实意为群众"办成事"。推动电子证照扩大应用领域和全国互通互认,实现更多政务服务事项网上办、掌上办、一次办。完成18个业务系统46个电子证照模板采集,电子证照入库6.88万件。

【政务服务智能化】 依托自治区"互联网+政务服务"平台,拓展延伸功能范围,创新服务举措,探索建成县乡村一体化政务服务智能化平台,深化拓展"我的宁夏"政务APP应用,落实政务服务"好差评"制度,助推政务服务提质增效。一是创优推进县乡村一体化智能化管理模式。依托宁夏政务服务综合平台,建成西吉县审批服务电子监察平台,推进以县政务服务中心为主体、19个乡(镇)便民服务中心为辅助、303个村(社区)便民服务站为端点的智能化服务体系建设,以远程视频会议、远程业务培训、远程业务指导为重点,办件评价、反馈、整改、监督、考核为辅助的事项办理全过程智能化服务与监管功能不断完善。开通移动云视讯账号27个,建立政务服务企业微信群1个,配备摄像头等设备324套,举办云视讯培训班2期,对接协调解决民政、残联、社保、医保、就业创业、卫生健康等业务办理问题4500余次,"一对一"帮助指导排除高拍仪、读卡器、评价仪等设备运行故障6000余次,对通过宁夏政务服务"一张网"办理的29万件事项实时监控、展示分析,147名窗口工作人员通过绩效考核电子监察平台实时统计分析、实时监督管理。二是深化"我的宁夏"APP应用。拓展"我的宁夏"政务APP固原专区功能应用,积极探索推动特色服务事项向"我的宁夏"政务APP归集。推进就医和水、气、暖、机动车检测等民生服务事项上线"我的宁夏"APP,协调西吉东华供热公司、西吉吉源供热公司和六盘山水务西吉分公司将供热供水业务上线"我的宁夏"APP,方便居民缴纳供暖费和水费;协调县人民医院、县中医医院上线"我的宁夏"APP,实现在线挂号、缴费、就诊、住院、体检等一站式服务;协调西吉县鹏翔机动车检测有限责任公司和西吉县城乡客运机动车检测有限公司,将机动车预约检测业务正式上线"我的宁夏"APP,实现更多不见面审批(服务)"指尖办""掌上办"。县政务服务大厅及各分厅窗口全面推行"证照免提交"应用服务,引导办事群众通过"我的宁夏"政务APP"亮码"方式办理政务服务事项,让数据多跑路、群众少跑腿。

【便民服务热线】 按照固原市"12345"政务服务平台操作要求,对4名热线工作人员进行培训,进一步规范投诉办理程序,按要求集中解答、转办、督办群众咨询、求助、投诉、建议,畅通了群众诉求"最后一公里",搭建了政民互通的"连心桥",为打造全区线上线下融合发展、互动一体的政务服务新格局做出贡献。落实"12345"便民服务月通报制度,对全县各乡镇、各部门(单位)"12345"服务热线的接单率、办结率、满意度等进行通报,确保各类办件规范高效办理。全年受理群众诉求信件8808件,已办结8575件,办结率97.35%,群众满意度95%,发出便民服务月通报10次。

信访工作

【概　况】 2022年,全县信访总量495批次,其中农业农村类占比29.33%、城乡建设类占比17.9%、纪检监察类占比10.8%、劳动和社会保障类占比7.1%、政法类占比6.7%、卫生健康类占比6.3%、民政类占比应急5.7%、自然资源类占比5.3%、交通运输5.5%,其他类占比5.4%。

【责任落实】 及时组织召开县信访工作联席会议,县委、县政府分管领导分别同各成员单位、乡镇主要负责同志签订责任书,倒逼责任落实。摸排重点涉访人员29名,逐人制定稳控方案,明确包案领导,落实"一人一策",转交责任单位,属地乡镇做好稳控工作,及时汇总每日信访动态,动态化监测重点信访事项。

【积案化解】 扎实开展信访积案化解清零专项行动,全年摸排信访积案27件,实行县级领导逐案包抓,按照"3日内报进展、7日内报结果"的要求,全面实行台账管理,逐项逐人做好稳控化解工作。扎实开展重复信访集中治理工作,全年化解重复信访87件。

【源头治理】 合理规划县级领导、部门主要负责同志接访下访日程,进一步畅通信访渠道,统筹协调部门、乡镇联合办公,发挥好领导干部在解决信访问题中的重要作用。高度重视初信初访办理工作,逐级联审严把办信办件文字关,着力从源头上防范化解信访矛盾。强化源头治理,发挥基层治理"1133"工作机制和乡镇信访联席会议机制作用,全力遏制信访问题增量,努力将矛盾纠纷化解在萌芽状态、解决在基层。

【宣传引导】 政府常务会会前学法组织专题学习《信访工作条例》,组织政府部门、乡镇领导干部先学一步、学深一层。积极开展宣传《信访工作条例》"五进"工作,动员各乡镇、各部门(单位)专题学习,开展全员培训。充分利用微信、LED电子屏、宣传展板、公交车等灵活多样的线上线下媒介宣传,组织开展形式丰富的交流研讨活动,推进《信访工作条例》宣传常态化。

机关事务服务

【概　况】 西吉县机关事务服务中心成立于2019年10月,主要承担县委、县政府公务接待、公务用车管理、办公用房管理、公共机构节能管理和会议服务、后勤服务保障等工作。

【创新服务】 由于交流(挂职)干部、外地录用公职人员数量逐年增加,为适应职工就餐人数增加新情况、新变化,将原档案馆加固维修改造为"大众餐厅",为广大职工舒心就餐提供了便利。同时,将两个餐厅原有的刷卡就餐系统更换为"人脸识别系统",提高了就餐效率,杜绝了就餐卡转借、消磁、充值不便等问题。

【服务保障】 2022年,对县委、县政府办公楼供暖系统进行了维修改造,解决了县委、县政府办公楼供暖系统年久失修,供热质量差的问题。对西吉县会议中心进行全面的维修改造,提高了会议保障服务,优质高效做好公务接待保障工作。

【数字化建设】 持续开展节约型机关创建工作,全年创建节约型机关6家,完成自治区创建目标任务。认真做好能源资源消费统计数据填报工作,高质量完成全县2022年度公共机构能源资源消费统计各类报表,在全区效能目标管理考核中连续两年位列第一。全面做好党政机关办公用房统一权属登记工作,制定《西吉县党政机关办公用房统一权属登记工作实施方案》,督促各部门(单位)自查上报办公用房基本数据,确定移交主体单位,完善产权移交,促进联合办公,提高公共资源利用效率。

政协西吉县委员会

综 述

【概　况】 2022年,西吉县政协坚持以习近平新时代中国特色社会主义思想为指导,深入学习贯彻党的二十大、党的十九届历次全会及中央政协工作会议精神,认真学习宣传贯彻习近平总书记视察宁夏重要讲话精神,全面贯彻落实区、市、县党委全会和政协工作会议精神,坚持理论学习和履职实践相互促进、发扬民主和增进团结相互贯通、建言资政和凝聚共识双向发力、巩固完善和创新发展一并推进,围绕中心服务大局,精诚团结、民主协商,充分发挥专门协商机构作用,努力为西吉人民过上更加美好生活作出政协贡献。

【理论学习】 深入开展习近平总书记视察宁夏重要讲话和重要指示批示精神"大学习、大讨论、大宣传、大实践"活动,及时召开县政协党组和机关党组违规收送红包礼金和不当收益及违规借转贷或高额放贷专项整治工作动员大会,聚焦"学党史、悟思想、办实事、开新局"主题主线,紧扣"学史明理、学史增信、学史崇德、学史力行"总体要求,以自觉学为基点,以带头学为示范,以集中研讨交流学为载体,深刻感悟党的不懈奋斗史、理论探索史、为民造福史、不怕牺牲史、自身建设史,在深学细研、细照笃行中坚定了历史自信,增强了理论自觉,历练了工作作风,不断增强"四个意识"、坚定"四个自信"、坚决拥护"两个确立"、坚决做到"两个维护"。

【调研工作】 县政协立足职能、精心谋划、统筹安排,按照"铸牢中华民族共同体意识、喜迎党的二十大胜利召开"活动方案,组织各界政协委员对全县19个乡镇的重点项目、亮点工程和创新型工作进行观摩调研,并紧扣调研主题深入研究思考、积极建言献策。审议并通过《关于对全县农民增收情况的调研协商报告》《关于全县生活垃圾、污水处理的调研协商报告》《关于全县民族团结进步创建、退役军人事务服务及应急保障体系建设工作的调研协商报告》,撰写《社情民意》10期。

【助力乡村振兴】 县政协班子常态化深入各自联系的乡镇和行政村开展调研督导、宣讲政策、入户走访、排摸查补等工作,帮助各村加强基础设施建设、制定完善发展规划,为培育富民产业、拓宽增收渠道谋良策、想办法、出实招,积极争取资金,帮助落实村组道路硬化、水坝维修加固、高标准农田建设、环境综合整治等重点工作和重点项目,帮助群众解决就业创业、产业培育、致富增收、教育医疗、社会保障等方面的困难需求。

专门委员会工作

【提案和委员联络委员会】 优化提案工作流程,创新建立"提、审、办、商、评"五步闭环模式。全年对7件重点提案和13件提案督办6次,其中县政府、政协分管领导同志领衔促办、现场促办、跟踪促办4次,政协提案委组织提案人代表会同政府督查室开展协商促办2次,针对办理进度、办理结果,提出评价建议,承办部门积极吸纳、充分转化,及时增补措施,推动提升提案办理质量。2022年,重点提案和提案的办复率100%、办结率为95%,委员满意度为97%。

【经济委员会】 组织委员对全县草畜、马铃薯、冷凉蔬菜、杂粮产业发展进行了专题调研,并以座谈交流形式开展对口协商、界别协商,形成调研报告2篇,提交《关于加大对小麦种植、小杂粮良种补贴的建议》等12篇社情民意建议。

【科教文卫体委员会】 组织委员对全县教育教学质量提升、全民健康水平提升行动进行专题调研,并以座谈交流形式开展对口协商、界别协商,形成调研报告2篇,提交反映《关于进一步加强校园周边环境综合治理的建议》等8篇社情民意建议。

【社会治理委员会】 组织委员对全县民族团结进步创建工作进行专题视察,对全县社区治理工作进行专题调研,开展专题议政性常委会议协商和专题协商,形成协商报告3篇,反映《关于进一步加强社区治理的建议》等13篇社情民意建议。

重要会议

【县政协十二届二次常委会会议】 2022年6月28日召开,会议传达学习了中共中央办公厅《关于加强和改进新时代市县政协工作的意见》(中办发〔2021〕57号),县委常委、统战部部长、政协党组副书记马生林对自治区第十三次党代会精神进行了解读,传达学习白学贵同志在全县科级领导干部专题学习自治区第十三次党代会精神培训班上的讲话。会议对贯彻自治区政协十一届常委会第二十九次会议、全区政协系统党的建设工作经验交流会精神提出了贯彻落实意见;会议先后听取了政协西吉县第十二届委员会第一次会议委员提案办理、全县基础教育质量提升行动、全民健康水平提升行动、民营企业发展情况的通报和调研协商报告,部分委员代表围绕教育、健康、民营企业发展分别作了交流发言,与会委员针对3项议题涉及的问题短板即席提出对策建议。

【县政协十二届三次常委会会议】 2022年12月31日召开,会议传达学习党的二十大精神、自治区党委十三届三次、固原市委五届七次全会精神以及政协固原市五届二次会议精神;县纪委监委、法院、检察院负责人先后作了工作通报;会议听取了县人民政府关于县政协十二届一次会议提案办理情况的通报,审议通过了关于召开政协第十二届西吉县委员会第二次会议的决定、政协第十二届西吉县委员会常务委员会工作报告、提案工作报告、2023年协商工作计划、政协第十二届西吉县委员会第二次会议程序性材料等事宜。

西吉县纪律检查委员会 监察委员会

纪检监察

【概　况】 西吉县纪委监委是党统一领导下的反腐败工作机构,党的纪律检查委员会、监察委员会合署办公,履行纪检、监察两项职责,实行一套工作机构、两个机关名称,共同设立办公室(宣教政研室)、党风政风监督室、信访室、案件监督管理室、第一纪检监察室至第三纪检监察室、案件审理室8个副科级室。

【政治建设】 始终把学习贯彻习近平新时代中国特色社会主义思想作为首要政治任务,坚持不懈用党的创新理论武装头脑、指导实践、推动工作。聚焦"一把手"和关键少数等监督重点强化责任落实,组织开展党组织"一把手"述责述廉和政治生态分析研判,压实管党治党责任。持续强化"不敢腐"的震慑、扎牢"不能腐"的笼子、增强"不想腐"的自觉,让广大党员干部在思想上有新感悟、政治上有新提升、行动上有新动力,用工作的实际成果检验捍卫"两个确立"、践行"两个维护"的实际成效。

【监督检查】 聚焦重大决策部署加强监督检查,做到党中央重大决策部署到哪里、政治监督就跟进到哪里,紧紧围绕党中央重大决策部署加强监督检查,针对中央环保督察组反馈的问题,立案5人,组织处理9人,下发监察建议4份,下发通报2期。围绕乡村振兴,针对自治区纪委调研乡村振兴反馈的产业基础比较薄弱等5个方面10个具体问题,开展监督检查7轮次,发现问题45个,下发通报2期,整改通知书4份,监察建议书5份,约谈乡镇党委主要负责人12名。开展10个行政村提级监督,发现问题线索15条,下发整改通知6份、监察建议9份,督促整改到位。围绕县委"三抓三促"及产业项目、城乡整治、纪律作风和全县40个重点项目和30个一般项目,开展督查5轮次,下发通报5期,有力推进重点工作落实。围绕管党治党责任落实加强监督检查,印发《2022年西吉县全面从严治党党风廉政建设和反腐败工作主要任务分工方案》,对全面从严治党、党风廉政建设作出全面部署,举办廉政谈话会4场次1835名。严把廉洁意见回复关,回复各类廉洁意见1925人次。围绕关键少数加强监督,聚焦"一把手"和关键少数等监督重点,运用述责述廉、廉政回复、深入干部群众听取意见、参加民主生活会等方式,加强对"一把手"和领导班子的监督,对存在违纪苗头等一般性问题开展同志式谈心谈话,对严重违纪违法问题坚决查处。围绕推进脱贫攻坚同乡村振兴有效衔接开展专项监督检查4次,发现责任压得不紧不实、村集体经济管理亟待加强等三个方面问题45个,下发通报2期、整改通知书4份、监察建议书1份,督促整改问题8个,约谈乡镇党委主要负责人12名,倒逼责任落实。建立村干部廉洁预警机制,查处乡村振兴领域侵害群众利益问题13件28人,给予党纪政务处分7人,组织处理21人,通报曝光5起23人。

【监督平台建设】 扎实推进"监督一点通"应用,制定《西吉县小微权力"监督一点通"服务平台建设实施方案》,制定"24+3"监督事项清单,建立"1+3+8+N"日常监督、"七个一"工作办理机制,督促76个部门(单位)公众号转载平台使用指南,转载发布相关图文消息5000余条,发放海报等宣传资料共2万余份,平台总访问量达286.9万人次,公示各类信息5800余条,跟进监督投诉事项"线上转办、线上回复",全年共收到投诉313件,办结307件,对宣传推广不力、办理投诉件超期的单位、乡镇实名通报、约谈。

【案件查办】 坚持"聚焦、精准、规范、有效"标准要求,做深做细做实信访举报受理办理、综合分析、检查督办工作,建立信访举报流程图,健全转交办回访机制。2022年,受理信访件360件,处置问题线索381件。加大案件查处力度,扎实开展线索清零"百日攻坚"专项行动,召开案件办理推进会3次,实行包抓包案、协作办案、全员办案,立案139件,给予党纪政务处分141人,留置3人,移送司法机关2人。围绕县委确定的40个重点项目和30个一般项目,深入开展卫生健康、国有产权交易、国有建设用地使用权出让和矿业权交易领域、统计领域突出问题专项治理和粮食领域专项整治,处置问题线索22件,给予党纪政务处分2人,问责处理4人。加强制度机制建设,针对监督检查和执纪办案中发现的普遍性问题,及时下发纪检监察建议书35份,督促相关单位堵塞漏洞、补齐短板。深入开展廉政风险点排查,下发《关于开展廉政风险点排查的通知》,全县254个部门(单位)排查159个领域147项业务600个风险点,制定防控措施689条。深化运用"四种形态",截至2022年12月底,运用"四种形态"批评教育帮助和处理共387人次,其中运用第一种形态批评教育帮助239人次,占总人次的61.8%;运用第二种形态处理131人次,占33.8%;运用第三种形态处理10人次,占2.6%;运用第四种形态处理7人次,占1.8%。

【廉政教育】 扎实开展"廉政警示教育周"活动,精心组织开展3·23"廉洁从政警示日"活动,组织全体县级领导、县直部门(单位)主要负责人参加自治区警示教育大会、参观警示教育馆。全县各级党组织召开警示教育大会75场次,开展党风廉政建设主题党日活动65次,观看《交易之警》等警示教育片3600余人次,参观县廉政警示教育馆3800余人次。深入开展新时代廉洁文化建设"七进"活动,举办西吉县学习宣传贯彻党的二十大精神暨"清廉西吉"廉洁文化书画展,评选优秀廉政文化作品,促进廉洁文化深入人心。

【作风建设】 持之以恒贯彻落实中央八项规定、自治区作风建设"八条禁令"和固原市"十项规定",制定《关于进一步改进作风大抓落实切实为基层减负的七条措施(试行)》,持续深入开展违规吃喝隐形变异等"四风"问题专项整治,查处违反中央八项规定精神问题线索1件,立案1人,给予党纪政务处分1人。紧盯春节、端午、中秋等重要节日节点加强监督检查,及时下发《关于2022年元旦春节期间加强作风建设进一步严明纪律规矩的通知》《关于2022年五一端午节期间加强作风建设进一严明纪律规矩的通知》等,一以贯之抓好重要时间节点"四风"监督检查,及时向党员干部提要求、发信号、打招呼,教育引导党员干部懂规矩、知敬畏、守纪律,不断完善节日期间纠治"四风"长效机制,推动作风建设持续向好。常态化开展纪律作风专项整治,印发《关于常态化开展干部纪律作风整治工作方案》,发布受理投诉举报公告,公布举报电话,建立信访举报流程图及交办转办回访制度,收到举报件110件,均已办结。开展作风督查7次,下发通报4期,通报党员干部违反交通法规典型案例4期25起25人,参与赌博典型案例3期19起19人,以作风建设硬措施推动干部纪律作风大转变。深入开展违规收送红包礼金和不当收益及违规借转贷或高额放贷专项整治,督促全县党员干部开展谈心谈话7619余人次,其中"一把手"开展谈话977人次。召开民主生活会、组织生活会或专题会议970余场次,全县干部职工全部签订承诺书9537人,党员、干部主动上交本级账户钱款共71笔61.47万元,专项整治取得明显成效。

巡视巡察

【概　况】　2022年县委巡察工作全面贯彻中央巡视工作方针,坚持严的主基调不动摇,忠诚履行党章赋予的职责,落实政治巡察要求,按照"围绕一个中心、开展三轮巡察、抓好四项工作、促进五个提升"的工作思路,开展三轮对6个乡镇和5个部门(单位)巡察监督,为"全面推进乡村振兴、加快富民强县步伐,为西吉人民过上更加美好的生活而努力奋斗"发挥监督保障执行作用。

【组织领导】　县委高度重视巡察工作,县委常委会、书记专题会专门研究巡察规划和巡察工作;县委巡察工作领导小组5次专题研究巡察工作规划、三轮巡察方案,研究审定《西吉县委巡察机构与县纪委监委协作配合机制的实施意见》《西吉县巡察整改和监督落实巡察反馈问题整改办法》《县纪委监委巡视巡察整改督查督办工作实施办法(试行)》《西吉县委组织部巡视巡察整改日常监督暂行办法》等6项制度,为扎实开展巡察工作奠定了坚实基础。

【规范巡察】　制作巡察工作流程图,举办巡前培训班3期,邀请11个部门(单位)业务骨干精心授课,培训巡察干部112人次,不断提高巡察干部发现问题的能力。做实巡前通报,协请相关涉农部门(单位)提供被巡察乡镇、部门有关材料95份,纪委、组织、网信等部门提供被巡察单位领导班子及其成员情况、反映和举报信息81份,精心准备"一册一汇编一清单",即《巡察工作手册》《制度汇编》《政策清单》,供巡察组参考使用。坚持"办组一体"理念,成立指导督导组,深入巡察一线全流程跟踪指导,与巡察组同题共答,解疑释惑,把准方向。

【巡视巡察】　对6个乡镇开展常规巡察并"巡乡带村"延伸巡察119个村级党组织,开展个别谈话611人次,入户走访群众2675户,受理来信来电来访78人次,巡察共发现6个乡镇党委面上问题195个,村级党组织问题915个,移交问题线索14条,移交并督促立行立改问题26个,对被巡察乡镇进行了一次较好的"政治体检",巡察"利剑"作用得到充分发挥。按照上下联动要求,采用多样化巡察方式,扎实开展十五届县委第三轮对农业农村局交叉巡察,应急管理局等4个部门(单位)的常规巡察。加强对村巡察监督,激活全面从严治党"神经末梢",打通全面从严治党"最后一公里",推动对村巡察走深走实。把"立行立改"作为发挥联系群众桥梁纽带作用的抓手,解决老百姓身边的急难愁盼问题。推动解决将台堡镇韩塬村道路减速带过高影响出行、偏城乡偏城村委会向街道商户违规收取卫生清理费、平峰镇三合村村部院内动力电线路存在安全隐患、新营乡红庄村道路施工损坏老百姓滴灌管道等急难愁盼问题26件。围绕监督重点和群众关心、关注的热点问题,收集群众意见建议300余条,组织召开"群众民情恳谈会"12场次,面对面向群众答疑释惑。

【巡视整改】　认真贯彻落实中央《关于加强巡视整改和成果运用的意见》要求,继续坚持"双反馈"制度、"1+2+1"督促指导巡察整改责任落实机制、整改方案和整改报告双签字、双审核制度,推动整改结果双汇报、双公开,压实整改主体责任。突出日常监督,第一轮向3个被巡察乡镇书面提出整改方案修改意见25条,召开巡察反馈问题整改推进会,对各乡镇、各部门整改方案、问题清单、责任清单、整改清单一一进行"对账",推动整改工作高质量发展。加强日常整改监督,由县纪委监委、县委组织部、巡察办相关人员成立巡察反馈问题整改情况督查组,开展督查指导6次。至2022年底,第一轮被巡视巡察3个乡镇党委完成问题整改85个,占90.4%,55个行政村完成问题整改370个,整改率92.7%。

【队伍建设】 深入学习习近平总书记关于巡视工作重要指示要求和中央、区市县关于巡视巡察工作的重要决策部署,全面学习贯彻落实自治区第十三次党代会精神,纵深推进"大学习、大讨论、大宣传、大实践"活动,组织开展了"全员系统学、举办微讲堂、信息擂台赛、业务大练兵"系列活动;选派1名巡察干部参加固原市巡察指导督导工作,2名巡察干部"以干代训"参加自治区巡视工作,组织全体巡察干部赴青铜峡市委巡察办取经学习,激发干部学习的内在动力和责任担当;加强信息宣传工作,全年撰写信息107期,其中34篇被自治区党委巡视办采用,巡察和信息调研工作走在了全区前列。加强单机系统数据录入利用,十五届县委前两轮巡察录入数据2185余条。强化纪律作风建设,对十五届县委前两轮巡察6个巡察组开展了后评估,宁夏日报客户端以《巡察"硬"作风保治党"严"基调》为题,宣传报道了巡察组忠诚干净担当、敢于善于斗争的巡察队伍形象。

人民团体

总工会

【概　况】 2022年，在县委、县政府和区、市总工会的坚强领导下，深入学习宣传贯彻习近平总书记关于工人阶级和工会工作的重要论述精神、视察宁夏重要讲话精神和重要指示批示精神，自治区第十三次党代会及固原市第五次党代会精神，按照县第十五次党代会的部署要求，各项工作取得了明显成效。

【理论学习】 把学习宣传贯彻党的二十大精神与学习宣传贯彻自治区第十三次党代会精神、新《中华人民共和国工会法》结合起来，党组班子成员带头深入"蹲点"企业开展《中华人民共和国工会法》宣传活动5场次，组织干部深入各自联系企业开展党的二十大、自治区第十三次党代会精神宣传活动3场次，推动党的创新理论进企业、进车间。持续广泛开展"中国梦·劳动美"主题教育，联合县教育工会开展"喜迎二十大　铸魂育人做楷模"主题演讲比赛。组织机关党员干部和基层工会工作者开展"同上一堂思政课"活动，组织100余名一线职工积极参与"铸牢中华民族共同体意识"网络知识有奖问答活动，组织全县干部职工积极参与"喜迎二十大、建功新时代"征文活动，组稿15篇。

【组织建设】 积极扩大工会组织覆盖，主动将基层工会组建工作重心向新就业形态领域、农村基层倾斜，新建新就业形态工会组织2家、发展会员160名，新建农村基层工会组织5家，发展会员195名。开展25人以上未建会企业动态清零工作，新建工会组织14家、会员638人。指导4家建会企业召开职代会。打造全国职工书屋1家、市级职工书屋2家、新建"市级职工之家"示范单位2个、"会站家"一体化服务阵地3个、创建"农民工之家"示范点一处、户外劳动者站点5家，服务职工群众5000人次。

【自身建设】 扎实开展模范机关建设，持续提升机关党建质量。组织全体党员干部到县廉政警示教育馆实地开展廉政警示教育主题党日活动。开展岗位廉政风险点排查，查找出5个方面可能存在的漏洞，及时制定完善廉政风险防控措施。认真开展违规收送红包礼金和不当收益及违规借转贷或高额放贷专项整治推进工作，班子成员查找问题11个，及时整改跟进。严格落实意识形态工作责任制，认真履行"一岗双责"，切实提高履职能力，专题研究意识形态工作2次。开展网络安全宣传活动3场次，培育发展网络宣传员27人，涉及职工群众2000余人，发放宣传资料2000余份。

【创业就业】 着力促进创业促就业，紧扣全县"四大提升"行动，联合人社等部门举办2022年"春风行动"专场招聘会，开展线上线下就业融合服务15场次，发布招聘信息33条，提供就业岗位信息1000多个，就业指导300余人。举办女职工健康知识讲座2期，惠及180人次。弘扬劳模精神、劳动精神、工匠精神，组织劳模代表进企业开展劳模精神宣讲

2场次，150多名职工（农民工）受到宣讲启迪，推荐的宁夏天下金盾保安服务有限公司——人力资源服务部获"自治区工人先锋号"称号。

【权益保障】 认真做好集体合同签订工作，落实"春季要约"机制，采取规模企业单独协商、小微企业集体协商的工作模式，签订企业集体合同45份。建立安全制度体系，制定工会劳动领域维护政治安全工作实施方案，明确目标任务、工作重点。排查各类用工单位13家，涉及职工621名。办理拖欠农民工工资法律援助案件3件、追回欠薪2.08万元。将健康企业建设和安全生产宣传活动紧密结合，组织工会工作者深入11家建会企业开展《职业病防治法》宣传活动，发放宣传资料2000余份。开展关爱女职工活动，免费为200名一线女职工进行"两癌"健康体检。

【权益维护】 重点围绕劳动关系矛盾突出、工会薄弱和未建会的企业开展调研，共走访调研企业26家，以推动基层新就业形态群体入会和维权服务工作。充分发挥12351职工服务热线和"遵法守法·携手筑梦"法律服务队功能，开展法律法规政策宣传5场次，受益职工600余人次。开展"暖冬行动"，为275名环卫工人送去价值5.5万元慰问品。收缴职工医疗互助资金65.63万元，参保单位155个、覆盖职工10737人，2022年全县职工医疗互助金报销528人、101.2374万元。对55家基层工会组织开展经费管理使用情况审计。举办全县工会财务经审人员培训班一期，110名工作人员参加培训。对13家基层工会进行审计整改回访，回访率23.6%。

共青团西吉县委

【概　况】 共青团西吉县委员会是县委的群众性青年团体组织，主要职责是指导全县各级团组织做好组织青年、引导青年、服务青年工作，发挥党的助手和后备军作用。现有编制6人。

【组织建设】 聚焦从严治团这一"主线"，持续增强共青团组织力。以创建学习型团组织为抓手，组织团干部、团员青年全面深入学习党的二十大精神和习近平总书记在庆祝中国共产主义青年团成立100周年大会上的重要讲话精神等，积极参与团中央"青年大学习"网上主题团课15期。指导全县19个乡镇团委完成换届选举工作。新成立团组织31个（其中两新组织24个，其他领域7个）。落实每个乡镇2万元团建工作经费和村（社区）团支部书记每月100元岗位津贴。严格落实"三会两制一课""发展团员十步法"和"九个严禁"等制度，切实做到团员发展规范化、制度化。大力推进基层团组织标准化、规范化建设，整顿软弱涣散团组织10个。

【思想引领】 牢记"为党育人"使命，以党的二十大精神、青年运动史、建团100周年大会精神、自治区第十三次党代会精神等学习教育为重点，积极组织全县各行业、各系统团组织广泛开展"喜迎二十大、永远跟党走、奋进新征程"主题教育实践活动，把广大青年团结凝聚在党的周围。以组织化学习为特色，提升青年政治教育成果，推动全县638个团支部、1560个少先队中队全部开展学习教育活动。组织青年讲师团、红领巾巡讲团等理论宣讲团深入基层开展小范围、互动式宣讲28场次，覆盖团员青年7000余人。联合教育、司法等部门在全县中小学深入开展法治进校园、自护教育、结对帮扶等各类活动6场次，以观看法治教育片、手绘法治手抄报等多种形式，在全县20余所中小学开展法治宣传教育，覆盖中小学生3000余名。

【主题教育】 紧紧围绕"喜迎（学习）二十大、永远跟党走、奋进新征程"主题教育实践活动要求，开展红色主题教育暨新团员集中入团仪式示范活动，"喜迎（学习）二十大，争做好队员"主题队日示范活动，"石榴籽一家亲"主题征文、红色经典诵读、"强国复兴有我"演讲比赛等各类活动20余场次。在"西吉青年"微信公众号上开设100个团史故事主题专栏,拍摄制作《青春向党百年路,奋进喜迎二十大——西吉青年说》献礼建团百年视频短片,2022年全网播放量达5.1万次,激发了广大团员青年爱党、爱国、爱家乡的热情,增强了团员青年和少先队员的光荣感和使命感。

【关爱帮扶】 在吉强镇惠安社区创建全区青少年"零犯罪零受害"社区试点项目,帮扶特需关爱青少年5名。开展"阳光照心间·健康伴成长"心理健康进校园、中高考减压活动7场次,覆盖青少年1800人次。开展"七彩假期"暑期公益课堂,联系爱心机构和返乡大学生,为1500余名家庭困难儿童提供课业辅导、自护教育、亲情陪护等公益服务。筹措资金141.5万元,实施8件青少年民生实事,资助大学生198名、中小学生870名,慰问监测户家庭义务教育阶段学生103名,奖励优秀青年教师95名,建设困境儿童"快乐小屋"25个,救助髋关节畸形患儿4名。争取福建省福清市团委支持,开展"融吉手拉手 共筑山海情"困难青少年微心愿结对帮扶活动2期,为408名困难青少年完成"微心愿"物资捐助。开展"青耘中国"直播助农活动1场次,销售额为8.03万元。

【就业创业】 联合县商务工信局开展青年电商技能培训班2期,培训人数90人次。组织开展青年创业沙龙、青年创业励志分享会等3场次,覆盖农村创业青年120人次。推荐申报"大学生乡村创业帮扶计划"创业项目免息借款4人,宣传动员35名青年创业者申请"青农贷"青年创业小额涉农贷款项目。

【志愿服务】 组织广大青年志愿者投身生态文明建设、基层治理等5项青春建功行动,长期参与疫情防控、生态文明实践、爱心助考、七彩假期等10余项志愿服务活动。招募222名西部计划志愿者和"返家乡"大学生在基层实践,奉献青春。组织8个青年突击队368名志愿者投身疫情防控阻击战一线。开通"爱心直通车"为区内各高校西吉籍学子免费运送物资6321件。组建28支创卫青年志愿者服务队,参与全县城乡人居环境综合整治志愿服务活动,开展环境卫生整治宣传、县城环境卫生整治清理活动40余场次,开展"河"谐相处·志愿同行"净滩行动"5场次,为构建干净、整洁、宜居、优美的人居环境贡献青春力量。

妇女联合会

【概　况】 2022年,全县妇女工作坚持以习近平新时代中国特色社会主义思想为指导,深入学习贯彻党的二十大精神,在县委、县政府的坚强领导和区、市妇联的业务指导下,紧紧围绕县委中心工作,务实担当,砥砺奋进,圆满完成全年各项目标任务。

【思想引领】 凝心聚力铸魂,筑牢党执政的妇女群众基础,扎实开展党的二十大和习近平总书记视察宁夏重要指示批示精神"大学习、大讨论、大宣传、大实践"活动,邀请专家、学者授课5场次,开展"传承党的百年光辉史基因、铸牢中华民族共同体意识"主题教育19场次,覆盖妇女群众1600余人,打牢广大妇女听党话、感党恩、跟党走的思想根基。组建22人巾帼宣讲团,开展"巾帼心向党　喜迎二十大"为主题的群众性宣传教育67场次,开展党的二十大精神宣讲、"三八"妇女维权周系列宣传、"妇联在你身边"维权小程序宣传培训、"巾帼心向党 喜迎二十大"、法律六进、"美好生活　民法典相伴"主题宣传、禁毒宣传月、"巾帼在行动　送法到家"普法宣讲等宣传教育活动52场次,覆盖妇女群众8100余人。建强兰花芬芳巾帼红志愿队伍,在全县295个村、8个社区组建由妇联执委、女党员、致富带头人组成万名"兰花芬芳巾帼红"志愿者队伍,开展"庆三八""把爱带回家""尊老敬老树新风""博爱送万家""感恩母亲节""好宁嫂"进社区、疫情防控、看望慰问残奥会女运动员和见义勇为家庭等各类关爱帮扶志愿服务活动1200场次。加强典型引领,对2022年荣获"全国五好家庭""全国最美家庭"、全区"三八"红旗集体、红旗手标兵、红旗手进行宣传表彰,开展巾帼建功先进集体、个人和"十佳好婆婆""十佳好媳妇""十佳好妯娌"评树表彰,起到良好思想政治引领作用。

【组织建设】 实施"基层妇联领头雁行动计划",选优配强乡村(社区)妇联干部。2022年,全县共有村(社区)妇联主席303人、副主席606人、执委4545人,妇联主席全部进入村(社区)"两委"班子,年龄、文化程度等得到进一步优化。实施"提升基层妇女参政议政能力和妇联组织力"项目,在龙王坝乡村振兴培训学院举办乡村妇联主席能力素质提升培训班2期322人,对全县4830名村级妇联执委进行科技文化和能力素养提升培训,提升了全县妇联组织力。

【妇女发展】 推进"乡村振兴巾帼行动",围绕提升妇女致富能力、增加妇女经济收入、促进妇女发展,在吉强镇7个社区举办手工编织技能培训班24期,培训妇女1200人次。编织熟练工完成上海商飞集团多个订单,创收12.5万元。举办家政服务、美容、直播带货培训班5期,培训妇女250人次。全面实施农村妇女创业担保贷款项目,2022年共发放妇女创业贷款1.17亿元。实施IFAD小额循环贷款60万元,支持60户农村妇女发展种养产业。深化"创业创新巾帼行动",创建培训+研发+销售为一体的"西吉县妇女手工编织基地",研发各类手工艺品等60多个品种。培育扶持"巾帼直播间"2个,全年直播带货256场次,订单销售12065单,成交金额220余万元,带动帮扶235名妇女增收。

【妇幼关爱】 实施"服务民生巾帼行动"关爱计划,全年为12670名农村妇女免费开展"两癌"筛查,检查出11名"两癌"妇女,做到早发现、早治疗。为38名符合"两癌"救助条件的贫困妇女发放救助金38万元。实施"两癌"患病及特殊困难妇女关爱服务项目15万元,关爱服务患病妇女50人。"爱妮保"健康保险参保妇女510人。充分发挥"母亲健康快车"作用,为妇女群众提供暖心服务。积极争取资金,慰问残疾、困难、单亲等弱势妇女及家庭51人,发放救助资金4.75万元。持续实施"春蕾计划"和闽宁合作助学项目帮扶,对540名女学生给予资助,发放资助金135万元。推选2名学习成绩优异的女学生参加福建省妇联和自治区妇联联合主办的2022年夏令营活动。开展"把爱带回家"假期关爱儿童服务活动,走访慰问留守和困境儿童1015人次。

【家庭教育】 广泛开展《家庭教育促进法》宣传活动,结合"美丽庭院"建设、"健康家庭"创建等开展"家庭、家教、家风"宣传教育活动36场(次),受益群众2100余人。结合创建自治区卫生县城,深入推进实施"健康家庭"创建,培育"健康家庭"19户。开展以"亲子共沐书香 强国复兴有我"为主题的家庭亲子阅读、"少年儿童心向党 童声颂党恩""喜迎二十大 强国复兴有我"主题演讲比赛等活动,促进家庭教育走深走实。多平台多维度发出"以家庭小安全促社会大平安"倡议书,转发预防儿童溺水视频和文章5篇,阅读总量达9000余次。组织志愿者服务队在钰秀和湖滨社区开展暑期儿童交通安全、防溺水安全课程讲解等宣传活动。

【权益维护】 建立困境妇女台账,对全县各乡镇困境妇女进行大走访大排查,共排摸出九类困境妇女570名,找准困难原因,夯实妇女关爱、救助、维权数据基础。认真做好"大走访大排查+关爱帮扶"工作,召开全县婚姻家庭矛盾纠纷排查推进会和"回头看",对存在风险的家庭及时干预、引导、化解,全年化解矛盾纠纷109起。

文学艺术界联合会

【概　况】 西吉县文学艺术界联合会简称西吉文联,是县委直接领导下的群众团体,成立于2001年5月,现有事业参公编职数7人。

【政治建设】 制定西吉县文联中心组学习方案及

干部学习计划,以集体学习、自学和研讨相结合的方式,深入学习了党的十九届六中全会精神、习近平总书记全面从严治党的重要论述、习近平总书记视察宁夏重要讲话精神、习近平总书记关于加强和改进民族工作的重要思想等重要论述、自治区第十三次党代会精神,坚持以学促做、以学促改、学用结合,通过不断加强理论学习,提高干部职工理论素养。传达学习全县领导干部党风廉政警示教育会议精神,组织全体党员领导干部进行党风廉政警示教育考试,组织全体干部职工集中观看《交易之警》《身边人的"悔"与"累"》警示教育片,组织全体职工前往党风廉政警示教育基地进行参观学习,通过参观学习,筑牢廉政思想防线,增强党员干部廉洁自律意识。

【文艺工作】 组织开展送春联下乡,举办"喜迎二十大抗旱保增收"慰问演出活动,举办"亲子共沐书香 强国复兴有我"2022年全县家庭亲子阅读主题活动,举办"喜迎二十大·奋进新征程"主题征文、书画、摄影大赛,丰富人民群众精神文化生活。倾力打造西吉文学馆、西吉"文艺之家""苍天一滴泪"文创基地,将台堡红军长征会师纪念园、郭文斌工作室等一批集学习培训、交流研讨、志愿服务、参观展览为一体的文艺创作基地。组织农民作家参与中央广播电视总台农业农村节目中心"乡村振兴观察点"项目落地仪式,通过拍摄"围炉夜话"节目向全国观众展示了西吉作家良好的精神风貌和深厚的文学素养。

【文学阵地】 完成《葫芦河》四期杂志的统稿审读、出版发行工作。《葫芦河》杂志从版面设计到内容编排一直都在追求改进和创新,并力求每一期都以最清新的形象、最优美的文字、最丰富的内容呈现给读者。2022年《葫芦河》杂志第3期为"喜迎二十大"专号,组织西吉作家以整齐、强大的阵容亮相,充分发挥了主流文学刊物在创作方向、内容、形式等方面的正确引导作用。

【工作创新】 积极开展"中国楹联文化之乡"申报工作,与自治区民间文艺家协会对接,已上报中国民间文艺家协会。引导全县文艺工作者围绕重点工作开展文艺作品创作,推出一批精品佳作,擦亮"西吉文学"品牌。

科学技术协会

【概　况】 西吉县科学技术协会是群众性团体组织,属正科级单位,编制6人。内设办公室、科普部、青少年科技教育活动中心、学(协)社会、调查部。2022年,西吉科协坚持以习近平新时代中国特色社会主义思想为指导,在县委、县政府的坚强领导下,在区、市科协的业务指导和大力支持下,围绕全县重点工作,贯彻落实县委、县政府决策部署,扎实推进全域科普工作和全国科普示范县创建工作,认真履职尽责,积极主动作为,为提高我县公民科学素质水平,助力乡村振兴提供了有力的科技支撑。

【理论学习】 始终坚持以习近平新时代中国特色社会主义思想为指导,把深入学习贯彻党的十九大、十九届历次全会和二十大精神作为首要政治任务,深入学习贯彻习近平总书记视察宁夏重要讲话精神,学习贯彻落实自治区第十三次党代会、固原市第五次党代会、西吉县第十五次党代会精神,不断提升干部职工政治素养和理论水平,坚定不移听党话、感党恩、跟党走。认真落实全面从严治党要求,严格落实党风廉政建设"三个清单"责任制,坚持把纪律挺在前面,扎实推进党风廉政建设各项工作。不断加强理想信念教育,始终保持清醒头脑和政治定力,坚决反对形式主义、官僚主义,一体推进不敢腐、不能腐、不想腐,营造风清气正的工作环境。

【全域科普】 结合实际,全面推动青少年、农民、产业工人、老年人、领导干部和公务员等重点人群科普工作,不断提高全社会科学素质持续提升和社会文明程度提升。不断壮大科普人才队伍,提升科普信息化程度,增强基层科普传播能力。持续优化科普基础设施建设,科普服务进一步迈向普惠化、均等化。持续完善科普事业协同共建、融合发展机制。

【科普示范县创建】 2022年9月,西吉县被中国科协确定为2021—2025年度第二批全国科普示范县(市、区)创建单位。县科协牵头制定《西吉县创建2021—2025年度第二批全国科普示范县工作实施方案》,积极组织开展创建工作,形成齐抓共创合力。

【组织人才】 制定下发《关于推进乡镇基层科协组织建设的通知》《关于开展"三长"人员考核评价工作的通知》等规范性文件,指导推动全县19个乡镇科协全部完成换届和人事调整。全县中小学校均配备了科技辅导员,24所中学科技馆均配备1名分管校长和1名专职科技辅导员。成立由1055名科技志愿者组成的60多支科技志愿者服务队,常态化开展科技宣传服务工作。指导帮助西吉县肉牛产业协会等7家农技协会,加大科技人才队伍建设力度,不断培养科技新人,为全县科技人才队伍建设发展储备充足的新鲜血液。

【科普宣传】 认真组织开展"科技三下乡""科技活动周""全国科普日""全国科技工作者日"等活动。紧扣贴近群众、服务群众原则,举办丰富多彩的科普宣传主题活动,推动全县公民科学素质持续提升。2022年,全国科普日活动期间共举办线上线下科普宣传活动280余场次。充分发挥流动科技馆和全县24所农村中学科技馆作用,举办科普活动300多场次。加大科普工作奖励力度,评选西吉县科普优秀宣传员、优秀青少年科技辅导员,开展"学科普知识,做科普达人,赢话费奖励""科普中国"科普员业务竞赛等活动。利用微信公众号、科普宣传栏、科普电子大屏等各类宣传阵地,全面传播普及科学防疫知识。在云端西吉、西吉新闻网等平台开设微科普专栏,全方位宣传推广科普中国品牌,鼓励引导公众注册成为科普中国信息员。2022年底,全县已注册宣传员达到24322人,位居全区第一。

【基层建设】 成立西吉县城乡客运总公司科协,进一步提升企业员工的理论水平、实操能力和创新能力,培养一批"有文化、懂技术、善经营、会管理"的高素质专业技术人员。加强农村科普教育阵地建设,建立"产业+生态旅游+科普"模式,巩固提升龙王坝特色科普小镇,县博物馆开设大飞机航空博物馆专区、西吉县应急科普馆。打造宁夏向丰家庭农场、中禾种植业合作社等科普基地,组织农民开展形式多样的科普活动,使农民了解现代农业科技发展趋势,学习新知识、借鉴新经验、掌握新技术,为乡村振兴提供人才支撑和智力支撑。

【资源普惠共享】 全面做好"律动的世界"系列科普展品展出和龙王坝乡村科技馆"农耕文化"系列展品换展,全县6万多师生及群众享受科普大餐。积极拓宽科技馆科普教育覆盖面,群众"零距离"接触高科技搭建平台,为广大青少年树立科学思想、掌握科学方法、增强创新精神和实践能力提供新的载体,全县24所农村中学科技馆充分利用科技展品积极开展科技教育活动,既培育了学生的科学思想,激发了科学兴趣,又很好地助力了"双减"工作。西吉三中、二中科技馆在全国农村中学科技馆网格积分排名进入全国前十名,五中排名位居前列,三所学校被中国科协列入2022年农村中学科技馆项目资源更新分配名单。

工商业联合会

【概　况】 西吉县工商业联合会成立于1998年10月。有行政编制4名、事业后勤编制1名。

【理论学习】 组织机关干部、民营经济人士认真学习贯彻习近平新时代中国特色社会主义思想,党的十九大及十九届六中全会精神、党的二十大精神、习近平总书记视察宁夏重要讲话精神和统战工作条例等,开展党组书记讲党课,用党最新理论武装民营经济人士,增强了民营企业家对党和政府的信任,坚定民营企业家听党话、跟党走的决心和信心。

【组织建设】 以"五好"县级工商联和"四好"商（协）会建设为契机，全面加强基层组织建设。严格执行"三重一大"民主决策议事规则，抓好党组会议、主席办公会议等制度落实。充分发挥企业家兼职副主席、副会长和执委作用，建立参与会务活动机制，提高领导班子向心力、凝聚力和执行力。坚持以党的政治建设为统领，严格落实全面从严治党主体责任和"一岗双责"，狠抓中央八项规定精神落实，认真开展违规收送红包礼金和不当收益及违规借转贷或高额放贷专项整治工作。积极指导帮助火石寨商会、西吉县农村妇女创业发展协会、西吉县中药材产业协会、西吉县蔬菜协会建立党组织。

【助力企业发展】 积极开展调研工作，全年走访调研重点企业41家，通过现场查看、听取汇报、座谈交流等方式了解企业的生产经营状况、用工情况、纳税情况、履行社会责任情况、党组织建设情况及企业经营存在的困难和问题，了解企业的发展规划、远景目标及全县营商环境和惠企政策的落实情况，针对民营经济发展情况提出了《加强西吉县民营经济的若干建议》《关于帮助解决特色产品销售难的提案》《关于建立非公经济人士教育培训长效机制的提案》的专题调研报告。与西吉县国税局联合召开税企专题培训会，就组合式税费税收优惠政策向企业宣讲宣传，使西吉县从事主导产业的民营经济实体对新形势下的税费政策有了全新的认识。积极搭建友好联系平台，促成福建省工商联开展"百家闽商塞上行"活动，签订《福清市工商联西吉县工商联友好商会合作协议书》，促进了两地工商联友好协作、相互学习、相互促进。积极维护民营企业的合法权益，协调法院、检察院、司法局与工商联（民间商会）建立沟通联系机制，设立"服务民营经济工作站"，向派驻西吉县工商联的特约法官、检察官、律师颁发了证书，5家商（协）会与4家律师事务所签订法律服务合作协议，促进民营经济健康发展和市场主体健康发展。

【助力乡村振兴】 3月16日，固原市"万企兴万村"行动启动仪式震湖乡党岔村中心广场举行。8月24日至25日，全区"万企兴万村"行动推进会在将台堡镇的召开，在全县上下形成推动"万企兴万村"行动浓厚氛围和工作合力，共有28家帮扶企业（其中福建省7家、区级10家、市级5家、县级6家）与西吉县29个重点村签订了村企结对协议，建立合作关系，筑牢村企合作共赢机制。2022年，落实帮扶资金436万元，在产业振兴、文化振兴、人才振兴、组织振兴等方面做出积极有益的探索，取得了很好工作成效。

残疾人联合会

【概　况】 至2022年底，全县有持证残疾人19816人（重度9031人），其中视力残疾2414人（重度1646人）、听力残疾2378人（重度1439人）、言语残疾250人（重度172人）、肢体残疾11047人（重度2563人）、智力残疾1744人（重度1407人）、精神残疾939人（重度805人）、多重残疾1064人（重度1000人）。

【理论学习】 认真学习习近平新时代中国特色社会主义思想、习近平总书记视察宁夏重要讲话精神，认真学习贯彻党的二十大精神，认真组织开展《中华人民共和国残疾人保障法》《残疾人教育条例》《残疾人就业条例》等法规学习宣传工作，不断增强依法做好残疾人事业的能力。强化党员干部廉洁教育，深化以案促改，推广使用小微权力"监督一点通"，强化全面监督。

【康复服务】 残疾人康复中心建筑面积5600平方米，主要用于残疾人康复及就业服务工作。由县人民医院承接25名0至6岁残疾儿童抢救性康复工作。残疾人托养中心建筑面积2000平方米，主要承接就业年龄段无人照料或无力照顾智力、重度肢体残疾人集中照护工作,设计床位25张。2022年,累计照护192人次。

【助残帮扶】 2022年,实施困难残疾人家庭无障碍改造401户,投入改造金额151.18万元。通过房屋台阶坡化、加装扶手栏杆、活动区域平整等措施,使残疾人庭院出行无障碍。实施阳光助残小康计划,对从事种养殖业等残疾人脱贫不稳定、边缘户、低保户,在享受普惠政策的基础上,每户给予2000元补贴,全县共兑现阳光助残小康户50户。积极推进困难重度残疾人照护服务,对66名重度残疾人提供邻里照护服务。按照"全纳教育"的要求,由县教体局、残联对93名重度残疾儿童开展上门送教、送温暖,每周送教上门服务不少于1次,每次不少于2课时。推进残疾人辅具服务优质化,为38名残疾人安装假肢及矫形器,为698名残疾人配发轮椅、坐便椅、腋杖、护理床、助听器等辅助器具1428件。

【文化帮扶】 举办残疾人"五个一"文化活动,让广大残疾人享受公共文化服务,满足残疾人精神文化需求。组织近50名残疾人代表,参观西吉县博物馆、西吉县图书馆、将台堡红色教育基地,让残疾人走出家门,接受红色革命教育、感受家乡巨变,共享改革成果。

西吉县红十字会

【概　况】 2022年,西吉县红十字会在县委、县政府的坚强领导下和区、市红十字会的精心指导下,始终秉承"人道、博爱、奉献"的红十字精神,认真履职尽责,主动担当作为,健全红十字会体制机制,积极开展"三救三献"业务工作,大力推动红十字会基层组织建设,充分发挥党和政府在人道领域的助手和联系群众的桥梁纽带作用,各项工作取得较好成效。

【思想引领】 全面贯彻落实习近平总书记关于群团工作重要论述和对红十字事业重要指示批示精神,认真学习宣传贯彻党的二十大及自治区党委十三届二次全会精神,扎实开展铸牢中华民族共同体意识宣传教育,利用应急救护培训、世界献血日等契机,在乡镇、学校、社区等开展各类宣传宣讲20余场次,受益群众2000余人,引导群众坚定听党话、跟党走,把所联系群众紧密团结在党的周围。

【队伍建设】 组建应急救护培训、救援、三献、南丁格尔、义工、援心、青少年6支志愿服务队伍,组成人员127人,为应急救援志愿服务队伍配备统一服装。大力发展和广泛接纳社会各界德才兼备的志愿者108人,发展团体会员30个、个人会员116人,青少年会员806人,创新开展各项志愿服务工作。各类志愿服务队伍参加县红十字会组织的献血、应急救护培训、高考服务、疫情防控等各类志愿服务200余次,服务群众8000余人。

【组织建设】 按照"先建立、后完善、再提升"的工作思路推进基层红会组织建设,全县共建立红十字基层组织336个,其中乡镇19个、行政村(社区)303个、机关单位3个、学校5个、企业6个。

【亮点工作】 深入开展红十字救护培训"五进"(进社区、进农村、进学校、进企业、进机关)活动,32人获得应急救护师资证书,全年开展应急救护员(CPR+AED)培训30期1508人,开展救护讲座19场次,受益群众2050人,营造出"人人学急救、急救为人人"的浓厚氛围。全年组织开展无偿献血活动2场次,共有560人参加献血志愿活动,采集血液量达19.82万ml。招募造血干细胞捐献志愿者97人,全部进行了造血干细胞血样采集。

【民生服务】 争取实施香港援助项目,投入资金270.02万元,在田坪、马建、偏城3个乡6个村安装太阳能路灯、建设避难逃生广场及逃生路等设施。争取实施"博爱校医室"项目1所,为学校开展应急救护、公共安全、防灾避险等知识宣传培训5场次,为学校安全提供有效保障。争取实施中国红基会博爱家园项目2个,投入资金50万元,在沙沟乡东沟村和白崖乡阳洼村建设卫生厕所各1个。建成西吉县龙王坝旅游景点建设红十字救护站,配备1.5万元的救护器材。为将台堡红军会师纪念园、龙王坝旅游景点及红军寨免费安装自动体外除颤仪(AED)各一台,有效保障景区游客群众生命安全。为震湖乡孟湾村、偏城乡上马村、榆木村、红耀乡小堡村4个村"红十字博爱卫生站"配备6万元的电脑、打印机等办公设备。

【爱心传递】 立足"党政所需、群众所盼、红会所能"工作目标,动员社会各界为疫情防控、救助救困等捐赠118.03万元。联系爱心人士为西吉一小捐赠价值1.28万元的吉他,为兴平乡捐赠2.6万元的照明路灯。为西吉县4名白血病患儿申请获得中国红十字基金会"中央专项彩票公益金大病儿童救助项目"救助资金14万元。慰问见义勇为先进个人及家属3户,送去米面油等生活用品和慰问金3万余元。为王小强等4户特困家庭给予救助0.4万元救助金;春节前夕深入残疾、单亲等困境家庭中,送去价值1.2万元的运动鞋,价值5000余元的米、面、油等生活物资;为红十字志愿者、捐献造血干细胞志愿者送去牛奶、大米等慰问物资5000余元。

法 治

政法工作

【概　况】　中共西吉县委政法委员会是中共西吉县委领导政法工作的职能部门。2022年，西吉县政法工作在上级党委政法委的大力指导支持和县委、县政府的坚强领导下，聚焦护航党的二十大，全力防范化解风险隐患，严厉打击各类违法犯罪，大力推进基层社会治理，有力维护了社会大局和谐稳定。

【理论学习】　坚持将学习贯彻《中国共产党政法工作条例》作为重大政治任务，与学习宣传贯彻党的二十大精神、习近平法治思想、习近平总书记视察宁夏重要讲话和重要指示批示精神、自治区第十三次党代会精神结合起来，持续深入推进。强化统筹协调，召开政法委员会会议和司法体制改革专项小组暨司法协调小组会议听取政法部门"一把手"述职、研究推进政法领域全面深化改革。

【队伍建设】　持续巩固政法队伍教育整顿成果，认真贯彻执行《新时代政法干警"十个严禁"》，举办政法系统2022年政治轮训班。坚持党管干部原则，突出"五个过硬"的总要求，选好配强政法队伍推动政法领导干部交流轮岗常态化、制度化。完善人员分类管理，落实职务序列改革，健全司法辅助人员招录管理奖惩制度。紧密结合政法领域改革、执法司法制约监督体系改革等重大任务，出台严禁政法干部经商办企业、执法监督等各类制度机制共计126项，从制度上不断补齐短板，持续推动顽疾问题常治长效。

【政治安全】　坚持总体国家安全观，举办西吉县"我和新时代国家安全"宣讲大赛，广泛开展线上+线下"4·15"全民国家安全教育日系列活动。以"十大专项行动"为抓手，严密防范渗透破坏活动，坚决打赢"六大战役"。圆满完成党的二十大、自治区第十三次党代会等重大活动维稳安保任务，有力维护了社会大局安全维稳。

【社会治安】　充分发挥基层治理"1133"工作机制作用，推动矛盾纠纷大排查、大起底、大化解，社会治安明显好转，刑事、治安、电信诈骗发案率同比分别下降10.8%、6.7%、21.3%，矛盾纠纷化解率达99.8%。开展"雷霆行动"、农村道路交通整治专项行动，组织统一夜查行动48次，共查处交通违法行为17800余起，交通事故同比下降19%。严密落实"1、3、5分钟"快速响应机制，组建铁骑队分时段、分批次在广场街道等人员密集区域开展常态化巡逻，确保遇突发事件能快速响应处置。

【基层治理】　以综治中心实体化运行为抓手，创新建立"1133"工作机制，有效破解基层治理难题，成功申报自治区法治政府建设示范项目。延伸打造出"微法庭"及白崖乡库房沟村综治大院、将台枫桥式派出所、火石寨乡小红庄村"民主法治示范村"等，扎实开展震湖等"无讼乡村"创建，为民分忧、为稳聚力、为诉减压成效明显。全面推行城乡社区网格化管理，划分1803个网格，通过网格员"看、听、问、帮、报"服务联系千家万户，确保矛盾纠纷及时发现，及时解决。积极推动常态化扫黑除恶斗争，深化重点行业领域专项整治，开展打击整治养老诈骗专项行动。全年排查矛盾纠纷3289件，化解3285件，化解率99.88%；立刑事案件1008起，比2021年下降14.2%；电信诈骗案件发案数335起，比2021年下降18.5%。

【平安建设】 坚持和发展新时代"枫桥经验"，充分发挥"1133"基层综合治理机制和矛盾纠纷三色预警调处机制的独特作用，开展矛盾纠纷排查化解，全面压实属地管理责任和源头稳控措施，最大限度把矛盾和问题解决在社区（村组）、处置在源头，累计排查化解各类矛盾纠纷6800起，摸排可能影响社会稳定的群体性风险隐患4件、重点人员36名，妥善应对处置中公教育培训机构退费群体，全县未发生50人以上的群体性事件。成功侦破、公诉、审判"3·28"特大跨境电信网络诈骗案，庭审直播点击浏览量达上亿次，评论与点赞近100万条次，实现法律效果、政治效果和社会效果三统一。推出"小白杨"普法宣传小课堂，打造"阿宁说家事"新品牌，深入推动以案释法。依法严打涉及社会保障、疫情防控、扶贫救助资金的违法犯罪行为，支持起诉"讨薪"案件24件，助力农民工讨回劳务报酬82.79万元。加强"微警务""微检务""微审务"建设，为群众提供优质高效的政法公共服务。

法治政府建设

【组织领导】 印发《2022年全面依法治县委员会工作要点》《西吉县2022年法治政府建设工作计划》等文件，明确工作任务、压实工作责任。法治政府建设纳入全县效能目标管理考核，与全县经济社会发展同部署、同推进、同督促、同考核、同奖惩。强化典型示范，积极申报创建自治区法治政府建设示范项目，以创建促提升、以示范促发展，"基层治理1133模式"被确定为自治区法治政府建设示范项目。强化能力提升，全力推动各级党委（党组）理论学习中心组会前学法，完善党政主要负责人履行推进法治建设第一责任人职责约束机制，推动述法工作与年终述职深度融合。强化督查整改，高度重视中央和自治区法治政府建设实地督察反馈意见整改工作，对照中央和自治区督察反馈问题清单，开展全面督查，在依法治县办会议上现场通报，督促法治建设各项任务落到实处。

【依法行政】 严格落实行政规范性文件"统一登记、统一编号、统一公布"的"三统一"管理，2022年全县共制定行政规范性文件6件。在全县范围内征集属于县政府职责权限范围内的重大行政决策事项，编制建立2022年度重大行政决策目录清单并在县人民政府门户网站公布。坚持政府法律顾问列席政府常务会议制度，进一步发挥政府法律顾问的决策咨询论证作用，推动政府法律顾问积极参与政府重大行政决策事项，严格审理规范性文件，为政府依法决策、依法行政提供有力支持。

【规范执法】 全面推行行政执法三项制度，将行政执法公示制度、执法全过程记录制度、重大执法决定法制审核制度落实情况纳入法治政府建设督查内容，指导督促各行政执法部门（单位）严格规范公正文明执法。推广使用自治区行政执法监督平台，加强行政执法单位法制审核人员力量和专业能力培训。全面实行行政执法持证上岗，开展"工人执法"专项清理和行政执法人员摸底排查，完成行政执法人员资格清理，坚决杜绝无行政执法资格人员从事行政执法活动。优化和改进行政执法方式，加强行政执法队伍建设，广泛开展教育培训，不断提升行政执法队伍专业化、正规化、规范化、职业化建设水平。

【行政复议】 全面落实行政复议体制改革各项任务，设立行政复议办公室（行政复议咨询委员会）、行政争议调解中心,增加配备持有法律资格证书工作人员2名,加强行政复议规范化、专业化、信息化建设,推动形成公正权威、统一高效的行政复议工作机制。2022年,共受理行政复议案件33件,结案29件,充分发挥行政复议定纷止争功能。严把行政复议案件质量关,将书面审理逐渐扩展到书面审理加听证审理、集体讨论相结合的审理方式,组织召开行政复议案件讨论会,针对疑难问题深入研判,共同探讨有效解决问题的方式。

【行政应诉】 开展行政应诉问题专项治理,落实"一单三联"机制,向被诉行政机关发出行政主要负责人出庭应诉督促函6份。2022年,全县行政机关负责人出庭应诉率为89%。压紧压实工作责任,对2020年以来的行政应诉案件、行政机关负责人出庭应诉、履行生效判决、落实检察建议等情况进行全面梳理,认真分析查找存在问题的原因,制定整改措施,制定行政应诉突出问题专项治理实施方案,推进行政应诉责任落实。在充分发挥行政诉讼、行政复议解决行政争议主渠道作用的基础上,健全完善府院联合化解行政争议工作机制,2022年成功化解法院委托行政争议协调化解案件3件,最大限度地为群众提供高效、便捷的纠纷解决途径。

公 安

【概 况】 2022年,西吉县公安工作在县委、县政府和区市公安厅局的坚强领导与大力支持下,以党的二十大安保维稳为主线,围绕中心、服务大局,忠诚履职,担当尽责,努力克服疫情带来的种种不利影响,全力以赴战疫情、防风险、保安全、护稳定,有力维护了全县政治安全和社会大局持续稳定。

【队伍建设】 以党的政治建设为统领,完成公安系统26个党支部换届选举工作,组织开展15批次公安干警轮值轮训、1期新招录辅警岗前培训、2期基层社会治理暨执法能力素质提升培训班,组织参加西吉县政法系统2022年政治轮训培训班和党的二十大精神政治轮训培训班,累计接受培训600余人次。树立良好选人用人导向,全年调整领导干部88人次。对民警辅警定期轮岗交流2次146人(其中民警42人、事业编15人、辅警89人),不断优化警力配置,全面激发民警干事创业热情和激情。

【安保维稳】 构建立体防控、整体联动、快速反应、高效处置的安保维稳工作体系,确保春节、清明、五一等重要节日平稳度过,圆满完成领导调研警卫、自治区第十三次党代会、党的二十大等系列重要会议、重大活动安保维稳任务。

【打击犯罪】 常态化开展扫黑除恶,"八类"主要刑事案件破案率达到95%以上,"两抢"案件全破,现发命案连续10年全破。电诈案件破案数、犯罪嫌疑人抓获数同比大幅上升,挽回群众损失190余万元。持续开展打击传销、打击地下钱庄、打击涉银行卡犯罪等,为群众挽回经济损失2679万元。打击防范禁毒工作成效持续巩固,查处吸毒人员3名,缴获毒品大麻原植物种子132.25千克。成功侦破、公诉、审判"3·28"特大跨境电信网络诈骗案,加强"微警务"建设,为群众提供优质高效的政法公共服务。

【警务改革】 组建铁骑巡逻队,依托情指勤舆一体化运行机制,精准指挥、动态打防、快速反应、高效处置,成为西吉县城"流动的风警线"和西吉公安"闪亮的新名片"。改革和加强派出所工作稳步推进,建成了19个"心连心"示范警务室,成功打造与银川"石榴籽"警务室南北遥相呼应的品牌亮点。

【服务中心】 紧紧围绕县委、县政府中心工作,在全县重大项目工程建设、市场秩序集中整治、城乡环境综合治理、乡村振兴战略中坚决扛起公安职责任务,共查处阻碍执行职务、扰乱单位秩序案件44起。持续深化"放管服"改革,深入开展"我为群众办实事"活动,在各窗口单位全面落实"365×24小时"公安政务服务。

检 察

【概　况】　2022年，西吉县检察工作在县委和上级检察机关的坚强领导下，在县人大及其常委会的有力监督下，在政府、政协及社会各界的大力支持下，坚持以习近平新时代中国特色社会主义思想为指导，深入践行习近平法治思想，紧紧围绕县委中心工作，紧扣"守初心、担使命、强监督"的工作主题，以高质量检察履职为全县经济社会高质量发展提供有力检察服务和保障，各项检察工作迈上新台阶。

【政治建设】　坚持把学习宣传贯彻习近平总书记视察宁夏重要讲话重要指示批示精神和党的二十大精神作为首要政治任务抓实抓好，引导全体检察干警进一步深刻领悟"两个确立"的决定性意义。坚持党对检察工作的绝对领导，以政治建设实效审视检察履职质效，以检察履职质效检验政治建设自觉。坚决贯彻执行《中国共产党政法工作条例》，严格执行重大事项请示报告制度，主动向县委和上级检察机关党组请示报告重大事项16次，切实把检察工作置于党的绝对领导之下，实现紧紧依靠党的领导解决难题、推动工作，确保党中央、各级党委和上级检察机关决策部署得到不折不扣落实。对标县委"三抓三促"工作思路和重大决策，立足"四大检察""十大业务"，聚焦社会稳定、乡村振兴、生态环保等重点领域，及时跟进22项检察服务保障措施，把党的主张和意图在各项检察工作中落地落细。

【队伍建设】　持续巩固政法队伍教育整顿成效，常态化整治执法办案中的"顽瘴痼疾"，严格执行"三个规定"，做实廉政风险防控。以巡视巡察整改及"回头看"为抓手，坚决落实中央八项规定精神和"三个马上"要求，锤炼"拼、抢、实"的工作作风。坚持"严"的主基调不动摇，坚决执行新时代政法干警"十个严禁"、宁夏检察人员纪律作风"十五条禁令"，确保检察干警绝对忠诚、绝对纯洁、绝对可靠。设立西吉检察"北斗点课堂"，让正能量始终引领检察工作。聚焦"五好"检察院建设和"五型"模范机关创建，选派年轻干警到上级检察机关跟班学习，积极组织参加县委政法委和上级检察机关组织的专业素能、任职资格、岗位技能培训，多层次、多途径提升检察人员综合素质和专业能力。强化案件质量评查，对瑕疵案件和不合格案件问责问效。落实员额检察官选任、动态调整机制，增补员额检察官2名。成立办案团队9个，进一步优化检察官办案组织，核心检察业务指标同比大幅上升。

【维护稳定】　坚决扛稳维护社会大局稳定的政治责任，助推更高水平平安西吉建设。受理提请审查逮捕案件40件60人，批准逮捕28件44人。受理移送审查起诉案件246件291人，提起公诉130件155人。依法起诉故意杀人等"八类"犯罪20人，危害公共安全犯罪76人，有力震慑犯罪。对黑恶势力违法犯罪保持高压态势，部署"六大领域"专项行动，推动《反有组织犯罪法》贯彻实施，确保扫黑除恶专项斗争常态化开展。加强与纪检监察机关的衔接配合，起诉苏某某等在全市有影响的职务犯罪案件3件3人，开展工程建设、政府采购等重点领域突出问题专项治理，办理串通投标案件6件。扎实开展打击整治养老诈骗专项行动，审查批捕涉养老诈骗案件1件2人。依法能动履职，积极融入"1133"基层治理机制，结合办案发出综合治理类检察建议26份。加大未成年人保护力度，开展旅馆业、娱乐场所等六个行业专项监督行动，救助困境儿童26人，帮教罪错未成年人23人，发出督促监护令15份，办理涉未成年人公益诉讼案件7件，推动强制报告、入职查询等特殊制度全面落实。推出"小白杨"普法宣传小课堂，开展直播云普法、模拟法庭和法治进校园活动22场，与教育部门联合举办"未成年人法治手绘画廊"竞赛活动，打造未成年人法治教育基地，不断擦亮"西吉未检"品牌。

【刑事检察】 推进"捕诉一体化"办案机制,与公安机关共同设立侦查监督与协作配合办公室,进一步落实公检在刑事诉讼中互相监督、互相制约、互相配合的法律规定。充分发挥侦查监督平台和"两法衔接"监督平台作用,监督公安机关立案6件6人,撤案30件46人。发出纠正侦查活动和审判活动违法通知书4份,建议行政执法机关向公安机关移送案件线索1件。全面推行看守所、社区矫正"派驻+巡回"检察模式,办理监外执行、财产刑执行等监督案件41件。

【民事检察】 牢固树立权力监督与权利救济相结合的民事检察监督理念,依法以理、用心用情,不断提升监督"精""准"度。办理民事生效裁判监督案件3件,发出再审检察建议1件。办理民事审判活动、民事执行活动监督案件40件,办理虚假诉讼案件1件。将定分止争、化解矛盾贯穿民事检察监督全过程,做好不支持监督案件的释法说理、息诉罢访工作,有效维护司法权威和司法公信力。

【行政检察】 充分发挥行政检察"一手托两家"作用,加强审判程序、执行活动和行政执法规范性监督,实现双赢多赢共赢。办理行政审判活动、执行活动和行政执法监督案件16件。探索"检察+法院+行政机关"协作机制,办理实质性化解行政争议案件1件,以穿透式监督助推社会治理,实现案结事了政和。

【公益诉讼检察】 聚焦民生热点,守护公共利益,立案公益诉讼检察案件85件,磋商结案18件,发出检察建议67件。坚持把诉前实现公益保护目的作为最佳状态,注重面对面沟通交流,形成检察机关与行政机关良性互动,诉前检察建议整改落实率100%。持续深化"河长+检察长+警长"公益诉讼协作机制,建立"林长+检察长"工作机制,突出对违法占用河道、乱占滥用林地、乱捕涉猎野生动物等违法行为的打击力度,形成保护生态环境的工作合力。在上级检察机关的指导支持下,积极探索办理交通安全、红色文化、安全生产等新领域案件,切实当好公共利益的代表,不断提升公益诉讼检察的群众知晓率和社会影响力。

【监察监督】 切实把全过程人民民主落实到各项检察工作中,自觉接受人大法律监督、政协民主监督和社会各界监督。常态化向人大报告、向政协通报重点工作,人大专题听取检察工作报告2次,对未成年人检察工作专题视察调研。公开法坚持以公开促公正,以公正赢公信,邀请人大代表、政协委员、人民监督员参与案件评议、宣告送达69人次,办理公开听证案件32件,法律文书100份,程序性案件信息424条。严格落实"首办责任制""领导包案制",以"如我在诉"对待群众信访申诉,对110件群众来信来访做到件件有回复,事事有结果。

法 院

【概　况】 西吉县法院成立于1949年12月,全院干警总编制84人,聘用书记员28人。

【政治建设】 认真执行《中国共产党党组工作条例》《中国共产党政法工作条例》,真正把党的领导贯穿到法院工作全过程各方面,确保"刀把子"牢牢掌握在党和人民手中。2022年,向市委政法委、县委、上级法院党组专题报告重要事项安排、重点工作开展、重大案件审理情况13次,得到有力指导和支持,特别是在审理"3·28"特大跨境电信网络诈骗案的过程中,经过市县党委、政法委及主要领导的精准指导、统筹协调,保证了案件审理全过程顺利、有序、高效。

【队伍建设】 制定和细化严格自律、防止干预司法"三个规定"等办法13个,充实督察组力量,配备廉政专干,聘请12名廉政监督员,开展各类警示教育活动11场次,排查廉政风险点34个,干警主动填报防止干预司法"三个规定"事项15条,强化用制度管人管事管案。巩固拓展政法队伍教育整顿成果，自觉遵守政法干警"十个严禁"，扎实开展违规收送红包礼金和不当收益及违规借转贷或高额放贷专项整治，常态化排查司法顽瘴痼疾68项，通过现场评析、限期纠正等方式，切实加以整改，促进责任强化、作风转变。

【打击犯罪】 完善和强化扫黑除恶常态化工作机制，持续加强涉黑恶财产执行，确保扫黑除恶常态化工作落到实处。审结故意伤害等刑事犯罪12件，审结非法集资、传销、"两抢一盗""黄赌毒"等犯罪案件31件，坚决保护群众人身财产安全，切实维护社会安定；积极投身"反诈人民战争"，开展打击整治养老诈骗专项活动，依法惩治网络诈骗犯罪13件，全年受理各类案件8467件，审结8287件，结案率97.87%，结案率居全区法院第1位。

【智慧法院】 大力推进"智慧法院"建设，积极探索信息技术与审判执行工作深度融合新模式，让司法服务"多上线"，群众办事"少跑路"，实现便民服务的最大化。在8个审判庭搭建互联网"云庭审"系统，线上庭审314场、在线调解1210件，让当事人足不出户便能参加调解、开庭，尤其在疫情防控状态下，实现司法服务"不间断"、审判执行"不打烊"、公正司法"不掉线"。推行"互联网+查控"措施，与区内21家银行对接实现网上查询和冻结，推行"互联网+司法拍卖"机制，降低了拍卖成本，缩短了拍卖周期。制定"一站式"办理清单，设立"即办通办"窗口和"绿色服务"通道，疏通"厅网线巡"立体化诉讼渠道，网上推送审务信息76032条，电子送达5114件，在线办理委托鉴定50件，实现立案、送达、鉴定、阅卷等事务集约化、数字化办理，让群众"只进一个门，最多跑一次"。充分发挥诉讼服务中心和驻院人民调解中心功能，推行"诉前调解+司法确认"纠纷解决机制，邀请特约调解员调解案件3054件，办理司法确认案件750件，适用速裁程序办理案件4678件，平均办理周期22.3天，高效化解纠纷，节约司法资源。

【依法执行】 着力解决群众关注的执行难问题，采取强制威慑、失信惩戒、"活封活扣"等手段，执结案件2240件。全面落实《信访工作条例》，聚焦劳动就业、房地产、经济金融、婚恋家庭等重点领域，联动各方力量对各类矛盾风险隐患开展细致排查、精准稳控、积极化访，成功化解潘某、曹某等21件信访案件，取得了良好的稳控效果。为老年人、残疾人等特殊群体提供个性化服务，为生活困难群众发放司法救助金51万元，用司法温度暖民心。

【审判公开】 始终把接受监督作为依法履职的保障和改进工作的动力。自觉接受人大监督，认真落实人大及其常委会决议决定，向人大常委会专题报告"3·28"特大跨境电信网络诈骗案、"智慧法院"建设等工作。主动接受人大代表、政协委员监督，落实好日常结对联络工作机制，组织开展"法院开放月"和"公众开放日"活动，邀请"两代表一委员"和群众代表视察法院、旁听庭审、参加活动1405人次。重视对待检察建议，认真纠正35个瑕疵与问题。公开裁判文书1478份，庭审直播249场次，人民陪审员参审案件456件，让公平正义经得起检验。

【审判改革】 深化繁简分流，充实速裁团队、基层法庭办案力量、调整员额法官占比，30%的法官在速裁团队、基层法庭即立、速调、快审56%以上的案件。深化院庭长带头办案，审结案件占总数的87.23%，人均办案361.5件，案均审理周期30.6天。完善司法权力制约监督，健全上诉、发改案件沟通反馈制度，构建类案检索过滤、专业法官会议讨论法律适用分歧解决机制，避免"同案不同判"，一审服判息诉率94.81%，位列全区法院首位。深化家事审判改革，在"四化经验"基础上，完善升级"三理四心五步"工作法，推出"阿宁说家事"系列普法短视频，使家事审判工作更契合西吉本土实际需要。

司法

【概　况】　西吉县司法局设6个内设机构，下设19个派出机构，县委全面依法治县委员会办公室设在司法局。

【队伍建设】　持续巩固政法队伍教育整顿成果，常态化从严加强干部监督管理，扎实开展违规收送红包礼金和不当收益及违规借转贷或高额放贷专项整治，持续纠治"四风"，营造风清气正的政治生态，切实做到坚定不移抓纪律作风促落实。组织领导干部参加区司法厅组织的业务培训、政治轮训，提升业务服务水平。严格落实好干部标准，让有为者有位、能干者能上、吃苦者吃香、优秀者优先，全年推荐副科级领导干部3名、职级晋升2名。

【依法治县】　将习近平法治思想纳入干部教育培训计划，抓住领导干部、国家工作人员这一普法关键群体，严格落实"会前学法"制度，全年县四大班子开展会前学法24场次，各级党委（党组）开展学法300场次，全县8876名干部职工参加了网络学法用法。坚持把法治政府建设作为全面依法治县的主体工程，发挥县委依法治县办的牵头抓总、统筹协调作用，着力构建职责明确、依法行政的政府治理体系，召开全面依法治县委员会第四次、五次会议。全面实行政府权责清单，对县交通运输局等5个部门（单位）部分权力清单指导目录进行调整。严格行政规范性文件合法性审查机制，实行规范性文件"三统一"制度，切实做到有件必审、有件必备。成立西吉县行政应诉突出问题专项治理领导小组，召开全县行政应诉突出问题专项治理部署会，开展行政应诉突出问题专项治理。积极开展法治政府建设示范创建工作，西吉县基层治理"1133"模式被命名为自治区法治政府建设示范项目。全年受理行政复议案件27件，办结25件。

【矫正教育帮扶】　积极创建"智慧矫正中心"，开展社区矫正"管理规范年"活动，通过定期组织社区矫正对象参加社区服务、不定期走访谈话、手机定位等监管措施，全面掌握矫正对象的思想动态和生产生活情况，预防社区矫正对象再犯罪。至2022年，全县累计接收社区矫正对象1357人，累计解除1266人，在册91人。在怡秀社区、湖滨社区建立社区矫正教育帮扶工作站，将教育帮扶工作触角延展到基层，确保社区矫正对象无脱管漏管。全县在册安置帮教人员1254人，通过定期回访谈话，教育帮扶相结合等措施，提升安置帮教对象的管理服务水平。利用"视频会见"系统，搭建"墙内"与"墙外"的"连心桥"，为家属会见提供便利，节省会见成本，通过亲情感化促使服刑人员安心改造。

【普法宣传】　全面开启"八五"普法宣传教育，落实普法责任制，建立健全普法责任制"四个清单"。推进"法律明白人"培养工程，印发《西吉县农村"法律明白人"培养工程实施方案》《关于进一步培育"法律明白人"的通知》，目前共培育"法律明白人"骨干970名，"法律明白人"3100人；举办"法律明白人"培训班，切实提升法律明白人业务素质。系好青少年的第一颗"法治纽扣"，开展"送法进校园"52场次，发放宣传材料2万余份，解答法律咨询2000余人次。结合"新时代文明实践中心"，开展"送法下乡"集中宣传180场次，进村入户宣讲90次，发放宣传材料26万余份，引导群众自觉守法、遇事找法、解决问题靠法。在"西吉法治"微信公众号开设专栏、在抖音号上发布"普法小剧场"视频，邀请律师、法官、检察官以视频直播的方式深刻解读法律法规，形成横向到边、纵向到底的宣传矩阵。全年在"西吉法治"微信公众号推送各类普法信息532条，其中原创信息160条，阅读量达46080人次，推送宣传视频18个，点击量达104962人次。在县城人民广场、白崖乡库房沟村打造法治文化公园，火石寨乡小红庄民主法治示范村被司法部、民政部命名为"第九批全国民主法治示范村"。

【法律服务】 建立县级公共法律服务中心1个，乡镇法律服务工作站19个，村（居）法律服务工作室303个，为19个乡镇、303个村（居）配备公共法律服务自助终端设备，以12348宁夏公共法律服务网为统领，通过多种形式，全力推进宁夏"智慧公法"公共法律服务管理调度平台建设工作。全年受理法律援助案件556件，受援人600人，挽回经济损失704.32万元，律师参与认罪认罚从宽案件201件225人。共办理公证案件143件，为群众提供上门服务20余次，为困难群众免除公证费用4万余元。

【人民调解】 创新建设西吉县吉源供热有限公司人民调解委员会和西吉县物业纠纷人民调解委员会，全县现有各级人民调解委员会331个，印发《西吉县人民调解矛盾纠纷以案定补管理办法》，落实简易矛盾纠纷案件补贴，充分调动人民调解员主动参与基层矛盾纠纷化解的积极性。通过政府购买服务方式招聘专职人民调解员60名，2022年新招录司法协理员19名，不断提升基层司法行政队伍专业化、行业化水平。

军事

西吉县人民武装部

【政治建设】 2022年,人武部党委深入学习贯彻习近平新时代中国特色社会主义思想和习近平强军思想,原原本本学习《听党指挥教育读本》《加强纪律性,革命无不胜》《消除基层"微腐败",纯正部队好风气》等读本,坚持和加强党对人武的全面领导,坚持用党章、党内监督条例和纪律处分条例规范党内生活,科学制定党的纪律教育计划,以坚强有力的政治建设统领人武工作。

【民兵建设】 认真贯彻落实宁夏军区、固原军分区相关文件精神,深入调研摸底,科学统筹规划,合理区分任务,优化组织结构,基干民兵队伍整体结构不断改善。结合民兵整组、兵员征集、基层阵地规范化建设等工作先后4次组织专武干部集中办公,共同交流经验。

【安全管理】 扎实开展"学条令法规,整四个秩序,树新风正气"教育整训活动,不断强化干部职工法治思维。制定防范措施,严格加强所属人员管理,始终保持良好的战备、工作等秩序。深入开展百日安全工作大检查和隐患排查,突出人车枪弹密和季节性事故防范等重点,制定安全检查方案,分解安全工作责任,严格抓好各项制度末端落实。

【国防教育】 坚持把全民国防意识提升作为抓好党管武装工作的基础,以党委(党组)理论学习中心组学习为抓手,将国防教育融入各级领导干部日常学习教育全过程。利用新媒体扎实推进国防教育,在APP开设了民兵教育专栏,在西吉县第二小学组织召开固原市"全民国防教育周"启动仪式,全县各部门、乡镇积极开展"全民国防教育日"活动。紧盯"八一"等重要节点,大力推进国防教育进机关、进学校、进社区、进农村,广泛宣传国防政策知识,形成人人关心国防、人人支持人民武装的浓厚氛围。

【双拥工作】 县委、县政府高度重视"双拥"工作,投入174万元,保障民兵整组、兵员征集、基础设施建设。投入100万元,用于"铸牢中华民族共同体意识"民兵教育。投入397.1万元,用于县人武部"书香军营"建设。启动实施"社会崇军行动",在全县组织开展"最美军装照""最美全家福"活动。2022年,西吉县人武部被自治区党委、政府和宁夏军区联合表彰为"拥政爱民模范单位"。

武警西吉中队

【概况】 中国人民武装警察部队宁夏总队固原支队西吉中队,主要任务是担负西吉县看守所执勤和维护社会治安任务。2022年,武警西吉中队深入贯彻习近平强军思想,围绕建设一支强大的现代化武装警察部队目标,扎实开展各项练兵备战,高标准完成西吉县看守所看守勤务,圆满完成党的二十大维稳安保任务。

【政治建设】 武警西吉中队党支部高度重视思想政治建设,每星期组织官兵进行政治学习。新兵入伍后，以中队的光荣传统进行队史教育，鼓励新兵立足军营，安心服役，积极学习军事本领和科学知识，报效祖国。并以板报、事务宣传栏、口袋书、移动载体、宣传灯箱、学习强国等载体，深入开展思想政治教育96次，中队政治指导员积极开展"学好党史军史，培养打赢能力"为主题的教育实践活动，组织官兵前往驻地周边红色纪念地进行红色文化教育，不断提高官兵思想觉悟，激发官兵磨炼练兵备战积极性主动性。

【执勤训练】 坚持以从严执勤为切入点，坚持每天干部不少于3班查铺查哨，每周组织一次方案演练，增强中队官兵执勤战备处突能力，确保中心任务圆满完成。中队严格按照军事训练大纲内容，严抓细抠训练标准，坚持不懈开展体能训练、射击训练、刺杀训练、执勤训练，切实提高中队官兵自身军事素质。在固原支队组织的军事训练比武中，获得射击、刺杀科目第三名的好成绩。全年配合公安机关和有关部门完成押解勤务12余次。

【行政管理】 认真开展暑期百日安全竞赛活动，组织全体官兵开展安全教育、安全理论学习、安全训练，确保全年无行政事故、无执勤事故、无刑事案件、无严重违纪、无失泄密，高标准实现了"两个确保"工作。深入开展"条令年"活动，突出抓好官兵学条令、守条令，加强官兵作风养成和遵规守纪，树立良好军人形象，中队官兵以"树良好军容，行过硬作风"为自身职责，在各项任务活动中展现了较好的军容军纪。

消防救援

【概　况】 西吉县消防救援大队成立于1980年，下辖吉强消防救援站。2022年，大队共出警295场（次），其中火灾扑救136起、抢险救援64起、社会救助19次、公务执勤63起，出动消防车738辆次、指战员4359人次，抢救被困人员44人次，抢救财产损失38.95万元，保护财产价值188.4万元。开展火灾隐患检查1523家，发现火灾隐患或违法行为931处，督促整改火灾隐患或违法行为924处，下发责令改正通知书500份，下发行政处罚决定书20份。辖区未发生亡人火灾，火灾形势持续稳定，社会面火灾防控能力不断提升。

【队伍建设】 大队党委以"建一流班子，带一流队伍，创一流业绩"为目标，坚持把加强理论武装、强化学习实践作为班子建设的首要任务来抓，突出抓好党的二十大精神、习近平总书记授旗训词精神学习宣传贯彻，做到讲政治、守规矩。党委班子用心想事、谋事、干事，严格落实主官第一责任和班子成员"一岗双责"，队伍风清气正。大队党委与地方群团组织、企事业单位、村镇社区等开展志愿服务联建共建10余次，持续开展"678助学计划"，为干旱乡镇送水解忧累计350吨，主动请战参与驻地防疫消毒任务。2022年，大队被总队评为"先进大队"，被支队评为"先进党委"，被自治区安委办、应急管理指挥部、应急管理厅评为"自治区应急管理（安全生产）工作先进集体"。

【岗位练兵】 以实战实训促进队伍打赢制胜能力，坚持干部带头，细化灭火战斗员、驾驶员、安全员、通讯员等岗位训练计划，以9项应用体能和5类109项基础体能为主，因人而异制定训练计划。开展消防设施应用训练24次、辖区"六熟悉"训练96次、灭火救援实战演练120次、高层供水和水泵接合器实战测试演练10次、水域冰面救援训练演练12次、防化洗消训练演练8次、森林草原火灾训练演练3次、地震救援训练演练2次、抗洪抢险救援训练演练16次，开展微型消防站联勤联训40余次，全面提升了队伍消防救援应急实战能力。

【执法检查】 紧盯重点领域、重点行业、重点设施，紧抓节庆活动，联合民政、教体、公安、住建等多部门开展执法检查36次，对人员密集、易燃易爆、医疗教育、移民安置点、扶贫车间、彩钢板建筑、社会福利机构及文博建筑等场所进行专项检查整治，推动辖区16家社会单位接入"智慧消防"物联网远程监控系统，引导养老机构、小旅馆、出租屋、合用场所等安装简易喷淋6套、独立报警装置220个，新增消火栓10个，巩固加强了消防基础建设。

经济管理

宏观经济调控

【概　况】 西吉县发展和改革局为县人民政府组成部门,承担着全县国民经济和社会发展中长期规划及年度计划编制、经济运行监测分析、重点项目论证储备与申报争取、项目建设协调与实施管理、粮食和物资储备管理、价格监测、优化营商环境协调及国民经济动员等重点工作。

【规划编制】 坚持以"黄河流域生态保护和经济社会高质量发展先行区"建设为牵引,编制印发《西吉县推进黄河流域生态保护和高质量发展先行区建设规划(2021—2025年)》,明确重点任务和支撑项目,全力推动先行区建设取得新突破。编制完成《西吉县2022年国民经济和社会发展计划执行情况及2023年国民经济和社会发展计划(草案)》并经县第十八届人大三次会议审议通过。

【经济运行】 严格落实党中央"疫情要防住、经济要稳住、发展要安全"的要求,定期调度全县经济运行和项目建设情况,全力推动经济持续较快增长。2022年,全县完成地区生产总值86.1亿元,增长3.7%。完成全社会固定资产投资42.27亿元,增长15.4%。实现社会消费品零售额20.28亿元,增长0.4%。一般公共预算收入1.96亿元,同口径增长17.1%;一般公共预算支出65.21亿元,下降0.5%。城镇居民人均可支配收入33026.1元,增长5.7%;农村居民人均可支配收入13924.3元,增长9.0%。

【项目建设】 抓牢项目谋划、进度调度、建设监管及资金争取,以高质量项目推动高质量发展。紧盯国家和自治区产业政策、投资扶持方向,聚焦产业发展、基础设施、城乡建设、社会民生、生态环保五大领域,谋划储备105个总投资101.3亿元建设项目。深入开展"扩大有效投资攻坚年"行动,扎实组织开展重点项目集中开工、定期调度,紧锣密鼓推进项目建设。制定印发《西吉县建设项目督查管理办法》,会同县委督查室、政府督查室督查重点项目建设20余次,全力促项目早开工、快建设。争取中央财政、中央预算内、自治区预算内项目资金2.87亿元,有力支持了全县重点项目建设。

【营商环境】 制定印发《2022年西吉县持续优化营商环境工作任务分工方案》,持续推进思想破冰,推动全县营商环境取得新进展。会同县司法局对县级政府规范性文件、政府部门政策性文件等进行梳理,对不利于市场公平竞争的文件进行全面清理,为全县创造公平的营商环境扫清障碍。积极推进县域服务业发展,为全县6家限上商贸企业每家争取到10万元奖励资金,助力企业平稳运营。

【价格管理】 依法依规开展价格认定工作,全年受理并办结涉案资产价格认定28件,标的总额24.53万元。扎实开展民生领域价格成本监审,委托第三方会计师事务所对全县公办幼儿园保育教育费及民办普惠性幼儿园保育教育费、住宿费成本开展成本监审，并召开收费标准听证会。规范行政事业性收费日常管理，持续加强行政事业性收费和经营服务性收费管理。扎实开展农产品成本调查，组织承担马铃薯、肉牛和小麦三个调查品种的19户农调户完成2021年度成本调查任务数据上报。加强价格监测，完成疫情期间应急食品价格监测日报、周报价格信息采集205次，加强中小学校学生营养午餐食材市场价格监测，每周对农贸市场供应的干果、蔬菜、水果类等111个品种价格进行监测，为社会各界采购活动提供了重要价格信息指导。

【储备管理】 严格落实粮食安全整治责任，制定印发《西吉县2022年粮食安全工作要点》，牵头完成市委涉粮问题专项巡察反馈的8个问题和县委涉粮专项巡察反馈的7个问题整改。加强2000吨原粮小麦和902吨应急成品粮储备日常管理，指导全县粮食经营、加工企业建立企业社会责任储备，全县现有自治区应急成品粮供应网点20个，加工企业29家，日加工处理原粮能力超过700吨，全县群众"口粮"始终有保障。强化粮食购销等领域市场管理，累计开展监督检查8次，日常检查7次，检查企业70余家（次），与市场监管部门联合执结1起拖欠农民卖粮款案件，追回卖粮款1.6万余元。加强疫情防控期间群众生活物资保供，联合商务工信、市场监管等部门制定保供方案，启动粮油市场监测双日报机制，及时公布信息，引导群众有序购置粮油。扎实组织开展2022年新收获小麦质量安全监测扦样和社会粮油供需平衡监测调查，为区市县分析、决策提供有力数据支撑。

财 政

【概 况】 2022年，西吉县财政工作坚持以习近平新时代中国特色社会主义思想为指导，在县委坚强领导下，紧紧围绕财政中心任务和重点工作，深入贯彻新发展理念，主动融入新发展格局，坚持稳中求进工作总基调，统筹推进疫情防控和经济社会发展，全面落实中央和区市县各级会议精神，切实稳住西吉经济基本盘，推动经济社会持续健康发展。

【预算执行管理】 坚持"集中力量办大事，把钱用在刀刃上"，通过建立健全财政收支督导、考核、通报机制，强化部门预算执行主体责任意识，做到"月月有目标、月月有分析、月月有通报"。紧盯重点问题，建立预算执行精准化、规范化和常态化运行管理模式，力促西吉县财政收支平稳运行。细化预算编制，加快预算执行，建立健全预算编制与结余结转挂钩机制，积极盘活财政存量资金，统筹财力做好预算安排，确保中央和自治区重大战略以及县委、县政府重大项目有效贯彻落实。保基本、兜底线，将70%以上的财力投入民生保障领域，有力促进了民生事业发展。

【财经秩序整治】 按照自治区财政厅关于开展地方财经秩序专项整治行动工作方案要求的时间节点，积极开展七个领域专项整治，对发现的问题做到边查边改，同时加强内控制度建设和财务管理制度建设，排查风险隐患，完善管理制度，提高风险预判和应对能力，推动经济持续恢复和高质量发展。

【民生支出保障】 坚持以人民为中心的发展思想，通过不断加强普惠性、基础性、兜底性民生保障，不断扎牢织密民生保障网，全力推进基本公共服务均等化，真正落实"让人民群众获得感成色更足、幸福感更可持续、安全感更有保障"的目标要求。2022年度，全年民生支出58.08亿元，占到总支出的89%。

【金融政策稳定】 紧盯全年4.4亿元小额信贷目标任务，积极引导督促金融机构保持"5万元以下、3年以内、免担保免抵押、财政贴息"的脱贫小额信贷政策不变，对符合条件、有贷款意愿和还款能力的脱贫人口应贷尽贷。2022年度，脱贫人口小额信贷余额10.28亿元，覆盖19876户脱贫人口及三类人群，户均5万元，覆盖率63.92%，总额居全区第一，覆盖率居全区第二。

【担保体系建设】 引导政府性融资担保公司坚持"支小支农"主业,积极落实新型农业经营主体扶持政策,简化担保流程、缩减审批时限、降低担保门槛,加大对乡村振兴产业的担保贷款支持力度。2022年度,担保贷款在保余额2590户4.4亿元;2022年,新增担保贷款1300户2.64亿元。

【乡村产业发展】 制定出台《西吉县乡村振兴基金实施方案》,设立乡村振兴贷款风险补偿基金、乡村振兴融资担保基金、乡村振兴投资基金。2022年度,乡村振兴基金共计1.55亿元,其中乡村振兴贷款风险补偿基金1.31亿元,乡村振兴融资担保基金2326万元。充分发挥财政资金的引领撬动作用,调动县域各金融机构支持乡村产业发展等方面的积极性,全面推进乡村振兴,加快实现农业农村现代化。

【金融示范区建设】 2022年,在宁夏被评为全国第二档次普惠金融发展示范区的情况下,西吉县争取到第一等次奖补资金3000万元,安排1000万元用于脱贫人口小额信贷贴息,安排1000万元增加担保公司注册资本金,安排1000万元设立融资担保风险补偿资金。充分发挥财政资金引导激励作用,引导金融机构加大普惠金融和支持小微企业、"三农"发展,全力打造普惠金融示范区建设。

【国有资产监管】 全面推进国有资产规范管理,着力实施国企改革三年行动,全面提升国企改革成效,以科技创新驱动引领高质量发展。完善公司董事会决策机制,建立国有企业违规责任追究制度,实现国有资产保值增值。明确国有资产转让处置的审批程序和权限,促进企业经营管理人员依法依规履行职责,防止国有资产流失,实现国有资产保值增值。加强管理制度建设,认真做好国有金融资本产权登记和审核工作,建立向县人大常委会报告国有金融资本管理情况的制度,自觉接受县人大常委会对国有资本的监督,推进国有资本管理公开透明。加大对金融企业金融领域乱象的监测分析,重点排查企业业务合规性及从业人员操作规范性,指导金融企业建立健全风险防控体系,保持资产质量稳中向好,充分发挥资产增值增效作用。引导金融企业围绕推动乡村振兴这一主线,着力支持县域以牛、羊为主的养殖业,以马铃薯、草畜、蔬菜、小秋杂粮、药材为主的种植业,以农家乐、乡村旅游开发为主的旅游业等特色产业,不断创新优化涉农担保贷款政策措施,为涉农企业发展提供坚强资金保障。

税 务

【概 况】 2022年,西吉县税务工作坚持以习近平新时代中国特色社会主义思想为指导,在区、市税务局党委和西吉县委、县政府的坚强领导下,深入学习贯彻落实党的二十大精神,紧紧围绕"抓好党务、干好税务、带好队伍"这一新时代税收现代化总目标,严格按照区、市局党委和县委、县政府各项工作部署,狠抓各项重点任务落实,工作质量进一步提升。

【党的建设】 牢固树立"税务机关首先是政治机关"的意识,全年组织党委会、党委中心组、青年理论学习小组等集中学习83次,深刻领悟"两个确立"的决定性意义,增强"四个意识"、坚定"四个自信"、做到"两个维护"。认真学习宣传贯彻党的二十大精神,组织开展班子领学、主题联学、精品发言、提级交流等丰富多彩的学习活动,持续推动学习走深走实。全面落实《全国税务系统党建工作规范》,积极创建"四强"党支部,用"五个一"实践活动过好党员"政治生日",党组织战斗力、凝聚力和号召力进一步增强。认真履行全面从严治党"两个责任",完善全面从严治党主体责任清单,推动第一责任人责任和"一岗双责"落实落地。深入开展"风清六盘 廉润初心"警示教育活动,组织参观廉政警示教育基地2次,讲廉政党课5次,观看警示教育片5次,推送廉政警示案例52期,纪律作风持续向好,全年未发生干部职工违纪违法行为。

【队伍建设】 积极组织开展"练兵比武"及区市税务系统人才选拔,大力推荐优秀青年干部,打通青年干部成长成才通道。2022年,西吉县国家税务局新进区、市税务系统人才库17人,1人被区局纳入青年才俊名单。

【税费收入】 坚持依法依规征税收费,确保应收尽收,坚决守住不收"过头税费"的底线。制定《税费一体化协同管理方案》,推动建立以政府主导、部门协同、信息共享为载体、资金流向为主线的管理模式,以土地出让金为抓手,建立契税、城镇土地使用税等一体化税费联动管理机制,实现一费多税同步征收,切实加强重点项目管理。制定网格化管理实施方案,分片包干、分类施策,高效完成1388户企业所得税和5508人个人所得税汇算工作,汇算面达100%。建立土地增值税项目动态管理台账、流程模板,持续进行评估监控,完成3户土地增值税清算任务,清算率100%。稳步推进非税收入征管职责划转,做好系统测试,及时解决部门衔接中遇到的各种问题,成功开出全区首张由税务部门开具的土地出让金收入票据,为全区提供了经验借鉴。2022年,共组织各项收入12.90亿元,比2021年增收4.32亿元,同比增长30.36%,其中税收收入2.52亿元,非税收入1.80亿元;社保费入库6.44亿元,同比增长22.69%;其他收入2.14亿元,同比增长40%。

【退税减税降费】 成立退税减税工作领导小组,下设3个工作专班及11个专项工作组,召开推进会17次,与地方财政、人民银行等部门建立三方会议联系机制,召开联席会7次,形成工作合力,及时解决退税慢等10余条问题,确保退得快、退得准。创新线上宣传辅导方式,自主开发了六盘税桥"云讲堂"小程序,开展政策推送、每日一练、每周一答等活动,线上宣传辅导8期累计1706人次参与。设立退税减税降费办公室,提高专项辅导水平,召开纳税人座谈会及专题讲座7次,邀请13名人大代表、政协委员及纳税人代表开展"走流程、亲自办"活动。2022年,共办理退税减税缓税4549户次8284.92万元,其中:办理留抵退税175户次3670万元;新增减税降费3809户次3871.61万元;制造业缓缴税费565户次421.92万元。

【优化营商环境】 大力推行"智慧税务+精细服务"服务模式,积极推进233项"非接触式"办税缴费服务,压缩办税时长45%以上,分流实体办税厅人流85%。持续优化"六盘税桥"服务内容,建成"六盘税桥"工作室,制定实施方案,建立服务台账,加强服务考核,打造服务品牌。共开展上门问需解难1092户次,电话问需4000余户次,推送短信5万余条,开展"退税减税送政策""春雨润苗"等税企座谈会5场次,为54户小微企业办理"银税互动"贷款1200余万元。持续提升纳税服务精细化,依托智慧办税服务厅"5G集成服务中心",选配业务骨干,建立集办税大厅、业务股室、第三方服务公司为一体的"一站式"辅导平台,形成联动服务体系。制定《纳税人辅导服务台账》,建立税企"帮帮群",为纳税人提供帮办辅导,提供远程帮办服务160余人次,收集解决问题60余条。

审 计

【概　况】 2022年,召开审计委员会会议3次,及时传达学习中央审计委员会第5次会议精神和区、市党委审计委员会会议精神,认真贯彻落实区、市党委审计委员会重大事项请示报告制度,报送审计委员会会议召开情况、审计委员会主任(副主任)变动等13件。持续推动"三类监督"贯通协同,增设县委常委、纪委书记、监委主任担任县委审计委员会副主任,选派审计干部参加县委巡察工作,较好完成各项审计任务。

【项目审计】 紧紧围绕区、市、县中心工作和重大决策部署,科学谋划审计项目。为提高葫芦河灌区供水保证率,提升水资源管理水平,推进葫芦河灌区农业现代化和高质量发展,持续跟踪审计西吉县葫芦河中型灌区续建配套与节水改造工程;为保障粮食安全,深入落实藏粮于地、藏粮于技及乡村振兴战略,及时安排实施高标准农田建设项目跟踪审计。

【质量管控】 根据年度审计项目计划科学制定审计工作方案,深入研究关注审计对象具体组织架构、业务流程、财政财务、重点工作任务、内控制度建设等情况,编写审计实施方案,抓住重点环节,充分查阅资料、加强核实取证、客观分析问题,确保证据的关联性和可靠性。严格落实"审计组审核+业务科室复核+法规审理+局务会议审定"四级把关制度,确保审计报告问题定性准确、法律法规引用适当、审计建议操作可行。

【审计监督】 立足区市县重点工作,沿着"政治—政策—项目—资金"这条线研究立项、谋划实施,开展"行业性"审计研究。沿着"资金—项目—政策—政治"这条线,剖析审计发现问题产生原因,2022年从堵塞漏洞、完善机制、推动政策落地生效等方面研究提出审计意见和建议50余条;探索实践"1+N"审计模式,努力做到"一审多项""一审多果""一果多用";完成71个县本级财政一级预算单位全年财务数据的采集、标准化数据提取和数据校验工作;在困难群众救助补助、就业补贴和失业补助资金疑点数据核实等项目中整合离散数据,获取比对参照,筛选问题疑点。

统　计

【概　况】 2022年,全县统计工作以习近平新时代中国特色社会主义思想为指导,深入学习宣传贯彻党的二十大精神,全面落实新时代党的建设总要求,着力深化统计改革创新,提升统计数据质量,强化统计监测预警,夯实统计基层基础,有效发挥统计监督职能作用,主动作为、高效调度、应变克难,经济运行顶住压力持续恢复,主要经济指标保持增长,各项工作取得积极成效,为建设美丽新西吉做出了统计贡献。

【队伍建设】 统计局以出科学数据、出决策数据、出权威数据为主攻点,努力打造"团结型""智囊型"班子,常态化开展互讲互学、互学互促活动,着力提升统计队伍综合素质,让每位同志成为坐下来能写、站起来能讲、走出去能干的多面统计专业人才。2022年,1名同志获得全国统计系统先进工作者荣誉,2名同志晋升三级主任科员,统计普查中心新增2名事业编制。

【统计宣传】 利用各类新型宣传媒体,以统计开放日、"12·4"和"12·8"等重要节日和时间节点,举办统计法律法规知识竞赛、发放宣传资料、展板等形式开展统计法治宣传工作。整理编印《西吉县领导干部统计法律法规知识读本》,印发《西吉县"四上"联网直报企业(单位)统计规范化建设标准(试行)》《西吉县企业统计业务规范(试行)》和《统计法及其实施条例规定的"七个不得"》张贴标识,向全县"四上"企业发放、告知,明确工作要求,坚决筑牢防惩统计造假弄虚作假思想防线。

【统计服务】 2022年,西吉县统计局参与区、市、县经济形势调度会20余场次,积极参与相关经济形势分析材料起草和统计相关知识及全县经济形势分析PPT制作,主动承担起全县地区生产总值相关基础指标收集、指标解释、分析研判和解读任务,坚持每天汇总、每天分析,对经济发展中出现的新情况、新问题和新动向,核实情况、访查问题、了解状况,对主要经济指标进行结构性、支撑性、预测性研判分析。全年共撰写统计专报6期、统计分析18期、统计信息34篇。通过移动云端定时向全县领导发布统计信息1220人次,通过新媒体账号群发统计信息、统计动态、统计知识等内容202篇。

【数据质量】 进一步加强全县统计基层基础工作,推动统计基层基础规范化建设常态化开展。成立西吉县统计基层基础建设领导小组及局领导分片包抓、一抓到底的长效机制。指导19个乡镇、相关部门、企业做好配齐配强统计人员，建立完善所有统计人员诚信档案，利用专业年报对乡镇、企业统计人员进行全面的综合业务培训，常态化开展统计数据质量核查，成立统计数据质量核查工作组，定期组织对全县工业、商贸、服务业、固定资产投资、房地产、建筑业、劳动工资等"四上"企业进行数据质量核查，全年分批次分专业进企业核查数据120人次以上，从源头上维护企业数据数量。

市场监督管理

【概　况】　西吉县市场监督管理局成立于2014年12月，内设8个职能科室，1个副科级行政执法单位，1个直属事业单位，指导管理2个社团组织，派出机构5个。

【党风廉政建设】　严格落实党风廉政建设"两个责任""一岗双责"要求，强化法规纪律约束，增强全体干部职工的法律意识、红线意识。扎实开展纪律作风专项整治行动，深入开展廉政风险点防控排查，查找廉政风险点15条、制定防范措施18条，开展节前廉政提醒5次，廉政集体谈话1次，扎实开展"廉政警示教育周"活动，开展主题研讨一次，观看警示教育片一次，组织中层干部赴县反腐倡廉警示教育馆接受警示教育。深入开展违规收送红包礼金和不当收益及违规借转贷或高额放贷专项整治，通过学习自治区和全县发生的违纪违法典型案例，党员干部自查，牢固树立底线意识，时刻警醒逾越底线的严重后果。

【卫生县城创建】　以商场、超市、餐饮店、食品经营店、烟草专卖店、农贸市场等场所为重点检查对象，组织执法人员对城区所有主次干道、背街小巷开展拉网式排查，全面整治病媒生物，清理公共场所烟草广告，出动执法人员1680人次，检查商场超市、餐饮店、食品经营店、烟草专卖店等各类经营主体3860余户（次），对56家无禁烟标识经营门店进行责令整改，查处1起向未成年人售烟违法案件，罚款4000元。

【民生领域执法】　聚焦民生领域突出问题，组织开展面向未成年人开展"无底线营销食品"、保健品行业、假冒伪劣农资产品、酒类市场专项整治、家电市场专项整治等行动，集中力量，重拳出击，出动执法人员1650人（次），检查各类经营主体680家，查办涉民生领域"铁拳行动"案件（一般程序）129件，罚款80余万元，有效净化了市场环境。持续开展教育、水电气、居民生活必需品等民生领域价费检查，开展校外培训机构专项检查，加大对疫情期间粮油、蛋菜等重点民生商品价格的监管力度，确保城乡居民生活必需品价格平稳。开展民生领域计量器具、能源计量、能效水效标识等监督检查2次，检查各类计量用具8200台（件）、定量包装商品120批次。完成22家乡镇社区卫生院、5家医院、23家加油站1100余台（件）计量器具周期检定，报废不合格计量器具29台。选取2家超市、3家加油站、3家眼镜店开展诚信计量服务承诺活动。集中开展燃气灶、电气产品、电动自行车、安全帽、电焊机等3C认证产品销售环节检查，查扣无标志产品38件。

【打击养老诈骗】　认真贯彻落实区、市、县打击整治养老诈骗专项行动会议精神，紧紧围绕整治涉老食品、保健品等领域涉诈问题隐患，排查经营场所800家（次），签订药店、美容、养生会所、保健品店、直销企业经销网点承诺书500份，组织宣传活动7场次，散发宣传品4500件，制作展板2个，张贴宣传海报1000张，群发短信3.3万条，查处案件3起。

【食品安全监管】　以食品安全"守底线、查隐患、保安全"专项行动为契机，检查白酒、食用油、桶装水、面粉加工、粉条加工等食品生产企业110余家次、小作坊1200余家次，防范化解风险隐患140余条，从源头守住食品安全底线。以排查流通食品安全隐患为切入点，全力做好重点时段食品安全监管，开展校园周边、城乡结合部等流通领域食品安全专项整治5次，检查食品经营单位19600余户（次），整改问题隐患120余条，严厉打击食品中添加非食用物质、"三无"食品、过期食品等违法行为，立案20起（一般案件），罚款23万元。全面提升餐饮从业人员素质和食品安全管理人员管理能力，组织各类培训、约谈会议9次，培训从业人员260余人（次），排查餐饮服务单位4826家，发现整改风险隐患112条，全县227所中小学、幼儿园食堂实现智慧监管。对外卖餐食实行封签制度，528家餐饮单位投保食品安全责任保险，加强风险控制与应急管理。

【"两品一械"监管】 以西吉县列为"国家药监局专项整治联系单位"为契机，扎实开展药品安全专项整治工作，检查涉药单位2280家次，责令整改93家（次），警告9家（次），完成药品抽样25批次。全县110家药店全面纳入智慧监管，"阳光药店"建成率91.8%；完成12家医疗机构"规范药房"验收与整改；检查化妆品经营使用单位230余家（次），发现整改问题隐患130余条（次），查处"两品一械"案件20起，罚款24万元；联合县卫健局约谈7家药品医疗器械使用单位主要负责人1次，并进行"回头"指导检查，切实堵塞医疗机构在药械管理上存在的问题漏洞。组织执法人员对辖区药品经营使用单位从业人员进行全面培训，不断树牢责任意识，压实工作任务。完善应急体系建设，组织开展全县药品应急演练，极大地提升了全县药品安全事故整体应急处置水平。

【特种设备监管】 扎实开展安全生产专项整治三年行动"攻坚战"，完善安全生产理论学习、应急处置预案、隐患排查治理3项制度。以燃气瓶充装站为重点，推进城镇燃气专项整治。开展燃气灶具及配件产品质量安全大检查，排查整治安全隐患9起。严厉打击销售假冒伪劣产品违法行为，开展特种设备日常和专项检查，检查特种设备生产使用单位108家（次），下达指令书22份，消除安全隐患39处，重大安全隐患1处。组织自建房安全隐患排查，共排查经营单位328户，对存在安全隐患的5家经营户进行督促整改。

【产品质量监管】 检查生产塑料袋和塑料薄膜生产企业、塑料袋批发企业16家次。检查燃气具、连接软管、调压器、报警器及配件、液化石油气等家用燃气具产品经销企业56家次。检查电动自行车、电线电缆、油漆、安全帽、厨具等产品销售店53家。组织抽检农资产品、纤维制品、棉絮产品40批次。

【消费维权】 开展"3·15"系列主题宣传活动，加强合同行政监管，对教育培训机构等不公平格式条款侵害消费者权益违法行为从严整治。倡导辖区大型商超推行"七日无理由退换货"，及时发布消费警示，受理各类投诉举报390件，回复解答消费者咨询1021件，办结率100%，为消费者挽回经济损失17.26万元。

【双随机一公开】 全县共开展双随机抽查任务17项，抽查市场主体480家；指导3341户企业完成年报信息公示，年报率96.34%，列入经营异常名录12004家，吊销"僵尸"企业89户；简化信用修复程序，完成166户企业信用修复，确保市场主体资格合法，实现有序经营。

【知识产权保护】 印发《2022年西吉县知识产权宣传周活动方案的通知》，组织成员单位联合开展知识产权集中现场宣传活动，引导社会公众严格保护和合理运用知识产权，查处知识产权侵权违法案件2起。

【市场监管宣传】 利用微信公众平台、微信群、朋友圈、公交站台等，推送食品安全知识、动态470余期，传播全域创建"食品药品安全区"工作相关内容3000余条（次）；依托全域创建"食品药品安全区"宣传"十进"活动，滚动播放宣传标语6.9万余条，制作墙体彩绘、宣传栏100余块，张贴海报、悬挂横幅2万余份，利用村村通大喇叭播放全域创建倡议书9.8万余次；打造主题街道1条，制作宣传牌448块；组织开展食品药品安全"十进"宣传培训130余期，参训人员1.7万余人（次）；制作全域创建"食品药品安全区"宣传视频2条，播放量达2.2万余次；开展食品安全"你点我检"活动14次，群众知晓率明显提升。

金融保险

人民银行西吉支行

【概　况】　人行西吉县支行于1950年5月,由甘肃省定西地区人行办事处组建人民银行西吉营业所,同年升为中国人民银行西吉县支行,时属甘肃省平凉地区人行办事处管辖。支行现内设两室两股,共有职工22人。

【服务实体经济】　疏通货币政策传导渠道,持续加大信贷投放力度。加强信贷政策引导,综合运用金融工作联席会议、政银企对接会、现场约谈、窗口指导、实地督导等形式,引导金融机构在风险可控的前提下,扩大信贷投放,支持经济在合理区间运行。截至2022年底,西吉县全部金融机构各项存款余额110.14亿元,同比增长1.30%。各项贷款余额111.28亿元,同比增长13.36%,增速高于固原市1.16个百分点,较全区水平高6.06个百分点,为稳住县域经济大盘发挥了重要的"压舱石"作用。严格落实过渡期内"四个不摘"政策,保持脱贫人口小额信贷总量总体稳定,加强与农业农村主管部门的行业政策对接,保障农业方面的配套信贷需求,增强农业发展的可持续性。截至2022年底,支农再贷款余额8.25亿元,同比增长18.81%,限额使用率100%。做好两项政策工具接续转换,通过普惠小微贷款支持工具提供激励资金267.3万元,直接带动地方法人银行增加普惠小微贷款2.91亿元。持续推动释放贷款市场报价利率(LPR)改革效能,落实减费让利政策,促进企业贷款融资成本稳中有降。

【防范化解风险】　主动履行监督职责,通过按季通报MPA评估等,切实防范化解区域金融风险;对照上级行房地产信贷监测要求,按月监测房地产市场流动性等领域的苗头性、趋势性风险,提高风险识别和预警能力;及时上报地方法人金融机构异常行为监测报表,提升金融风险监测研判的前瞻性、敏感性和准确性;加强金融扶贫领域风险监测,通过召开扶贫小额信贷不良清收座谈会等有效防范扶贫领域信贷风险;进一步建立健全存款保险宣传工作机制,认真开展辖内存款保险评估工作,丰富宣传形式,推进存款保险宣传常态化。认真开展打击治理洗钱违法犯罪工作,牵头成立西吉县打击治理洗钱违法犯罪工作领导小组,加强与公安、检察院、法院、税务等部门协作配合,构建联动工作机制,明确任务、细化措施、压实责任,确保打击治理洗钱违法犯罪工作取得实效。严格落实金融机构全科目统计制度,认真执行专项统计制度,做准做实涉农、房地产、行业投向、普惠小微、线上联合消费、助学创业、精准帮扶、绿色、两权抵押等贷款统计。高质量做好个人贷款、委托贷款、同业、债券、股权及特定目的载体等金融基础数据采集工作,加大力度落实好票据和非同业单位存款基础数据统计。监测分析供应链恢复、劳动力供需结构变化情况。

【金融服务】　稳步推进手机号码支付业务推广工

作,在将台堡镇火家沟村实施惠农推广工作,打造手机号码支付业务覆盖示范村,不断拓宽手机号码支付业务的覆盖面。提升央行清算系统的社会影响力,促进农业支付服务优化步伐提速,持续为辖区乡村振兴贡献支付力量。组织相关人员在火家沟村开展集中宣传7次,现场发放宣传折页900余份。畅通国库服务,扎实推进"国债下乡"工作,利用退库审核程序,加快退税审核速度,提高退库工作效率,护航国家惠企纾困各项税收政策通畅落地,助力企业应享尽享、应享快享"政策红利",审核无误当日办结,打通增值税留抵退税政策落实的"最后一环"。加大监督查处力度,联合市场监督管理局开展非法使用人民币图样专项整治活动,先后对6所小学等周边的文化教材用品经销场所开展现场检查,对县殡葬用品商店、烘焙用品店等违规使用人民币图样的高发区域进行拉网全面清查。共检查商户68家,文体用品批发部2家,现场收缴12家经营主体非法使用人民币图样的学生用具380套。开展辖区"征信修复"乱象专项治理"百日行动",严厉打击假借征信名义虚假宣传、以"征信修复"名义开展牟利活动等违规行为。深耕示范工程样板田,将硝河乡关庄村打造成为西吉县农村信用体系建设示范村,整村授信评级户数143户,授信额度164万元,户均11.47万元。切实维护好辖区金融消费者的合法权益,认真落实金融纠纷多元化解工作机制,积极开展金融纠纷调解工作。积极开展"防范金融诈骗,助力老年人金融素养水平提升"专项行动,助力提高老年群体生活福祉。

【助力乡村振兴】 以支持西吉肉牛产业发展为突破口,实施金融支持乡村产业振兴引领计划,补齐传统肉牛养殖产业分散型、小规模经营的短板,创新"再贷款+"模式推动金融机构加大对农户、养殖合作社、龙头企业等产业主体的贷款投入,灵活运用"助力贷""富农E贷""富民贷"等低利率信贷产品助力农户扩大养殖规模,因地制宜地形成"龙头企业+合作社+农户"的全产业链生态养殖模式,辐射带动养殖农户户均年收入达2万元以上,肉牛产业效益占群众经营性收入的35%。深挖特色产业优势,建立金融支持特色产业专项统计制度,引导金融机构强化对草畜、马铃薯、冷凉蔬菜和小秋杂粮产业全链条、全农户、全产品的金融支持。支持马铃薯产业贷款2.62亿元,支持冷凉蔬菜产业贷款1.42万元。同时为解决家庭农场、专业合作社等新型农业主体融资贵、融资难的问题,创新多种信贷产品精准支持当地特色产业发展,如军人专属信贷拥军产品"拥军贷"首次落地西吉,为117户有创业意愿、创业能力的退役军人发放贷款2383万元;"富民贷"业务在西吉首先开展,已授信893户1.34亿元。

工商银行固原西吉支行

【概　况】 中国工商银行股份有限公司固原西吉支行(简称:工行固原西吉支行)设立于2020年12月1日,属全功能的县级支行,共有员工15人。2022年底,各项存款10470.74万元,各项贷款余额5979.41万元。

【人才建设】 以能力建设为核心,大力加强人才培养工作,依托行内工银大学以及依托外部院校和各级单位培训基地,采取线上听课、线下实操、外出学习、集中轮训等多种方式加快培养领军型、复合型、技能型人才队伍。

【支持实体经济】 以"工于至诚,行以致远"为发展理念,聚焦小微企业和实体经济,着力调整信贷结构,加强精细化管理,按照总行"1+3"信贷布局和"抓大、抓小、抓新、抓优"的总要求,立足西吉县实际,积极争揽优质信贷市场,重点支持制造业、民营企业和小微企业发展及基础设施、民生领域融资需求。

【内部管理】 全面从严落实宁夏分行党委、固原支行党委的各项工作部署和要求,建立健全各项规章制度。强化内部管理,注重新设网点支行的监督检查,制定固原西吉支行周例会制度,做到习惯形成、内控检查相互渗透无缝衔接,并聚焦团队新形象、新气氛与重点领域目标客户发展相结合,激发内生新动力。求真务实,拒绝违规,阶段性地开展员工异常行为排查工作,强化基础管理,在核算、保密、印章、信息、档案、服务等方面精细检查梳理,对各类检查、审计中发现的问题积极整改,杜绝屡查屡犯现象的发生,把从严治行、合规经营、规范管理落实到经营管理工作的全流程。

【风控防范】 强化内控合规管理建设,厚植稳健审慎经营文化,夯实高质量发展根基,牢固树立"内控优先、合规为本"理念,构筑"不敢违规、不能违规、不想违规"机制,牢牢守住不发生系统性风险底线。认真落实分行对基层行内控合规管理工作考核机制,增强"一道防线"履职责任,强化主体责任,遵循"三抓""四管"方法,坚持监管导向、风险导向、问题导向和基础导向,围绕"强意识、建体系、固基础、优机制、防风险、壮队伍",全面提升工商银行固原支行风险防范能力建设。

建设银行西吉支行

【概　况】 中国建设银行股份有限公司西吉支行(简称:建行西吉支行)设立于2017年6月14日。2022年,建行西吉支行一般性存款余额28759.81万元,较上年新增3670.83万元;各项贷款余额30211.39万元,较上年新增18911.81万元。

【人才建设】 重视员工职业生涯发展,关心员工生活,解决员工实际困难。采取培训、考核、轮岗等措施提升人员业务技能和履岗能力。调动一切积极因素,充分发挥员工的主观能动性,优化岗位设置,为员工的发展提供舞台和机会。注重把有潜力、有激情、能干事的优秀青年员工选拔到重要岗位接受历练,给更多优秀人才创造人生出彩的机会、施展才华的舞台,让青年员工看到未来、看到希望。鼓励老员工发挥建设银行优良传统,在思想上、行动上充分发挥示范作用,彰显榜样力量,带动青年员工积极投身建设银行事业,贡献人才力量。

【助力乡村振兴】 坚持党建引领,金融助力,"贷"动乡村振兴。支行党支部通过开展"学习贯彻党的二十大精神,践行新时代新金融"联合主题党日活动,组织张富清党员突击队及青年员工,进村入户为农户办理裕农快贷,为乡村输送金融活水,让农户在高效优质便捷的服务中感受到建行金融服务的温度与速度。全年发放涉农贷款10796万元。借力普惠金融,助实体经济高质量发展。支行在做好疫情防控措施的前提下,积极开展"三走进"、扫街搜客营销活动,有力解决了商户的经营资金困难,为助力实体经济发展贡献了建行力量。全年发放普惠小微企业及个体工商户经营贷款9094万元。支行负责人带领驻村第一书记深入扶贫村调研了解群众的生活情况,积极为扶贫村争取帮扶资金,购买太阳能路灯,全覆盖亮化村容村貌,方便村民出行,提升群众幸福指数。为前咀村整体村貌的改变提供了巨大帮助,不仅为老百姓做了好事,更为前咀村环境整治工作打下坚实的基础。

【内部管理】 建行领导班子以身作则,严肃工作纪律和劳动纪律,有效提高全体员工的责任心和执行力。有针对性地选择重点工作、重点区域、重点岗位、重点业务、重点产品,制定精细化管理措施,从具体事项入手,抓出实效,实现突破。牢固树立"内控促发展、合规创价值"的经营理念,大力倡导合规管理、规范经营的工作思想,把精细化管理根植到员工脑海中。认真开展员工行为排查,强化基础管理,在核算、保密、印章、信息、档案、服务等方面精细检查梳理,对各类检查、审计中发现的问题及时整改,把从严治行、合规经营、规范管理落实到经营管理工作的全流程。

【风控防范】 强化"一岗双责"责任制,支行一把手在切实履行"第一责任人"责任的基础上,进一步发挥班子成员作用,建立起"统一领导、分工负责、齐抓共管、强督重考"责任落实体系。将纪律建设作为工作的重点之一,把纪律教育、纪律执行、纪律监督贯穿到监督执纪问责的全过程中去。组织广大党员及全体员工开展专题学习、专题研讨,让党纪行规内化于心,外化于行,使员工不断提高自我警醒的思想自觉,增强遵规守纪的自觉意识。

农业银行西吉支行

【概　况】　农业银行西吉县支行设4个职能部门、5个营业网点,现有员工84人。2022年,按照农业银行巩固脱贫成果、助力乡村振兴、支持实体经济、普惠小微企业四项重点工作,紧紧围绕县委、县政府决策部署,坚持稳中求进工作总基调,立足稳健发展定位,突出高质量发展主线,一体推进党的二十大精神学习、疫情防控、金融服务、风险控制、乡村振兴及经营管理,较好地完成了全年各项目标任务。

【党的建设】　扎实推进党的二十大精神学习,开展学习研讨、宣讲辅导、红色教育21次,覆盖全体党员。抓实"我为群众办实事"实践活动,办实事21件。建立班子成员党建联系点,党委班子成员到联系点调研、检查、督导党建工作45次。突出加强"一把手"和领导班子监督,督促领导班子及班子成员及时全面整改问题,持续改进作风,全行凝聚力向心力不断增强。

【信贷支持】　落实"两大定位",截至年末,全行各项贷款余额20.14亿元,较年初增长1.86亿元,增速10.15%,完成分行年度计划127%。其中:农户贷款比年初增加1.04亿元,全口径脱贫贷款比年初增加7940万元,非农户个贷比年初增加5526万元,法人贷款比年初增加1473万元,普惠金融贷款余额3.77亿元,较年初增加6358万元,完成率181%,监管口径"两增两控"全面达标。制定"做好扶贫、做精农户、做大个贷、稳推法人"的信贷发展方向,聚焦服务实体经济,以普惠金融为重点,全面开展低风险业务,巩固脱贫攻坚成效,助推乡村振兴。

【清降管理】　制定《西吉县支行到逾期信贷资产管理考核细则(试行)》,集中开展逾期不良清降"百日行动",建立实施逾期贷款网点、支行前台、支行后台一级盯一级,三级催收机制,从严落实客户经理不良贷款容忍制。成立三个清收工作组,班子成员带队,抽调部门与客户经理按逾期"先近后远""先易后难"逐户上门清收。落实"脱贫攻坚五年过渡期"政策,按照一户一策,逐户制定清收、化解、盘活措施,有效防范化解了金融风险。

【内控管理】　开展案件风险排查,纠治违规办贷等问题36个,连续十年保持案件和重大责任事故零发生。召开警示教育大会,开展"内控合规管理建设年"活动,推进农户贷款、网络电信诈骗、微信群等多项治理,合规经营基础加固,数据质量提升。始终高悬合规利剑,多层次、全过程、常态化开展员工行为管理。突出用身边的人、身边的事警示教育员工,提醒客户经理廉洁办贷,帮助大家算清"自身账、经济账、家庭账"。扎实开展农户贷款专项治理和合规年教育活动,及时纠正苗头错误。塑造良好企业文化,加强安全生产,突出做好消保、反洗钱、信访维稳、保密印章、舆情防控等工作,营造了和谐稳定的发展环境。

西吉黄河农村商业银行

【概　况】　2022年,西吉农村商业银行深入贯彻落实党的二十大精神,全面落实疫情要防住、经济要稳住、发展要安全要求,统筹推进疫情防控和业务发展,坚持"稳"字当头、稳中求进,着力在"调、转、增、控"上下功夫,优化机制,强化保障,走出了一条切合自身实际的高质量发展新路子。

【助力产业发展】　立足县域特色优势产业,以支持自治区"六新六特六优"产业为目标,以支持肉牛产业带动县域农业高质量发展为突破口,以小微移动平台及黄河e贷线上线下为支撑,以乡村振兴金融服务中心及金融夜校为辅助,聚焦西吉县肉牛、马铃薯、冷凉蔬菜、杂粮(油料)"四大产业集群",持续加大信贷投放,贴心下调贷款利率,全力助推西吉县肉牛产业形态由"小特产"升级为"强产业"。同时围绕新型农业经营主体,大力支持家庭农场、种养大户、农民专业合作社和农业产业化龙头企业延伸产业链条,大力推动农产品储藏保鲜、产地初加工、精深加工和物流配送全产业链发展,支持一批紧贴特色农业产业、发展势头良好的新型农业经营主体健康发展。截至年末,全行涉农贷款余额46.91亿元、小微企业贷款余额10.87亿元、肉牛产业贷款余额30.12亿元。

【助力企业纾困解难】 矢志不渝扎根当地,突出普惠金融覆盖面提升,及时满足小微企业、个体工商户、新型农业经营主体等客户群体资金周转需求,同时推出借新还旧、贷款展期、无还本续贷等政策,切实助企纾困解难聚焦普惠金融服务"广覆盖、易获得、可持续"的基本要求,通过融合线上+线下模式,简化贷款办理流程,推出小微商户专项贷款产品"商e贷",有效解决了个体工商户融资难题。及时出台了落实稳经济保增长促发展若干措施,推出六个方面20条具体举措,帮助小微纾困解难,不断提高信贷支持的便捷性和惠民性,做好县域经济的主流银行。

【巩固拓展脱贫攻坚成果】 严格落实"四不摘"政策,保持金融扶贫政策不变、力度不减,严格执行扶贫小额信贷"5万元以下、3年以内、免担保免抵押"政策,不打折扣、不搞变通,能贷尽贷、应贷尽贷,持续加大对脱贫户的信贷支持,倾力支持脱贫户发展致富。创新推出"助力贷""振兴贷",全力满足脱贫户生产经营需要,确保金融扶贫各项工作平稳过渡、有序衔接,累计投放2亿元,巩固拓展脱贫攻坚成果同乡村振兴有效衔接。

【打造双拥主题银行】 积极对接西吉县退役军人事务局,通过做优金融服务、强化金融供给、创新信贷产品,持续加大"双拥"工作力度,打造固原市首家"双拥主题银行"。双拥主题银行以独特的服务环境,将"军"的元素融入金融文化,不断提升军人金融服务水平,全力满足军人各项金融服务需求,多途径、多渠道支持军人的服务保障工作,擦亮"拥军银行"品牌。

【金融服务】 主动下沉服务,依托自助银行升级打造"自助银行+客户经理+PAD背夹+便民终端"的运营模式,建立乡村振兴金融服务中心2家,派驻客户经理携带PAD+移动背包进入各乡镇现场办公,增加金融服务职能,全面实现自助服务"镇镇通"、便民服务"村村通"。主动承担全县农户各类助农资金发放、社保医保缴费工作,同时投入130万元启动"百万补贴惠民生"系列活动,真正用金融惠及百姓。截至2022年底,设立便民服务点295个,打造金融示范村服务站140个,布放ATM、CRS机52台。

【社会责任】 扎根"三农",情系人民,彰显企业社会担当,捐赠创卫工作车辆及物资9万元;鼎力支持疫情防控和复工复产,积极响应西吉县委组织部号召,招募20名党员干部员工投身西吉县疫情防控一线,向固原市慈善总会捐赠10万元,专项用于西吉县支持新冠疫情防控工作;开展"扶智"工程,向西吉县2022年唯一考入北京大学的优秀学子王家昂送去爱心资助款1.4万元,连续16年累计捐款1297万元助力3700余名本地大学生圆了大学梦;连续多年开展"爱心驿站"助考活动,助力莘莘学子筑梦起航;积极主动帮助建立结对帮扶项目,为震湖乡红庄村捐赠2万元资金用于环境整治,助力帮扶村脱贫攻坚、全面助推乡村振兴。

宁夏银行西吉支行

【概　况】 宁夏银行股份有限公司西吉支行(简称:宁夏银行西吉支行),成立于2018年5月16日,现有员工18人。2022年,紧紧围绕"党建引领　银

社共建　深耕市场　服务民生"的工作思路,持续开展"银社共建"工作,瞄准农贸、商贸流通市场,紧盯百姓"米袋子、菜篮子"等日常消费场景,转变营销理念,下沉业务重心,深化金融服务,补短板、强弱项,俯下身子服务实体经济、服务城乡居民,让普惠金融深入千家万户。

【党的建设】　2022年,支行党支部以党的政治建设为统领,扎实组织开展党建质量深化拓展年活动,联合社区开展慰问社区老人、献礼二十大、喜迎党代会、奋进新征程、保密做贡献主题党日活动,浓浓端午情、志愿献爱心活动,创卫志愿活动,"银社(村)共建、疫路同行—暖心包"行动。联合兴隆镇党委单家集党总支共同开展主题党日活动,通过一系列活动的开展与群众和工作人员建立了良好的互动关系,有效促进了我行经营工作的开展和县域知名度。

【人才建设】　重视员工思想教育,通过学习培训、谈心交流,员工主动参与职业规划,提升企业忠诚度以及危机意识和责任感。对信贷综合等岗位进行优化调整,采用经验交流,案例分析等多种形式,有针对性地开展学习培训,组织不同部门人员轮岗交流,促进每位员工综合素质及能力的提升。定期组织团建集体活动,丰富员工业余文化生活。坚持做好员工行为排查工作,加强从业行为管理,打造优良团队为支行发展提供保障。

【助力乡村振兴】　将金融服务乡村振兴作为全行经营工作的重中之重,在深耕农村市场、细耕金融服务上做文章,全力提升金融服务支持乡村振兴。坚持以客户为中心,主动下沉金融服务重心,建立乡村金融服务站,进一步提高宁夏银行乡村振兴金融服务覆盖面,把更多金融资源配置到农村等重点领域和薄弱环节,更好地满足乡村振兴多样化、多层次的金融需求,实现脱贫攻坚与乡村振兴的有机衔接,有效解决乡村金融服务"最后的一公里"的难题。

【风控防范】　着力培育全员风险合规意识,完善支行内控管理机制,修订完善绩效考核办法。坚持早操、晨会、例会等制度,细化管理举措。高度重视营业室管理,提高柜面人员业务素质,加强内控合规管理。严格遵守财会制度,确保财会工作规范安全运营。坚持三重一大集体决策,办公室后勤管理进一步规范严谨。

邮政储蓄银行西吉支行

【概　况】　邮储银行西吉县支行现有员工26人,信贷客户经理13名。截至2022年底,各项存款结余2.1亿元,个人信贷结余11.37亿元,其中涉农贷款10.24亿元,占贷款总额的90%。2022年投放涉农贷款18亿元,较2021年净增3.7亿元。

【助力乡村振兴】　联合邮政公司开展国家电子商务进农村综合扶贫示范项目服务点工程建设,充分发挥邮政企业商流、物流、资金流三流合一的优势,为农户提供金融服务、寄递和电商深度融合的综合化服务,完成98个行政村的"乡村振兴服务站"建设,建立常驻村级"三农"金融服务站10个,发展农户会员5136户。

【创新服务】　积极学习掌握西吉县农业产业结构调整、农业政策导向及重点安排,走村入户掌握各类农业经营主体的金融服务和资金需求,打通普惠金融"最后一公里"。利用无纸化贷款申请审批发放流程,降低融资成本,大力发展线上贷款。对养殖大户继续发放纯信用贷款,利率低至5%,随贷随还,满足客户的随时资金需求。

【"智·惠信用村"】　对经营状况好、客户信用度高,具有发展潜力的行政村进行评级授信,以移动展业为抓手,助推客户由传统申贷模式向方便、快捷、高效的线上模式转变;紧抓巩固脱贫攻坚成效,实现与乡村振兴有效结合,真正做到惠之于民。截至2022年底,建设"智·惠信用村"206个,信用户9145户。

石嘴山银行股份有限公司西吉支行

【概　况】　西吉支行是石嘴山银行股份有限公司固原分行下辖的一级县域支行,成立于2018年4月24日,员工12人。2022年各项存款余额2.3亿元,其中储蓄存款余额为1.6亿元,办理乡村振兴卡913张。

【自身建设】　定期开展党、团组织生活会、学习党史、党的二十大精神等活动和业务知识,不断而提升业务工作水平。支行下沉金融服务到基层,坚持进农村、进市场,为农户、商户、居民提供一站式金融服务,并在主要村建立乡村金融服务站,将金融服务、金融知识普及伸展到农村,签约农村服务站点6个。

【基础管理】　支行扎实开展防范电信网络诈骗专项行动,积极开展全方位、多层次、宽领域的宣传工作。做好客户身份识别、制裁风险评估与后续风险管控,优化制裁名单筛查流程,提高反洗钱工作质量。

【助力乡村振兴】　聚焦"三农",支持美丽乡村建设,履行社会责任,加大金融助推乡村振兴。坚决执行不抽贷、不断贷要求,加强与农户沟通交流,持续为农户提供金融支持与帮扶。2022年,累计投放小额扶贫贷款7337户3.2亿元,占全部贷款的65.3%。累计向8532户农户发放授信贷款,授信总额为4.33亿元,累计发放涉农贷款余额1.91亿元,小微企业贷款投放0.5亿元,针对农户推出专门的金融产品,除线下小额信用、小额保证贷款产品外增加了线上快速申请渠道,降低利息,拓宽农户融资渠道。助力小微及民营企业发展,满足农户及企业信贷需求。

宁夏西吉汇发村镇银行

【概　况】　宁夏西吉汇发村镇银行下设六个部门,两个营业网点,现有员工38名。截至2022年末,全行存款总额68150万元,较2021年底增加2008万元,增长3.04%。各项贷款余额60723万元,较2021年底增长9418万元,增长18.35%。

【党的建设】　坚持党的全面领导,着力提升党把方向、谋大局、定政策、促改革的能力和定力,以党建工作引领保障业务发展。支部通过集中深入学、依托平台自主学等形式,引导党员干部始终做习近平新时代中国特色社会主义思想的坚定信仰者、忠实实践者。多次组织召开学习党的二十大精神,营造比学赶超的浓厚氛围,提高了学习的质量和效果。

【公司治理】　着力规范法人治理,形成"运行科学、管理合规、有效制衡、公平合理"的法人治理结构。定期召开股东大会、监事会、董事会,审议《宁夏西吉汇发村镇银行董事会履职情况报告》《审议宁夏西吉汇发村镇银行2021年工作总结暨2022年全年工作计划》,向固原银保监分局报送了2名董事和1名高管任职资格核准请示,取得同意任职批复,进一步完善了公司治理结构。

【助力乡村振兴】　推动实体贷款增户扩面,各网点全力挖掘"首贷户",把首贷户拓展作为"行长工程",把工作细化到部门、个人,精准触达小微企业;推动农户小微"增户扩面",助推"六稳""六保"工作落实。以"脱贫巩固贷"为抓手,大力满足脱贫户的产业发展需求,重点跟进肉牛产业、现代农业产业园和农业园区自动化家禽、肉牛屠宰加工等农业产业链项目建设,推动构建现代农业经营体系。持续巩固拓展脱贫攻坚成果同乡村振兴的有效衔接,用实际行动履行"脱贫不脱责任、不脱政策、不脱帮扶"的金融责任。举行服务乡村振兴信用村授牌暨整村推进授信,为大滩村颁发信用村牌匾,助力共同富裕。

【支持小微发展】　明确目标,压实责任,由领导带头开展精准营销,着力做到客户、对接、服务、信息"四精准",不断提升小微服务的可得性。加快推动营业部、将台支行小微企业队伍建设,突出方便快捷高效的服务优势,理顺优化运行机制,不断提升小微服务的市场竞争力。巩固深化与供销系统的战略合作,持续做好民生保供专项信贷服务;扎实推进"战疫快贷"行动,全力以赴做好小微企业复工复产金融服务,助力县域经济企稳回升。

【信贷风险防控】 把好贷款"出口关",细化规范信贷管理基础工作,实施信贷检查辅导,严查信贷领域"十个严禁"问题,倒逼信贷制度落实,强化风险源头治理。下大力气抓不良清收化解,部门及网点负责人切实扛起责任,压紧压实工作措施,亲自抓、重点抓,严密跟进;风险合规部做好关注类贷款、逾期90天贷款、新增不良贷款的监测、分析、预警,缩短响应期,提前介入、提前发力;领导班子带头抓大户、攻难户,积极推进贷款风险的化险处置。密切关注延期还本付息贷款,持续跟进督导网点延期还本付息贷款化解进度,逐笔分析、综合施策、盯紧进度;重点抓企业类延期还本付息贷款,集中力量,推动化解。

【消费者权益保护】 坚持问题导向,针对客户反映的难点、热点问题深入调研,掌握信访工作第一手信息,为投诉处置赢得主动。强化责任担当,落实"谁主管、谁负责"的基本原则,找准问题处置化解关键点,合理有效解决矛盾和纠纷,提升消费者权益保护处置化解工作质效。

【合规体系建设】 从顶层突破,把合规管理放眼于全局,从法人治理方面切入,建立系统化、规范化、专业化的法人治理机制,强化董事会履职评价,发挥监事会监督职能,规范"三会一层"运转,推进治理能力现代化。持续推进档案管理标准化,实现会计档案、信贷档案资料统一规范化管理。健全约束机制,明确内部控制重点,建立重要岗位、重要人员权力约束机制,使各岗位职责更加明确、流程更加精细、管理更加规范。

固原市住房公积金管理中心西吉分中心

【概　况】 2022年,坚持以习近平新时代中国特色社会主义思想为指导,树立"以人民为中心"的发展理念,抓制度强管理,优服务树形象,转作风提效能,控风险保安全,谋发展惠民生,在管好人、管好事、管好钱、服务好的基础上,努力克服疫情防控等不利因素,切实履职尽责,积极推进住房公积金各项工作顺利开展。

【公积金归集】 加强归集扩面,全县全年共归集住房公积金11522人3.70亿元,比2021年增长83.17%,占任务目标1.8亿元的205.60%。全县住房公积金累计缴存总额23.94亿元,缴存余额9.47亿元。2022年,新增非公有制缴存单位8家24人。全县缴存职工总人数已达 10941人。依据政策规定,将基础绩效奖和年度考核奖计入住房公积金缴存基数,完成全县2021年1月至12月及2022年1月至4月的住房公积金补缴工作任务,完成全县缴存职工住房公积金基数调整工作任务,维护了广大缴存职工的合法权益。

【公积金提取】 2022年全县提取住房公积金3130人、1.91亿元,比2021年增长23.23%,占任务目标1.2亿元的158.33%,累计提取14.45亿元。

【公积金贷款】 全县全年发放住房公积金个人贷款160户0.68亿元,比2021年增长0.15%,占任务目标0.50亿元的136%,累计发放个人贷款6153人11.29亿元,贷款余额4.06亿元。贷款逾期率在3‰以内,个贷率为42.88%,住房公积金使用率为77.34%,抵押登记率60.49%。

【优化服务】 认真梳理提取证明事项告知承诺制清单,住房公积金服务事项全部实现业务大厅受理、集成服务,全部做到"最多跑一次、多次是例外"。积极对接开展"跨省通办",实现住房公积金线上业务对接和住房公积金异地贷款证明"一网通办",做到住房公积金单位登记开户、住房公积金单位及个人缴存信息变更、提前结清住房公积金贷款、退休提取住房公积金等8项业务"跨省通办"。积极推行"提前到岗、午间值班、预约服务、延时服务",设立意见箱、意见簿和公布投诉电话,及时掌握群众反映的突出问题,做到"有诉可投,有投必应",公开工作人员职责,公示投诉举报电话,及时收集评价反馈和意见建议,积极回应群众关切,畅通我为群众办实事每个环节,实施精准服务,进一步提升群众满意度。

【信息建设】 以"互联网+政务服务"为导向,打造集网站、网厅、12329服务热线、短信、微信、手机APP、自助终端等功能于一体的综合服务平台,办理包括公积金提取、公积金贷款受理、逐月冲还贷签约等多项业务,网上业务办结率超过95%,真正实现了"让信息多跑路,让群众少跑腿"的服务目标,办事效率和群众满意度大幅提升,获得了良好的社会反响。

【风险防范】 严格落实贷前项目准入审查制度,在公积金贷款项目准入时,对开发企业资质、项目手续、资金风险、工程进度等进行评估,明确受托银行、开发企业在预抵押贷款担保、正式抵押权证送达等方面的责任、义务。实行贷款终身负责制,谁审批谁负责,完善内控制度,保证信贷员独立审批贷款,分中心主任公开承诺严格执行贷款政策,杜绝安排信贷员办理违规贷款。加强贷后管理。建立《住房公积金贷款逾期台账》,对逾期3期以上的贷款进行登记,除电话、短信催收外,进行上门催收,发出《逾期贷款催收通知》,必要时采取扣划个人公积金等措施;建立借款人黑名单制度,对逾期6期以上借款人,再次贷款时拒绝受理。加强公积金提取过程监督,通过与不动产、民政、公安等部门联网,实时查询掌握职工购房、婚姻状况等有关信息数据,坚持"一查、二问、三核实"的原则。一旦发现骗提套取行为,立即冻结公积金账户,对于情节恶劣的人员进行通报,大大减少骗提套取公积金的发生。提高内审稽核频次。加强电子化检查台账,把日常抽取档案与稽核系统充分结合,针对存在的疑点进行梳理,核实有关信息,督促办理人员对存疑业务进行自查并整改,从事前、事中、事后进行监督,发现问题,及时纠正,切实维护公积金管理秩序和职工的合法权益。截至2022年底,西吉分中心个贷逾期率一直控制为零。

中国人民财产保险股份有限公司西吉支公司

【概　况】 中国人民财产保险股份有限公司西吉支公司1986年5月设立,下设5个销售团队、7个营销服务部。2022年,支公司认真实施"卓越保险战略",狠抓落实工作,圆满完成各项目标任务。

【党的建设】 以政治建设为统领,认真落实全面从严治党主体责任,围绕集团《党支部建设指引》,进一步规范党内政治生活,加强党员管理,提高党员干部素质,加强组织力,发挥党支部政治功能,狠抓基层党支部战斗堡垒和党员先锋模范作用,推动抓党建与抓业绩融会贯通。坚持不懈用习近平新时代中国特色社会主义思想武装头脑,持续抓好党员理想信念教育,牢固树立"四个意识",坚定"四个自信",做到"两个维护",不断加强领导班子思想政治建设,筑牢党员干部思想意识防线。认真落实党建责任,把党建工作摆上重要议事日程,纳入年度工作计划,强化对党建工作的安排部署及落实落细,真正形成党支部书记亲自抓,支部委员配合抓,党务工作人员具体抓的齐抓共管工作格局。

【经营情况】 2022年,全年实现保费收入10064.45万元,实现保费破亿的历史性突破,增量保费2229万元,增速28.4%,市场份额54%,同比提升2.4%。其中车险4255.12万元,增量保费663万元,增速18.45%,市场份额48%,同比提升2.2%,实现对标市场1.05;个非保费收入409.03万元,增速12.47%;政府群:农险保费收入4725.56万元,增量保费1591万元,增速50.7%,市场份额69.1%,同比下降1.5%。全年全险种赔款4844万元,其中车险赔付1703万元,商非赔付603万元,农险赔付2538万元。

【车险服务】 着力建设员工业务、续保团队、车商修理厂团队、大客户团队四大车险渠道,推动资源整合。注重技能培训,提高员工业务,确保员工业务持续增长。做好续保团队管理,做大做强司控业务。紧盯车商、修理厂渠道,提升店内份额。做好大客户业务,实现车险有效益发展。

【商团业务】 做到"三强化":强化专业技能,提升法人团队专业性,发挥团队作战效能;强化过程管理,做好政企拜访计划、续保业务清单管理、项目孵化业务跟踪、脱保原因反馈清单等常态化过程管理;强化信念坚守,抓好项目攻坚,拓展业务新增长点。做到"三结合":将产品线与渠道相结合,全面推进法人团队专业化经营与管理;将民生项目与保险产品的结合,围绕全县重点工作、重点项目,把准可落地的区域政策商机;将存量业务深耕与新项目拓展相结合,实现多点开花,保证法人优质业务的提升,促进法人业务的稳健发展。强化法人业务发展,制定推动方案,调动业务拓展积极性,为业务发展提供目标导向和激励指引,全面落实有效组织销售模式。

【农险业务】 早布局、早掌握市场动态,及时召开农险专题会议,部署农险工作,细化工作措施,量化目标任务,明确时间节点,压紧压实责任,确保农险、农网各项工作落地见效。

中国人寿保险股份有限公司西吉支公司

【概　况】 中国人寿保险西吉支公司是中国人寿保险股份有限公司宁夏回族自治区分公司下属的一家分支机构,内设5个部门,有员工14人。2022年,保费规模5867万元。

【党的建设】 深入贯彻落实新时代党的建设总要求,深入学习贯彻习近平新时代中国特色社会主义思想、党的二十大精神,认真学习习近平总书记视察宁夏重要讲话精神及习近平总书记在金融工作会议上的讲话精神,坚决贯彻落实自治区第十三次党代会精神,充分发挥党组织在公司治理中的政治引领作用,落实企业党建责任,教育引导党员干部牢固树立"四个意识",坚定"四个自信",做到"两个维护",筑牢思想政治根基。

【保险服务】 主动担当作为,把落实扶贫保助推巩固脱贫攻坚作为公司担当社会责任的首要任务来抓,确保扶贫保让每一位脱贫人口得到关怀关爱。启动实施"圆梦护航保"计划,为全县16岁至59岁有劳动能力的残疾人提供意外风险保障,保障额度4945万元;启动实施"乡村振兴健康保",截至2022年底共承保142411人;认真抓好"学平险",更好地促进"平安校园"建设,2022年累计为在校学生提供保额150万元,理赔金额总计58万元;认真做好"夕阳保",为全县80000多老年人提供意外医疗保险;认真抓好女性健康保障工程"爱妮保",为全县成年妇女提供女性特殊疾病保障,受到广大群众和社会各界的一致好评。

【理赔服务】 坚守"快捷、温暖"理赔服务初心,努力提供多场景便捷赔付方式,开通绿色理赔通道服务,简化单证收集要求,在被保险人索赔材料提供齐全的前提下,快速完成理赔服务。为方便客户及时了解理赔进度,"公司"充分利用科技手段,为被保险人提供网上理赔进度查询系统。对于不能到公司理赔的特殊客户,"公司"安排专门的服务团队随时上门收取资料,为客户提供快速、便捷的理赔服务。对于重大伤亡案件,"公司"在第一时间赶赴现场查勘,协助政府及相关部门积极施救,开通特殊理赔渠道,履行社会责任。

农业水利

农业农村

【概　况】　2022年，西吉县深入实施"藏粮于地、藏粮于技"战略，全面筑牢粮食安全防线，超额完成自治区下达的2万亩春小麦和8万亩大豆玉米带状复合种植任务，农作物播种面积201.93万亩，其中粮食作物133.7万亩、经济作物25.48万亩、饲草作物42.75万亩。粮食总产量38.5万吨，完成农林牧渔业总产值49.6亿元，实现农业增加值22.98亿元，增长4.8%，农民人均可支配收入达到13924.3元，增长9%。实施旱作节水覆膜种植110万亩，培育壮大肉牛、马铃薯、冷凉蔬菜、杂粮四大产业集群，建设"出户入园"肉牛养殖园区17个，全县肉牛饲养量达50.1万头，种植马铃薯53.5万亩、冷凉蔬菜15万亩、杂粮（油料）39.4万亩，采取"低水高用""引水上山"等措施，打造火石寨沙岗、王民小湾、偏城北庄等"三统三分"农业示范基地12个4.3万亩，旱地变成水浇地，"低产田"变成"高产田"，农业现代化建设步伐全面提速。

【特色优势产业】　聚焦肉牛、马铃薯、冷凉蔬菜、杂粮（油料）四大优势特色产业集群建设，做好良种良法、精深加工、品牌建设、市场营销四篇文章，不断提升乡村产业发展质量，夯实农民增收基础。肉牛产业集群。按照"家家种草、户户养牛，自繁自育、适度规模"和标准化规模化养殖并重的思路，推进肉牛产业扩量增效。突出抓好优质饲草供给和标准化养殖两个关键，完成饲草种植42.75万亩，其中：青贮玉米种植面积38.67万亩，其他优质牧草种植4.08万亩，600亩以上优质高产紫花苜蓿种植基地5个，1000亩以上优质青贮玉米推广示范基地2个，全力保障优质饲草供给。加快品种改良，引进冻精17万支，改良肉牛9万头，全县肉牛良种率达到90%以上。培育"50家庭牧场"肉牛养殖合作社38家，创建肉牛养殖标准化示范场2家，建设"5360"肉牛养殖示范村8个、"出户入园"肉牛养殖小区17个，调购补栏西门达尔基础母牛3.5万头，全县肉牛饲养量达到50.1万头，总产值达25亿元，提供农村居民可支配收入3000元。马铃薯产业集群。按照"种薯繁育、鲜薯外销、淀粉生产、主食开发"四薯并进的发展思路，推进马铃薯产业提档增值。健全马铃薯三级脱毒种薯繁育体系，建设马铃薯良种繁育基地11.12万亩，其中：原种繁育基地1.02万亩、一级种繁育基地10.1万亩。建设鲜薯外销商品薯基地20万亩、淀粉加工原料薯基地18.78万亩、早熟菜用及加工商品薯生产基地3.6万亩，推广薯玉间作示范3.15万亩，全县种植马铃薯53.5万亩，总产90万吨以上。大力发展马铃薯精深加工，提升佳立、万里等马铃薯加工企业加工能力，加工马铃薯40万吨，生产淀粉6万吨、"三粉"3万吨、主食化产品3000吨。总产值达12.8亿元，提供农村居民可支配收入1800元。冷凉蔬菜产业集群。按照"调结构、转方式、促融合"的发展思路,推进冷凉蔬菜产业转型升级。坚持以市场需求为导向,打造葫芦河川道区冷凉蔬菜产业带,新建改造蔬菜育苗中心5个,完成各类蔬菜育苗1.2亿株,集中连片建立标准化种植基地4万亩,其中:露地标准化蔬菜种植基地30个3.4万亩、设施瓜菜标准化种植基地7个0.6万亩,实施订单种植3万亩,结合实施高效节水灌溉项目,发展高山冷凉蔬菜2.1万亩。完成蔬菜种植15万亩,总产68万吨,总产值达11.5亿元,提供农村居民可支配收入1150元。杂粮(油料)产业集群。按照"栽培技术标准化,基地建设规模化,市场营销网络化,产品加工精深化"的发展思路,推进杂粮(油料)产业高质高效。以提高单产水平、培育龙头企业、研发杂粮食品、扩大电商销售等为重点,建设标准化种植基地117个13.5万亩,全县完成种植杂粮(油料)39.4万亩,其中:谷子9.9万亩、糜子8.9万亩、荞麦5.6万亩、豆类3.9万亩、燕麦2.9万亩、油料12.1万亩,总产3.5万吨,总产值达2.8亿元。

【农业科技】 围绕特色优势产业,强化关键核心技术攻关,深化产学研融合。优化基层农技推广体系,开展农村实用技术培训81期4000人,培育高素质农民510人,创新推广方式方法,下派133名农业技术专业人员对全县19乡镇171个重点产业发展村开展技术指导,选派67名科技指导员重点培育冷凉蔬菜、杂粮科技示范主体670户,示范展示推广农业新品种、新模式、新技术。充分发挥中国农业大学等10个院校和科研单位的28名专家及教授科技特派团作用,针对燕麦、荞麦、蔬菜、牧草、肉牛、马铃薯、中药材等9类产业开展帮扶。加大新品种新技术推广力度,遴选推介农业主导品种53个、主推技术32项,引进推广冀张薯12号、陇薯7号、张杂谷13号等新品种,示范推广马铃薯晚疫病综合防控、水肥一体化、病虫草害绿色防控等新技术。建设玉米大豆带状复合种植、马铃薯集成技术示范、肉牛高效养殖、畜禽粪污资源化利用等5个农业科技示范基地。深化农机农艺结合,加快主要农作物生产全程机械化、特色优势产业全面机械化,全县农机总动力达62.45万千瓦,较上年增长5.05万千瓦,新增农机作业公司1家,全县农机化社会化服务组织累计达到43家,农作物耕种收综合机械化水平达72%以上,较上年增长4个百分点。

【农产品质量安全】 做好农产品质量安全监测,全县重大动物疫病共免疫各类畜禽422.58万头(只),免疫密度达100%。严格履行产地检疫出证制度,全县共检疫活畜禽87451头(只),其中牛68413头、羊262只、禽类18700只、驴76头,动物产地检疫达到100%。建立完善质量安全追溯体系,推行食用农产品合格证制度,全面推广"合格证+追溯""合格证+检测"制度。新采购农产品质量检测设备91套,为19个乡(镇)配套农残速测仪19套,开展农药残留检测,保障农产品质量安全。全年开展各类农产品抽检91个批次,检测合格率100%。

【农业生产安全】 认真落实中央关于安全生产"15条"措施和自治区安全生产"20条"措施,严格落实"三管三必须"要求,全力推动农业农村领域安全生产工作。聚焦高标准农田、设施农业建设和渔业生产等方面,开展安全生产隐患排查行动65余次,排查施工单位58个、农机社会化服务组织16家、执法检查渔业养殖企业20余次、垂钓中心12次,下发责令改正通知书1份,组织渔业生产经营企业法律法规、业务知识培训3次,查出隐患点均落实整改到位。开展种子、农药、肥料、农机、兽药、饲料和农产品质量安全等重点领域专项整治行动,累计出动执法人员800人(次)、车辆 250辆(次),检查农资市场19个、经营主体110多家,查处农残超标、农药、兽药等一般案件16起,检查农机作业公司16家,拖拉机联合收割机320台辆,共罚没款项3.9万元,挽回经济损失5万元左右。农业农村领域安全生产形势持续保持平稳态势。

【农业绿色发展】 加快推进秸秆资源化利用步伐，完成作业面积5.5万亩，实施秸秆打捆151.5万捆3.81万吨，农作物秸秆综合利用率达到90%以上。加快畜禽养殖废弃物资源化利用，支持规模养殖场、集中养殖区配套建设堆粪棚20个、污水沉淀池20个，畜禽粪污腐熟发酵制作有机肥8.8万吨，鼓励畜禽粪污全部还田利用，全县畜禽粪污综合利用率达94%。推进农用残膜和农药包装废弃物"两回收"，压实农用残膜、农药包装废弃物回收处理责任，构建回收利用及安全处置体系，补贴资金1039万元，全年回收残膜1.495万吨，全县农用残膜回收率达到95%。回收农药包装废弃物6530公斤，农药包装废弃物处置率达到100%。持续推动化肥农药减量增效，集成推广一次性施肥、种肥同播、水肥一体化、有机肥替代化肥等化肥减量增效技术，有机肥堆肥1.42万立方米，粮食作物测土配方施肥技术覆盖率达到90%以上。抓好农药减量化工作，加大专业化统防统治与绿色防控，化肥使用量为9.9万吨；农药使用量为107.14吨，农作物统防统治覆盖率为34%，农作物绿色防治率为47.74%。

【农村综合改革】 深化农业经营体制改革，建立"村集体+合作社+农户"的利益联结机制，建设沙岗村等12个示范样板，面积3.32万亩，实现销售收入9860.36万元，形成土地集约高效利用"三统三分"西吉模式。稳步推进农村土地承包经营权改革，开展土地承包确权常态化变更4550户，开展生态移民迁出区土地确权4.93万亩。全县累计规模化流转土地26.6万亩，2022年新增流转土地7.08万亩，土地规模化流转总收入3127万元。稳步推进村集体经济高质量发展，实施中央和自治区扶持壮大村集体经济项目57个，项目资金5700万元，每村100万元。全县村集体收益达到2852.49万元，295个村集体经济经营收益全部达到5万元以上。开展农业生产托管服务，重点围绕粮食作物、大豆油料作物和特色优势产业，紧扣统耕、统种、统防、统收四个环节，培育农业机械化服务公司12家，农民专业合作社及家庭农场13家，开展农业生产托管社会化服务10.32万亩，服务农户6000户以上，带领小农户发展高质量现代农业。持续做好"一村一年一事"行动，聚焦影响农民群众切身利益的难事和实事，投入资金7.51亿元，扎实开展"一村一年一事"行动295件。

【农村人居环境】 持续实施"百村示范、千村整治、万户清洁"行动，以38个示范村建设为重点，集中开展农村人居环境整治，在全县推广"环境整治积分制"模式，健全"拆、清、整、绿、建、亮、管"工作机制，出动机动车辆8799辆（次），劳动力44.43万人（次），清理生活垃圾12.63万吨、农作物秸秆1.7万吨、养殖粪污110.95万吨，回收残膜1.495万吨，拆除残垣断壁5226处，村庄绿化植树13.37万株，做到垃圾"日产日清"。扎实开展"月百户"整治行动，围绕"五清一改一绿一亮"的村标准及"五美"的户标准整治示范户6840户，推动农村人居环境整治取得新成效。持续推进"厕所革命"。坚持把"厕所革命"作为提升群众生活品质的重要手段来抓，不断推动"厕所革命"向纵深发展。今年计划实施户厕改造3000座，整村推进27个，主推"三格化粪池+储水桶"节水防冻型水冲式厕所模式，建成户厕2859座（管网式401座、三格式2458座）。做好改建厕所后续工作，逐步建立起"管收用并重，责权利一致"的长效管护机制。

乡村振兴

【概　况】 西吉县乡村振兴局共有干部职工55人，内设股室10个。2022年，全县脱贫人口人均纯收入12102.26元，同比增长16.6%；农村居民人均可支配收入13924.3元，同比增长9.0%，增速均位居全区第一。

【党建引领】 坚持党对"三农"工作的全面领导，按照"党建引领、村企联建、群众参与、共同致富"的发展思路，抓实农村"两个带头人"工程，培育党组织带头人306名、致富带头人2257名，带动3.5万群众增收致富。着力培育壮大村集体经济收入，全县295个村集体经营性收益达到2852.49万元，实行村集体收益分红43个，受益户数14838户57241人，实现"集体创收"与"群众增收"双赢，进一步密切了党群、干群关系，坚定了脱贫群众感党恩、听党话、跟党走的信心决心。健全"领导包抓+专班推进+驻村帮扶"机制，32名县级领导包抓19个乡镇、联系62个行政村、29个基层党组织，800人以上移民安置点实现县级领导和责任部门包抓全覆盖，92个移民安置点实现乡镇科级干部包抓全覆盖。压实帮扶责任，坚持队伍不散、力量不减，深化领导包抓、单位包村、干部包户等工作机制，制定《西吉县驻村第一书记和工作队员管理暂行办法》《关于进一步加强监测对象和脱贫户结对帮扶工作的通知》，选优派强第一书记298名、工作队员494名，帮扶责任人6728名，所有脱贫户和监测对象"一对一"帮扶实现全覆盖。

【政策落实】 用足用好国家和自治区支持乡村振兴重点帮扶县的政策措施，保持兜底救助类、金融服务类、土地支持类、人才智力支持类等政策总体稳定，持续优化产业就业、乡村建设等发展类政策，继续落实好教育医疗、住房饮水等民生保障普惠性政策，精准落实最低生活保障和临时救助政策，分阶段分对象分类别适时调整基本医疗、公益性岗位等脱贫攻坚期超常规保障类政策，确保政策不松劲、投入不减力，强化各项政策衔接不落空，按照"稳定一批、优化一批、调整一批"的原则，对标对表中央一号文件要求，制定《西吉县2022年全面推进乡村振兴工作要点》《西吉县2022年财政涉农资金统筹整合使用方案》等27个政策性文件，认真落实好部门、乡镇、村级3个层面4类28方面134项目标任务（部门4类15方面104项、乡镇5方面30项、行政村8方面），构建了符合西吉实际、务实高效的"1+N"衔接政策体系；用好国家重点帮扶政策不掉线，对标对表自治区支持国家乡村振兴重点帮扶县16个方面101条具体举措，制定《西吉县落实自治区关于支持乡村振兴重点帮扶县若干意见工作清单》《西吉县巩固拓展脱贫攻坚成果同乡村振兴有效衔接实施方案》，统筹整合资源要素，围绕巩固脱贫攻坚成果、发展壮大特色产业、乡村基础设施建设等7个方面谋划项目738个。用好国家乡村振兴重点帮扶县每年"新增建设用地计划指标600亩"利好政策，完成新增建设用地指标199.86亩，城乡建设用地增减挂钩拆旧复垦跨省域调剂270亩，资金专项用于脱贫攻坚成果巩固拓展与乡村振兴。

【监测帮扶】 健全完善防返贫监测和帮扶机制，制定《西吉县健全防止返贫致贫动态监测和精准帮扶管理办法》，健全完善防返贫"3310"动态监测帮扶和部门信息对接核查机制，将全县40.4万农业人口纳入网格化管理，围绕农户收入支出、产业发展、稳岗就业等关键指标，定期组织开展防返贫监测帮扶大排查，对重点人群和特殊群体落实"八必访"，风险户实行"一键预警"，按照"缺什么补什么"原则，开展针对性帮扶，做到"一户一策、一人一措施"，对有劳动能力的积极培育致富产业，对半劳力或弱劳力的帮助发展庭院经济，累计识别监测对象2589户11738人，已消除风险1895户8724人，未消除风险694户3014人，坚决守住不发生规模性返贫底线。

【稳岗增收】 把增加脱贫群众收入作为根本措施，聚焦"两个高于"目标，围绕产业和就业，集中开展耕地和劳动力"两个不撂荒"行动，做到"西吉没有闲田、政策不养懒汉"。全面落实落细"稳岗""增岗"举措，"点对点"输送就业452人，中介组织和经纪人引领就业3632人，帮扶车间带动就业1633人（其中脱贫人口、监测对象961人），县内重点项目、以工代赈、园区企业吸纳就业7184人、开发公益性岗位稳定就业5058人，全县农村劳动力转移就业

11.15万人，脱贫人口劳动力转移就业4.23万人，稳定就业6个月以上的2.27万人。围绕肉牛、马铃薯、冷凉蔬菜、杂粮等重点产业，做好良种良法、精深加工、品牌建设、市场营销四篇文章，优先支持联农带农富农产业发展，优先保障到人到户项目资金需求。面对今年入春一段时间的高温干旱，制定《西吉县抗旱减灾保增长工作方案》，多方筹措资金1000万元，及时浇灌补灌，抗旱保墒12.7万亩。有效应对疫情影响，积极对接畅通农产品销售"绿色通道"，制定出台35条"稳保促"政策措施和扩大消费13条，打出纾困解难、稳定增长、扩大消费组合拳，21.79亿元财政直达资金惠企利民，新增市场主体2707户，产业链供应链安全稳定，群众生产生活保供有力。及时兑付见犊补母等到户类种植养殖补贴和脱贫人口返乡在乡就业补贴，发放低保等各类社会救助资金3.36亿元，加大政策提档，城乡低保、特困人员供养标准逐年提升。以生产托管、土地流转、股份合作、资产租赁、就业务工等多种利益联结方式提高农民集体分红收益。2022年度脱贫人口人均纯收入12102.26元，其中工资性收入6002.82元，占比49.6%，生产经营性净收入3811.13元，占比31.49%，转移性收入2219.03元，占比18.34%，财产性收入69.29元，占比0.57%。

【巩固提升】 持续巩固提升"三保障"和饮水安全水平，紧盯农户"三保障"和饮水安全巩固情况，建立台账、逐一销号、动态清零。深入推进"12357"控辍保学机制，对全县17所中学、9所九年一贯制学校、166所小学（教学点）学生到校情况进行核查，确保义务教育阶段控辍保学动态清零。落实各学段教育资助政策资金8019.08万元，惠及学生11.72万人次，雨露计划助学补助1.29万人次1932.45万元，不让一名学生因家庭经济困难失学辍学。筛查个人自费超过2.2万元的农村大病、重症慢性病患者信息541条，对符合条件的及时纳入防止返贫监测预警和动态帮扶范围。实施37种大病集中救治，继续实行"先诊疗后付费"和"一站式"即时结算服务，组建247个家庭医生服务团队签约服务21.83万人，基本医疗服务水平显著提升。城乡居民参保率稳定在95%以上，脱贫人口、监测对象及其他低收入人口参保率达到100%。持续跟踪排查农村住房安全隐患，改造危房154户、修缮加固抗震宜居房屋478户、新建抗震宜居房310户，农户住房安全得到进一步保障。开展农村饮水安全"回头看"，排查整改供水设施冬季冻管、管道受损、水源不稳定等各类饮水安全问题隐患293个，农村自来水普及率和供水保证率有效提升。

【移民扶持】 聚焦产业、就业、社会融入"三件事"，扎实推进易地搬迁后续扶持，投入1.48亿元实施26类137个项目，改造提升集中养殖园区6个、扩展养殖圈棚34户、建设日光温室（拱棚）26座，实施菌菇和青苗菜无土种植，切实把搬迁群众嵌入产业链，共享产业发展红利。开展劳务移民就业创业和技术技能培训6期405人次，组织开展直播带岗活动，让就业触"屏"可及，实现企业合作社带动务工、引导就近就地就业2922人，聘用劳务移民公益性岗位435名。提升平峰、兴平等8个乡镇20个安置区基础设施和公共服务功能，在白崖乡阳洼、新营乡车路湾等安置区配套建成100立方米农村污水处理站3座，打造区级、县级综合整治示范安置区（点）各2个。建成吉强镇移民服务中心，辐射5个社区11个移民小区，构建"支部、网格党小组、楼栋长"三级网格管理体系，精细化服务县内劳务移民2466户13241人。建设移民服务中心数字化信息平台，开通就业信息咨询、临时救助、低保申请等业务，移民群众归属感获得感幸福感明显增强。

【帮扶协作】 高质量抓好东西部协作和中央定点帮扶，全方位深化与福建福清、上海商飞等东西部、中央定点单位帮扶协作，争取闽宁协作资金7450万元，实施产业发展、消费帮扶等项目30个，受益人口41172人（其中脱贫人口和监测对象16296

人），开展互访8批次71人次，结成帮扶对子60对，建成闽宁乡村振兴示范村4个，福建省、福清市选派92名教育、医疗、商务、招商等领域专业技术人员到我县开展组团式技术帮扶、挂职交流。争取中国商飞公司帮扶资金1195万元，实施产业振兴、人才振兴等项目29个，建成大飞机帮扶示范村2个。与宁夏大学、宁夏职业技术学院等高校签订框架协议，着力推动"万企兴万村"等社会帮扶合作，28家帮扶企业结对帮扶重点村29个，落实帮扶资金436万元，自治区"万企兴万村"行动现场推进会在西吉召开。

【乡村建设】 聚焦打造塞上乡村乐园目标，实施乡村建设"183"行动，完成"多规合一"实用性村庄规划编制114个，围绕产业型、生态型、城郊型、文旅型4种类型，打造乡村振兴示范村38个，建设美丽宜居村庄2个，重点小城镇1个，新（改）建农村道路59公里，硬化巷道186.32公里，农村硬化道路基本实现"村村通""户户通"，成功创建2022年"四好农村路"全国示范县。改造提升县、乡、村物流站点140个，农村水、电、气、网等基础设施全面提质增效。以"拆清整建绿亮管"为抓手，扎实开展"月百户"整治行动，全县295个行政村全域保洁机制全部建成，农村生活垃圾治理覆盖所有村组。新建户厕2859座，对历年建设的20544座农村户厕开展问题摸排整改"回头看"，摸排问题厕所5994座，完成整改1181座，其余分年度因户施策整改。新建高标准农田21.94万亩，全县高标准农田达64.8万亩，被评为全国第七批率先基本实现主要农作物生产全过程机械化示范县，2022年度全区秋冬农田水利基本建设现场启动会在西吉召开。

【乡村治理】 高效能加强和改进乡村治理，推进政治、法治、自治、德治、智治"五治融合"，创新建立"1133"基层治理模式，健全乡村矛盾纠纷调处化解机制，化解率为99.88%，做到"小事不出村、大事不出乡"，重大节点、重大节日均无上访户。把网格作为乡村治理的基本单元，建立三级网格架构，划分1803个网格（其中社区64个、农村1739个），实现"一格一员"全覆盖。按照"县中心＋职能部门＋乡（镇）所＋行政村（社区）站"四级组织架构志愿服务体系，组建县级志愿服务队12支，乡村志愿服务队520支。全面推行"55124"村级治理民主管理模式，修订完善村规民约，组织开展"拒绝高额彩礼推进移风易俗"宣传浸润专项行动，大力推广"积分制""清单制"，持续推动移风易俗，树立文明乡风，建成新时代文明实践中心1个、实践所19个、实践站304个，推动中华优秀传统文化与文明实践深度融合。"葫芦河畔劲吹文明风""文明新风浸润罗曼沟""震湖乡王建明用低价彩礼成就儿女幸福生活"等低彩礼典型案例被《人民日报》《宁夏日报》等媒体宣传报道。

【资金整合】 高要求规范管理扶贫资金资产，聚力统筹整合，注入发展活水，蓄足振兴动能，强化项目监管，发挥资金效益。整合涉农资金强保障。建立涉农整合资金支付月通报制度，优化资金下达方式，对项目实施进度、资金合规支付、项目资产管理等情况进行全过程绩效评估。2022年涉农整合资金91452万元，其中中央和自治区衔接资金实际到位51939万元，用于支持产业发展占比55.01%，中央衔接资金、自治区衔接资金支付率均达到100%。加大金融扶持激活力。创新金融服务乡村振兴模式，将一般农户纳入金融扶持范围，发放富民贷1024户15103万元，完成自治区下达5000万元任务的302.06%。全县脱贫人口小额信贷余额10.28亿元，户均贷款5万元，覆盖率63.95%，完成自治区下达4.4亿元任务的100.38%。规范资产管理增效益。扎实开展扶贫项目资产后续管理"回头看"，对党的十八大以来累计实施的扶贫项目、形成的扶贫资产，分级建立县、乡、村三级扶贫项目资产台账，摸清扶贫资产底数，做到"资金清、项目清、资产清"。全县扶贫项目实际投入110.85亿元，形成扶贫资产23622个，资产原值88.61亿元，其中经营性资产456个，2021—2022年以来累计收益2780.6万元。

【人才强农】 实施人才入乡强农行动，紧抓"人才第一资源"，选派科技特派员247名、"三区"人才15名、临床骨干医师47名下沉基层。出台优惠政策，引进免费师范生和医疗卫生人才13名，柔性引进区内外医疗专家20余人次，积极争取28名区内外科技特派员提供产业技术支持，规范提升农村实用人才培训基地42个、田间学校36所，开展各类培训1.8万人次。

【文化惠农】 实施文化浸润铸魂文化惠民工程，健全乡村公共文化体系，推动民间文艺团队、农民文化大院规范化、特色化发展，推出西吉文学原创音乐短视频12期，制作"西吉好吃头"推介短视频26期，发行原创歌曲《西吉好吃头》《西吉好东西》，开展"送戏下乡""戏曲进乡村"文化惠民演出249场次，打响"西部福地·吉祥如意"文旅品牌，西吉刺绣抱枕登上国产C919大飞机，中央广播电视总台"乡村振兴观察点"落地西吉县。

水 务

【概　况】 2022年，西吉县水务工作以习近平新时代中国特色社会主义思想为指导，深入贯彻党的二十大精神和习近平总书记视察宁夏重要讲话指示批示精神，认真践行"节水优先、空间均衡、系统治理、两手发力"治水思路，认真贯彻全国、全区水利工作会议精神，全面落实区市县党委、政府各项决策部署，统筹常态化疫情防控和水利发展，持续巩固脱贫攻坚成果，推动水务事业取得新发展。

【供水保障】 全面落实全县农村饮水安全管理"三个责任"，建立会议调度制度、纵横巡查制度、问题清单制度和绩效考核制度。全面建成西吉县"互联网+城乡供水"项目，新建联户井6827座、单户井3200座、维修联户水表井6043座，新建测控井1092座、消防井292座、调度中心1处，安装水源、水厂、泵站、管网自动化监控点780处，完成泵站、蓄水池、分水口、压力监测、水质监测共660余处工程的组态配置和接入工作，安装入户智能水表9.63万块，智能水表上线8.76万套。开展农村供水工程维修养护项目7个，总投资885万元，维修改造供水管网147.48公里，各类阀井606座、蓄水池24座、扬水泵站13座、自动化控制设备15套、回填冲沟44处、农户井201座，保证了农村供水安全稳定。全面落实多级多层水质检测把关机制，确保水质达标。

【水利工程建设】 2022年，全县实施灌区续建配套与节水改造、高效节水灌溉、小流域综合治理、农村饮水安全巩固提升、库区移民后期扶持等各类水利项目39个，批复总投资14.24亿元，年度计划投资9.43亿元。截至2022年底，全面建成小流域综合治理、坡耕地水土流失综合治理、"互联网+城乡供水"、葫芦河中型灌区续建配套与节水改造工程（二期）等24个项目，张家沟水库、范沟水库除险加固等15个项目完成年度建设任务，完成总投资7.73亿元。这些项目的实施，有效发挥了夯基础、促发展、惠民生作用，进一步补齐西吉县水利工程短板。

【水资源管理】 积极探索实践高效节灌设施"三统三分"机制，通过"低水高用""引水上山"，发展高山冷凉蔬菜，实现旱地变水浇地，农业用水占比由2015年的82.8%下降至2022年的71%，走出水资源高效利用、农民稳定增收致富、加快推进乡村振兴的路径。健全农田水利配套设施，大力推广应用喷灌、滴灌等高效节水灌溉技术，促进农业用水节约集约利用。2022年万元地区生产总值用水量较2020年降低5.56%，农田灌溉水有效利用系数达到0.75。压茬开展水资源管理、取水口专项整治等行动，制定印发《西吉县关于进一步规范取用水行为的通告》，明确取用水"六条严禁"管控要求，规范全县取用水秩序。全面开展深化用水权改革，完成农业、工业、规模化养殖用水权确权，农业确权水量4000万立方米，工业确权水量124.45万立方米，规模化畜禽养殖业确权水量28.73万立方米。落实资源有价、使用有偿，累计征收用水权有偿使用费26万元，探索金融支持用水权改革，完成跨区域水权交易1000万立方米，办理首笔用水权质押贷款300万元，有效破解县域水资源供给不足、结构不优、效率不高的问题。

【河湖管理】 制定印发《西吉县河湖长制督查暗访制度》《西吉县河湖长制工作督办通报制度》等制度办法，压实各级河湖长管护责任。实行河湖长巡河打卡机制，设置打卡点2748个，全县483名河湖长累计巡河1.7万余人次。印发巡察专报8期、问题交办单41份、督办通知12份、发现并协调解决涉河湖问题146处。完成2020年以来中央及自治区环保督察17项涉及河湖问题和水利部反馈108个疑似"四乱"问题认定整改，拆除违规占用河道"四乱"问题14处1.3万平方米，封堵入河污水口5处，清理河道垃圾138.5吨，依法清理河道阻水建筑物4处8801平方米、阻水片林2处4.3亩。充分发挥"河长+检察长+警长"机制作用，对县域内9家河道采砂场进行2次全覆盖检查，下发整改通知书7份，交办整改问题18个。完成古强、新营、偏城等乡镇禁养区畜禽养殖场关闭搬迁，全县规模养殖场粪污处理设施装备配套率达100%，粪污综合利用率达到95%以上。完成湿地保护修复1200亩，河道湿地综合整治450亩，编制完成《西吉县葫芦河流域生态基流管控方案》，对葫芦河等重点河流生态流量动态监测42次。

【水土保持】 完成张武、红耀、马建、小河4个小流域水土保持重点工程，陈阳川、芦子沟2个坡耕地水土流失综合治理项目，新建堡湾大型、曹垴中型淤地坝，完成麻子湾中型淤地坝除险加固，共计治理水土流失面积53.96平方公里，新修基本农田1.64万亩，造林5169亩，封禁治理3953公顷，新建小型水保工程84座，完成总投资5338.12万元。督促生产建设项目单位依法履行水土保持监管职责，全面落实"三同时"制度，建立完善生产建设项目水土保持事前事中事后全链条全过程监管体系，完成人为水土流失防治责任面积466.87公顷。严把水土保持方案审查审批关，共审批水土保持方案65项。常态化开展水土保持信息化监管，印发《2022年西吉县生产建设项目水土保持方案监督检查清单》，有效管控人为水土流失。

气 象

【概　况】 西吉县气象局始建于1957年2月，全县范围内现有国家基本气象站1个、国家气象观测站7个、省级气象观测站30个、自动土壤水分站2个、农田小气候站4个，主要承担综合气象观测、预报预警及气象服务业务，实现了气象站点乡（镇）全覆盖，监测网点的布局进一步优化。2022年，地面观测、农气观测、生态观测有序进行，自动气象站业务质量稳定。完成西吉国家基本站气象站观测场的标准化改造和7个国家骨干观测站的位置核查工作，为气象数据准确性提供了保障。

【气象统计】 2022年平均气温为7.3℃，较2021年（6.9℃）偏高0.4℃，较历年平均气温（6.3℃）偏高1.0℃。年极端最高气温为32.6℃，出现在7月8日；年极端最低气温为-20.6℃，出现在2月8日。1、3~9、11月气温较历年平均值偏高，2、10、12月份偏低。最热月为7月，平均气温均为20.3℃，最冷月为2月，平均气温为-6.2℃。2022年总降水量为301.1mm，比2021年（393.7mm）偏少92.6mm，比历年平均（404.7mm）偏少103.6mm。其中降水量1、2、8、10~12月份较历年平均值偏多，3~7、9、11月份不同程度偏少，特别是9月份偏少43.3mm。2022年日照时数2111.9小时，比2021年日照总时数

(2151.9小时)偏少40小时,比历年平均(2280.1小时)偏少168.2小时。

【气候评价】 2022年全县降水偏少、气温偏高。年内出现干旱、冰雹、暴雨、霜冻等气象灾害,对农业生产、人民生活、交通运输等造成一定影响。3月气温异常偏高、降水异常偏少:2022年3月,全县平均气温5.3℃,较历年同期偏高3.7℃,为1960年以来同期第1高值。2022年3月,全县无降水出现,是自1960年以来唯一一个3月份无降水的年份。首场透雨出现时间异常偏迟,出现在2022年6月20日至22日,全县累计降水量在5.7~31.8毫米之间,较历年推迟近2个月。春季(3~5月)降水偏少,全县累计降水量13.7~55.7毫米,其中县城降水量14.6mm,与历年同期相比偏少79.5%,为1960年以来第1低值。降水偏少对春小麦、玉米、马铃薯等农作物的播种和生长极为不利。夏季(6~8月)出现了四次较强降水天气过程,累计降水量仍偏少。

【重大天气过程】 2022年5月23日18时30分至50分,西吉县什字乡唐庄村出现冰雹天气,冰雹直径为3—4mm;2022年7月4日,西吉县出现了短时强降水天气过程,最大累计降水量69.3mm和最大小时降水量42.4mm均出现在兴隆镇杨茂村;2022年7月4日14时10分至20分,火石寨沙岗村出现冰雹天气,最大冰雹最大直径约为1.5厘米;2022年9月9日14时吉强大营出现冰雹,持续时间20分钟左右,最大冰雹直径1cm;2022年9月12日15时40分马莲乡罗曼沟村出现冰雹,持续时间20分钟左右,最大冰雹直径1cm;2022年7月15日西吉县出现暴雨天气过程,最大累计降水量123.8mm出现在杨茂村,最大小时降水量55.0mm出现在什字村。

【气象服务】 2022年,制作各类专题服务材料125余期,发布预警信息、雨情信息等231条,开展电话叫应18次88人次,发布暴雨红色预警信息5条。通过电子显示屏每日8时、11时、17时三次发布村镇精细化预报,每周周一发布一周预报和森林火险预报,周二发布空气污染预报;通过微信公众号每日发布未来三天天气预报,不定期发布预警、科普等信息,通过移动平台每日向决策层发布未来三天天气预报。开展高、中考期间天气监测并对影响较大的天气过程提出预防措施,助力平安高考。全年开展墒情调查7次,进行冬小麦返青调查2次,制作宁夏马铃薯农业气象服务材料65期,研发"马铃薯产量预报""马铃薯关键发育期气候适宜度评价""马铃薯全程气象服务指标"产品,参与完成宁夏科技惠民项目"马铃薯全程气象监测预警服务""马铃薯不同覆膜种植抗旱防霜效应研究",为农业生产提供科学依据。切实做好气象防灾减灾工作,印发《西吉县人工影响天气与气象灾害防御联席会议制度(试行)》,召开全县抗旱专题会议科学开展人工增雨气象服务,全年开展人工增雨(防雹)79点次,发射火箭弹245枚,人雨弹50发,燃烧焰条2条。分发挥气象防灾减灾第一道防线作用,全力守护人民群众生命财产安全。

工 业

综 述

【工业经济】 坚持疫情防控和经济发展"两手抓",加强对全县工业企业的疫情防控指导,完善闭环管理预案,对全县工业企业实行全覆盖式督导检查。福农薯业、万里淀粉、佳立公司等3家马铃薯淀粉加工企业于2022年9月15日全部开工,提前半个月进入生产期。金曜塑业、福寿康宁提前启用新的技改生产线。全县11家规上工业企业全部开工生产,87家规下工业企业正常开工。深入实施"扩大有效投资年"行动,全力抓好工业有效投资。全年工业新改扩项目开工建设14个,完成投资1.88亿元,比2021年增长2%。

【企业培育】 加大企业培育力度,组织金曜塑业、福寿康宁等企业积极申报自治区"专精特新"企业。加大"小升规"企业培育,定期调度工业企业经营情况,分析研判培育形势,及时掌握"小升规"培育企业的发展动态,将四丰绿源、泽艾堂等企业纳入企业后备库,积极培育争取年内入规。加强对规上工业企业运行监测分析,及时研判现有规上工业企业中有可能退库企业等相关情况,做到进出有据,动态监测。

【助企纾困】 对接企业做好精准服务,扎实开展"蹲点调研"和"助企纾困大走访"活动,深入企业一线,及时了解企业用工、生产、营收、税收等情况,认真分析企业存在的困难和问题,提出应对措施建议。为推进辖区内3家马铃薯淀粉加工企业和2家供热企业如期生产,解决企业生产期能源消费需求,与彭阳王洼煤矿对接,为5家企业解决12万吨生产期原煤需求,协助企业申请重点物资运输车辆通行证,开通运输绿色通道,做好原料收购、原煤运输等保通保畅工作,保障企业物资运输畅通。

【招商引资】 认真贯彻落实自治区第十三次党代会精神、固原市五届五次全会和全市产业招商大会精神,紧盯区、市下达的目标任务,依托全县特色资源、人文环境和区位优势,聚焦"五特五新五优",广泛捕捉招商信息,深入挖掘招商潜力,多渠道、全方位开展招商引资,取得较好成效。全年实施招商引资项目26个,计划投资40.9亿元,其中废旧汽车回收拆解、金通汽贸物流园汽车展示馆、德润净水设备生产、兴隆农机农资综合市场等16个新签约项目全部开工建设,分布式屋顶光伏项目等2个项目年内完成开工前准备,华夏金龙集团羊肉加工项目、宁农兴(西吉县)生物玉米压片项目、宝鸡大地农业30万吨有机肥生产项目、京东科技数字经济产业发展项目等4个项目均达成投资意向。2022年,县委、县政府领导带队前往福建、上海、江苏、湖北等地考察招商10次,邀请客商来西吉考察72批次。积极开展推动以商招商,围绕落地项目上下游产业链,通过落地企业协助梳理,筛选一批产业定位准、投资实力强、带动效果明显的延链补链强链重点目标企业,积极对接洽谈,明确投资意向,了解企业所需,提出科学合理的投资建议,推进签约落地。

【绿色发展】 认真做好加强宣传引导工作，充分利用展板、LED显示屏、微信公众号等方式宣传环保法律法规和相关政策，让每一家企业都能知晓环境保护工作，组织工作人员深入企业，通过展示案例引导企业走绿色发展路线，从思想上树立起环保意识。坚持问题导向，工业企业进行排查，对发现的问题，督促企业立行立改，实现清零销号。建立长效机制，对重点企业进行常态化监督，做好常态化管理，定期深入企业查看台账及现场情况，确保有问题及时发现、快速整改。积极引导企业开展技术改造，对生产设备定期升级维护，优化和改进生产工艺，鼓励企业使用节能环保可降解、可回收材料，杜绝浪费污染，确保全县企业持续健康发展。

【规范管理】 认真贯彻落实中央及区、市党委部署要求，推进企业规范管理，推动企业守法诚信经营、质量效益提升，企业治理体系和治理能力不断完善。依法推进企业普遍建会，2022年开展25人以上未建会企业动态清零工作，新建工会组织16家、会员638人。截至2022年底，全县建会企业131家、会员4897人。推进社保改革惠企，督促各类企业依法足额缴纳各项社会保险，推动全县企业职工基本养老保险参保18030人，完成年度任务的97.13%。重视企业公平竞争和诚信建设，做好企业异常名录管理，充分发挥"双随机、一公开"监管作用，实现"进一次门、查多项事"。做好僵尸企业清理工作，对长期处于停业状态、未开展经营活动的僵尸企业，督促办理注销手续，对连续两年未报年报且通过登记场所无法联系企业进行核查取证，依法吊销，年内吊销僵尸企业89户。加强监测，着力提升企业绿色发展能力。全力推进排污权改革工作，对满足确权条件的17家企业进行排污权确权。加大对工业企业日常监察和投诉案件查处力度，下发《污染源现场监察记录》42份，下发督办函4份，处理投诉案件6件。紧盯行业领域重点企业，层层签订抵御和防范宗教渗透责任书，建立"思政大课堂"进企业制度，发放各类宣传资料7500余份。在端午节、开斋节等节日期间，对全县大型餐饮企业和商场进行清真食品安全检查，对清真食品准营证、从业人员及票证等严格审查，发现问题现场督促整改落实。

工业园区

【概　况】 宁夏西吉工业园区是宁夏回族自治区人民政府2012年批准设立的自治区级工业园区，主导产业为农副产品加工、轻工产品制造，当前重点发展马铃薯系列产品、亚麻籽油、西芹汁、枸杞汁、沙棘汁、艾草制品等特色农副产品精深加工及服饰生产、塑料制品等轻工产品制造业，配套发展物流、商贸等现代服务型产业。

【党建引领】 始终坚持党对园区工作的领导，充分发挥把方向、管大局、保落实的作用，完整、准确、全面贯彻新发展理念。园区党工委高度重视政治建设，始终坚持以习近平新时代中国特色社会主义思想为指导，持续学习贯彻习近平总书记视察宁夏重要讲话和自治区第十三次党代会精神等，通过开展全覆盖式集中学习和个人自学，进一步提升思想自觉和行动自觉，不断增强"四个意识"、坚定"四个自信"、做到"两个维护"。严格落实中央八项规定及其实施细则精神、自治区"八条禁令"、固原市"十项规定"和县委改进作风七条措施(试行)，坚决防止"四风"问题反弹回潮。认真开展园区党风廉政警示教育周活动，围绕重点岗位环节开展廉政风险排查，完善廉政风险防控措施17条。开展重点领域突出问题专项治理，排查发现建设项目采购合同未公示，对相关人员进行了通报批评，进一步严明了政治规矩和工作纪律。

【园区规模】 园区现有入园企业31家(规模以上工业企业4家)，其中农副产品加工企业11家、轻工企业18家、投资公司2家。2022年，实现工业总产值5.65亿元，比2021年增长30.3%；实现销售产值4.76亿元，比2021年增长23.9%；实现利润总额

0.74亿元，比2021年增长45.74%；园区稳定就业1000余人。从规模看，规上企业工业产值2.9亿元，占园区总产值的54%，凸显了规上企业对工业经济发展的重要支撑作用。从经济运行看，金曜塑业、吉强服饰、亲亲食品、金蛋蛋食品、文强保温材料厂等运行良好，福寿康宁、泽艾堂、伊香食品、贤明服饰、荣吉科技等企业运行较为平稳，继明编织、三金建材、伊尔德农业、仁初包装等生产经营僵化，产值降幅明显。

【园区招商】 西吉工业园区发挥平台资源优势，吸引企业投资发展。概算投资2000万元的福建润霖农业集团有限公司蔬菜加工项目建成投产；概算投资500万元的螺旋纸管生产加工项目运营生产；概算投资5000万元的聚口福预制菜西吉生产基地项目已完成公司注册、银行开户、税务登记等工作，正在完善厂房装修方案；概算投资3000万元的西吉县牛肉精深加工项目、冷链物流及品牌培育项目已完成公司注册；概算投资2300万元的新能源汽车线束产品生产项目已投产；概算投资2300万元的宁夏利恒达新能源科技有限公司新能源产品制造项目已投产；概算投资2200万元的宁夏吉净康能源科技有限公司净水机生产项目正在进行厂房装修和设备订购；概算投资2050万元的宁农兴（西吉县）生物科技有限公司西吉县玉米压片厂建设项目已完成备案，开展用地报批；概算投资1000万元的艾草康养产品加工及艾草种植繁育建设项目已完成设备采购、安装，正在进行设备调试。

【园区服务】 2022年，西吉工业园区下大力气推进改革，为企业营造优质高效服务环境和干事创业发展环境，服务管理体系不断优化。制定《关于加快推进宁夏西吉工业园区体制机制改革和高质量发展实施方案》，推进园区体制机制改革。实行入园企业项目"一站式"审批代办制度，为宁夏利恒达新能源科技有限公司、福建润霖农业集团有限公司等12家企业代办营业执照、项目备案等，提高入园项目落地效率。制定《宁夏西吉工业园区入园企业管理办法（试行）》，规范入园企业及项目的准入、运营、管理，清退企业1家，腾换厂房5栋11163平方米。充分发挥园区工会和警务室职能，指导企业签订劳动合同900余份，签订率100%，调解工资纠纷11起、劳动争议8起、工伤2起。实行"一个企业、一名包片领导、一名干部"，"二帮一"网格化服务管理，协调化解港生生物科技有限公司3家合伙股东经营纠纷，通过以商招商为伊尔德农业有限公司寻找合作伙伴共同发展，为勇兴三粉寻找洽谈经销商和原料供应商。加大企业扶持，落实企业市场拓展、物流、技改、厂房租金等补贴330万元。协调办理用电入户7家，抢修供电30余次。联合人社部门及时发布招聘信息，组织12家企业参加招聘会3场次，累计登记求职者200余人，办理新入职员工103人，落实全覆盖式岗前培训。

【基础建设】 2022年，西吉工业园区实施基础设施项目4个，概算总投资9524万元。完成园区污水处理厂及集污管网（一期）建设项目，概算总投资4669万元，2022年7月底完成全部建设内容。完成园区闽宁产业园（19#厂房）标准化厂房建设项目，概算总投资1198万元，2022年6月底完成全部建设内容。完成园区（轻工区）标准化厂房建设项目-1#厂房，概算总投资1485万元，至年底完成建设投资200万元。新建地上一层，局部二层门式钢结构工业厂房1栋，建筑面积4152.8平方米，硬化道路及场地4063平方米，配套给排水电及供热等。完成莆阳食品加工产业园蒸汽管网工程，概算总投资489万元，新建锅炉房353.92平方米，新建天然气管道91米，蒸汽管道258米等，安装15吨天然气锅炉1台。

【安全生产】 认真落实常态化疫情防控措施，协助企业做好复工复产"六个一"工作，加强厂区封闭化管理，从严执行外出双报备和零报告制度。巩固提升安全生产三年专项行动成果，开展消防、受限空间、工程领域安全大检查，共排查出各类隐患11起，整改11起，整改率100%。集中组织企业职工开展消防演练两场次。

商贸服务

综 述

【商贸流通】 2022年,全县商贸流通领域消费趋旺。组织开展网上"年货节""西吉三好·惠享生活"五一"双品节""绿色家电"促销、"6·18"电商助农直播带货等活动4场次,组织开展百货、家电、文化、美食等业态让利折扣促销5场次,推动"线上线下"融合,促进消费恢复性增长。加快县域商业体系建设,制定《西吉县县域商业体系建设实施方案》,完善以县城为中心、乡镇为重点、村为基础的市场体系,通过积极对接引进好又多超市,在将台堡、平峰、震湖等乡镇建设商贸中心,利用闲置乡村客运站建设商业分拨和流配中心点,不断推动资源要素向农村市场倾斜,完善农产品现代流通体系,实现农民增收与消费提质良性循环。

【促进消费】 认真贯彻落实《国务院办公厅关于进一步释放消费潜力促进消费持续恢复的意见》《自治区支持扩大消费的若干政策措施》等政策措施,积极开展各类促消费活动,充分释放消费潜力,促进消费持续恢复。开展"宁夏绿色智能家电惠民行动"西吉县促销大集活动,组织多家知名品牌企业为消费者带来了5G终端服务、智能家电产品、家庭网络应用等惠民福利,同时在西吉县指定多家门店,持续化开展家电以旧换新、下乡进村等让利惠民举措。活动期间,西吉县9家指定门店共实现家电销售3600万元;开展"网上年货节""双品网购节""6·18"电商助力乡村振兴惠民促销、"直播吧宁夏"等促销活动。"双品网购节"期间,全县累计线上线下销售1412万元;组织福寿康宁、勇兴三粉、兴鲜杂粮、震湖实业、泽艾堂等39家供应链企业设立展位,帮助企业在淘宝、拼多多、快手小店、抖店等平台开设网店190家,推介销售西吉县马铃薯粉条、酸辣粉、麦麸醋、胡麻油等多种特色农产品9036.7万元;开展"西部福地·吉祥如意"全民促消费等各类促销活动,累计发放8万张总金额为200万的消费券,配套出台支持扩大消费13条措施,县财政筹措850万元撬动社会消费,各级工会拿出600余万元组织干部职工带头消费,释放消费潜力;开展"喜迎中秋 感怀师恩"主题促消费活动,共计投入118万元,以扫码支付"随机减"的形式开展促销,充分挖掘节假日消费潜力,促进消费品市场逐步回暖。活动期间,直接带动消费22.69万笔,累计消费金额2969.78万元;开展消费帮扶工作,制定印发《西吉县2022年消费帮扶工作实施方案》,重点围绕西吉县肉牛、绿色食品、小秋杂粮等农副产品在一二线城市、省会城市建设西吉县农副产品展销馆5家,扶持832平台的本县企业销售当地农副产品,按照销售额进行奖励性补贴。

【电子商务】 2022年,西吉县建成电子商务公共服务中心1处,支持西吉县极速供应链有限责任公司打造"西吉县县域名优特产公共仓",为网商提供仓储、物流、分拣、打包、代发、同城配送等服务。全县新开设网店69家，从场地、孵化、运营、营销等方面为电商提供服务，协助企业拍摄产品视频130余款，制作产品详情页118款。在苏宁拼购、拼多多、快手小店、抖店、美团、饿了么等平台开设"西吉特产馆"6家。加快物流体系建提升改造县级寄递物流中心1处，建设农副产品恒温保鲜库4座，建成智慧物流指挥调度大数据平台，实行分批接货、集中分拣、统一配送。建成乡镇区域节点物流配送中心19个，优化县乡邮路14条，配备运输车辆35辆，紧密衔接干线、本地网及农村投递。改造提升村级电商服务站点120个，招募并培养站点创业者，为城乡居民提供网络购物、农产品网上销售、代购代缴、政务服务、小额取现等服务，叠加代收代投自提服务率达到100%。加快邮快、交邮合作，与中通、圆通等民营快递公司合作，发展邮快合作建制村60个，开通4条客货邮合作线路，实现9个建制村投递进村，合作区域内农产品从田间地头到城区配送中心4小时至6小时即可实现"定线、定时、定点"送达。打造"O2O"展销中心，对全县37家农产品企业、8家合作社、3家手工艺品企业的200余款产品进行展示展销。打造"西部福地·吉祥如意"西吉好吃头云厨房，通过"现场制作+网络直播"的模式推介西吉县农产品。全年开展农村电子商务培训65期3585人推动462名电商爱好者借助快手、抖音开展直播带货。

供销合作

【概　况】　西吉县供销合作社是为"三农"服务的综合性合作经济组织。2022年，资产总额3855万元，所有者权益2226万元。全年完成商品销售1.29亿元（其中农资销售1.06亿元，农产品销售0.12亿元，工业品销售0.11亿元），实现利润50万元。发展为农服务综合体1个，巩固提升基层社1个，创建村社共建点1个、乡镇综合超市1个，吸纳入社市场经营主体2家。

【综合改革】　以巩固提升基层供销社组织为基础，坚持守正创新、因地制宜、多元化发展的原则，积极壮大供销社营销组织建设，吸纳以电子商务为主业的西吉县九分田电子商务有限公司和以农产品生产销售为主业的西吉县宏丰生态农业科技发展有限公司为供销社成员单位，注册成立常顺祯供销合作社有限公司（龙王坝村供销合作社），组建发展偏城供销社综合超市，提升向丰综合服务中心为农业综合服务体，巩固壮大新营供销社，新增合作社社员0.3万人。积极组织申报新型基层供销社组织体系建设项目，为基层组织建设提供有力支撑。

【数字化建设】　制定西吉县创建全国"数字供销"示范区建设实施方案，以西吉县九分田电子商务有限公司为市场运营主体，依托将台堡镇红色旅游资源和将台堡西坪村、火沟村扶贫车间有利条件，在将台堡游客中心打造农产品红色供销馆，建成西吉县"数字供销"农产品销售平台小程序，为高质量建设西吉"数字供销"县级运营平台打下良好基础。

【农资供应】　全力做好化肥等农资商品供应服务，充分发挥供销社农资经营主体和其他市场主体联动作用。全年共组织购进各类化肥37100吨，销售36000吨，有力保障了全县农业生产所需农资供应服务。

【农产品销售】　依托基层专业合作社和农产品运营市场主体，采取市场推介、直销、电商促销等灵活多样营销方式，积极拓展促进农产品销售。全年共组织县内外市场促销推介会3次，入驻"832"平台企业54家，实现农产品销售923万元。配合自治区供销社举办第二届全区供销社农产品经营人员培训班，采取理论教学与实地观摩相结合的方式，努力提高学员培训质量。组织开展县内外农产品产销对接会、设立农产品销售专柜，推介西吉农产品贴标自治区供销社"供销壹号"品牌等方式，全力拓展农产品销售渠道。

供电服务

【概　况】 国网西吉县供电公司是保障西吉县供电服务职能部门。全县有110千伏变电站3座、35千伏变电站17座，35千伏线路22条341.1公里，10千伏线路85条2710.25公里，其中农网线路78条。有公网变压器2449台322.4兆伏安，专变1661台432.81兆伏安。2022年，完成发展投入1.589亿元。完成售电量3.62亿千瓦时，比2021年增长10.48%；综合线损率完成6.03%，比2021年降低0.73个百分点；平均售电单价完成453.82元/千瓦时，比2021年减少5.4元/千千瓦时；低压同期线损率3.18%，比2021年下降0.92个百分点；台区线损合理率完成98.89%，比2021年提升1.2个百分点。供电可靠率达到99.87%，电压合格率达到99.75%，实现安全生产长周期运行7633天。

【党建引领】 围绕"乡村振兴"和"电力保供"持续深化"我为群众办实事"实践活动，完成抗旱救灾紧急投运变压器15台。为疫情防控点紧急接电78处。立足"两个发展"和"两个服务"，围绕"5+1"服务积极开展共产党员服务队建设。组织党员服务队定期在村部开展"用电接待日"活动63人次，完成11个示范村用电环境专项整治。组织党员服务队对5条跳闸次数较多的10千伏线路开展特巡，发现消除缺陷36处，清理树障215棵，有效压降了线路跳闸次数。设立"党员责任区"和"党员示范岗"，开展业扩报装、频繁停电等供电服务突出问题的专项整治，进一步提升供电服务管控水平。充分压实6个党支部主体责任和支部书记第一责任，发挥专职纪检委员监督作用，坚持源头管控和过程管控相结合，针对25个所站、9个班组开展车辆管理回头看集中整治工作，进一步规范了全公司车辆管理，实现"一车一台账、一车一考核、线上线下一数据"的精细管理模式。

【安全管理】 认真落实安全基础管理提升十二项措施，持续强化责任落实，完善全员岗位安全责任清单。完成32个班所420场次2520人次驻班培训。认真实施大排查大整治大治理大检查"四大行动"，全方位开展安全隐患排查整治，全面完成48项重大安全隐患的整治工作。持续规范"两票"管理，组织开展两票实用化培训4场163人次。常态化组织开展10千伏涉网作业方案会审54场次，深入分析人员承载力、危险点，针对危险点逐项制定预控措施。坚持10千伏涉网作业管理人员与作业人员"同进同出"，全过程监督指导现场安全管控秩序，严格盯对倒闸操作执行情况。组织召开反违章专题分析会议6场次，针对违章行为刨根溯源，制定针对性管控措施。强化应急管理，完成新一轮应急预案修订，形成"1+29"成熟预案体系。推进新一代应急指挥系统应用，增强应急值班力量，累计发布各类预警99起，开展预警行动53起。高效组织7·15特大暴雨应急抢修，及时完成41处倒杆断线故障抢修，在最短时间恢复了4127户用户的供电。

【电力保供】 加强配电运检专业管理，推进全业务核心班组建设，重组城区6个网格化班组，强化10千伏专业化运维管理，增强城区配网运维力量，提高了日常抢修质效。以吉强、新营、火石寨三个供电所为片区试点组建中压运维队，全面负责17条10千伏线路运维业务，为后续生产班组专业化管理积累了宝贵经验。强化线路设备运维管理，结合春秋检及日常检修消缺，更换老旧跌落68组，拆除10千伏线路老旧开关15台，处理扎线脱落65处、瓷瓶倾斜46处、校正杆基95基，修剪树障17724棵，补装各类杆号牌3.43万块，加装防撞墩600只、防撞贴2200副、拉线护套1000副，加装驱鸟装置300套，有效保证了线路稳定运行。持续夯实配电自动化硬件基础，完成28条线路"一线一案"编制及定值下装，完成37台老旧环网柜及分接箱简易测控终端安装，新装自愈开关45台，完成175台故障指示器的安装工作，有效提高了故障研判率，自愈开关终端覆盖率由57.8%提升至90.2%。建立故障抢修超时责任考核通报机制，全年发生"95598"抢修工单3406件，比2021年压降28.54%，平均修复时长降低6.88分钟，实现了抢修工单与抢修时长"双压降"。大力推进不停电作业应用，累计开展带电作业检修177场次，带电抢修95场次，带电接火92次，配网工程施工不停电接火率达到58.18%，对外减少停电13536时户数。

【配网建设】 实施配电网工程施工转型升级三年行动，高质量开展"十四五"规划滚动修编，重新划分西吉县配电网格、供电单元，对供电区域线路联络、"N-1"校核等进行优化调整，完成偏城、兴隆、白城、吉强、硝河等乡镇配网及县城老旧小区改造工程项目储备工作，储备农网基建、大修技改76项1.66亿元。以配电网工程建设实施转型升级为契机，全面完成2022年7个批次、75项1.589亿元的工程建设任务。全年新建及改造10千伏线路81.92公里，新增及更换配变282台，新建及改造0.4千伏线路403.98公里，改造接进户线472.54公里，四线比率提升至60.74%、10千伏线路联络率提升至90.58%。强化配网工程管控系统应用，深化一键结算功能，严格里程碑计划执行，确保实际工程进度与配网工程管控系统保持一致。

【优化服务】 圆满完成冬奥会、全国两会、党的二十大等重大活动保电任务，累计开展保电29次。积极配合地方政府完成G566国道、兴隆汽贸城等重大项目建设的电力线路迁改工作。深入开展"营商环境深化提升年"活动，深化"三零""三省"服务，建立低压新装业扩工单预警管控机制，强化业扩施工监督和装表接电督办，业扩工单保持动态清零，全年接入动力用户6514户。多渠道推广网上国网，新增注册用户2.2万户，网上国网缴费占比30%。深化"供电+能效"服务，辖区所有营业厅实现刷脸办电，线上走访1343户，推广综合能效账单1228户，高压办电e助手应用率持续保持100%。制定《国网西吉县供电公司2022年供电服务"三抓一创"管控工作方案》，协同专业部门建立供电服务问题专项整治清单，限时处理供电设备位置不合理等问题154件。推进"供电+村委会"服务模式，建立台区经理微信群855个，张贴表箱贴、开关贴10.2万张，发放挂历、围裙等小礼品8000份，推送微信群消息3万条、服务短信30.2万条，全渠道业务满意率由92.53%提升至96.67%。

烟草专卖

【概　况】 西吉县烟草专卖局（分公司）负责西吉辖区烟草专卖执法、监督管理、打假打私、行政管理和市场营销服务工作。2022年，西吉县烟草专卖局（分公司）坚持以习近平新时代中国特色社会主义思想为指导，认真学习贯彻落实党的二十大精神，紧盯年度各项工作目标，细化工作措施，统筹推进党的建设、专卖管理、卷烟营销、社会责任担当等各项工作，较好地完成了年度目标任务。

【证照管理】 严格落实《烟草制品零售点合理布局规定》，开展"5日办结制"行政许可服务，对卷烟零售户加减分事项信息进行更新汇总，形成"守信者受益、失信者受损、违法者必究"的卷烟零售客户信用监管工作新格局。2022年，全县共有卷烟持证零售客户1125户，全年新办零售许可证38户，延续276户，歇业50户，注销6户，停业13户，恢复营业3户。

【卷烟打假】 采取召开协调会、交流指导、线索移交、联合办案等方式强化对毗邻地区、交通要道的管控。全年组织开展"六盘之剑2022-I号""茶烟"等类烟产品卷烟市场专项治理行动，密切关注各寄递点收货时间段，对辖区物流货运站、物流寄递、零售户仓储地、特行业场所、车站等重点区域开展有针对性的检查。全年查处各类违法案件32起，查获卷烟96.7万支，查处5万元以上案件4起。

【营销网建】 全面实施网格管理,打造"三全"数字门店和"聚合码"数据共享,实现传统门店向数字化门店转型,推进线上订购,网络配送的模式。建成现代零售终端298户,诚信互助小组82个,云POS客户240户,占比21.4%,电子结算率为100%。推进"我与客户共成长"主题营销活动与"真情为民办实事"实践活动相融合,以诚信互助小组为单位,采取点面结合的培育方式,通过开展重点品牌"主题陈列""品牌体验""扫码积分"等活动提升客户服务效果。

【基础管理】 按照"抓班子带队伍、抓细节严管理、抓绩效激活力"的工作思路,坚持创新驱动,贯彻落实方针目标管理,制定从目标分解、计划制定、过程监控、考核兑现的绩效考评机制,补强管理短板10个,提升基础管理质量。始终把安全生产放在企业发展第一位置,通过安全检查、隐患排查、安全教育和安全演练,增强职工安全意识,预防了事故发生。

盐业服务

【概　况】 中盐宁夏盐业有限公司西吉分公司负责西吉县辖区食用碘盐、食品加工业用盐、畜牧养殖业用盐和工业生产用盐的供应工作。2022年,购进各类盐2080吨,销售各类盐2073.8吨,实现营业总收入258.6万元。

【购销服务】 2022年,全县购进各类盐2080吨,比2021年的1666吨增加414吨,增长24.8%。其中:购进食用盐1106吨(含食品加工盐446.5吨),比2021年的863吨增加243吨,增长28.2%;购进畜牧盐729.5吨,比2021年的720.9吨增加8.6吨,增长1.2%;购进工业盐165吨,比2021年的65吨增加100吨,增长153.8%。全年销售各类盐2073.8吨,完成年计划1625吨的127.6%,比2021年的1649吨增加424.8吨,增长25.76%。其中:销售食用盐1179.4吨(含食品加工盐446.5吨),完成年计划855吨的138%,比2021年的806吨增加373.4吨,增长31.5%;销售畜牧盐736.3吨,完成年计划700吨的105.2%,比2021年的803.5吨减少67.2吨,减幅8.4%;销售工业盐128.2吨,完成年计划70吨的183.1%,比2021年的75.5吨增加52.7吨,增幅143.3%;销售食品加工盐448.2吨。2022年,购进小苏打32吨,比上年114吨减少82吨,减幅72%;销售小苏打75.5吨,比上年90吨减少14.5吨,减幅16%。

【营业收入】 2022年,实现营业总收入258.6万元,完成年计划255万元的101.4%,比2021年232万元增加26.6万元,增幅11.5%。其中:盐类销售收入247.7万元,比2021年224.7万元增加23万元;非盐商品(小苏打)销售收入25.4万元,比2021年19万元增加6.4万元,增幅33.6%。2022年费用总额117.94万元,比2021年127.31万元减少9.37万元,减幅7.3%。费用率52.71%。全年利润总额亏损75.75万元,比上年亏损65.27万元增亏10.48万元。

【促销配送】 认真落实《关于开展小包装盐品"订货会"活动的通知》要求,及时开展促销活动,合理安排调运,加大市场配送力度,在域外盐低价严重冲销的情况下,2022年3月和10月份分别安排了精食盐促销活动,分别销售精制食用盐100吨、186吨,促销活动期共销售精制食用盐286吨,确保了"中盐"品牌主渠道地位。针对畜牧盐域外盐企的严重低价冲销、地方大户市场低价批发等不利局面,积极进行市场调研,掌握市场动态,灵活调整销售方案和价格,开展"进村入户""进厂进社"促销活动,做好配送服务工作,开创食品加工用盐销售新局面。

【安全管理】 认真学习贯彻安全生产法规制度,经常性开展安全生产检查,对查出的安全隐患及时整改,增强全体职工的安全防范意识,营造安全和谐的企业经营氛围。全面进行合规风险排查,强化合规管理意识,形成职责分工更加明晰、风险防控更加有效的合规管理体系。深化"合规管理强化年"活动,全面加强风险管理和内部控制,抓住重点领域、抓住重点人员,促使企业依法合规开展各项经营活动。全面落实食盐质量安全责任,完善食盐质量安全管理台账,严格落实食盐质量购进销售全程记录、"先进先销""先检后销"原则,保存进货查验、食盐检测、销售等信息,保证食盐质量安全可追溯。

中国石油西吉分公司

【概　况】　中国石油西吉分公司设西吉城东加油站、西吉城西加油站、西吉南环加油站、西吉滨河路加油站、西吉将台加油站、西吉兴隆加油站、西吉新营加油站、西吉苏堡震湖加油站。

【销售服务】　2022年,中国石油西吉分公司共实现成品油销售量36363吨,完成年度下达任务38808吨的93.69%,全年实现非油收入627.67万元,完成全年任务887万元的70.76%,主要经营95#汽油、92#汽油、车用0#柴油、-10#柴油、-20#柴油、昆龙润滑油,便利店销售香烟、饮料、小吃、洗剂类、米面油等。2022年3月,组织开展"送油下乡,助力春耕"活动,送油到田坪乡、王民乡、兴平乡等,为偏远农村的老百姓解决春耕用油困难问题,公司承担"社会、政治、经济"三大责任,保障西吉县各乡镇工程及居民用油,为当地社会经济发展作出了贡献。

西吉县商业总公司

【概　况】　西吉县商业总公司主要负责西吉县商业系统已改制企业160名被安置职工及86名离退休、退职人员的后续服务与管理工作。2022年,接待来访职工10余人次,年内无发生安全事故、无有刑事案件、无有职工越级上访等事(案)件发生。

【党建引领】　组织党员深入学习习近平新时代中国特色社会主义思想和党的二十大精神,深入贯彻习近平总书记视察宁夏重要讲话和重要指示批示精神,深入开展党史学习教育,认真开展"双评双定""积分换星"工作,强化正向激励反向监督。开展"坚定理想信念,做廉洁自律的表率""共产党员不信仰宗教"等主题党日活动,教育引导全体党员严守共产党员不准信仰宗教和参与宗教活动政治纪律,确保党员干部思想纯洁、队伍纯洁、作风纯洁。

宁夏六盘山水务有限公司西吉分公司

【概　况】　宁夏六盘山水务有限公司西吉分公司肩负着西吉县城区及19个乡镇295个行政村9.7万户41.6万城乡居民的生产生活用水供给任务,承担西吉县城区及将台堡镇、兴隆镇、新营乡、硝河乡、玉桥乡等乡镇生活污水处理任务,负责宁夏中南部城乡饮水安全工程西吉连通总管安全运行管理工作。拥有日处理能力4.5万m^3净化水厂一座(何岙水厂)、加压泵站49座、输配水管线7600余公里、各类调蓄水池495座,年供水量近850万吨。2022年度,完成供水量1012万吨(县城362万吨,人饮650万吨)占年度供水计划982万吨的102.44%;污水处理量590万吨,占年度计划510万吨的115.69%;污泥处理量1.4万吨。

【保供维修】　全力以赴保障县城及农村人饮工程正常供给,出现问题及时抢修。全年县城片区抢修94项,农村人饮抢修4769处,主要为水毁回填、冻管维修、降管改线、爆管抢修等。

【安全生产】　始终坚持"安全第一、预防为主、综合治理"的方针,紧紧围绕"科学发展、安全发展"的主线,全面扎实推进安全生产工作,按照六盘山公司安排部署,层层签订了安全生产目标责任书并组织全员承诺,组织了4场安全教育培训,不断提高全员安全意识。组织专项安全检查及节假日安全检查44次,排查出隐患及问题39项,完成整改39项,整改率为100%。

【规范管理】 以供水和污水处理规范管理为抓手，加大供水保障力度，确保污水全收集排放，进一步提升供水服务水平，树立良好社会形象。组织召开供水服务标准化建设座谈会，开展自查自纠，制定西吉分公司供水服务标准化建设清单，细化工作任务、明确时间节点，并对各部门完成进度和履职情况进行监督检查。

【智慧供水】 2022年，在县城片区安装水表30030块，上线26309块，实现网上缴费20675块；农村安装71275块，上线60415块，实现网上缴费44571块。建成西吉分公司调度中心，依托设备监控、门禁视频、智慧管理这三大平台对传输数据进行收集、整合、分析、处理，肩负故障预警、维修调度及投诉处理等多项职能。自运行之后分公司"96669"接单处理及时率由88.16%提升至100%、处理执行率由86.16%提升至100%，真正起到了分公司运行管理的"中枢"作用，时刻保障着用户供水安全稳定。

【项目建设】 积极对接西吉县水务局，争取自来水入户资金620万，对914户实施自来水管道敷设工程。争取实施西吉县农村供水应急保障工程投资149.6万元，新建蓄水池2座、加压泵站1座、各类阀井16座。

交通邮政通信

交通运输

【概况】 西吉县交通运输局主要承担公路建设市场监管、农村公路的管理、养护、交通运输综合执法监督等工作。下属公路养护中心、交通运输综合执法大队、公路建设管理中心3个事业单位和城乡客运总公司、汽车运输公司2家国有企业。2022年，全县公路通车总里程3289公里，其中国道2条131公里、省道3条197公里、县道1条26公里、乡道39条658公里、村道414条2146公里、汽车专用公路14条59公里。一级公路、二级公路、三级公路、四级公路分别占总里程的0.7%、1.5%、3.9%、13.1%、80.9%。全县等级公路密度105公里/百平方公里。全县295个建制村全部通硬化路，具备条件的自然村全部通公路。

【项目建设】 续建G566上堡至夏寨段一级公路16.96公里、S103新营至袁河段二级公路14.5公里、S103线三合桥北至李堡（宁甘界）段三级公路11.6公里；新建S60西吉县西出口连接线（S103）一级公路2.89公里、S60西吉至会宁高速公路路灯亮化工程；建设完成农村公路58.9公里，对22条416公里农村公路实施修复和预防性工程，对2条50公里实施养护工程，对8条221公里实施安全生命防护工程。

【公路管理】 严格按建设程序报批、招（投）标、施工、验收，全面实行工程建设、廉政建设、安全施工"三合同制"，严格执行项目法人制、招投标制、工程监理制、合同管理制"四制"管理，明确各分项工程完成时限，对无特殊原因不能按时完成分项工程的施工企业，按总规模、超期天数进行处罚。有效规范农村公路建设管理，提升工程质量与施工安全水平，加强对从业人员管理和廉政教育，预防各类违规违纪问题发生。压紧压实包片责任，实行一个领导一个片区，一个干部一条路的包抓机制，负责该片区农村公路建设的协调、质量监管、进度控制、施工安全监管等工作，做到"干部在一线工作、决策在一线落实、问题在一线解决"。督促施工企业列出时间表、作战图、责任人，倒排工期。

【公路养护】 充分发挥"路长办"作用，采取在日常养护上抓全面，在季节性养护上抓重点，在预防性养护上抓时效，在科学养护上谋突破的举措，深入推进道路安全隐患整治，全面提升农村公路养护质量和安全保障能力。全年清理道路垃圾1845立方米，整理路肩和边坡19.5万米，疏通清理边沟8237米，清理塌方1253立方米，修剪路肩高草639公里，农村公路路域环境治理和日常养护质量稳步提升，公路沿线"脏乱差"现象得到彻底遏制。成立道路安全隐患整治工作专班，对全县道路进行拉网式排查，做到早报告、早预防。全年开展应急抢险共处治路基塌陷229立方米、边坡坍塌395立方米，处治路面裂缝1157米、坑槽1382平方米、沉陷865平方米，维修硬路肩972平方米。投入资金1789万元，对存在路面病害、安全设施缺失、排水工程不完善的22条416公里农村公路实施修复和预防性工程；投入资金505万元对新营至田坪公路、西吉至白崖公路实施养护工程；投入190万元建设站房1处、购置除雪车1辆；投入资金772万元对三合至平峰公路等农村公路实施养护工程。全年投入水毁道路抢修人员4350人次，机械设备340台次，完成马莲至将台、新营至袁河、苏堡至田坪等15条297公里县乡道水毁维修，处治路基塌陷110立方米，填补坑槽、沉陷6360平方米，路面裂缝灌缝1004延米，维修涵洞2道，清理泥石流210立方米、淤泥4万平方米，清理塌方2万立方米，疏通边沟6000米，疏通涵洞79道，修复路基路面6360平方米。

【道路运输】 2022年维修西吉汽车站1处，维修西滩、新营、沙沟乡综合运输服务站3处。建成王民、震湖、火石寨乡客货邮商融合发展站点3个。开通西吉—火石寨、王民、震湖、云台山、元咀、罗庄、龙王坝，西吉—西滩、新营、新庄、马营11条融合线路。建成新能源汽车充电站3处，共有充电桩30台，可满足81辆车同时充电；全县现有等级客运站17个，其中二级客运站1个，三级客运站1个，四级农村客运站15个，建成客运招呼站285个，班线客车、城市公交、出租车数量分别达到153辆、48辆和238辆，县城发往各乡镇农村客运班线97条、144个班次。全县19个乡镇295个行政村全部通客车，乡镇和行政村通客车率都达到100%。

【运输管理】 开展"利剑"行动，严查超限超载违法行为，全年出动执法人员2360人次，执法车辆450辆次，路检路查车辆1600余辆，查扣超限超载车辆93辆次，罚款25万余元；开展"清朗""清亮"专项行动，采取定点与流动、定时与不定时、白天与黑夜相结合的方式在东西高速路口、帝豪门口、G309线、G566线、水云路等重点路段严厉打击非法营运，全年出动执法人员260人次、执法车辆120辆次，检查客货运车辆250余辆，对6家源头企业为货运车辆超标准装载配载货物的违法行为，处以9万元的行政处罚。

【安全监督】 健全完善交通安全各项应急预案，印发《西吉县"查隐患 抓整改 严管理 保平安"交通运输领域安全专项整治行动实施方案》，积极开展安全生产百日专项整治行动，实行网格化安全生产管理，层层督导检查、层层落实责任。成立三个督察组四个专班，分别对公路建设、公路养护、公路运输安全生产工作进行专项检查，全面进行隐患排查整治、全面做好安全生产风险管控。共督导检查181次，排查隐患一般隐患190处，已全部整改到位。全系统共举办安全生产专题培训班115次，参培人员5600多人次，覆盖交通运输"建、管、养、运"各个领域，夯实了安全生产管理基础，提高了交通运输从业人员安全业务知识和技能。

中国邮政西吉分公司

【概　况】 中国邮政西吉县分公司，下设4个职能部门，设基层邮政所21处，设县城邮件自提点32个，设农村村邮乐购站点85个，建成便民站120个。承担全县19个乡镇、295个建制村的邮政服务工作。全县乡镇邮政网点覆盖率达到100%、村级邮路覆盖率达到100%。全年投递各类邮件包裹260万件。

【报刊发行】 抓好常年报刊收订工作，确保全县中小学校学习报刊征订；强化报刊营业和投递服务，整合人员，优化路线，确保党报党刊及其他报刊业务投递服务准确、及时，全年投递各类报刊共231万份。

【营投网络】 加快基层邮政所基础设施建设和人员素质提升，改善基层邮政服务条件，提升邮政服务在农村的延伸面和覆盖率。

【企业管理】 坚持以服务求质量、向服务要效益的经营理念，深入推进企业管理制度化、规范化，促进窗口服务流程规范、迅速、便捷、高效，不断强化网点软硬件建设，着力打造企业服务新形象，提高企业核心竞争力。严格落实企业内控管理制度，建立健全风险防范评估体系，深入开展企业内部风险防范评估活动，重点对金融、资产等开展内控评估及风险防范检查工作，及时整改金融工作中存在的隐患问题。

【物流体系建设】 积极争取并成功中标西吉三级物流体系建设项目，中标金额699.64万元。在西吉县城吉强镇东街金通物流园建设3000平方米的县级电商物流配送中心，共有申通、中通、韵达、极兔、百世等多家民营快递公司入驻。

【文明创建】 持续推进"职工小家""投递之家"建设和"送温暖献爱心"活动，让更多的基层员工享受到"职工小家"建设带来的实惠。2022年，慰问困难职工20人次，发放困难补助资金2万元，把组织的温暖和关怀送到一线职工的身边，让职工切身感受到企业发展始终以人为本的关爱氛围。

中国移动西吉分公司

【业务拓展】 以互联网为依托，运用物联网技术将家庭中的智慧家居系统、社区的物联系统整合在一起，加强信息交互，增加智慧养老等功能，解决失能老人难照料的问题，给社区居民带来更加舒适的"智慧化"生活体验，提升社区治理能力。深入推进"数字乡村"建设，推进农村通信网络基础设施升级改造，稳步扩大农村千兆光纤网络覆盖范围，率先开展美丽小镇、特色小镇，以及村委会、卫生院、学校等公益机构的千兆光纤网络升级，逐步实现千兆光纤网络覆盖重点行政村。深入推进农村4G网络覆盖，加快推动低频5G网络向乡镇和农村地区延伸，建成农村地区广覆盖托底网络，构建4G与5G网络协同的农村移动宽带网络。坚持网络建设与应用并重，促进农村电子商务、创意农业、观光农业等农村新应用新业态蓬勃发展，助力数字乡村振兴战略落地实施。

【网络建设】 高度重视农村信息化工作，以农村宽带网络建设和信息化普及为重点，扎实推进信息基础设施建设，加强通信网络服务能力。5G建设通过精细化管理，攻坚克难及时完成建设任务，建设一张具有区域领先优势、技术先进、品质优良的5G网络，全年共计立项建设5G基站99处，完成主城区覆盖，700M基站已初步覆盖至主要乡镇；建设完成4G基站141个，解决31个农村弱覆盖区域，总投资927万元；家宽方面建设点位44处，覆盖用户1199户，建设点位完成率100%。全年完成38个5G"数字乡村"平台的建设，加快数字化、网络化、智能化技术在乡村各领域的应用，用数字赋能现代农业、用智慧引领乡村振兴。积极开展"我为群众办实事""服务进万家"系列活动，为客户提供"智慧家庭工程师"上门网络质量检测服务，对客户使用超过3年的老旧家宽设备进行更换升级改造，推进家宽质量提升，为群众提供更优质更贴心的移动通信服务。

【创新服务】 推进平安乡村平台推广落地，加快构建完善以公共安全视频监控联网应用为重点的"平安乡村"基层平安防护网。平安乡村平台是中国移动响应国家"乡村振兴"战略，以"互联网+乡村"为模式自主研发，面向县域打造的集治理、服务、决策为一体的平安乡村综合服务与治理平台。2022年，打造建设王民乡、田坪乡、火石寨乡、沙沟乡、偏城乡、什字乡、红耀乡、兴平乡8个平安乡村示范点乡镇，累计安装摄像头1.17万户，分享至平台5000多户。2022年，中国移动西吉分公司为助力防疫智能化，与吉强镇各社区高效配合，安装智慧社区智能分析平台设备并全量投入使用，实现了防疫智能化，大大降低了各级政府防疫压力，有效提升了疫情防控效率。

中国电信西吉分公司

【兴农服务】 推进"数商兴农"行动,建成覆盖广泛的物联网平台,推动智慧养殖、智慧水利、智能温棚、智慧林业等适农、兴农信息化平台惠及民生,全县数字化平台建设及应用得到明显提升。2022年,西吉县智慧养殖试点在西滩乡林家沟村全面建成,水利物联网在全县得到推广应用。

【设施建设】 围绕助力智慧西吉和推进乡村振兴,着力建设信息化便民渠道,打造5G云网精品,推进"云改数转",努力提升服务和运营水平。全年完成城市及农村客户网络建设投资238万元,其中农村光宽带建设投资142万元、城市光宽带建设及综合性业务接入区建设投资68万元、农村4G建设补盲投资24万元,移动4G覆盖率达93%;投资860万元,完成40个5G基站,全县光宽总端口达到84600个。

【升级改造】 投资800万元,完成医卫、教育及行业化应用First专用环网升级改造,覆盖全县19个乡镇295个行政村;完成全县155个教育网点STN网络改造工程;完成西吉县医院、将台乡政府、体育中心、沙沟乡政府、法院"云改数转"5G云设备安装工程;完成西吉县城综合接入小区一期建设工程。投资180万元,完成智慧西吉项目公路50个网点建设、西吉公安交管大队33个监控监测网点建设。

【网络建设】 大力实施农村区域信息基础设施建设,进一步提升光宽、4G/5G网络覆盖水平。2022年新建4G基站11个、5G基站23个,全县4G/5G基站总数达到441个(其中4G总数352个,5G总数89个),行政村4G覆盖达到100%,自然村4G覆盖率达到95%以上,自然村4G覆盖率提升1.3个百分点。光宽建设方面:2022年新建延伸FTTH光宽1280端口,光宽FTTH累计达到90148端口。新建4G基站11个、5G基站23个,4G/5G基站总数达到441个。

中国联通西吉分公司

【概　况】 中国联合网络通信有限公司固原市西吉县分公司现有员工23人,下设西吉县城区综合网格、西吉县乡镇综合网格、彭西政企专业网格。

【经营管理】 聚力打造扁平、协同、敏捷、生态型通信组织,以"融合发展、一个联通、一体运营"为导向,着力构建一体化协同运营服务能力,全面发力数字经济主航道,将"大联接、大计算、大数据、大应用、大安全"作为主责主业,持续深耕5G精品网、千兆宽带精品网、政企精品网和物联网。

【网络建设】 贯彻高质量发展理念,加大数字乡村、智慧社会建设,投资363万元,新建5G基站23个,覆盖城区及重点乡镇;投资380万元,新建4G基站128个,覆盖295个行政村;投资205万元,新改造数字乡村12个,端口1182个;投资180万元,改造新老小区18个,端口4620个,住宅覆盖率大幅提升。

城乡建设

综 述

【国土空间规划】 严格按照《宁夏回族自治区市县国土空间总体规划编制指南(2023年修订版)》《宁夏回族自治区市县国土空间总体规划成果审查技术细则》等相关政策文件要求以及西吉县"三区三线"划定成果开展国土空间编制。2022年,开展42个行政村村庄规划,已完成测绘标段地形图测绘,完成编制标段基础资料收集工作,形成初步成果。

【国土空间管制】 严格执行"三区三线"划定规则的要求,科学布局农业空间、生态空间、城镇空间,划优划实永久基本农田、生态保护红线、城镇开发边界,划定永久基本农田159.88万亩,城镇开发边界2044.03公顷,生态保护红线116.89万亩。从根本上解决了西吉县"十四五"乃至后续项目工程土地要素制约瓶颈,为进一步巩固拓展脱贫攻坚成果,全面推进乡村振兴和经济社会发展提供充足的空间保障。严格按照国家划定规则,扣除8种情形范围内耕地3.54万亩,耕地保有量206.32万亩,不稳定耕地17.56万亩、稳定耕地188.76万亩。妥善处理生态保护红线与耕地、建设用地之间的矛盾,按照"自然保护地核心区内的耕地和建设用地有序退出,一般控制区内的耕地和建设用地现有规模不得扩大"以及"局部调整生态保护红线"的原则处理,做到了统筹兼顾。

【乡村建设】 全面推进美丽城镇建设,实施吉强镇龙王坝村、新营乡甘井村高质量美丽宜居村庄建设项目,实施兴隆镇高标准重点小城镇建设项目,通过高标准重点镇、高质量美丽宜居村庄建设,带动推进全县美丽小城镇、美丽村庄建设,推动吉强镇龙王坝村成功创建宁夏回族自治区西吉县瑞信龙王坝农耕文化体验园,被评为2021—2025年第一批补充认定的全国科普教育基地。

【住房保障】 2022年,全县在建在售房地产开发项目6个。2022年1月份至9月份完成商品房销售备案1011套、13.6万平方米,其中住宅874套、10.99万平方米,商业用房137套、2.61万平方米。完成存量房网签备案242套、2.46万平方米。完成房屋租赁备案53套、0.52万平方米,年租金44.15万元。加强保障性住房配租入住管理,至2022年底,全县建成公共租赁住房7710套,实际交付使用7070套,累计完成配租6485套,其中2022年完成公共租赁住房零星配租80户,因家庭条件发生变化清退公共租赁住房79户。2022年累计发放租赁补贴1457户3670人186.98万元。

【老旧小区改造】 全面推进老旧小区改造,2022年启动税苑小区、卫生系统住宅小区、畜牧工商小区、吉兴小区、金苑小区等12个老旧小区楼体及室外配套基础设施改造项目,共改造30栋住宅楼,涉及892户居民,改造总面积9.52万平方米,改造内容包括楼体保温装饰、屋面保温、屋面防水、更换门窗、室外供排水、采暖管道、小区道路、院坪、围墙、路灯及智能监控设施等,概算总投资6559万元。

【基础设施建设】 完成安居路、西中东巷改造及新建东四路,对袁河什字道路、给排水及供热等基础设施进行提升改造,完成西吉县兴隆镇希望小学周边育才巷、东环路道路建设。完成第五中学人行天桥1座。新建政府街、团结路公共停车场,占地面积165152平方米,设置小型停车位271位。新建临时停车场7处、环保公厕14座,划分停车位2000个,安装无障碍人行通道6处。

城市管理

【违建整治】 深入开展自建房安全专项整治工作,坚持"人民至上、生命至上",坚决守牢守住安全底线。扎实做好自建房摸排工作,坚持运用"认真摸排、科学鉴定,凡危贴标、清人停业,综合研判、分步整治"的24字工作法,逐户逐房开展自建房摸排、统计、安全鉴定和整治工作。2022年全县共排查自建房76781栋,鉴定存在安全隐患的自建房1776栋,其中存在安全隐患的经营性自建房248栋,存在安全隐患的其他自建房1528栋。采取措施管控整改存在安全隐患自建房605栋,其中经营性自建房248栋,其他自建房357栋。

【卫生环境】 严格落实"全天候保洁"和垃圾清运"日收集日清运"制度,结合创建卫生县城,先后将160余处城中村、城乡结合部等创卫死角和难点纳入整治范围,清运垃圾5.92万吨,城镇生活垃圾无害化处理量5.88万吨,城镇生活垃圾无害化处理率99.3%。开展园林绿化建设,完成口袋公园1个,县城绿化覆盖率、绿地率、人均公园绿地面积分别达到26.06%、25.76%、14.37平方米;实施亮化工程,对66个单位、69个小区、3001商铺和迎宾大道、吉强路、滨河路、永清湖等县城重点区域实施亮化,连点成线、以线带面,打造亮丽夜景,提升城镇颜值。

行业监管

【质量安全监管】 全年受理质量安全监督项目106项(政府投资项目83项),其中房屋建筑71项77.3万平方米,办理建筑起重机械备案72台,建筑机械使用登记53台,在建的35项工程项目执行建筑工人、管理人员实名制管理,全覆盖安装实名制系统。在全县住房建设和市政建设工程施工领域全面推行安全生产"展检、晨会"制度,全年签订安全生产目标责任书106份。完成质量安全、扬尘治理等综合执法检查3次、专项检查2次,下发质量安全隐患限期整改通知212份,停工整改通知26份,查处质量安全隐患724余条,信用惩戒扣除8家企业、45名个人诚信分值,着力推进建筑业转型发展。

【规范建筑秩序】 印发《西吉县建筑市场秩序专项整治工作方案》,从围标串标、标后不履约行为、违法发包、违法转包、违法分包、违法挂靠、违法施工、工程建设领域专业技术人员职业资格"挂证"、建筑领域保障农民工工资支付问题八个方面进行专项整治,检查督查在建项目26个,下发整改通知书3份,持续深化专项整治行动。全面开展建筑企业备案登记和档案管理,完成造价代理中介机构备案登记52家、施工企业备案登记40家,施工企业资料备案登记7家、测绘监测单位备案登记7家、监理单位备案登记16家、勘察设计单位备案登记11家。全面规范建筑市场秩序,全年开展建设工程招投标监督44个项目(51个标段),造价4.1亿元;审核建筑施工许可36项,办理开(复)工手续92项,完成建设工程消防备案12项、消防设计审查18项、消防工程专项竣工验收12项,完成单体项目工程竣工验收62项、工程竣工备案52项。签订《住房城乡建设局干部职工及亲属参与住建系统工程建设情况报备表》212份,签订《"零违建"承诺书》212份,签订《关于决不违规收送红包礼金和不当收益及违规借转贷或高额放贷的承诺书》110份。

自然资源与生态环境

自然资源局

【概 况】 西吉县自然资源局由县原林业局和国土资源局于2019年1月2日合并成立，是县人民政府组成部门。内设6个股室，下辖10个国有林场，在编干部职工274人。

【矿产资源管理】 根据国家"十四五"规划对非煤矿山企业的发展和规划要求，制定《西吉县矿产资源总体规划（2021—2025年）》，推进资源合理利用与保护，提高矿产资源保障能力。根据《西吉县2021年依法依规推动落后产能退出工作实施方案》要求，淘汰17家属于落后产能的砖瓦用黏土矿，推进恢复治理销号验收工作；完成6家建筑用砂矿资源量补划工作，对5家砂矿生态恢复治理情况联合水利、环保、应急及相关乡镇人民政府等部门完成5家矿山闭坑恢复治理验收；对矿山进行每周安全生产专项监管检查，下发整改台账131份，下发责令整改告知书5份，建立非煤矿山专项督导矿山档案25份，勒令暂停生产2家。2022年全县有非煤矿山企业9家，均为建筑用砂矿。

【林业资源管理】 开展林木资源调查管理，组织专业技术人员对西吉县的木本植物资源进行全面普查，对329种木本植物从形态特征、生态分布、原色照片、栽培利用等方面进行调查研究，编著完成《西吉县林木资源图鉴》一书，真实客观记载西吉县木本植物的多样性，进一步掌握西吉县林木资源现状、种类、数量、分布状况。调查到的古树47株，分布在兴隆、什字、沙沟等13个乡镇，品种有旱柳、核桃、山杏、木梨、小叶杨、旱榆、山杨、圆柏、国槐共8个古树群65株。建立古树名木保护管理机制，落实管护措施。制定实施《西吉县松材线虫病疫情防控五年攻坚行动方案（2021—2025年）》，完成林业有害生物防治面积5.08万亩，其中：鼢鼠防治5.04万亩，杨树天牛防治0.04万亩。通过科学监测、检疫和防治，林业有害生物成灾率控制在7.3‰以内，无公害防治率达91%以上，测报准确率达90%以上，种苗产地检疫率达100%。开展草原资源调查管理，摸清底数，掌握现状。西吉县现有草地53170.03公顷（其中包括天然牧草地24929.01公顷；人工牧草地2883.87公顷；其他草地25357.15公顷）。全面落实宁夏森林草原湿地生态系统重点外来入侵物种防控工作，制定实施《西吉县林草生态系统外来入侵物种普查和防控工作实施方案》。

【土地资源保护】 开展2022年度国土变更调查工作，完成农用地、建设用地、未利用地三大地类变更调查312943.62公顷。完成2021年度城乡建设用地跨省域和跨县域调剂增减挂钩拆旧区复垦72.1927公顷（交易额2.7亿元）、60.7914公顷（交易额4500万元），编制《西吉县2022年城乡建设用地增减挂钩跨省域调剂复垦方案》，对白崖、红耀等9个乡镇39个行政村191个地块进行拆旧复垦，拆旧复垦面积289.75亩,净增耕地面积270.12亩。供应土地40宗436.32亩(其中:划拨29宗、出让11宗),收缴土地出让金1.46亿元。制定《西吉县中心城区土地级别与基准地价更新成果》《集体建设用地基准地价成果》,完成1743亩西吉县水质提升及区域再生水回用工程、宁夏福农薯业6万吨马铃薯发酵薯渣混合饲料及环保综合治理项目等项目征收工作,办理临时用地15宗。

【确权登记】 强化信息共享,以不动产登记信息平台为基础,充分运用"互联网+",升级改造信息系统,实现信息实时共享,让信息多跑路,群众少跑腿。实现不动产线上线下办理深度融合,加快"互联网+不动产登记"应用,实现了线上查询和登记信息同步。完成宅基地确权登记发证65960宗,完成集体建设用地权籍调查353宗。办理不动产首次登记1289件、转移登记1306件、变更登记92件、注销登记692件、预告登记1467件、其他登记260件、抵押登记1053件,实现抵押金额80907万元。2022年,办理不动产登记公开查询业务3227次。

【检查执法】 严厉打击乱砍滥伐、毁林开垦、非法占用林地等各种破坏生态资源的违法犯罪行为,查处违法案件84起,完成37批次种苗质量检查,进一步加强了林木种苗质量监督管理。积极开展土地动态巡查116次,发现违法取土行为4起;在县城规划控制区动态巡查208次,发现违法占地建设行为29起,联合相关部门(单位)依法对29起违法建筑进行了拆除并恢复土地现状;立案查处自然资源违法案件7宗(土地类5宗、矿产类2宗),结案7宗。

生态环境

【环境质量】 2022年,全县环境空气质量优良天数比率为94.5%,比2021年的91.9%上升2.6%;可吸入颗粒物(PM10)平均浓度为47μg/m³,比2021年的46μg/m³上升2.2%;细颗粒物(PM2.5)平均浓度为22μg/m³,比2021年21μg/m³上升4.8%。剔除沙尘影响后环境空气质量达到考核指标。全年发生沙尘影响天数39天。

【督察整改】 紧盯环保督察反馈问题,对标整改要求,制定印发《西吉县贯彻落实第二轮中央生态环境保护督察报告整改方案》,对涉及全县的15个问题逐一明确整改目标、整改措施及责任单位,分年度抓好问题整改销号。生活垃圾卫生填埋场渗滤液收集处理设施建设滞后的问题已完成整改并通过固原市验收。2016年至2022年,第一轮中央和自治区党委环保督察反馈西吉县各类问题共171个,截至2022年底,整改完成170个,未配套污水收集处理设施的屠宰场已停止生产,待西吉县肉牛养殖集群暨牛羊肉精深加工全产业链项目建设完成后完成整改;2022年8月生态环境保护问题排查整治专项行动共排查发现西吉县生态环境保护问题43个,截至2022年底,完成整改41个,剩余第二污水处理厂污泥含水率大于60%、第一污水处理厂未按环评要求建设废气收集处理设施、污泥含水率大于60%两个问题,由六盘山水务公司西吉分公司具体负责,更换全部污泥处理设备,力争于2023年6月底前完成建设并交付使用,确保污泥处理问题得到全面解决。

【水污染防治】 按照"源头治理－河道治理－流域治理"思路,坚持"四水四定"原则,持续推进"五水"共治。加大对葫芦河入河排污口排查整治,规范设置排污口17个。严格落实淀粉企业"一企一策"相关要求,污水规范化处置排放、资源化利用效率明显提升。全县7家污水处理厂(站)严格落实污染达标排放,县城第一污水处理厂、县城第二污水处理厂、兴隆污水处理厂、将台污水处理厂污染排放数据全部实现联网运行。督促其他各排污企业正常运行污染治理设施,确保污水达标排放。

【大气污染防治】 坚持"四尘"同治,强化对重点行业、重点区域的执法管控,深入开展大气冬防工作,全面落实建筑工地"六个100%"扬尘防控措施,开展集中供热锅炉、挥发性有机物、柴油货车、建筑工地扬尘专项整治。严格落实西吉县烟花爆竹禁燃禁放和西吉县重型高排放非道路移动机械使用管控。进一步推进城市保洁"以克论净"精细化管理,积极实施全天候洒水降尘作业,车辆保洁率达到50%以上,机械化保洁率稳步提升。

【土壤污染防治】 坚持"六废"联治,新、扩、改建项目固体废物污染防治措施落实率达100%,强化建设用地和农用地污染排查和管控,加强农业面源污染治理,继续对化肥、农药实施减量增效。规范处置生活垃圾7.23万吨,资源化利用农膜1.5万吨,化肥、农药减量增效同比持平,落实养殖企业"三同时"制度,畜禽粪污综合利用率达90%以上,持续开展农村人居环境整治行动,加强全县医疗卫生机构医疗废物处置监督管理。加大垃圾分类回收的利用,垃圾处理的无害化、资源化利用效率不断提升。

【环境监管执法】 全面落实"党政同责、一岗双责,终身追责、权责一致"环境管理责任,修订完善《西吉县各级党委和政府及有关部门生态环境保护责任》,将生态环境保护职能职责分解细化,进一步压实各乡镇党委、政府及相关部门(单位)环保责任,不断完善生态环保长效机制,切实加强环境保护和生态文明建设水平。全面落实"双随机一公开"执法监察制度,围绕大气、水、土壤污染防治专项行动,严格环境执法监察,严肃惩处违法违规行为,生态环境执法效能得到明显提升。2022年,累计出动执法人员1400余人次,下发《污染源现场监察记录》215份,移动终端执法上传115份,要求限期整改的企业64家,下发督办函19份。截至12月底,处理投诉案件48件,其中,大气24件,涉水11件,噪音9件,其他4件,投诉全部按照管理权限、程序及时回复处置,投诉处理办结率100%。

【生态项目】 立足实际,紧盯污染防治、环境修复治理、生态保护领域,积极谋划推动一批重点生态保护项目落地见效。将台堡镇中心小学中深层地岩热系统供热试点项目,完成竣工验收;全县11座农村污水处理设施建设项目,完成工程总量的70%;投资1600万元,实施西吉县小流域综合治理项目;投资3169万元,实施西吉县工业园区污水处理厂项目,新建1500立方米/天污水处理厂1座;投资2亿元,实施月亮山水源涵养林建设项目,在月亮山、扫竹岭、大寨山林场及新营乡、火石寨乡、白崖乡造林50000亩;投资9804万元,实施三山建设项目·宁夏南部水源涵养(黄土高原水土流失综合治理)建设工程西吉县2022年人工造林项目,造林69000亩;投资4160万元,实施三山建设项目·宁夏南部水源涵养建设工程西吉县2022年未成林抚育提升(退化林分改造)项目,在全县19个乡镇完成未成林抚育提升工程6.25万亩。积极推进葫芦河水质提升及区域再生水回用项目、好水河支流滨河缓冲带建设项目和生态保护红线界桩、标识牌埋设项目招标前的手续办理工作。

【国土绿化】 持续开展国土绿化行动,实施西吉县生态保护与修复项目18.15万亩,栽植云杉、丁香、山桃等各类苗木1233.79万株,栽植庭院经济苗木2.3万株,受益人口9260人。完成义务植树造林1780亩,聘用脱贫户生态护林员1560人,设立各级林长811名、河湖长483名。全县森林覆盖率达到19.95%,草原植被覆盖度96.8%。

火石寨景区管理

【概　况】 火石寨丹霞地貌国家级自然保护区总面积10362.76公顷,其中核心区2640.91公顷、缓冲区2116.07公顷、实验区5605.78公顷。保护区内涉及火石寨乡蝉窑、白庄、石山、沙岗子等7个行政村及扫竹岭、月亮山(部分)2个国有林场,主要保护对象为丹霞地貌及其地质遗迹和保护区内的生物多样性。西吉县党家岔自治区级湿地保护区总面积4507.77公顷,其中实验区1674.56公顷、缓冲区2199.95公顷、核心区633.26公顷,主要保护对象为地震滑坡形成的湿地生态系统及其动植物。

【保护管理】 坚持常态化巡护巡查,通过完善巡护机制,提升巡护能力水平,严格日常监管,不断优化巡护路线,不留死角,在现有巡护人员数量不变的基础上,不断扩大巡查面积,确保保护区范围内全覆盖,重点区域经常性巡查。2022年累计出动巡护车辆300次,巡护人员1500人次,加大对保护区内自然资源、生态环境、自然景观保护力度。创新巡护管理形式,针对两个保护区保护对象侧重点不同,采取日常巡护与专项巡护相结合、全域巡护与重点区域巡护相结合、核查人类活动点位与日常巡护相结合的"三结合"巡护方式,对两个保护区进行严格巡护管理,发现问题及时纠正和处理,确保将一般违规问题消灭在萌芽状态。完成火石寨国家级自然保护区智慧监管项目,建设智能警戒球机4台,视频监控前端设备1台,智慧监管平台和视频指挥中心1处,通过建立多位一体的综合预警管控系统,在地面监控、智能卡口、地面巡护层次上,逐步构建高频次、全天候、立体化的智能监测网络,推动保护区管护工作由单一依靠人防向人防和技防、以技防为主的改革。

【林长管理】 制定《火石寨丹霞地貌国家级自然保护区全面推行林长制实施方案》,完善组织体系,建立健全制度考核机制、明确工作职责,推进林长制会议制度、信息通报制度、巡林巡草工作制度、督查考核制度落地,在保护区主要路口设立林长公示牌5块,主动向社会公开林长名单、责任区域、林长职责及监督电话,接受社会监督。

【宣传教育】 充分利用"生物多样性日""爱鸟周"等重要时间节点,做好《中华人民共和国森林法》《中华人民共和国自然保护区管理条例》等法律法规和相关政策的宣传工作,引导社会各界积极参与到生态保护工作中来,推进绿色发展,促进人与自然和谐共生,充分发挥地区生态平衡,筑牢生态安全屏障,累计悬挂宣传横幅100条,印制发放宣传册300本,发放宣传彩页及倡议书22500张,摆放展板34张。

教育科技体育

教育

【概　况】 2022年,全县有各级各类学校352所,其中幼儿园162所(其中民办幼儿园16所)、普通小学161所(含61个教学点,1所特殊教育)、初级中学26所(含9所九年一贯制学校)、完全中学1所、高级中学1所、职业中学1所。全县年末专任教师4793人(不含特岗),其中幼儿园教师37人、普通小学教师2372人、普通中学教师2162人、职业高中教师222人。年末在校学生76477人,其中学前教育12386人(含民办幼儿园2819人)、普通小学生33071人(含特教学生94人)、初中学生17209人(含特教学生36人)、普通高中学生9356人、职业高中学生4455人。学前教育毛入园率88.86%,小学学龄人口入学率100%,初中阶段毛入学率104.07%,高中阶段毛入学率94.64%,小学六年巩固率和初中三年巩固率均为100%。2022年,全县高考600以上2人,一本上线562人,比2021年增加70人;二本上线1728人,比2021年增加215人;高考上线率40.01%,比2021年提高2.3%;全县中考总分700分以上16人,600以上726人,文化课500以上576人,比2021年增加272人。全县高职分类考试报名1262人,录取1225人,录取率97.07%。

【教研管理】 落实教研员"五包"举措,将教研下沉到基层学校、一线课堂,深化校际帮扶合作,邀请银川一中校长及高中9个学科专家举办专题交流讲座,拓展校(园)长办学理念。有序推进基础教育国家级优秀教学成果推广应用,2022年先后实施宁夏第六届基础教育教学课题13项、宁夏教育科学"十四五"规划基础教育质量提升行动专项研究课题8项、全区教育政策课题12项、普通高中高考综合改革研究课题2项,全县各学校(园)整体教研水平明显提升。成功举办全县第一届中小学教师课堂教学"四课"比赛、全县中小学班主任基本功大赛、全县中小学校(园)长办学治校"大展示"活动、全县第一届教研员专业引领"大练兵"等活动,选拔推送区市比赛368人。完成"国培计划"各类培训项目7096人次,教师教学专业水平明显提升。完成全县近160所学校常规视导研训和共同体(集团园)互观互学工作,听评课500余节,抽查教师备课2600余人、学生作业4500余本,召开检查反馈培训会110余场。扎实开展教育质量监测,先后对全县3~9年级14个学科教学质量进行了监测,并召开了两次全县抽测学科教学质量分析会,为下一步全面提高课堂教学质量指明了方向。全力做好国家义务教育质量监测各项工作,高质量完成三中、一小等22个样本校的监测任务。

【学前教育】 新建西吉七幼、八幼、兴隆三幼开园招生,制定《西吉县学前教育集团化办学实施方案》,成立5个学前教育集团,全县普惠性幼儿园实现100%,学前三年毛入园率达到88.86%,比上年提高1.8%。

【义务教育】 积极探索、科学推进集团化办学新思路，以城区学校牵头，组建11个城乡义务教育学校共同体，全面推进义务教育一体化办学，全面落实适龄学生就近入学，力促义务教育优质均衡发展。

【高中教育】 加强普通高中音、体、美等特色课程建设，丰富机器人、科技创新等社团活动，推动普通高中优质多样、特色发展。全面实施新高考综合改革，提前谋划走班选课，全面开展新高考教材、教学大纲培训，实现了高中教师培训全覆盖。全面落实"组团式"帮扶项目，先后从福州一中、银川九中、固原市一中选派10名干部人才到西吉中学实施点对点帮扶，为全县高中教育多样化特色发展注入了新活力。

【职业教育】 持续深化产教融合、校企合作，全面落实"职教20条"，建设职教实训室(车间)30多个，开设了汽车运用与维修、学前教育、中医康复保健、旅游服务与管理等13个专业。积极响应国家闽宁合作政策，先后与南京、北京、江西、福建等7个城市的7家企业及厦门工商旅游学校、天津职业大学2家院校形成"点对点、一帮一"的深度合作办学关系。持续推动试点改革，加快"1+X"试点建设，完成智能网联汽车检测与运维职业技能等级证书(初级)等五个项目的考级认证，累计通过考证学生142名。积极参加全区职业院校技能大赛，斩获一等奖3个、二等奖15个、三等奖33个，职业教育社会服务能力进一步提升。

【教育惠民】 继续实施"123456"教育精准资助模式，2022年资助117224人次8019.08万元，大学生生源地信用助学贷款13110人9588.42万元，全县227所农村中小学及特殊教育学校31774名学生享受了营养改善计划。深化"12357"辍学劝返复学机制，严格规范学籍管理，全面开展辍学摸排，坚持义务阶段在校生动态监测，全年共摸排6~15周岁适龄儿童83474人，确保义务教育阶段无辍学，小学六年和初中三年巩固率均为100%。充分利用学校场馆设施和青少年校外活动中心等教育资源，广泛开展科技、艺术、体育等兴趣小组和社团活动，不断提高课后服务水平。2022年县青少年校外活动中心举办的暑期公益普惠性兴趣班，受益学生达1500余名。持续加大校外培训机构专项治理，先后注销11家学科类培训机构，完成3家学科类转非学科类和4家学科类培训机构"营转非"工作，向县文广局移交18家非学科艺术类校外培训机构管理权限，7家体育类校外培训机构通过评估验收。

【教育督导】 2022年，随机抽取西吉三中、一小等12所中小学592名学生、282名教师校长参加国家义务教育质量监测工作，通过样本分析解读，针对性提升学校教育教学水平。累计安排109名专(兼)职责任督学对全县19个乡镇、17所中学、163所小学(教学点)的"五项管理"、优质均衡、控辍保学等教育重点工作进行专项督导检查，进一步规范学校办学行为。

【教师管理】 持续推进"县管校聘"管理改革工作，2022年，累计完成"县管校聘"教师244人，进一步优化了全县教师资源配置。石嘴山市、灵武市、中卫市等8个兄弟县(区)先后观摩学习100余人次，切实提升了西吉教育在全区的知名度和影响力。大力完善人才激励机制，全年签约公费师范生5名，累计发放一次性安家费、生活补助63万元；推荐第八届"TCL希望工程烛光奖计划""引领奖"教师2名、"奉献奖"教师2名、"创新奖"教师2名、自治区青年拔尖人才2名、固原市第三批"六盘英才"人选1名。采取"四不两直三必查"的方式，对全县56所中小学，100多所村小、教学点进行检查，彻底解决群众反映突出的违反师德师风问题，切实营造了风清气正的教育生态。积极破解教师短缺难题，通过福建支教、复旦研究生支教、商飞支教、银龄计划等途径争取补充教师147人，同时选派78名教师到87所小规模学校开展走教，有效解决了乡村小规模学校音体美教师紧缺现状。

【互联网+教育】 持续推进信息教育全面升级，累计投入400万元用于"互联网+教育"网络运维；持续深化"互联网+教育"深度融合，组织"三个课堂"应用培训100余人，"互联网+教育"信息化骨干培训150余人；全面加强"线上教学"指导，探索建立"三级"巡课指导机制，创新"精品课程资源推送+在线辅导答疑+在线作业批阅""在线直播+在线辅导答疑+在线作业批阅"两种教学模式，组织县级教研员包校巡课2800余节，校级管理人员巡课15000余节，有效保障了"线上教学"质量。

科学技术

【概　况】 2022年，西吉县深入贯彻落实习近平总书记关于科技工作的重要指示批示精神，以国家"科技支宁"、建设东西部合作先行区为契机，坚持创新主体在企业、方向在产业、支撑在人才、保障在制度的总体思路，以创新为引领，走开放创新、特色创新和绿色发展之路，加快构建绿色产业体系、技术创新体系，创新和绿色发展协同发展，进一步巩固拓展脱贫攻坚成果同乡村振兴有效衔接，认真开展科技创新工作，实现科技助推农业产业提质增效，助力乡村振兴。

【科研规划】 组织人员编写完成《西吉县科技事业发展"十四五"规划》，规划包括科技发展现状与面临的形势、指导思想、基本原则和发展目标、科技创新重点任务、优化创新生态和保障措施等重点内容。

【科技创新】 2022年，自治区首次将科技创新列为效能目标管理考核内容之一进行考核，赋分3.5分，下达西吉县科技创新考核6项主要指标为：县财政安排R&D资金同比增长30%；撬动全社会R&D支出2100万元以上；培育自治区农业高新技术企业1家；有研发活动的规上工业企业占20%；完成年度科技成果登记3项；技术合同成交额1300万元。2022年县财政实际安排R&D资金575万元，比2021年增长30%，实施县级科技研发计划项目20个。经自治区统计局核定，西吉县全社会R&D经费支出2633万元，完成自治区下达目标任务的125.4%；认定宁夏恒丰农业发展有限公司和宁夏金曜塑业有限公司2家企业为国家高新技术企业，宁夏福寿康宁大健康生物有限公司为自治区农业高新技术企业，超额完成目标任务两家，实现了西吉国家高新技术企业零的突破；具有研发能力的企业6家，占规上工业企业的54.5%；完成科技成果登记3项；技术合同登记1425.6万元；以上6项指标其中4项超额完成下达目标任务，2项完成目标任务。

【科研项目】 围绕马铃薯、肉牛、冷凉蔬菜、杂粮等农业特色优势产业，2022年实施各类科技项目68个，争取财政补助资金2025.44万元，其中自治区科技厅安排项目39个，安排补助资金1054.84万元；县财政安排项目26个，安排补助资金970.6万元；目前，除跨年度项目外，其余项目均已实施完成。2022年5月，县人民政府与宁夏大学举行校地合作签约仪式，宁夏大学启动实施了国家重点研发计划项目——高山蔬菜产业关键技术研究与应用示范项目，在吉强镇万崖村建基地500亩，重点开展辣椒、甘蓝、萝卜品种引选，生产关键技术研发，采后加工、品质保鲜技术研发等，创建六盘山冷凉蔬菜绿色高效生产技术模式。

【人才建设】 继续健全完善《西吉县科技特派员管理办法》，共争取科技特派员、乡村振兴指导员和"三区"人才等科技人才项目资金301.82万元，实施科技人才项目15个。重新认定选派科技特派员247名，宁夏农林科学院选派乡村振兴指导员14名，从科技特派员中选派"三区"人才15名，安排到29个脱贫销号村和移民村开展服务。2022年3月，国家向西吉县派驻科技特派团，成员由11个院校、科研单位25人组成。科技特派团9个产业组采用线上线下服务相结合方式,开展科技培训指导和全产业链技术服务。科技特派团累计结成帮带对子140个,开展技术指导74场次、培训群众2884人次;对接家庭农场等经营主体70个,累计引进新品种34个,建成产业示范基地16个;养殖新技术应用于2.8万头(只);开展专业技术攻关试验28项,技术服务覆盖19个乡镇89村;开展农特产品宣传推介活动3场次,销售特色农特产品15万元;帮带致富带头人17名。

体 育

【概　况】 2022年,全县共开展"迎冬奥"首届全民健身冰雪季暨龙王坝冰雪旅游节、第三届社区运动会、西吉县第20届奋斗杯足球比赛、全县职工篮球运动会等13项线下赛事活动,参与人数近5万人次。有效激发了群众健身热情,经常参与体育锻炼人数比例达37.6%。全年对19个乡镇、295个行政村(组)的546个体育健身场所进行梳理排查,派发体育器材共4286件,全力做好健身设施、设备的维护、保养工作。

【竞技体育】 积极组队参加市、区青少年各类比赛,共获得团体和个人奖项100个,8人获得国家一级运动员称号,25人获得国家二级运动员称号;组织开展各级各类群众体育竞赛,斩获区级奖项10余个。

【群众体育】 建成多功能运动场3个、健身步道5公里,并对县东街11人制足球场进行维护维修。县篮球公园、业余体校北侧篮球场及东街11人制足球场投入使用,全民健身基础设施有效改善。成功举办2022年西吉县迎冬奥"宁夏·奔跑"新年线上健康跑活动、"迎冬奥　庆新春"健身气功、太极拳、广场舞"线上比赛"等13项赛事活动,参与群众达21012余人次,掀起了全民健身运动的新热潮。

【青少年体育】 积极开展青少年业余训练,县城7个青少年体育业余训练基地,利用周一至周五课余时间对不同年龄段青少年学生开展田径、篮球、足球、啦啦操等项目训练。县业余体校利用2022年寒暑假选拔运动技能突出的200余名青少年以田径、足球、篮球、武术、乒乓球等项目开展集中训练。统筹推进"体育传统特色学校"创建,全县有基层业余训练基地学校6所,县级体育特色项目学校12所,区级体育传统特色学校8所,全国校园足球特色学校8所,全国篮球特色学校16所。

【体育产业】 发挥5G、大数据等新技术在体育赛事方面的实践和应用,以网上教学、展示、培训等形式,开展健身气功八段锦、太极拳、广场舞、健身操等群众喜闻乐见的社体项目线上教学活动,进一步推进"互联网+体育"与其他产业的融合发展,激发市场活力,有效促进线上线下消费融合。充分利用场馆资源,积极引入社会资本冠名承办各类培训比赛,扩大高水平体育赛事的综合效益。2022年,西吉县"两馆三场"全年免费低收费开放达3.22万小时,服务保障健身群众超过15万人次,体育场馆社会性和公益性进一步提升。

文化旅游

文　化

【公共文化】 按照"整合资源、综合利用、统一管理、服务群众"的原则,强化资源整合、创新管理机制、提升服务效能,因地制宜推进全县县村综合文化服务中心建设,促进基本公共文化服务标准化均等化,提升基层公共文化设施的覆盖面和实效性。2022年,全县19个乡镇建立文化站、295个村建成综合文化服务中心,配备文化专管员,按需为村综合文化服务中心配置图书、报刊、电脑、宣传栏(橱窗)、文化器材等设施设备,为群众提供书刊阅览、教育培训、文体活动等服务功能。全年农村综合文化服务中心举办各类文化文艺体育活动800多场次,参与群众9万余人次。开通"智慧文化"服务工程,建立了三级网络平台建设,实现了远程会议、应急通信、过程调度、业务培训、过程交流等功能。全面推行"总分馆制",以县文化馆、图书馆为总馆,完成马建、田坪、兴隆、震湖、平峰、硝河、沙沟、白崖、新营、王民、马莲、吉强、什字、兴平等15个文化馆分馆建设,覆盖率达78%;完成马建、田坪、兴隆、震湖、平峰、硝河、沙沟、白崖、新营、王民、马莲、吉强、什字、兴平等14座乡镇图书分馆建设及将台堡纪念园、西吉中学、西吉三小、县武警中队等公共文化数字化应用服务平台建设,覆盖率达73%;完成西吉县钱币博物馆布展工程。

【非遗传承】 2022年,完成四批西吉县非物质文化遗产名录,共41项。认定县级非物质文化遗产代表性传承人4批次,总计98名。入选固原市非遗名录11项,认定市级代表性非遗传承人11人。入选自治区非遗名录7项,认定自治区级代表性非遗传承人17人。入选国家级非遗名录1项,认定国家级代表性非遗传承人1人。开展六盘山区春官词基地和研学培训基地建设,开展申报春官送福纳入联合国教科文组织非物质文化遗产名录,积极申报非遗保护项目及挖掘培育传承人。

【文物保护】 全县现有不可移动文物保护单位354处,其中国家级文物保护单位2处、自治区级7处、县级345处。全县现有可移动文物4087件,其中有国家一级文物5件、二级127件、三级531件。2022年,对23处县级以上不可移动文物重点保护单位进行全面巡查,设立警示牌,建立保护碑。积极开展古城、古寨、古堡调查保护,对县域内古城、古寨、古堡、烽燧进行全面的普查与统计,逐一进行实地考察测绘、建档管理,共普查登记古城址19处、古堡200处、烽燧16处,拟将具有重要历史文化价值且保存较好的古城址5处、古堡(寨)59处、烽燧6处申报为县级重点文物保护单位。实施可移动文物预防性保护项目,完成馆藏60件青铜佛造像和春秋战国墓地出土金属文物保护修复项目招投标。对自治区级重点文物保护单位石寺山石窟进行铁栅栏围圈,排除安全隐患。

【文化惠民】 积极实施文化惠民工程,扶持打造文化大院162家,其中市级17家,县级145家。2022年,筹资230余万对全县22个乡村振兴示范点(移民新村)实施"文化赋能"工程(建设文化墙、文化长廊、宣传电子屏、应急广播等),筹资170万元建设西吉县城市书房(湖滨社区)。充分调动县内文化资源,组织开展丰富多彩的群众性文化活动,加大"送戏下乡""戏曲进乡村"演出频次,全年完成送戏下乡等文化惠民演出活动260余场次,做到"月月有活动、场场都精彩、人人都参与"。全年举办群众性文化活动200多场次,西吉县广场舞入选国家公共文化云平台,打通了文化惠民工程服务群众的"最后一公里"。

【文博展览】 西吉博物馆全年共接待游客2.3万人次,组织开展专题展览活动6场次,参加人数三千余人。认真开展"5·18国际博物馆日"暨"宁夏长城保护宣传日"主题宣传活动,制作宣传展板及宣传折页、图册,向群众发放《文物保护法》彩页及博物馆宣传折页,积极发挥博物馆的宣教职能。举办长城专题讲座1次,受众学生200多名。完成大飞机展厅布展工作。成功申报自治区科普教育基地。

【阅览服务】 西吉县图书馆馆舍面积4686.2平方米,阅览座席500个,文献总藏量22万余册,其中图书20万余册、古籍320余册、报刊2万余件。累计发放有效借阅证5457个,接待读者21万人次,平均每天接待读者1000多人次;书刊文献外借7万余册次。拥有计算机40台,其中供读者使用的电子阅览室终端24台,同时,通过微信公众号等方式向读者提供服务,微信公众号关注人数14841人。馆内铺设盲道,设立视障室,配备专业设备,确保特殊人群获取文化知识途径。2022年,图书馆采购智能讲解机器人1台、智能室内朗读平台1套、智能交互学习机器人9套、大容量智能储物设备6组、图书馆摆闸设备5套、高清监控摄像头5套(含硬盘录像机、监控显示器)、自助借还一体机5套等数字化设备。为读者举办讲座、培训班、亲子阅读等各种活动38场次,参与人数达5万多人次,其中讲座2场,参与人数1000人次;读者培训2次,参与人数400人次。新购图书5000余册,种类22大类。电子资源的质量和数量有了长足的发展,图书馆提供3.8万册epub格式畅销经典电子书,图书每日更新。图书分类包含成功励志、经典名著、小说传记、经管理财、历史军事、亲子育儿、人生哲学、人文社科、生活保健、文学艺术、政治法律、防疫保护、近代才子等大众分类。

【文化产业】 以西吉民间民俗文化为特色,推出刺绣、剪纸、砖雕、木雕等手工艺品,积极培育发展文化产业。打造"苍天一滴泪"文创基地与区内外艺术院校进行校地合作,进行就业技能、书法、绘画、音乐等培训,吸引游客采风和写生,进一步发展当地文化旅游产业,带动周边群众就业增收。

【文化市场监管】 依法做好文化娱乐市场监管工作,集中整治文化娱乐场所违规接纳未成年人、未经许可擅自经营以及不遵守疫情防控措施等问题。全年立案26件,办结26件,办结率100%,行政罚款17000元。依法依规下架各类书籍1.3万余册,收缴封存书籍2000余本(册)。严格落实意识形态责任制,强化出版物、新媒体传播监管,强宣传、守阵地、抓落实,以各乡(镇)、村(社区)"扫黄打非"基层站点为阵地,严查印刷厂、复印打印店非法印刷、复制出版物和资料,从源头打击非法出版物。扎实开展重点行业乱点乱象整治行动,加强行业监管,规范经营秩序,促进文化市场繁荣发展。

融媒体

【新媒体宣传】 积极探索"融"字发展,拓展宣传横向扩展,纵向深入。西吉新闻网、"云端西吉"APP由专人运营维护,及时推送新闻资讯。借助"西吉融媒体"微信公众号、抖音、快手、新浪微博等平台搭建新媒体矩阵。制作推出微视频、H5页面等新媒体产品，以图文、音视频等群众喜闻乐见的形式，提升阅读量、关注度，构建"一次采集、多渠道发布、快速度传播、广覆盖受众"的格局。做优做精西吉新闻，每日20:20播放当日西吉新闻，包括时政热点、民生新闻、专题专栏等。

【新闻宣传】 围绕乡村振兴、党的二十大等主题宣传，开设《党的二十大主播跟您一起学》《我的乡村我的家》《点赞马得福式的好支书》《乡村振兴访谈》《电视问政》等专题栏目，不断丰富全媒体传播形式，扩大宣传覆盖面。运用微信视频号、一图读懂、H5等不同形式，采编发布新闻报道434余篇。全县部分大型活动新闻在新华社和央视客户端进行同步直播转播，得到县内外网友的广泛关注。新闻稿件《宁夏西吉：壮美火石寨》《秋韵》《宁夏西吉：月亮山下秋雪至》《宁夏西吉：马铃薯进入收获季》等点击量达385万人次、点赞量5万人次；新闻作品《宁夏西吉县好风光》《宁夏西吉：西部福地 西吉皆美》《西吉·雪中小城》《宁夏2022年高考 盲人考生：为心中之光明 追逐青春之梦想》《党的二十大报告在广袤乡村引发热烈反响》等129条被中央电视台、新华社、央视频、学习强国等中央媒体采用；《西吉县中国商飞十年帮扶情 接力振兴》等105条稿件被区、市媒体采用。策划制作《乡村振兴访谈》《电视问政》等专题报道，看西吉城乡变迁、民生改善，记录发展轨迹。录制《重农固本安民强基》《感恩奋进焕新生》等专题片，不断拓展业务。

旅　游

【概　况】 2022年，全县共接待游客265.57万人次，营业收入4783.77万元，"西部福地·吉祥如意"文旅品牌深入人心，成为西吉亮丽名片。

【基础设施】 加强顶层设计，编制完成《西吉县全域旅游发展总体规划》。加强基础设施建设，加快"旅游环线"建设。坚持把加快旅游交通基础设施建设作为全域旅游发展的重中之重，着力打造精品旅游环线和公路景点。2022年完成吉强镇龙王坝、将台堡镇毛家沟、新营乡甘井等8个乡村旅游点乡村道路的建设并投入使用。打造全区特色旅游村2个，建成三星级精品民宿3家（培育8家）；打造"西吉好吃头"特色街区（闽宁特色街区）、将台堡特色小吃街和兴隆镇特色街区3个，完成将台堡镇明台村沉浸式红色研学空间建设项目、大飞机文创基地建设项目、"百村千画·乡村美化工程"及县城大型广场和标志性建筑美化亮化项目；完成硝河乡和美新村、吉强镇兴德村、火石寨沙岗村文化宣传长廊建设；完成将台堡镇明台、牟荣、毛沟、西滩乡甘岔、兴隆镇单家集、火石寨乡沙岗、新营乡甘井等乡村旅游点项目建设；实施完成将台堡长征会师纪念园游客服务中心智慧化建设、掌上VR智慧项目和红军寨旅游标识标牌建设项目，将台堡镇入选第四批全国乡村旅游重点镇。

【文旅产品】 积极培育发展特色文旅产品，依托肉牛、马铃薯、冷凉蔬菜、杂粮（油料）四大产业集群优势，加工生产薯制品主食化"拳头产品"，综合开发脱水蔬菜、速冻蔬菜、预制菜、蔬菜汁等产品，荞麦枕头、杂粮粉、艾灸贴、足浴包等特色旅游商品深受游客青睐。持续加大非物质文化遗产开发应用，扶持打造文旅产品研发基地3家（宁夏西吉县马兰刺绣有限公司、"大飞机"文创基地、西吉县乡土文化有限公司），在将台堡游客服务中心、龙王坝景区、"大飞机"文创基地设立了西吉特色旅游购物店。各旅游企业综合运用网店、微信、抖音等直播带货营销方式大力宣传推广西吉特色文旅产品，推动县域旅游经济快速健康发展。

【宣传营销】 多形式、多途径开展旅游宣传营销，充分利用民俗节日、节庆和冬闲等时机，在现有景区基础上，打造以城带乡、以乡促城的全域旅游模式,成功举办第十二届火石寨丁香花节、"文化和自然遗产日""5·18"国际博物馆日、震湖乡立眉村摄影展、西吉县"文旅杯"乒羽比赛、固原市广场文化启动仪式等文旅活动,有效激活乡村旅游资源,推动全域旅游示范区创建,助推经济社会高质量发展。积极推动文旅融合发展,成立西吉县民间文艺家协会,建成西吉"文艺之家"并投入使用,打造震湖"苍天一滴泪"写生基地,编纂出版《西吉文史资料》(第四辑)丛书,制作发布"西部福地·吉祥如意"文学原创音乐短视频12期,制作发布"西吉好吃头""西吉好东西"文旅宣传、"两晒一促"等宣传短视频80余部,发行原创歌曲《西吉好吃头》《西吉好东西》《星星的故乡》。积极开展线上宣传活动,在全区第三季"两晒一促"宣传营销活动中,点赞率获22个县区第一名。《人民日报》、新华社、学习强国等各大媒体平台宣传推介40余次,全网点击量突破2000万人次,西吉旅游的知名度不断提高。拓宽东西部协作(闽宁协作)、中央企业(中国商飞公司)定点帮扶合作,在福建、中国商飞公司设立西吉文创、农特产品专柜,5家"西吉好东西"文创、农特产品销售门店挂牌营业。

【红色旅游】 充分发挥红军长征将台堡会师、单家集夜话红色资源优势,打造提升将台堡红军寨长征精神体验基地,大力发展红色教育培训产业,带动红色旅游发展。全年全县红色旅游接待人数达110万人次。

卫生健康

综 述

【综合医改】 坚持政府主导,卫生健康部门牵头抓总,医改领导小组成员单位各司其职,建立部门联席会议制度和推动工作机制,明确责任分工、细化工作任务。各公立医院制定任务分工细则,建立工作落实、激励、监督、考核、评价为一体的工作推进机制。全面推行分级诊疗,建立由县直公立医院牵头,县域内其他公立医院、公共卫生单位参与,乡镇卫生院为枢纽,村卫生室为基础的三级诊疗服务体系。组建西吉县医疗健康总院,保持医疗卫生机构法人资格、单位性质、人员编制和身份、经费渠道、工作职责、优惠政策、机构名称"七不变",实现人事、财务、管理、信息、药械"五统一"管理,形成集管理、服务、发展、利益、责任为"共同体"的运行机制。2022年县域内就诊总人数931087人次,比2021年同期增长80789人次,增长9.5%,就诊率达到91.7%以上。

【医质提升】 县人民医院胸痛中心通过中国胸痛中心基层版认证,接诊胸痛病人201例,院前远程传输心电图至胸痛中心的比例达70%。持续开展"千名医师下基层"活动,向25家乡镇卫生院和社区卫生服务站下派县级及以上专家48名,开展为期1年的带教帮扶工作,有力提升了乡镇卫生院服务水平。偏城乡卫生院达到优质服务基层行国家推荐标准,吉强镇、将台堡镇、新营乡、白崖乡卫生院达到优质服务基层行国家基本标准。遴选推荐1名全科医生、3名乡镇卫生院和社区卫生服务站业务骨干、25名乡村医生参加基层服务能力提升项目培训学习。通过重点专科建设,县域医共体、专科联盟、远程医疗协作建设,设备采购和技术引进等,全县各级医疗机构服务能力和服务水平明显提升。

【健康西吉】 制定印发《2022年健康西吉暨健康水平提升行动工作要点的通知》,开设《健康西吉》专栏,将主要健康指标纳入效能目标考核,打造健康科普(智慧)公园,结合"世界卫生日""爱国卫生月",开展宣教活动335场次,发放健康知识印刷资料103种,52960份;发放宣传物品、健康"小三件"56种、27800份,全县群众健康知识知晓率达到90%以上,经常参加体育锻炼人数比例37.67%,人均寿命76.45,健康素养水平24.19%。

【互联网+医疗服务】 以卫生健康信息数据互联互通为基础,以数据安全为保障,以便民惠民为出发点和落脚点,构建"互联网+医疗健康"平台,为患者提供全方位、多层次、人性化的医疗卫生服务,健康随访包、智医助理、健康一体机等智慧医疗设备覆盖乡村医疗机构。县医疗健康总院建成远程诊疗中心,设立互联网门诊和心电、影像、超声诊断中心,下与乡镇卫生院和社区卫生服务中心联通、上与区内外三级医院联通,实现各级医疗机构检查结果和疑难病例线上会诊服务,网上预约挂号、检查结果自助打印等一大批智慧医疗服务逐步推广应用，"互联网+医疗健康"服务让群众在家门口可享受到更加优质高效便捷的医疗卫生服务。2022年远程心电8887例、远程影像15339例、远程B超43例、远程门诊73例。

【基层医疗】 建立由县综合医院牵头，县直医疗单位协作、乡镇卫生院为枢纽、村卫生室为基础的县域医疗卫生资源紧密协作机制。县直医院分片包干各乡镇卫生院，定期派驻专家指导乡镇卫生院做好医疗救治、双向转诊等工作。2022年，基层共接诊患者16.95万人次、转诊3760人次、开展远程影像会诊2.1万人次、远程心电会诊2.2万人次。针对各乡镇服务人口变化，按照"服务需求、编随人走，人随编走"的原则，县医疗健康总院联合编办对全县25个医疗卫生单位的140名医务人员编制进行了重新调整，有效解决了医务人员分布不均衡的问题。探索实行村级公共卫生服务经费"保底+绩效+统筹"的分配原则，有效解决了小村留不住村医的问题。

【爱国卫生运动】 坚持"政府组织，地方负责，部门协调，群众参与，科学治理，社会监督"爱国卫生工作方针，对标《自治区卫生城市标准》，聚焦创建自治区卫生城市重点工作任务，整合资源，强化措施，狠抓落实，全面推动自治区卫生县城创建各项工作任务落实落细。6月2日，顺利通过自治区控烟协会"无烟草广告城市"验收。6月8日，顺利通过自治区爱卫办专家组病媒生物预防控制评估验收。

疾病预防控制

【疾病防控】 健全完善《突发公共卫生事件应急预案》，制定《2022年西吉县传染病防控工作计划》《西吉县手足口病监测方案》《西吉县宿主动物应急监测方案》《新冠疫情防控工作方案》等方案，认真落实传染病监测与报告制度。建立以县疾控中心为龙头，县乡医疗单位为枢纽，村卫生室为依托的传染病监测报告网络，实行传染病填卡逐级上报制度。36个医疗卫生单位开通了"国家传染病和突发公共卫生事件网络专报系统"，实行传染病疫情的网络直报。县乡村有专人负责传染病网络报告，公布疫情报告电话，县疾控中心实行24小时疫情值班、每天4次网络审核。建立健全了传染病预防控制的一系列工作机制和防治预案，并纳入基本公共卫生服务考核，提高了传染病综合防治能力和管理水平，传染病防治工作取得了显著的成绩，为保障人民群众健康和生命安全发挥了重要作用。充分利用广播、电视、宣传材料、宣传标语、微信、电视媒体报道、移动短信、设立咨询点，对《传染病防治法》等法律法规开展多层次、全方位的宣传。

【公共卫生】 突出工作重点，提高儿童、孕产妇、老年人等重点人群的健康管理水平，西吉县城乡居民电子健康档案累计建档率达97.53%，国家免疫规划疫苗预防接种率达到99%，新生儿访视率98.10%，活产数4989人，早孕建册率96.31%，产后访视率为95.53%，老年人健康管理率为75.48%。共管理高血压和糖尿病人数分别为19910人和2577人，规范管理率分别为99.1%和50.02%，控制率分别为81.24%和93.83%；确诊重性精神病患者1264例，规范管理1075例，规范管理率85.05%；肺结核患者287人，肺结核患者规范服药率为100%。2022年登记传染病病人数1379人，报告传染病病人数1379人，传染病报告率100%；及时报告传染病病人数1379人，报告及时率100%。

【职业病防治】 建立职业病防治企业用人单位41家，其中砖厂22家，拌和站4家，制造业3家，石油公司4家，风力发电厂2家，采石砂厂4家，供暖公司2家，纳入卫生监督管理用人单位20家。开展重点行业专项治理工作，督促用人单位落实职业病主体责任，督促指导全县涉及有职业病危害因素的企业建立防治管理责任制度，引导用人单位发挥主体作用，自主履行法定义务。加强对企业职业病防护培训管理工作，利用《职业病宣传周》、电视媒体、宣传彩页、健康教育进企业活动等多种形式开展职业病防治法律和科普知识宣传，企业和劳动者的防护意识和防护能力显著提升。

【传染病防治】 2022年共报告乙、丙类传染病18种，1085例，报告发病率343.54/10万；其中乙类10种926例，报告发病率293.20/10万；丙类7种，155例，报告发病率49.08/10万。加强鼠疫、流感、出血热、狂犬病、麻疹、手足口等重点传染病和新发传染病的监测及防控工作；中盖结核病防治项目创出亮点，固原市中盖结核病防治项目现场会在西吉县召开，并在全区做经验交流；食品风险监测、生活饮用水监测、公共场所健康危害因素监测、学校常见病及健康危害因素监测等工作如期完成；健康知识进校园、进社区、进企业、进家庭等宣教活动有序开展；地方病、慢性病防控工作卓有成效，包虫病、重性精神疾病、高血压、糖尿病等防控工作成效明显。

【妇幼保健】 2022年，全县新生儿访视率为97.71%，活产数4593人，早孕建册率97.77%，产后访视率97.67%。全覆盖为9415名6月至24月龄儿童免费发放营养包，为3028名新生儿免费筛查48种先天遗传代谢性疾病，免费新生儿听力筛查3023人，免费耳聋基因筛查2977人，免费给法定年龄新婚夫妇婚前医学检查4438人，免费服用叶酸5998人。农村妇女免费宫颈癌筛查12670人，乳腺癌筛查12670人；孕产妇系统管理率97%，7岁以下儿童保健覆盖率95.51%，3岁以下儿童系统管理率97.13%，全县出生缺陷监测发生率128.9/10万，孕产妇死亡率21.77/10万，5岁以下儿童死亡率5.23‰，婴儿死亡率3.27‰。

医疗机构

【概　况】 全县现有医疗卫生单位327家，其中县直医疗卫健单位5家，分别为县人民医院、县中医医院、县疾病预防控制中心、县妇幼保健院和县卫生健康监督所。有乡镇卫生院19家，社区卫生服务中心1家（正在建设），社区卫生服务站4家。有民营医院2家，分别为宁夏新安康医院和单家集医院。有村卫生室296所（村医320人），每个行政村有1所村卫生室。全县卫生从业人员2046人，其中正式在编人员1088人，临时聘用958人。卫生从业人员中有专业技术人员1841人，占90%。全县编制床位1477张，每千人拥有床位数4.6张，每千常住人口拥有执业（助理）医师2.76人，每千常住人口注册护士3.1人，每万人拥有全科医生2.2人。

【西吉县人民医院】 西吉县人民医院深入推进现代公立医院高质量发展，加大重点学科建设，先后建成脑卒中、危重新生儿救治、胸痛、创伤、危重孕产妇救治五大中心。推进智慧医院建设，建立信息化管理平台，全面建成HIS、LIS、PACS系统，实现就医一卡通、预约叫号系统、自主打印，实现数据共享。完成远程影像、心电、超声诊断及互联网门诊建设。建立与乡镇卫生院、社区卫生服务站技术协作关系，帮扶医共体成员单位整体发展，提高县域内就诊率。狠抓医德医风建设，开展服务态度医德医风改善行动，树立为人民服务的宗旨意识，进一步优化就医服务流程，增强患者就医幸福感、获得感，患者满意度明显提升。

【西吉县中医医院】 西吉县中医医院充分发挥中医药在防治新冠肺炎的独特优势作用，全力以赴开展医疗救治工作，为保障全县人民身心健康做出了应有贡献。深入开展卫生健康和医保领域突出问题专项治理，阻碍医院发展的痛点难点焦点问题得到有效治理。充分发挥公立医院公益性，严格控制医疗费用不合理增长，严厉打击欺诈骗保行为，切实维护和保障群众利益。大力发展中医特色，创新业务技术，狠抓人才队伍建设，不断提升医疗服务能力。全国基层名老中医传承工作室、全区基层中医传承工作室建设工作稳步推进，重点专科建设成效显著，腹腔镜下胆囊摘除、阑尾摘除、腹股沟疝高位结扎修补技术等新业务、新技术相继开展，医院综合服务能力显著提升。

社会生活

就业创业

【转移就业】 2022年,全县农村劳动力转移就业11.01万人,完成目标任务10.96万人的100.6%,与2021年劳动力转移就业11万人基本持平;脱贫人口劳动力转移就业4.25万人,完成目标任务4万人的106.2%,与2021年3.92万人相比上升8.4%;工资性收入20.9亿元,完成目标任务14.6亿元的143.1%;购买"铁杆庄稼保"77819人,完成目标任务76720人的101.4%。推进劳动力转移就业服务创新,开展"点对点、一站式"输送,确保务工人员"出家门、上车门、进厂门",完成"点对点"包机包车输送2000余人。

【就业创业】 2022年,实现城镇新增就业2208人,完成目标任务1700人的129.8%,比2021年实现城镇新增就业1707人上升29%;城镇失业人员再就业857人,完成目标任务850人的100.9%;安置农村公益性岗位700人,完成目标任务700人的100%。全年安置公益性岗位820个;统筹招考公务员,事业单位工作人员162人,招募"三支一扶"人员310人,选派高校毕业生到机关事业单位实习400人。

【就业帮扶】 实施积极促进就业创业政策,多层次多形式组织召开企业招聘会,举办"迎新春送温暖、稳岗留工"为主题专项招聘会和"春风行动"专场招聘会,参与企业65余家,提供招聘岗位5000余个,发放就业及企业用工资料1.8万余份,利用公众号和自媒体发布用工招聘信息100余条。持续做好职业技能培训,加强培训的实用性、针对性,开展各类培训,提升务工人员技能,全年开展职业技能培训5568人,完成目标任务4700人的118.4%。加大创业服务工作力度,建成各类示范性创业园区10家(其中自治区级示范性创业园区2家,固原市级示范性创业园共1家,县级创业园区7家),培育创业实体270个,带动就业1400人。全年发放创业担保贷款4440万元,完成目标任务3800万元的116.8%,比2021年发放创业担保贷款4065万元上升9.2%。通过开展技能培训和发放创业担保贷款有力促进了就业创业工作。

社会保险

【养老保险】 2022年,全县企业职工基本养老保险参保人数20897人,其中,在职参保职工14013人、退休6884人,完成年度任务18562人的112.58%;机关事业单位养老保险参保人数13031人,其中:在职9185人、退休3846人,完成目标任务11247人的115.86%;失业保险参保人数14059人,完成年度任务14059人的100%;工伤保险参保人数22248人,完成年度任务22400人的99.32%;城乡居民基本养老保险参保人数241223人,完成年度任务240400人的100.34%。开展社保数字化转型,全县366家参保单位通过"宁夏人力资源和社会保障公共服务系统"可统一办理三项社会保险的参保登记、缴费核定等业务,网上业务电子签章确认,社保经办服务效能大幅提升;通过"我的宁夏""掌上12333"APP软件,动动手指即可办理养老金待遇资格认证、社保缴费、信息查询等业务。推进养老保险跨省转移"全程网办",通过"国家社会保险公共服务平台",完成养老保险关系转移接续办理。全县2022年共办理跨省(区、市)养老保险业务215人,转入756.97万元,转出34人113.25万元。

【医疗保险】 始终把城乡居民基本医疗保险征缴工作放在突出位置,积极创新工作机制,强化工作措施,压实责任,提前谋划,扩大宣传,督导推进。2022年,全县城乡居民参保缴费39.27万人,参保率达到98.19%;城镇职工参保缴费2.01万人,参保率达到98.19%;脱贫人口和监测对象及其他低收入人口100%参保缴费,做到应保尽保。基本实现全民医保目标。不断优化调整医疗救助参保缴费政策,特困人员(含孤儿)全额资助330元,个人不缴费;低保对象(含高龄)定额资助270元,个人缴费60元;三类人员过渡期内按低保对象资助;已脱贫人口资助210元,个人缴费120元。2022年城乡居民基本医保人均财政补助净增30元,达到610元/人。2022年,全县下发防返贫监测预警信息541条,督促乡镇100%入户核查,纳入三类重点人群75户,落实二次报销75人,报销金额129.9万元,落实医疗救助41人,救助金额81.13万元;全县门诊统筹就诊638265人次,基本医疗保险统筹支出1584.94万元;全县门诊大病诊疗52651人次,统筹基金支付1157.16万元,医疗救助512.17万元;2022年,全县医疗救助资助参加基本医疗保险人数174505人,医疗救助资助参加基本医疗保险资金4213.01万元;全县住院救助18279人次,住院救助资金1964.64万元,门诊救助29715人次,门诊救助资金512.94万元,切实解决了困难群众就医看病难题。

【基金监管】 全面开展全县29家医疗机构违规使用医保基金自查自纠和检查督查整改,共查出违反诊疗规范过度诊疗、过度检查、超量开药、重复开药、重复收费、超标准收费、分解项目收费等违规问题1095条,全部整改到位。督促指导29家医疗机构健全完善内控制度,全面落实阳光挂网采购政策,对部分医疗机构耗材未挂网采购或因部分耗材线上采购价格高于线下价格,而未落实阳光挂网采购政策的,分析原因,精准施策,精准整改。全覆盖查处违规行为,通过医疗机构自查自纠、聘请第三方对定点协议医疗机构和药店(诊所)全覆盖检查、市级交叉检查、专项检查、智能监管系统数据提醒、日常稽核等方式,以横向到边、纵向到底的全覆盖形式对所有医药机构进行检查。对涉及的疑似违规数据,要求各定点协议机构进一步核实,并限期整改。2022年,经核实后追回违规基金和行政罚款317.53万元,其中,医疗机构自查自纠上缴违规医保资金23.65万元;全覆盖检查追回违规基金14.24万元(含行政罚款2.32万元);医保智能监管系统筛查出违规数据涉及违规金额12.78万元。市级交叉检查查处225.45万元(含行政罚款27.45万元),举报投诉追查41.40万元。

人事人才

【人才优化】 持续加强人才队伍建设,紧扣全县重点产业、重点工程、重点项目,持续做好人才工作。引进公费师范生5人,培养全科医生8人;完成事业单位公开招聘72人。扎实做好职称评审工作,2022年共评审高级240人,中级480人,初级70人。推荐审核全区疫情防控先进表彰156个。

【人事管理】 全面做好事业单位人事管理,依规办理人事调配120人,会同组织、编办划转事业人员

38人。加强编外聘用人员管理,制定《乡镇辅助线人员管理办法(试行)》,全面推进人事管理科学化、规范化。认真做好政府购买服务工作,为社区招聘工作人员10人,辅警108人。

劳动关系

【收入分配】 全面落实收入增长政策,通过晋升薪级、职称聘任、调增乡补、推进公立医院改革、完善中小学校长、班主任、幼儿园园长绩效津贴补贴、落实最低工资标准等措施不断提高城镇职工待遇。全面落实保障义务教育教师、校长和班主任绩效工资政策,审批全县中小学(幼儿园)校(园)校长、班主任津贴1626万元(其中县财政配套356万元)。推进公立医院收入分配改革,核定医院绩效总量3947万元,其中县医院3025万元(调控线外奖励性绩效2100万元),中医院922万元(调控线外奖励性绩效600万元)。全年核发机关工勤和事业单位人员(含政策性安置退役士兵)工资65956万元。

【劳动监察】 2022年,全县开工重点和一般工程建设项目59个,其中政府监控项目28个,招用农民工11029人,实行分账管理项目、实名制管理、银行办卡、实行22%工程进度款拨付的均达到100%。全年固原市12345便民服务热线共接收317起投诉维权案件,涉及人数558人(其中127起案件不属于劳动监察受理,涉及人数206人),受理解决190起案件,涉及人数352人,涉及金额398.20万元;国务院欠薪平台共接收134件投诉维权案件,涉及580人,涉及金额723万元,办结率100%。全年累计受理各类农民工维权投诉案件330件,涉及2946人1431.47万元,办结率98%。全年依法缴存农民工工资保证金458.3万元,其中现金缴存417.81万元、履约保证金40.49万元,累计账户余额5815.57万元。

社会救助

【兜底保障】 完善社会民生兜底保障措施,提高全县城乡低保、孤儿、特困和临时救助标准,提标后全县补发救助资金1392万元,惠及全县各类困难群众54161人。为全县51760名城乡低保保障对象、536名特困供养对象每人分三个月增发一次性生活补贴600元,共计发放3137.76万元。做好因灾因疫困难群众基本生活保障工作,2022年,对201名因灾因疫情影响造成生活困难的群众发放临时生活救助60.3万元。

【动态监测】 建立健全低收入人口动态监测预警和常态化帮扶机制,建立与乡村振兴、医保、教育、住建、人社等部门信息共享长效机制,加强信息预警和数据比对,全力打通部门信息数据壁垒。2022年,全县新纳入最低生活保障对象1304户1675人,其中"三类人群"低保救助对象176户274人,落实高龄津贴享受对象6户6人,落实残疾人生活补贴85人,落实残疾人护理补贴53人,落实享受孤儿津贴3户7人,为83户242人三类人群发放临时生活救助24.69万元。全面落实好"渐退期""单人保""刚性支出"等政策,全年清退不符合低保保障条件的10206户13178人,将符合条件的边缘户家庭中的重度残疾人和重病患者按照"单人保"纳入最低生活保障29户30人。

基层治理

【社区治理】 推进社区治理现代化建设,设立西吉县社区建设服务中心,为县民政局所属副科级事业单位,核定全额预算事业编制14名,副科级领导职数1名,进一步加强城市社区服务管理,提升治理效能和水平。积极对接区、市民政部门,调整新增城市社区居委会5个,核增社区工作者职数39名,推动社区治理能力现代化建设。完成全县8个城市社区"一室八中心"提升改造工程,全县城市社区办公服务场所均达到400平方米以上。持续开展"万能章治理专项行动",清理规范各种"奇葩"证明、循环证明、重复证明14项,切实增强社区减负工作实效。全面推进社区专职工作者职业化体系建设,先后两次对城市社区专职工作者报酬标准进行重新核定,核定后全县城市社区工作者应发工资增长至平均4599元/月。

【社会组织】 推动社会组织规范化运行,全县共注册登记各类社会组织71家,其中社会团体36家,民办非企业单位35家,下派18名党建指导员和18名网格员到社会组织指导工作。联合教育、市场监管、公安、人社等部门检查社会组织28家,认真开展社会组织日常监管工作,规范全县社会组织健康有序运行。进一步加大社区社团的培育力度,培育备案社区社会组织1265家,积极引导社会组织履行社会责任,有效规范了社会组织服务行为。

【基层共建】 全面推进乡镇社会工作服务站建设,按照"政府统筹、民政牵头、乡镇跟进、全域覆盖"的推进思路,全面推动县社会工作服务指导中心及所有乡镇社工站建设。至2022年10月,县社会工作服务指导中心及19个乡镇社工站均已完成挂牌、人员配备、制度上墙,积极争取社会服务项目资金40万元,面向民政服务对象开展社会救助、养老服务、儿童福利、社会事务等领域的社会工作服务。

社会事务

【地名管理】 开展清理整治不规范地名工作,对52条行政村名称和1条行政区划乡镇地名进行标准化处理。扎实做好边界联检和后续换桩工作,完成全县地名标牌设置工作,更新地名普查数据库900余条。

【养老服务】 2022年,投入资金125万元,新建农村老饭桌5所,投入65万元开展各类养老服务项目,为老年人提供助餐、助洁、保健、康复和文化娱乐等养老服务;推广医养结合养老服务体系试点工作,与兴隆卫生院、吉强卫生院实行签约服务,集中供养老人就近就医;投入190万元为全县6.25万名特困、高龄等老年人购买意外伤害保险,进一步增强老年抵御风险能力。

【婚姻登记】 在西吉县政务大厅一楼C区设立婚姻登记处,配备工作人员6名,设候登区、登记区、颁证区、离婚室、婚姻家庭辅导室、档案室等;配备叫号排队系统、"人脸识别"系统、多功能高拍仪、多功能打印机等,为婚姻当事人提供和谐优美服务环境。严格执行《中华人民共和国民法典》《婚姻登记条例》《婚姻登记工作规范》等法律法规,连续多年婚姻登记合格率保持100%。围绕"环境设置合理化、登记流程规范化、内部管理制度化、工作队伍专业化、服务内容便民化"的工作目标,着力加强基础设施建设,优化服务环境,提高人员素质,强化内部管理,开创了婚姻登记工作新局面,树立了文明窗口服务新形象。2022年获县政务服务中心优质服务窗口称号。开展婚姻登记历史数据和户籍人口电子婚姻档案补录工作,全年完成10个乡(镇)147个村12000条婚姻登记证件补领工作。积极倡导喜事新办,丧事简办、抵制天价彩礼、高额人情费用,取得了较好的社会效果。

【殡葬管理】 推进西吉县殡仪馆建设,项目投资1120万元,占地面积26亩,建筑1633平方米。至2022年底,已完成主体工程建设,开始室内装修,预计2023年上半年投入使用。积极推动公益性公墓建设,将公墓建设列入"十四五"规划,自然资源部门已将新营乡徐家川口土地属性调整为殡葬建设用地,占地面积927.55亩,已完成选址、打点矢量工作,正在实施林草坪及项目批复之中。

西吉县退役军人事务局

【概 况】 西吉县退役军人事务局成立于2019年

1月，下设退役军人服务中心。

【政治引领】 开创新时代退役军人思想政治教育新局面，组织开展"致敬·2022清明祭英烈"祭扫活动和"9·30烈士纪念日"网上祭英烈活动。在全县323个退役军人服务中心（站）制作文化墙，悬挂标语标牌，摄制《西吉双拥》宣传片等多种形式营造浓厚的政治文化氛围。以"老兵永远跟党走"为主题，深入开展红色故事宣讲，传承红色基因、赓续优良传统的宣讲活动。

【双拥工作】 全面贯彻落实全区双拥工作领导小组会议精神，扎实开展双拥创建工作。春节、"八一"期间走访慰问立功受奖现役军人家属、伤残退役军人代表和生活困难退役军人、优抚对象、烈士遗属、边海防现役军人家属294户，慰问驻地部队2次，对全县"兵支书""兵主任"进行全覆盖慰问；筹资9.85万元，对55名因病、因灾、因意外事故造成家庭经济困难的退役军人给予帮扶救助；争取中国商飞公司定点帮扶项目资金5.5万元，帮扶救助军烈属和困难退役军人110人。开展褒扬"最美退役军人"评选活动，贾建东被评选为全区首届十大"最美退役军人"，王少华入围全区首届"最美退役军人"，充分发挥先进典型的示范引领作用，激励广大军民积极参与创建双拥共建工作。全方位做好战备训练中不幸牺牲的西吉籍战士马学文善后处理和追悼安葬工作，得到马学文烈士所在部队和区、市、县领导和全县人民的一致好评。高效优质做好优待证办理工作，创新推出"预约办""上门办""就近办"服务方式，确保退役军人和其他优抚对象建档立卡基础数据和优待证申领发放工作高质量开展。全年受理优待证办理业务3700人，审核通过3677人，审核通过率为92.76%，申领率为92.18%；建档立卡共受理了3999人，审核通过3892人，完成率为97.82%。持续做好"四尊崇、五关爱、六必访"工作，对光荣返乡的退役军人召开迎接仪式和谈心谈话会，全面落实抚恤优待政策，有重点、分层次解决优抚对象的实际困难。全年为立功受奖现役军人家属共"送喜报进家门"20人（次），在双拥广场开展了集中送喜报活动一次，在全社会形成了"尊崇军人职业、尊重退役军人"的良好氛围。开展双拥崇军一条街创建工作，投入资金64万元，制作各类宣传牌、灯箱等206套，营造了良好的"拥军优属、拥政爱民"的浓厚氛围，为全国双拥城（县）创建打造了靓丽的名片。

【安置帮扶】 全面落实安置政策，积极开展教育培训，着力推进退役军人就业创业工作。对2022年符合政府安置政策的5名退役士兵，严格按照40%安置到机关事业单位、60%安置到区市国有企业的规定，公平、公正做好安置工作。举办退役军人适应性培训班2期72人，围绕强化思想政治、安全保密、心理调整、法律法规等方面开展教学，帮助退役军人尽快转变角色，提高就业能力。通过举办专场招聘会、推送用工企业招工信息等鼓励退役军人就业，新增就业70人。扎实推进退役军人服务保障体系标准化建设，投入6万元完成吉强镇怡秀社区、湖滨社区、锦绣社区3个100人以上退役军人社区示范性服务站创建工作。

【权益维护】 优化权益维护，按照退役军人事务部全力推动涉军矛盾问题化解"13712"工作法，推行"三级领导包联机制""县乡村三级包联化解稳控机制"，积极开展遗留问题化解稳控工作，全年核查办理信访件70件，接待上访人员100多人次，成功化解李雅玺、任凤乾等历史遗留信访事项，信访办结率98%，退役军人合法权益得到有效维护。推行"1133"矛盾纠纷化解排查机制，加强涉访信息收集、整理、研判、报告工作，积极防范和化解信访矛盾。探索推行新时代"枫桥经验"，变上访为下访，及时了解收集涉退役军人诉求，按照小事不出村、大事不出乡的原则，多级多部门联合有效化解诉求诉愿。

【优抚工作】 全年为1333名优抚对象发放生活补

助资金680万元，为20名现役军人发放立功受奖资金2万元，为232名现役军人家属发放家属优待金670.6万元，开展医疗救助81人23.55万元。全面落实《西吉县解决部分退役士兵社会保险问题的实施方案》，召开退役士兵社保接续工作专题安排部署会，认真开展退役士兵社保接续工作，共收到退役士兵接续申请354人，落实政府补贴资金543万元。

【创新工作】 坚持"零距离"退役军人服务保障工作理念，扎实创新开展"六个一"活动。"一项行动"彰显尊崇。面向社会各领域、各行业招募社会崇军合作伙伴306家，首创全区"退役军人主题银行""双拥主题银行"，开展"拥军贷"，为133户退役军人发放贷款3014万元，减费让利112万元，为退役军人就业创业和助推乡村振兴发挥了积极作用；"一张靓照"温暖兵心。在全县开展以"小照片大温暖大情怀"为主题的"最美军装照"拍摄活动，通过宣传动员、收集整理、集中补拍、制作发放，将1115张水晶靓照赠送给"最可爱的人"，得到了军人军属和社会各界的一致好评。为58名入伍新兵拍摄"最美全家福"；"一条视频"传承精神，制作《追寻红色记忆》系列专题片，生动记录了我县尹国俊、马志强、牛海山、撒占林、马彦龙、岳文忠、刘志福等7名抗美援朝和宋志强、许俊财、马占彪、靳财4名对越自卫反击战二等功老兵的革命事迹，在全社会形成崇尚英雄、捍卫英雄、学习英雄、关爱英雄的社会风尚；"一条街区"擦亮双拥崇军名片，创建"双拥、崇军一条街"，制作路灯灯箱144套、路名牌10台、果皮箱10台、双拥崇军立杆牌4个、栏杆宣传画面26处、户外宣传报栏2个、户外大型双拥崇军宣传牌10个，为全国双拥城（县）创建打造了靓丽的名片；"一个典型"示范引领，广泛宣传西吉退伍残疾军人贾建东身残志坚，在全国第十一届残运会暨第八届特奥会中荣获银牌，被授予全区首届十大"最美退役军人"，被评选为宁夏2022年第三季度"宁夏好人"事迹；"一支队伍"传播正能量，邀请抗美援朝老兵闫满堂、对越参战人员宋志强、宋志才、司玉龙、全区首届最美退役军人贾建东等优秀退役军人组成"老兵宣讲团"开展进学校、进社区、进机关宣讲活动，传播爱党爱国、奋发有为、建功立业、奉献牺牲的优良传统和感人事迹。

应急管理

综 述

【概　况】 2022年,西吉县应急管理工作全面贯彻落实习近平总书记关于应急管理重要指示批示精神,全力落实国务院安委会"15条硬措施"、自治区安全生产"20条措施",坚持以责任落实为主线,以隐患查治为抓手,以事故预防为重点,深入推进安全生产大排查大整治、安全生产百日专项整治行动,有效防范化解各类安全风险和事故隐患,系统推进应急管理事业高质量发展。2022年,全县各类自然灾害共造成43086人受灾,农作物受灾面积51614亩(其中12355亩绝收),房屋倒塌1间,严重损坏18间,一般损坏9间,直接经济损失400.73万元。全县共发生生产安全事故2起,死亡3人。全年未发生森林草原火灾事故和地质灾害等自然灾害事故。

【防灾减灾】 筑牢防灾减灾救灾责任防线,印发《关于调整全县森林草原防灭火网格化管理包抓责任人的通知》,落实县级领导包抓乡镇、乡镇领导包抓村(组)、村干部包抓到户的网格化责任机制,将森林草原防火责任落实到人头、山头、坟头和地头。根据乡镇机构改革实际,及时更新防汛"三个责任人"名单,重新明确大型、重点中型水库、重点城镇和行蓄洪区防汛责任人168名,基本形成了自然灾害防御群测群防体系。落实防灾减灾救灾措施,密切关注气象形势,及时发布自然灾害预警提示和强降雨防范应对工作通知,及时启动应急响应,共发布预警提示18条、防范通知6条,启动防汛应急响应10次、地质灾害应急响应6次。强化火源管控,增设临时检查卡点,落实专人轮流值守,对进山人员,逐一排查登记,禁止携带火种进山,坚决把火种堵在山下林外。发挥生态护林员前哨作用,加强对野外火源的巡查、报告和临时处置,切实做到看住人、管住火。夯实自然灾害防治基础,扎实开展自然灾害风险普查工作,全面获取全县地震灾害、地质灾害、气象灾害、水旱灾害、森林火灾等主要自然灾害的致灾因子信息,全面掌握自然灾害重点隐患情况,查明了全县抗灾能力和减灾能力,完成推动自然灾害综合风险普查有力有序进行,完成县应急、交通、住建、自然资源、水利、气象、地震7大系统风险普查调查阶段工作任务,进一步摸清自然灾害风险隐患底数,为提升自然灾害防治能力奠定坚实基础。

【应急救援】 健全完善应急预案,编制修订全县安全生产类、自然灾害类总体预案和各专项应急预案13个,统筹指导各部门编制《防汛现场应急处置方案》8个,形成了"1+2+13+N"的应急预案体系,做到有案可循、依案而行。不断强化应急演练。针对性开展切合实际、涉及面广、公众参与度高的应急预案演练,2022年共开展地震疏散、安全生产等专项演练15次,应急处置能力得到全面提升。不断夯实乡村应急基础。推进乡村两级应急管理能力"六有""三有"规范化建设工作,在19个乡镇、303个行政村(社区)均建立应急管理办公室,组建应急管理队伍,按期完成基层应急能力评估工作。根据防火、防汛、地质灾害防范形势,按照"1+3"模式组建4支县级防汛救援队伍,及时更新县乡村三级突发事件应急救援队伍及各专项应急救援队伍信息,全县共组建乡镇及部门应急救援队伍41支1956人。

【灾后救助】 把牢灾后救助关,把防止因灾返贫致贫纳入巩固脱贫攻坚成果同乡村振兴有效衔接重点工作安排,扎实做好受灾群众基本生活救助和帮扶工作。按照"分账核算、专款专用"原则,加大对救灾资金管理使用的督查指导,督查灾后救助进度,严格验收程序,确保救灾资金如数发放至受灾群众手中。全年累计发放救灾资金1285万元,牢牢兜住不因受灾返贫的底线。

【救灾资金管理】 2022年,全县共接收中央、自治区下拨救灾资金2笔1285万元。西吉县严格按照救灾资金管理规定建立台账明细。根据各乡镇实际,合理制定分配方案,对2022年接收的1285万元救灾资金分2批拨付至19个乡镇,由各乡镇按照规定统筹使用。严格按照《宁夏回族自治区自然灾害救助资金管理实施细则》规定,对各乡镇救灾资金使用发放情况进行跟踪督导和调研指导,及时发现问题并督促整改到位,坚决防止对救灾资金"动奶酪""伸黑手"和侵害群众利益问题发生,确保救灾资金的规范使用。

安全生产

【责任落实】 2022年县委常委会5次研究部署安全生产工作,政府常务会11次研究部署安全生产工作,县安委会召开季度例会4次、各类专题会议11次研究部署安全生产工作。制定《西吉县委、县政府和党政领导干部安全生产责任清单》《西吉县人民政府领导同志2022年度安全生产重点工作责任清单》,修订《西吉县安全生产委员会工作规则》《西吉县安全生产委员会工作制度》,进一步厘清各级各部门安全生产责任,细化分解年度重点工作目标任务,实现责任到人,任务到岗。督查检查安全生产压实责任,县委、县政府负责同志严格落实"党政同责、一岗双责",做到逢重要节点必问、逢重大活动必督、逢重要时段必查。在清明、国庆等重要节日和汛期、冬季等重点时段带队深入各乡镇、各部门(单位)、各企业督导检查安全防范措施落实情况,及时下发督查通报,持续跟踪落实,确保属地管理责任、部门监管责任和企业主体责任落实到位。2022年,共开展综合督导检查38次,下发通报7期。不断强化安全生产目标责任考核,着力解决安全生产认识不够、重视不足等问题。将日常重点工作推进情况和督查检查结果作为重要依据纳入安全生产、消防和防灾减灾工作年度考核范畴,并将安全生产纳入领导班子成员年度述职述责范畴,作为干部选拔任用、奖励惩戒的主要依据。

【安全监管】 对标对表国务院安委会"15条硬措施"和自治区"20条具体措施",制定《西吉县贯彻落实国务院安全生产15条硬措施和自治区、固原市进一步加强安全生产工作若干措施的实施方案》,督促指导企业严格落实全员岗位责任,持续压紧压实党政领导干部、部门单位及企业安全生产责任。扎实开展"百日专项整治"集中攻坚。召开安全生产"百日专项整治"动员部署会议、推进会议,及时印发《西吉县安全生产百日专项整治行动工作方案》《安全生产大检查大整治工作实施方案》《西吉县落实自治区第十三次党代会报告安全生产和应急管理工作任务实施方案》,紧盯道路交通、建筑施工、防溺水、城镇燃气、校园安全、特种设备、非煤矿山、旅游市场、防汛抗旱、森林草原防火等重点领域,集中精力开展隐患大排查、大整改、大落实,坚决守牢安全生产红线。百日专项行动以来,各行业部门共检查生产经营单位334余家(次),排查一般隐患1090项,督促整改1064项,投入隐患整改资金2663万元。聚焦三年行动目标任务和重点措施,全面、客观评估三年行动开展以来工作成效,确保2个专题和15个专项整治措施落实落地,问题隐患销号清零。进一步完善和落实责任链条、制度成果、管理办法、重点工程和工作机制"五本台账",推动形成更严密的责任体系、更有效的防控措施、更有力的基础保障,促进安全生产水平整体提升。紧盯城镇燃气、彩钢板、人员密集场所等薄弱环节,持续保持高压治理态势,紧盯可能导致重特大事故、影响恶劣、屡禁不止的违法违规行为,以更高标准深化专项整治,着力解决"看惯了、习惯了、干惯了"和"看不到、想不到、查不透"等问题,确保安全风险突出和易发生事故关键环节、要害岗位、重点设施检查到位,不留死角盲区。

【宣传教育】 广泛开展社会宣传,精心组织开展"安全生产月"、安全知识"五进""安康杯"知识竞赛、"5·12防灾减灾日""119消防宣传月"等系列宣传活动,在全社会营造"生命至上、安全第一"浓厚社会氛围,有效提高了群众防风险的警觉性和自救互救技能。推行"送法+普法+执法"三位一体宣传模式,负有安全监管职责的部门深入企业一线,督促企业将新安法纳入员工日常安全培训教育内容进行系统学习,有效推动企业主体责任落实。积极组织惠安社区争创"全国综合减灾示范社区",全面提升社区居民防灾减灾意识和自救互救能力,切实提升辖区群众的幸福感和安全感。

防震减灾

【概　况】 2022年,西吉县防震减灾工作全面贯彻落实区、市关于防震减灾工作部署,结合新时期防震减灾工作要求,先后编制了《西吉县防震减灾"十四五"规划》,修订了《西吉县地震应急预案》《西吉县防震减灾工作专项领导小组关于进一步加强防震减灾工作的通知》等,为统筹西吉县防震减灾事业未来一个阶段的整体发展做重要指引和遵循,从体制机制上推动防震减灾工作与各项事业有机融合发展。

【监测预警】 配合国家和宁夏地震局实施国家地震烈度速报与预警工程项目,建成基准站2个、基本站5个、一般站16个。在袁河中学、将台中学、平峰小学等单位安装预警信息发布终端5个,地震预警公共服务体系进一步增强。项目建成运行后,预警终端在接收到地震预警信息后,公众可以紧急采取逃生避险措施,减少财产损失和人员伤亡,尤其是学校、医院、商场、车站等人员密集场所;政府可以根据地震参数速报、地震烈度分布、地震快速评估信息第一时间确定重点救灾区域,科学做出抗震救灾决策。

【宏观监测】 全县现有宏观观测网点16处,为确保各观测点的正常运转,地震局定期对各个观测点进行检查,制定宏观观测员管理办法,每年对各观测网点观测员进行培训,通过以会代训的方式,使各观测员正确掌握宏观异常的特殊性,做好异常情况的详细上报和核实,充分发挥地震宏观信息监测在地震监测预报中的作用。积极配合区、市业务部门,做好仪器运作平台的更新升级,确保仪器运作正常数据传输准确及时,为上级部门研判,中长期地震发生的可能性提供翔实依据。

乡镇概览

吉强镇

【概　况】 吉强镇地处葫芦河川道区，为西吉县城所在地，总面积254.8平方公里，其中耕地18.9万亩，退耕还林面积95516.1亩。吉强镇党委下设45个党支部，共有党员1521名。全镇辖27个行政村176个村民小组、12个社区97个小区。2022年，户籍人口28482户94476人，其中常住人口110171人。主要产业是劳务经济、种养殖业，种植业以马铃薯、玉米、小秋杂粮、冷凉蔬菜和中药材为主，养殖业以牛、羊为主。2022年全镇脱贫人口、监测人口人均纯收入达到1万元以上。

【基层党建】 选优配强村"两委"班子成员11人，其中党支部书记3人，党支部副书记2人，其他成员6人。全年共培养入党积极分子30名，发展党员9名，转正党员25名。开展"创新争星"，全镇有四星级党组织7个、三星级22个、二星级16个。严格落实"三会一课"、民主生活会、组织生活会、主题党日等制度，创新制定"夜读班"工作方案，每周二、四进行干部集中学习，累计开展夜读班集中学习18期950余人次。组织青年团员集中观看习近平总书记在庆祝中国共产主义青年团成立一百周年大会上的讲话精神34次425人，撰写心得体会300余篇。组织开展"珍爱生命　预防溺水"主题宣传教育活动，组织召开新时代青少年思想引领工作学习会，建立困难青少年台账，为12名未消除风险监测家庭义务教育阶段学生发放学习礼包，让广大青年团员们切实感受到党的关怀和团的关爱。

【党风廉政】 严格落实中央、自治区及固原市委中央八项规定精神、"八条禁令"和"十项规定"，持续纠治"四风"，建立健全班子成员廉政档案11人（次），镇村干部廉政档案271人（次），开展警示教育主题活动2次，镇纪委监委对重点工作落实情况督察检查18轮，发现并处理问题350个，处理干部323人次，其中县纪委处理18人次，镇纪委处理305人次。切实改变了党员、干部中存在的"庸、懒、散、推、拖、浮"等作风顽疾，持续抓好党风廉政建设和党员干部纪律作风。建立健全镇党委会工作规则、镇领导干部请假报告制度、镇领导干部带班值班制度、镇干部考勤管理办法和社区工作者考勤、请销假及考核制度等。集中开展违规收送红包礼金和不当收益及违规借转贷或高额放贷专题学习110期，谈心谈话800余人次，宣传宣讲和工作推进会35次，召开专题民主生活会、专题组织生活会，镇、村（社区）干部共撰写个人检视材料、个人对照检查材料349余份。积极推进政务公开，主动接受人大及社会各界监督，持续推进政府信息公开，回复网民咨询投诉和12345便民服务热线451件，公开政务信息165条。

【经济建设】 持续开展耕地和劳动力两个不撂荒"清零"行动，全力抓好粮食生产，全镇共完成各类农作物播种面积15.17万亩(其中种植小麦1.01万亩、玉米4.2万亩、马铃薯3.95万亩、杂粮1.05万亩);大力发展西蓝花、菜心等为主的清凉蔬菜产业,蔬菜种植面积稳定达到1.7万亩以上,亩产值按5000元计算,年产值达8500余万元。持续巩固已建成的7个肉牛养殖示范村,不断发展壮大养殖业,全镇肉牛、羊、禽存栏量分别达2.85万头、1.9125万只、2.9583万羽,活畜交易年贩运1.2万余头。采取"低水高用""引水上山"等措施,在马营、泉儿湾、王昭等村建成高山冷凉蔬菜基地1.2万亩,解决就近务工600余人,务工人员人均可支配收入增加5000元以上。在马营、芦子沟等村实施高标准农田建设4万亩,在万崖村新建高标准日光温棚19座,主要用来育苗和种植反季蔬菜,预计收入可达400万元;通过"政府扶持+学院指导+农户种植"的模式,积极探索发展食用菌菇种植产业20户,有效促进了产业转型升级。

【文化建设】 充分发挥党员先锋模范作用,推进移风易俗宣传教育,充分发挥村规民约引导和群众组织自治作用,传播文明理念、破除陈规陋习,引导群众自觉抵制封建迷信,抵制陈规陋习以及腐朽落后文化侵蚀,积极劝导抵制高价彩礼、大操大办等现象。2022年,共组织开展文艺活动54次,参与群众26900人次,举办训练班3次,培训154人次,举办展览2次,参观168人次,指导群众业余文艺团队19支。建成新时代文明实践所1个、实践站34个,发动群众广泛参与文化活动,开展"喜迎党的二十大""不忘初心,跟党走"等主题活动,选树表彰"移风易俗示范户""脱贫光荣户""好婆婆"等先进典型150余人,乡风民风有效改善,文化氛围日益浓厚。

【社会治理】 积极开展干部职工宣传工作,组织开展"健康生活常识"、健康教育系列讲座12次,不断提高全镇干部职工道德教育、健康知识教育和文明素质。深入开展"八五"普法,培育"法律明白人"340人,开展会前学法和送法进校园、进村组、进社区等活动,全年为群众提供各类法律咨询200余人次,开展法治宣传130多场次,开展法律援助108件,全面提升政府效能和依法治理水平。开展禁毒宣传活动50场次,发放宣传彩页、折页等10000份,悬挂横幅48条,对112名吸毒人员进行管控、入户帮教2人、享受公益性岗位1人,困难救助15人,禁种踏查15次,对标摸排吸毒人员60余人。

【乡村振兴】 抓实抓细"四个不摘""四个衔接"以及责任、政策、工作"三个落实",将全镇4.3万农业人口进行网格化管理,对重点人群和特殊群体实行"八必访"、风险户"一键预警",精准识别存在致贫风险和返贫家庭,全年共识别纳入"三类"人群243户1202人,配套帮扶措施729条。深入落实547名镇村干部与3501户脱贫户结对帮扶工作,全面排查群众的"两不愁三保障"、饮水安全情况和收入现状,共完成危房改造12户,抗震宜居房39户,新增自来水入户15户,累计消除风险监测对象195户978人。科学应对罕见的冻、旱、涝、雹等自然灾害,及时发放抗旱救灾资金29万元,积极动员群众拆翻改种、抢墒播种、浇灌补灌,抗旱保苗1.7万亩。多方筹措资金62万元,健全完善移民服务中心各项功能,不断加强移民就业、社保、户籍迁转等各项业务办理能力。累计开展各类就业技能培训班7次347人,有组织转移劳动力7483人,全年兑付劳务补贴7.68万元。

【基础设施】 争取国家预算资金2000万元,实施农村人居环境综合整治项目,有效改善了团结、大滩等城中村脏乱差、散堵污的问题。投入资金2200万元,完成民生家园小区基础设施和供排水等维修改造,有效解决了小区暖不热、路不畅的问题。争取资金1302万元,实施了夏大路、万崖村乡村振兴示范村,龙王坝村闽宁乡村振兴示范村和高质量美丽宜居村庄等,并持续加大各行政村(社区)环境卫生整治力度,全镇村容村貌进一步改善、基础设施进一步完善。

【民生保障】 全力补齐民生领域短板弱项，发放各类救助资金4786.97万元（低保资金3939.39万元、残疾人两项补贴资金447.17万元、民政救灾救助资金185.15万元）。全面核查审核取消不符合条件的农村低保对象3376人，救助困难和受灾群众达3432万余人。完成医疗保险缴费60124人，完成任务的97.23%。持续提升全镇医疗卫生服务水平，进一步完善吉强镇卫生院硬件设施，配套建设标准化病房13间，组建8个家庭医生签约团队定期对7344户28664人开展巡回医疗服务，重点人群签约率100%，实现脱贫户全覆盖。安排公益性岗位802人，向福建等地输送50人，安排扶贫车间吸纳就业514人（其中脱贫人口290人），举办烹饪、美容等技能培训11次500人；转移就业8756人；转移就业补贴331人769800元；购买铁杆庄稼保5171人。建立镇村（社区）退役军人服务站34个，接待军人1240人次，走访慰问40人次。加大征兵宣传，对751名适龄青年进行了兵役登记，体检政审双合格26人，应征入伍19人。

【基层治理】 成立社区建设服务中心，新增社区居委会5个，全面实行"1133"基层治理机制，网格化管理更加精准有效，全年调处化解矛盾纠纷408件，办理信访件91件。常态化开展扫黑除恶斗争，深入推进打击整治养老诈骗专项行动，举办"老年人防诈骗法律知识宣传""安全知识宣传""民法典宣传"等各类活动26场次。深入开展自建房、燃气等15个领域隐患排查治理，排查和解决安全隐患148处，进一步强化森林草原防灭火工作，有效防止各类安全事故的发生，综合防灾减灾能力明显增强。以"铸牢中华民族共同体意识"为主线，全面深入持久开展民族团结进步创建工作，召开民族团结进步创建工作专题会议4次，开展民族宗教政策、法律法规等宣讲16次，16000余人次参与。打造惠安社区和万崖村两个民族团结进步创建示范点，全镇上下呈现出民族团结、社会稳定的良好局面。

【生态环境】 牢固树立绿水青山就是金山银山的理念，切实扛牢生态环境保护政治责任，统筹推进"月百户"行动、厕所革命、河湖长制、路长制、林长制等各项工作，城乡面貌焕然一新。全年完成"月百户"整治验收460户，超额完成厕所建设任务；拆除遗留土坯房、残垣断壁620余处、违法违规建筑310处、私搭乱建270处、清运垃圾28万余方，修整路肩、树畦130余公里，治理车路沟等过境河道9.6公里；常态化开展秸秆禁烧、残膜回收等工作，清理白色垃圾56吨，全镇城乡人居环境、整体生态水平明显提高。抢抓春秋植树黄金期，栽植云杉、旱柳等各类苗木1.45万株、完成庭院经济林种植2000株（红梅杏），补贴资金9万元，受益人口1500人；稳定聘用脱贫户生态护林员182人，设立各级林长64名，开展巡林巡草40余次，全镇森林覆盖率达到37.9%。常态化开展自然保护地违法违规建设和环境污染专项清理整治活动，普查机井、库坝塘堰取水口573座，确权认定大型养殖场取水口17家，促进林权类不动产登记7988户、山林权交易9.9万亩。

兴隆镇

【概　况】 兴隆镇位于西吉县南端，距县城45公里，地处葫芦河道腹地，G566线、S202线、好兴公路穿境而过，总面积227.4平方公里（耕地19万亩，其中水浇地4万亩），辖32个行政村，1个居委会，170个村民小组，总人口5.6万人（其中农业人口12790户5.4万人，常住人口4.08万人）。2022年实现地区生产总值7亿元，固定资产投资2.68亿元，城乡居民人均可支配收入15582.9元。

【基层党建】 坚持不懈用习近平新时代中国特色社会主义思想凝心铸魂，以村党支部书记集中学习教育为抓手，时刻掌握思想动态，及时提醒纠正。按照"四有"标准，培养后备干部，及时调换能力不强、意识不足等村组干部,村组干部整体水平明显提升。采取"领导挂点联系、部门帮扶共建、干部蹲点指导"的方式,对小段、公易两个软弱涣散基层党组织进行全方位、多举措整顿提升。坚持强党员队伍,凝聚农村组织发展合力。结合主题党日、讲党课等方式对入党积极分子、发展对象定期开展培训,补足精神之钙,铸牢思想之基;严把规范关,深化党内生活。以学习好、宣传好、贯彻好党的二十大精神为主线,严格落实"三会一课""四议两公开"等制度,用心推动基层党建工作再上台阶。

【党风廉政】 全面落实党风廉政建设责任制,从严落实中央八项规定及其实施细则精神和自治区加强作风建设"八条禁令"要求,健全完善全面从严治党"三个清单",组织开展基层党组织述职述廉暨民主测评,加大关键环节、重点事件的问责力度,进一步改进和完善党风廉政考核制度,督促各党支部切实履行全面从严治党主体责任。坚持反腐倡廉关口前移,严格落实从严加强干部监督管理切实转变干部作风专项整治工作要求,扎实推进中央八项规定精神及实施细则落实情况监督检查,做到敢管敢严、真管真严、长管长严。2022年共查处案件14件,组织召开廉政警示教育会议12次,组织镇村干部在廉政警示教育基地、红色教育基地接受廉政教育5次,开展廉政专题讲座2次,印发、转发违纪违法典型案例16次,全力打造干部清正、政府清廉的政治生态。

【经济建设】 坚持把推动高质量发展的主攻点放在产业上,强化补链延链强链,产业发展成效显著增强。推动肉牛养殖扩量增效,坚持以调优种养结构、示范引领、品种改良等为抓手,着力推动草畜产业标准化、规范化、科学化、规模化发展,打造肉牛养殖示范点1个;建设单南村、王沟村、秀屿新村肉牛养殖"出户入园"园区3个,"出户入园"肉牛规模达1500头以上;实施西吉县肉牛养殖集群暨牛羊精深加工全产业链建设项目1个,投资7500万元,肉牛繁育、养殖、贩运、屠宰、精细化加工为一体的产业链条逐步形成;推动冷凉蔬菜提质扩面,坚持"合理布局、突出特色"发展思路,依托葫芦河流域和川区地域优势,以兴隆、罗庄、王河、下堡子等村为重点,按照"党支部+合作社+基地+农户"发展模式,集中打造冷凉蔬菜种植示范带1个和冷凉蔬菜种植示范基地5个,规模化种植成效明显;种植西芹、甘蓝、辣椒、西瓜等10余种优质品种,辐射带动沿河13个行政村、1300户农户种植冷凉蔬菜1.9万亩,年产量8万余吨,产值达1亿元,联农带农效果良好;推动"三粉"产业提档升级,全面推广马铃薯脱毒种薯农户自繁自用体系建设,发放马铃薯原原种84.15万粒,提升改造"三粉"加工车间16家,实现生产、加工、包装、销售产业链全覆盖,年生产优质粉条、粉皮、粉丝1.2万吨,产值达1亿元,实现经济效益新突破;推动商贸物流提速进位,依托单家集活畜交易市场、兴隆综合农贸市场、玉桥农贸市场等,培育流动商贩、个体经营户、商贸企业1500余家,带动1.3万余人实现了就地就近创业增收。搭建线上交易平台,打造电商一条街,做到线上线下两条腿走路,全面加快商贸冷链物流体系建设,延伸产业链,提高附加值。

【文化建设】 对照标准全面完成农村基层文化服务基础建设,建成镇村综合文化服务中心,配套建设文化活动室、乡村大舞台和文化广场,优化文娱设施,完善功能配置。按照上级农家书屋管理标准,因地制宜完善农家书屋管理标准,专人维护、专人管理,同时组织开展"我的书屋我的梦"系列活动,不断深化建设成果。对标目标任务,全面完成新时代文明实践站建设,统筹整合资源力量,组织开展形式多样的文娱活动,扎实推动站所作用发挥。精心组织举办各类文体赛事200余场次,持续强化文化供给,不断满足居民群众对文化生活的新需求、新期待。

【社会治理】 搭建"互联网+家庭医生签约"服务平

台，全面落实"先诊疗后付费"服务和"一站式"即时结算，城乡居民医疗保险参保率达到80%以上。全面落实城乡低保、特困供养、孤儿等救助保障提标工作，发放社会救助资金236.7万元，惠及群众4288人次。深入推进"六大提升行动"，办理民生实事4219件，用心用力办好事、办实事。建立企业用工和群众务工双向对接平台，开发就业岗位160多个，农村劳动力转移就业12560人。落实教育优先发展，完成兴隆中学、玉桥中学、第三幼儿园配套设施建设，打造王河等32个村级"家门口"服务站，配备标准化村级卫生室，14类54项国家基本公共卫生服务项目已全面实施。

【乡村振兴】 认真落实县委、县政府决策部署，聚焦"守底线、抓发展、促振兴"，落实"四个不摘"，抓好"四个衔接"，对重点和特殊群体实行"八必访"、风险户"一键预警"，2022年共识别纳入监测对象82户315人；国家和自治区考核评估反馈问题全面整改，"三保障"和饮水安全水平稳步提升。常态化开展"四查四补"防返贫动态监测排查工作，一周一上报、一月一调度，核实"一键预警"信息533条，过筛子、拉网式排查研判新纳入三类人群10户43人，做到应纳尽纳、不错不漏。2022年，脱贫人口实现稳定就业4145人，人均纯收入达12430.41元，同比增长16.66%。

【基础设施】 着力打造兴隆镇城镇化建设的"四纵九横"，集镇功能更加优化，城镇形象大幅提升。2022年整合资金34584.23万元，建设实施重点小城镇、沿街面开发等项目13个，其中落地建成9个，主体完工3个，开工建设1个。同时加快在建项目进度，实施道路交通、给水、排水、燃气、三线入地等市政基础设施提升工程，加强公共服务、便民广场等配套设施建设，切实将兴隆镇打造成为区域综合服务中心。

【民生保障】 全面摸排撂荒地和耕地"非粮化"面积，因村施策、因地施策，复耕复种撂荒地481.13亩，腾退绿化苗木17亩，经果林115亩。围绕自治区"六新六特六优"产业，结合兴隆镇区位优势大力发展冷凉蔬菜与规模养殖，种植蔬菜1.9万亩，肉牛存栏量达6.8万头，肉羊存栏量达5.8万只，兑付见犊补母补贴1550余万元。精准落实帮扶措施，继续发展壮大村集体经济，全镇32个行政村集体经济收益均达到5万元以上；红色旅游初见成效，单南村入选第六批中国传统村落，单家集夜话家喻户晓，接待游客60余万人次，创造收入120余万元。

【基层治理】 坚持"党政同责、一岗双责、齐抓共管"的工作责任制，扎实开展安全生产大检查和专项整治工作，深入开展安全生产"百日专项"整治行动，联合派出所等单位开展安全生产风险隐患排查整治专项行动120余次，累计检查生产经营单位1200余家，整改安全隐患50余处，确保了全镇未发生重大安全生产事故。全域推广基层治理"1133"运行机制，统筹人民、行政、司法调解，落实"红橙黄"三色管理，一体推进矛盾调处、解难纾困，实现矛盾纠纷每周滚动排查，定期上报，做到小事不出村，大事不出镇，对一些比较突出的矛盾纠纷，落实领导包案制，集中时间人力，着手解决处理，避免了矛盾纠纷激化和越级上访事件的发生，有力促进经济社会发展和谐稳定。今年排查调解各类纠纷275起，依规办理信访事项31件，答复12345便民服务热线437件，办结率100%。深入贯彻党的民族政策和宗教工作基本方针，认真落实中央民族工作、全国宗教工作会议精神，稳步推进宗教领域突出问题整治，民族团结、宗教和顺局面进一步巩固，陕义堂清真寺荣获全国宗教界先进集体。

【生态环境】 坚决整改落实中央及区市环保督察组环保督察转办件4件，统筹推进"四尘"同治、"五水"共治、"六废"联治，空气质量优良持续向好。生态环境得到有效保护。持续深化河湖长制，扎实开展"清四乱"专项整治，认真做好生活污水治理，全力打击非法采砂，葫芦河玉桥国控出境断面水质稳定达到Ⅳ类以上。常态化加强农业面源污染防治，年均回收农用残膜2323吨，年发酵生产有机肥4736吨，下范煤炭交易市场进行绿植复垦，宁夏源龙现代农业服务有限公司总结提炼出的条垛（覆膜）堆肥技术，被全国畜牧总站作为典型案例推广。人居环境得到有效改善。结合"百村示范、千村整治、万户清洁"行动，常态化开展农村人居环境整治，整治"三堆五乱"13826处，清理清运生产生活垃圾7265吨，完成厕所改造290座，规范集镇店外经营200多家，归行划市80余家，打造农村人居环境整治示范村2个，人居环境更加宜居宜业。

平峰镇

【概　况】　平峰镇位于西吉县城西南，距离县城43公里，与甘肃静宁、会宁两县接壤，是两省三县六乡的交会地，属滥泥河流域黄土丘陵区，平均海拔2100米。全镇总面积193平方公里，其中农业用地16万亩，以旱作农业为主，主要农作物以小麦、马铃薯、杂粮、玉米等为主。全镇共辖22个行政村，144个村民小组，现有户籍人口6720户23197人，常住人口4086户10941人。2022年全镇农民人均可支配收入12552.5元，同比增长9.6%。

【基层党建】　平峰镇共有党员939名，其中预备党员17名，女性党员160名，少数民族党员17名，大专及以上学历党员150名。2022年共发展党员17名。全镇4星级党支部4个，3星级13个。建立基层联系点，党委书记带头、带动班子成员在所包村中确定了一个党支部作为工作联系点，充分发挥自身优势，带领党员认真开展党史学习教育，广泛宣传党的路线方针政策；指导党支部开展标准化规范化建设，督促党支部认真开展"三会一课"、主题党日等，推动基层党建工作取得新成效。

【党风廉政】　全面落实新时代党的建设总要求，健全全面从严治党体系，全面推进党的自我净化、自我完善、自我革新、自我提高，在"正风"上聚焦贯彻中央八项规定及其实施细则精神，在"肃纪"上精准运用"四种形态"，在"反腐"上围绕"三不"一体推进精准发力。在全镇设立举报箱23个，接受群众监督，驰而不息纠治"四风"，清理工作群微信群10个，严格控制会议、文件数量，从讲政治的高度整治形式主义、官僚主义问题。加大警示教育工作，坚持传统阵地与新兴媒体并用，组织开展镇村干部廉政警示教育活动2次，注重以案明纪，以案说法，以案示警，用身边事教育身边人，不断提升纪律教育的警示教育作用。

【经济建设】　牢牢守住粮食安全底线，深入贯彻落实中央农村工作会议精神，积极调整产业结构，大力推广春小麦和玉米大豆带状复合种植，坚决落实粮食安全党政同责，稳定粮食面积增产量。2022年全镇粮食种植面积11.44万亩，其中小麦1.01万亩（春小麦1671.35亩），籽粒玉米3.05万亩，豆类作物1521.5亩，圆满完成了上级下达的粮食种植任务。全面摸清撂荒地和耕地"非粮化"面积，因村施策、因地施策，复耕复种撂荒地293.1亩。大力推进产业示范建设，2022年在沿坪、庙坪等村实施了500亩以上杂粮种植基地9个；在民和、沙洼等村实施了500亩以上青贮玉米示范点5个；在高赵、中岔村实施了400亩以上春小麦种植示范点2个；在三合、焦湾等村实施了500亩以上玉米大豆带状复合种植示范点8个；在八岔、王庆村实施了1160亩蔬菜种植示范基地，深化产业示范带动效能，拓宽群众增收新路子。积极发展畜牧规模养殖，2022年年底全镇牛存栏量9658头，其中基础母牛7464头，羊存栏量1.21万只，生猪存栏量2249头，家禽存栏量3769羽。建成焦湾村、中岔村、八岔村3个肉牛养殖示范村和沙洼、沿坪、庙坪、王庆村4个肉牛养殖重点村,现有青贮池138座。在张武村建设占地25亩、养殖规模300头,目前牛存栏量108头的"出户入园"肉牛养殖小区1个,形成规模化养殖、标准化生产,园区化管理肉牛养殖新模式。

【文化建设】 坚持教育强镇,2022年平峰中学中考排名全县第四、农村中学第一,三合中学、平峰中心小学教学质量监测排名均在全县前列;2022年共表彰奖励优秀教师、优秀班主任等37名,营造尊师重教的浓厚社会氛围;坚持文化兴镇,镇综合文化站、图书室,各村农家书屋全部免费对外开放,深入开展移风易俗活动,树立文明乡风,共开展诚实守信、道德模范、文明户创建活动24次,着力引导广大群众从"富口袋"向"富脑袋"转变,逐步实现移风易俗常态化、婚丧事务规范化、民间习俗文明化,促使全镇形成崇尚文明、节俭、科学的良好风尚。

【社会治理】 着力优化公共服务,坚持把保障和改善民生作为出发点和落脚点,大力进民生建设,着力解决群众关注的民生问题,不断提升群众的收入水平和生活水平。稳步提升社会保障水平,立足平峰镇困难群众实际和需求,建立以最低生活保障为基础、专项社会救助为支撑、急难社会救助为辅助的常态化帮扶格局,织密编牢兜底保障网。2022年新增低保9户11人,全年共保障低保、高龄、优抚等特殊群体3400人,共计发放低保金932.41万元,特困供养金77.47万元,高龄津贴194.38万元,优抚金56.52万元,孤儿津贴19.2万元,残疾人生活补贴93.98万元、护理补贴68.99万元,为49户困难群众发放平价取暖煤炭128吨,特殊群体基本生活得到有力保障。加强辖区基本公共卫生服务,全面推进家庭医生签约服务理念,扩大医疗服务影响力,2022年共签约家庭医生22名。多措并举促就业稳增收,聚焦重点群体,持续做好劳动力就业帮扶,组织辖区失业人员参加线下招聘会8场次,完成农村劳动力转移就业5960人(其中脱贫劳动力就业2977人),开展职业技能培训5场次,培训群众250余人次,新增公益性岗位人员42人,"点对点、一站式"向福建输送劳务人员赴福建就业15人,发放妇女创业贷款563万元。

【乡村振兴】 聚焦"守底线、抓发展、促振兴",落实"四个不摘",抓好"四个衔接",持续巩固拓展脱贫攻坚成果,健全防止返贫动态监测和帮扶机制,全面推进产业、人才、文化、生态、组织"五个振兴",2022年度脱贫人口人均纯收入达到12881.94元,同比增长16.03%。严格落实"四个不摘"要求,坚持将巩固拓展脱贫攻坚成果作为首要政治任务,聚焦"三落实一巩固",成立巩固拓展脱贫攻坚成果同乡村振兴有效衔接工作领导小组,组建工作专班,制定工作方案,明确工作责任,持续巩固提升"三保障"和饮水安全水平。2022年完成危房改造2户,建设抗震宜居房16户,义务教育无辍学学生,脱贫户医疗保险参保率100%;2022年新增自来水入户54户,常住人口自来水入户覆盖率100%。建立健全防返贫动态监测和帮扶机制,全面组织镇村干部、驻村干部开展常态化排查预警,累计识别监测对象130户529人(其中脱贫不稳定户73户290人、边缘易致贫户50户209人、突发严重困难户7户30人),国家和自治区考核评估反馈问题全面整改。常态化开展"四查四补"防返贫动态监测排查工作,一周一上报、一月一调度,核查处置"一键预警"信息484条,2022年过筛子、拉网式排查研判新纳入"三类人群"37户142人,做到应纳尽纳、不错不漏。精准施策稳定消除风险,按照"缺什么补什么"的原则进行产业、就业、金融扶持、教育和健康帮扶等措施精准帮扶,对收入稳定超过当年监测范围且持续巩固返贫致贫风险稳定消除的监测对象,按程序规范消除风险。截至2022年底,已消除风险监测对象92户378人,其中脱贫不稳定户44户172人、边缘易致贫户47户200人、突发严重困难户1户6人。未消除风险监测对象38户151人,其中脱贫不稳定户29户118人、边缘易致贫户3户9人,突发严重困难户6户24人。

【基础设施】 补齐基础设施短板，进一步巩固全镇农村公路建设成果，坚持"建、养、管"并重的原则，充分发挥镇村两级路长责任制，夯实养护措施，全力做好水毁道路修复，便利群众出行的"最后一公里"，共完成25处重点水毁道路维修，全力保障群众安全出行。全年修建巷道涉及八岔、张武等八个村共19.33公里。

【基层治理】 充分发挥"1133"工作机制，成立由镇党委副书记任支部书记，派出所、司法所、法庭、综治中心负责人及各村党支部书记为成员的功能型党支部，强化各村矛盾排查化解责任，定期分析研判，提升矛盾纠纷化解群众满意度，依规答复12345便民服务热线104件，办结率100%。落实"一人一事一专班"，分级分类调处化解，切实做到早介入、早处置，共计受理办结各类信访案件24件，排查化解各类矛盾纠纷86件，为创建平安平峰而不懈奋斗。培养"法律明白人"及骨干280人，接受群众法律咨询186人次，办理法律援助案件9件，辖区法治氛围更加浓厚，基层治理成效凸显。持续强化安全生产责任，开展乡村道路、防汛抗旱、防溺水、自建房屋等安全隐患及企业、有限空间等各类安全生产排查34次，排查安全隐患274处，整改274处，完成率100%，开展违法违章、安全生产、食品药品监管等专项综合执法36余次。

【生态环境】 坚持以乡村振兴战略为引领，持续改善人居环境。全面贯彻落实中央及区市县农村人居环境整治工作部署要求，建设美丽宜居乡村，在"抓示范、建机制、补短板、促提升"上下功夫，认真落实"拆、清、整、建、绿、亮、管"工作措施，年内建成八岔、庙坪两个乡村振兴示范村，通过硬化主干道、村组巷道，拆除存量土坯房、破旧圈舍、残垣断壁，不断完善垃圾桶、路灯等基础设施，提升乡村的"颜值""气质"，切实提高人民生活幸福指数。扎实推进"月百户"整治工作，以宣传发动、全面整治、检查验收为具体实施措施，结合"美丽庭院"创建工作，积极推动农村人居环境综合整治工作走深走实，2022年"月百户"累计验收381户，完成厕所改造151座，拆除残垣断壁10295米、废弃圈舍164座、露天厕所111座，清理"三堆"、砂石堆1039余吨，清理生活垃圾、建筑垃圾1547余吨，清理沟渠河道54条112.7公里，整治乱搭乱建163处，修整路基、护坡51.4公里，修整树坑9959余个，修补围墙76处，绿化道路35.8公里，回收农用残膜242.85吨。

【农村改革】 深入推进"六权"改革，扎实开展土地确权工作，全面完成耕地确权工作，完成4317宗宅基地确权登记工作，颁发证书4073宗。全面推行镇村组三级田长制，建立耕地保护机制，坚决遏制耕地"非农化"、防止"非粮化"，及时制止违法占地、私搭乱建等行为，清理整改违法图斑12宗。

将台堡镇

【概　况】 将台堡镇位于县城东南部葫芦河川道区，距离县城27公里。202省道沿途南北走向穿境而过，与国道566和县道固将公路在将台形成十字交汇，交通条件得天独厚，周边毗连两省三县13乡镇，经济辐射范围达3600余平方公里。辖16个行政村92个村民小组，行政区划面积112.86总人口2.7万人。2022年，全镇农村居民人均可支配收入15418.3元，增长12.5%。

【基层党建】 组织全镇党员干部认真学习宣传贯彻党的二十大精神，认真开展"大学习、大讨论、大宣传、大实践"活动，用新时代党的理论武装党员、教育群众，增强"四个意识"、坚定"四个自信"，坚定不移做"两个确立"忠诚拥护者、"两个维护"示范引领者。全年组织干部集中学习38次，党委理论学习12次，举办读书班5期，邀请包镇县级领导讲党课7次。从严从实强化日常教育管理监督，严格执行党员干部请销假制度、考勤制度、带头值班制度和责任追究制度。严格落实领导干部个人有关事项报备和去向备案制度,扎实开展村级党支部书记述责述廉工作,加强驻村第一书记和工作队管理。严把干部政治关、廉洁关和能力素质关,重视培养镇村干部后备力量,发展培养"两个带头人"209名,确定入党积极分子20人,发展党员14人,预备党员转正13人。认真落实"三会一课"、主题党日、组织生活会和民主生活会等制度,班子成员带头落实双重组织生活制度,深入开展批评和自我批评。常态化整顿软弱涣散基层党组织,全年实现后进支部提质升星2个,共创建四星级党支部7个,三星级党支部8个,二星级党支部1个。

【党风廉政】 制定镇村两级全面从严治党"三个清单",延伸责任链条、层层压实责任。精准运用"四种形态"惩治极少数、教育绝大多数,全年批评教育镇村干部5人次。坚持将党风廉政建设与日常工作同部署、同落实、同检查、同考核,全力支持镇纪委工作,对贪污侵占、虚报冒领、截留挪用等行为注重抓早抓小抓前置,及时予以纠正,防患于未然。全年组织开展警示教育活动4次,明察暗访6次,督察发现问题9个,下发通报4起,处分4人。持之以恒纠治"四风",扎实开展形式主义、官僚主义等"四风"问题整治行动,精简会议、压缩文件,持续为村级党组织减负松绑。规范小微权力运行,重点整治"吃拿卡要""优亲厚友"等群众身边的腐败问题和不正之风,以党风带政风转作风促民风。

【经济建设】 紧抓"一红一绿"两条主线,做好扮靓"三篇文章",夯实产业发展根基。推进蔬菜业提质增效,实行"三统三分"机制,探索推行火集等村蔬菜产业"联产单干"模式,强化闲置土地资源盘活"力度"。建设有机蔬菜基地6个,全镇蔬菜种植面积年稳定在1.5万亩以上。投资2500万元,实施会师将台堡乡村振兴项目,新建日光温室34座,维修"十二五"生态移民温棚21座;推进养殖业扩群增量,加强技术指导,优化营商环境,撬动民间资本,提升政企协作发展"温度"。山区实现"户户种草,家家养畜",全镇种植青贮玉米2万亩,肉牛饲养量2万头、羊饲养量3.55万只,兑付"见犊补母"资金265.5万元;推进文旅业提档升级,坚持以"绿色为底色、红色为特色",擦亮"西部福地·吉祥如意"旅游品牌,加快文旅产业发展"速度"。创新"红色旅游+"模式,把景点游、生态游、民俗游与红色游结合起来,打造将台堡红军长征会师纪念园、长城文化遗址公园、红军寨红色旅游"三点一线"精品线路,建成自驾游房车营地、"西吉好吃头·将台特色街"。将台堡镇被评定为全国乡村旅游重点镇,红军寨成功入选自治区五星级乡村旅游示范点,全年接待游客105万人次。坚持把新型农业发展作为乡村振兴的有力抓手,跑出经济发展"加速度"。依托蔬菜种植和肉牛养殖,积极发展农民专业合作社、家庭农场等新型农业经营主体,推动全镇农业规模化、产业化、集约化经营,树立典型,充分发挥引领作用,带动培育更多的现代职业农民。全镇现有养殖业合作社20家,蔬菜种植合作社9家,蔬菜销售合作社5家,农业提质增效明显。积极做好扶贫车间动态监测工作,掌握扶贫车间运行情况,加大提升改造力度,改造升级牟荣村花灯车间为花卉种植加工车间,杜绝扶贫资产闲置浪费。

【文化建设】 完善文化基础设施,增强服务效能。新建将台文化站、生态休闲广场、文化活动广场。举办多种形式文化活动,丰富群众生活,全年开展文化活动36次,其中群体性文化活动7场次。2022年,将台堡镇荣获全国乡村旅游重点镇,全区首届"三支一扶"高校毕业生赴基层服务出征仪式在将台堡镇成功举办。推动移风易俗,弘扬文明新风,扎实开展了"反对陈规陋习、提倡文明新风"等宣传活动,推选"文明家庭""道德模范""身边好人""移风易俗示范户""脱贫模范户""百孝之星"等130人。

【社会治理】 认真履行维护民利、解决民生、落实民权的工作职责，以保民生为重点，抓好民政救灾救助工作。建立灾害紧急救助机制，完善受灾群众的救助制度，重点做好灾后及冬春群众的生活救助，全年共发放临时救灾资金136.89万元。进一步规范和完善居民最低生活保障，开展全镇城乡低保规范核查和扩面工作，取消各类不合格低保633户738人，新增农村低保41户60人；新办残疾证27人；发放80岁以上高龄老人补贴307人115.88万元，城乡孤儿补助30人89.7万元，发放残疾人两项津贴557人125.73万元。在册优抚对象280人，伤残退役军人1人，60岁以上农村籍退役士兵90人，发放优抚对象生活补助96人49.01万元。认真做好城乡居民养老保险，医疗保险参保工作，一对一深入农户家中宣传动员参保，发放宣传材料10000余份。2022年，全镇养老保险参保率为70%，医疗保险参保率为90%。深入推进就业创业，聚焦重点群体，稳就业促增收，持续做好劳动力就业帮扶，完成农村劳动力转移就业7150人，开展就业技能培训350人次，发放创业贷款627万元。坚持教育优先发展，整合撤并咀头、甘岔、保林空壳教学点（幼儿园）3所，健全控辍保学常态化工作机制，县管校聘持续推进。

【乡村振兴】 坚决落实"四个不摘"，抓好"四个衔接"，保持政策强度和工作力度不松劲，坚决守住不发生规模性返贫致贫底线。扎实开展"四查四补"，简化流程，即申即定，识别纳入监测对象51户206人。坚持特殊群体"八必访"、风险户"一键预警"机制，精准落实帮扶措施，稳定消除风险户5户20人，整改反馈问题57条、自查问题196条，脱贫人口人均纯收入达12423.1元，稳定实现"两个高于"目标。实施危房改造15户、抗震宜居房28户。巩固提升安全饮水工程，改造提升韩塬、火家沟等村供水管线，新增自来水入户30户。持续加大金融帮扶力度，新增金融贷款926户4864万元。积极推行村集体经济"黄、橙、红"三级风险防控预警机制，形成"村集体股份经济合作社+基地+农户"模式，2022年全镇村集体经济收益达230万元。坚决落实耕地保护党政同责，深入实施"藏粮于地、藏粮于技"战略，加大耕地执法监督力度，严厉查处违法违规占用耕地从事非农建设，坚决遏制耕地"非农化""非粮化"，牢牢守住粮食安全底线。新建高标准农田6000亩，种植马铃薯1.45万亩、籽粒玉米2万亩，兑付耕地地力补贴416.14万元、产业补贴1304.1万元。

【基础设施】 补齐镇区基础设施短板弱项，全力擦亮"美丽将台"新名片，投资3120万元，建成供电所、消防救援站、将台堡第三幼儿园等民生工程。投资798万元，建设文化站、生态休闲广场，集镇品位显著提升。投资752万元，实施了明台嘉苑清洁取暖煤改气、将台堡中心小学地热能取暖项目，配套设施逐步健全。加快补齐乡村建设短板，以明台红色美丽村庄实施为契机，整合各类项目资金5000万元，建设供电所、消防中队、公路养护中心项目，发展后劲全面增强。整合资金2700万元，实施明星、保林村乡村振兴示范项目、明荣、保林、东坡等村以工代赈项目和会师胜地将台堡环境整治项目，新建村组巷道10千米，改造围墙6500米，新建文化活动广场9000平方米，安装路灯273盏，栽植行道树3千米。

【基层治理】 压紧压实安全生产责任，精准科学落实国家"15"条和自治区"20"条措施，聚焦重点领域，紧盯薄弱环节，排查风险隐患点98处，整改问题98个。常态化开展扫黑除恶专项斗争，严厉打击整治养老诈骗和电信诈骗，全力守住人民群众钱袋子。积极化解矛盾纠纷。坚持以党建为引领、以综治中心为依托，以"3项机制"为动力、以"3个清单"为抓手，探索创新"1133"工作机制，推动政府治理同社会调节、居民自治良性互动，激发基层治理新动能，做到"矛盾不上交、问题不出镇"。化解自治区级信访积案1起，承办信访件12起，调处矛盾纠纷146件。

加强数字治理能力，打通镇综合执法管理和派出所"小翼看家"平台，安装摄像头960盏，及时预防并处置公共场所的安全隐患。全面落实意识形态工作责任制，健全舆论舆情引导机制，扎实开展清朗行动，全年积极稳妥处理网络舆情5起。

【生态环境】 建立健全环境保护工作机制，制定《将台堡镇环境保护工作实施方案》，实现分级包抓。结合"月百户"工作，充分利用广播、宣传标语等多种形式，加大对环境保护宣传力度。扎实开展环境卫生整治，严格对标农村人居环境整治提升五年行动要求，坚持路长制、林长制、河长制"三驾马车"并驾齐驱，推进"拆清整绿建亮管"工作措施落实到位，拆除残垣断壁800米，清理垃圾7620吨，新建卫生厕所172户，实施国土绿化6300亩。紧盯中央区市县督察反馈问题，细化措施，明确责任，高质量完成整改。健全机制，定期督察，严防问题反弹。

新营乡

【概　况】 新营乡位于西吉县西北部，距离县城约18千米，土地总面积283平方千米，耕地面积15万亩，林地52414.5万亩。全乡下辖21个行政村138个村民小组，有户籍人口8623户29587人，其中常住户4793户18586人。2022年，全乡农村居民人均可支配收入14870.6元，高于全县平均水平946.3元。

【基层党建】 强力抓好基层党组织建设，开展党委和村"两委"班子换届回头看工作，调整无法胜任工作岗位村"两委"班子成员6名。扎实开展发展党员工作，2022年共发展预备党员16名，储备培养入党积极分子53名。严格落实党员"评星定格"制度，加强党员教育管理。2022年，各支部开展党课教育130次，开展主题党日活动252次，开展各类谈心谈话60余次。加强干部队伍建设，优化干部队伍结构，按照人岗位相适原则推进干部准确定岗定责，实施"1123"（即：每1周细化工作交任务、每1月干部评比亮成绩、每年末位交流激活力、全年问责处理强警醒）作风整顿办法，不断推进新营乡干部纪律作风大转变，进一步提振干部干事创业精气神。

【党风廉政】 学习贯彻《中共中央关于加强对"一把手"和领导班子监督的意见》，研究制定全面从严治党"三个清单"，组织领导班子及基层党组织负责人签订党风廉政建设责任书、廉洁自律承诺书，全面加强对"一把手"和领导班子监督，推动管党治党责任全面覆盖。强化风险防控，深入学习贯彻落实中央八项规定及其实施细则，紧盯重点领域、关键岗位逐一落实责任到岗、到人。聚焦关键领域进一步健全完善《干部职工请销假制度》《财务管理办法（试行）》等内控制度8项，全面规范工作流程、严格工作管理。

【经济建设】 按照县委"全面推进乡村振兴，加快富民强县步伐"主基调，紧扣"要想富先修路、要增产抓农田、要效益兴水利、要跨越强工业"发展思路和"两个不撂荒"的要求，把产业项目作为新营乡发展之基、富民之源、强乡之本，通过整合资源，示范推广引水上山、覆膜压砂、膜下滴灌节水、水肥一体化等技术，引进合作社，加强科技支撑，建立"党支部+合作社+基地+农户"的"四位一体"的联农带农利益联结机制，全力建设上岔村露天蔬菜标准化种植基地，种植冷凉蔬菜面积2000亩，盘活农村土地资源，吸纳本地劳动力35人，增加全村农民纯收入1300元以上。探索农旅融合新模式，因地制宜发展特色农业产业，着力打造以甘井村为代表的文旅产业，培植农家乐1个，打造观光路线，为后续新营乡美丽村庄建设、助力乡村振兴战略实践提供成功经验和有益借鉴，带动周边文化旅游产业发展。充分发挥区位优势，坚持市场需求导向，在新营乡西北部黄土丘陵区，以白城、车路湾等7个村为主体，建设马铃薯原种高产基地5万亩，同时加快农机农艺融合，推进农业机械化全程全面高质高效发展。

高标准打造陈阳川水肥一体化蔬菜基地570亩,种植芹菜、小甘蓝、娃娃菜、南瓜等品种为主的露地蔬菜570亩,以辣椒、番茄、西蓝花等品种为主的高标准钢架大拱棚30亩(净面积),打造了"月亮山冷凉蔬菜"品牌。按照区、市、县提出的"三统三分"和"四个产业集群"建设要求,坚决守住粮食安全底线,完成马铃薯种植91000亩、小麦12000亩、玉米22160亩、夏杂粮10460亩、秋杂粮22786亩,均超出下达种植任务量。

【文化建设】 坚持文明村镇创建示范带动,创建2022年"百乡千村万户"精神文明示范村5个,顺利通过7个县级文明村复验工作,依托新时代文明实践站(所)开展各类宣传教育活动1218余场次,持续推进农村移风易俗,树立文明乡风;坚持文化兴乡,乡综合文化站、图书室,各村农家书屋全部免费对外开放,积极开展诚实守信、道德模范、文明户创建活动,举办以感念党恩、民族团结、移风易俗、文化传承、助推乡村振兴等主题文化活动380余次,逐步实现移风易俗常态化、婚丧事务规范化、民间习俗文明化,促使全乡形成崇尚文明、节俭、科学的良好风尚。积极培育社会主义核心价值观,旗帜鲜明反对高额彩礼、高人情费用,坚决抵制铺张浪费、大操大办等陈规陋习,着力培育文明乡风、良好家风、淳朴民风。深入推进文化惠民供给,加强基层文化阵地建设,借助新时代文明实践(所)站,进一步完善乡村综合文化站、农家书屋、宣传栏等文化阵地功能,组织开展"送戏下乡"文化惠民演出及各类群众文化活动30余场次,惠及群众2万余人次。学校标准化建设步伐加快,教育教学水平明显提升,适龄儿童入学率100%,在校生巩固率100%。

【社会治理】 2022年农村劳动力转移8070人,其中脱贫人口(含监测对象)外出务工2975人;不断深化东西部劳务协作,加大向福建等东南沿海地区输出力度,2022年向福建输出稳定就业6个月以上劳动力47人,有效增加农户的工资收入。组织开展焊工、电工、家畜饲养工、农艺工、装载机操作等技能培训363人次,拓宽了群众二次创业创收的技能"宝库",提高了农民增收途径。积极争取公益性岗位,合理开发光伏公益性岗位。全乡目前共有公益性岗位293个,其中人社部门公益性岗位142个,光伏公益性岗位13个,生态护林员岗位93个,从根源上解决了"无法离乡、无业可扶"的脱贫劳动力就近就业。通过开展"互观互评""人大代表助推环境整治行动""好婆婆好儿媳"评选等活动,带动全域环境卫生整治,宣传动员沿街商户、居民严格落实"门前三包"责任制,辖区垃圾清理及时有效,深度保洁模式逐步完善。扎实开展乡容乡貌整治、街道流动摊点治理、车辆乱停乱放等专项行动,辖区管理精细化程度明显提升。

【乡村振兴】 健全防止返贫致贫长效机制,用足用活衔接政策,持续巩固脱贫成果,坚决守牢防返贫底线。严格落实"四个不摘"要求,坚持将巩固拓展脱贫攻坚成果作为首要政治任务,持续巩固提升"三保障"和饮水安全水平。2022年全年完成危房改造11户,抗震宜居房29户,义务教育阶段无辍学学生,脱贫户医疗保险参保率100%;新增自来水68户,常住人口自来水覆盖率100%。建立健全防返贫动态监测和帮扶机制,通过每月"四查四补"、干部入户"大排查"和行业分预警的方式,全年新识别纳入监测户31户122人。按照"缺什么补什么"的原则,对重点和特殊群体实行"八必访"、风险户"一键预警",通过"3310"监测帮扶机制精准落实帮扶措施稳定消除风险,全年累计消除风险9户39人。

【基础设施】 以车路湾村以工代赈项目为着力点,进一步加强农村基础设施建设,在移民安置点沿路91户农户门前种植2.4公里经果林,持续美化、硬化、亮化移民安置点房前屋后,完成巷道硬化、污水管网、厕所改造、生活垃圾收集等基础设施建设,构建环境优美的美丽新农村。硬化村组道路130多条,全面开展农村自建房安全隐患排查,摸排出存在安全隐患的住宅房屋8户、经营性用房16间、公租房1栋48间。全年处理大型抢修11处，因事故、天气等造成倒杆、断线抢修10kV线路5条，开通网上国网APP业务4860户，为500余农户上门抢修维修，新装动力电165户，四线延伸12户，切实打通了农村供电保障"最后一公里"。全面加强源头管控，扎实推进清水河流域水源涵养、水土流失综合治理项目，引导群众禁止焚烧秸秆，持续开展残膜回收、畜禽粪便及污水治理行动，推广煤改电、煤改气等清洁取暖方式。进一步完善新营村污水管网基础设施，确保全乡空气、水、土壤环境质量持续改善、稳定达标。

【民生保障】 坚持以人民为中心的发展思想，扎实推进社会民生事业全面发展，坚决保障和改善民生。严格执行产业政策，优先安排保障到人到户类产业项目，全年拨付见犊补母资金598000元，受益人口2536人；发放春覆膜7954户，覆膜面积68058亩；原原种503.9万粒，受益人口29097人。进一步完善社保体系，坚持低保动态管理，2022年新增低保对象92人，待遇调整37人，停发低保185人，现有低保保障对象3152人，全年共发放低保资金1359.86万元。发放临时救助资金223.69万元、高龄津贴133.72万元、残疾人两项补贴239.78万元。全乡领取养老补贴9987人，医保缴费24059人。发放农村妇女小额担保贷款816万元。灵活就业社保补贴205人，发放补贴资金51.2万元。全年铁杆庄稼保参保5710人，安置公益性岗位293人。全年完成孕前优生健康检查完成241对，办理生育服务单141人。完成独生子女、少生快富独女户养老及医疗补助资金兑付10.01万元，兑付农村60岁家庭奖励扶助资金39600元。保障食品安全，严把食品加工质量安全关，切实加强食品药品安全监管，加大"双创"宣传力度，群众的食品安全意识大幅提高。

【基层治理】 全面贯彻落实基层治理"1133"工作机制，积极探索"枫桥经验"本土化实践，进一步完善新营乡"1+2+X"矛盾纠纷联调联动工作机制。实现了矛盾纠纷预警调处、法律服务基础数据互通共享、网络管理精准高效，让数据多跑路、群众少跑腿，切实提升了全乡基层治理智能化水平。严格落实"一把手"履行推进法治建设首责规定，建立普法责任制清单。全面开展法治学习教育，有序推进"八五"普法，组织全体乡村干部学习习近平法治思想24次，举办"法律明白人"专题讲座61期，开展宣讲活动214余次，覆盖人群2.6万人次。常态化开展扫黑除恶工作，坚持做到宣传动员、线索摸排、打击领域全覆盖，累计开展专题宣讲68场次，发放宣传彩页1.5万余份。紧盯重点人员，强化社会治安管理，建立健全特殊人员管理台账，落实"一人一策""一案一策"，全乡现有社区矫正对象11人，刑满释放人员78人，吸毒戒断3年未复吸人员9人。坚持"小事不出村、大事不出乡、矛盾不上交"的原则，充分发挥"四位一体"多元解纷机制，激发乡村两级人民调解委员会内生动能。全年累计排查各种矛盾纠纷263起，成功化解259起，转办4件，化解成功率达到98.5%；接待信访群众91人次，现场化解信访群众诉求79人次，转办信访群众诉求12人次；处理上级转办及国家信访平台转发的信访件88件（其中县委督查组转办36件），依法依规答复信访诉求85件，引导走法律程序3件，矛盾纠纷发生率比去年同期下降了16.1%。加大电信网络新型违法犯罪防范治理力度，积极开展防范和打击处理电信网络诈骗及养老诈骗宣传活动，坚决筑牢反诈防线，累计发放宣传材料5000多份，张贴自粘式倡议书200多张，发放宣传纸杯、文件袋5000多个。发动群众7100余人安装注册了"国家反诈中心"APP，实现常住农户家庭内至少有一人安装了"国家反诈中心"APP。

【生态环境】 牢固树立绿水青山就是金山银山理念，严格落实"河长制""林长制"，全力打好蓝天碧水净土保卫战，持续推进生态保护和治理修复，厚植生态底色,擦亮绿色名片。深入推进农村垃圾治理、污水治理、厕所改造"三大革命",整改问题厕所139座,农村面貌实现了从点上清洁到面上整洁的转变。中央生态环境督查"回头看"及群众反响强烈的环保问题全部整改到位。依托乡村振兴示范村建设项目,以"月百户"推进计划为抓手,以农村环境综合治理为着力点,深入开展环境整治,打造二府营、车路湾村两个环境整治示范村。以村里村外、院里院外、屋里屋外干净整洁为目标,接续推行农村人居环境整治"月百户"清洁行动,坚持"五清一改一绿一亮"和"五美"标准,全年清理农村生活垃圾5.2万余吨、清除农业生产废弃物1.5万吨、清理村内沟渠304条,回收残膜1808.03吨,改造农村户厕209个。庭院经济建设稳步推进,种植果树4680棵。同时大力开展"最美庭院""卫生光荣户"等评选活动,通过人居环境互观互评、村委会推荐等方式,先后评出"最美庭院"2738户,鼓励引导群众积极参与美丽乡村建设。

红耀乡

【概　况】　红耀乡位于西吉县西北部,距离县城约35公里,土地总面积143平方公里,耕地面积6.94万亩,林地4.8万亩。全乡下辖10个行政村57个村民小组,现有户籍人口2228户8491人,常住户1358户5759人,2022年农村居民人均可支配收入14063元,较上年增长15.6%。全乡下设11个党支部,现有党员354名。2022年,全乡牢牢把握稳中求进工作总基调,完整、准确、全面贯彻新发展理念,团结奋斗、真抓实干,推动了经济社会平稳健康发展。

【基层党建】　深入学习贯彻落实习近平新时代中国特色社会主义思想,特别是党的二十大和习近平总书记视察宁夏重要讲话精神,先后开展党委理论学习中心组学习12次,各支部干部理论"夜学班"100余场次,乡班子成员开展基层党建联系点宣讲20余次;举办"喜迎二十大"主题演讲比赛1次,积极组织年轻干部参加主题征文、知识竞赛等活动5次。持续抓好农村党建"一抓两整"示范乡创建行动,严格对照全县党建重点工作任务清单指导各党支部规范开展"三会一课"、双述双评、党员冬训、组织生活会;积极发展壮大村集体经济,全乡10个行政村集体经济收入均达5万元以上;严把发展党员"入口关",全年新发展预备党员9名,培养发展对象和入党积极分子16名;积极推行"导师帮带制",落实班子成员与专业技术骨干结对帮扶3对。

【党风廉政】　加强对乡党委、政府工作部署落实情况的监督检查,聚焦脱贫攻坚、民生服务、环境整治、乡村振兴等重点工作,认真开展监督检查,开展常态化疫情防控监督检查12次,临时救助和干部作风问题专项督查8次,共下发通报6次,约谈干部13人次,调整不能胜任的村干部11名,清理不符合条件低保对象216户323人,进一步强化"不敢腐"的氛围,促成"不能腐"的制度,建立"不想腐"的思想自觉,坚决纠正有令不行、有禁不止等行为,切实保证政令畅通。

【经济建设】　充分发挥农业产业推动经济增长、带动群众增收的作用,坚持将产业培育作为巩固拓展脱贫攻坚成果的治本之策,持续发展壮大增收产业。打造小庄、井湾、大堡、小堡村一线"马铃薯一级种薯"繁育示范基地20000亩,原原种示范种植600亩,培育小庄村马铃薯新品种试验基地210亩;建设张白湾村、前庄村、小岔沟村、驮昌村、红耀村一线"薯玉间作"技术推广项目10000亩。养殖业方面,以驮昌村为核心进行肉牛养殖扩量提质,辐射带动全乡养殖业发展。全乡牛饲养量6958头,存栏3925头,出栏2836头,羊饲养量15899只,生猪饲养量4961头。验收完成"见犊补母"862头,补贴资金43.1万元。全面落实粮食安全责任,建设高标准农田10456亩,落实粮食种植面积69439亩,其中:小麦2496亩、杂粮7189亩、马铃薯51264亩、籽粒玉米8490亩。严守耕地保护红线,累计摸排撂荒地360余亩,通过动员引导群众自行耕种或村集体流转耕种等形式完成播种,确保耕地只增不减。大力推动剩余劳动力转移就业,落实"五个一批"稳就业和"十个一"保就业措施,全乡现有在册劳动力4089人,实现就业1707人,年创收3072.6万元。

【文化建设】 坚持教育优先发展,推进义务教育学校标准化建设,完善"控辍保学"工作长效机制,全面落实雨露计划等教育帮扶政策,全乡义务教育入学率达100%。完成红耀乡文化站建设项目,进一步发挥农家书屋、儿童之家等阵地作用。坚持文化浸润人心,组织开展篮球比赛、"送戏下村"、文明户表彰等丰富多样的群众性文体活动,在各村组建志愿服务队,带领村民开展环境卫生整治志愿服务活动60余场次,参与人数1200余人次。

【乡村振兴】 坚决落实党中央和区、市、县关于乡村振兴的各项决策部署,持续贯彻落实"四查四补"常态化研判机制,常态化召开防返贫动态监测帮扶专题会议和巩固拓展脱贫攻坚成果同乡村振兴有效衔接工作调度会议。先后召开党委会议10余次、工作调度会议8次、业务指导培训会议5次,研究解决实际工作中存在的困难和问题。严格落实"四个不摘"政策,全面落实防止返贫动态监测和帮扶工作要求,识别监测户44户156人。采取"普惠+特惠"方式,建立台账,因户施策,对"三类人群"从产业就业、教育金融等方面给予精准帮扶。对农村低收入群体等重点对象住房安全加大日常巡查,实施危房改造1户、抗震宜居农房改造4户、加固改造15户。认真落实扶贫资产清查登记要求,形成90项乡村振兴资产,完成确权登记、资产移交。

【民生保障】 践行以人民为中心的发展思想,把民生实事办进群众心坎里。全乡新识别纳入低保户18户21人,审计退出不符合要求低保户216户323人,全乡现有各类低保户745户1074人。开展技能培训及点对点转移劳动力8次,安置公益性岗位63个,促进群众就业增收。发放困难群众生活救助资金138.14万元,兜住745户1074名困难群众基本生活底线。有序做好兵役登记,规范民兵整组,圆满完成年度征兵任务;做好退役军人服务保障工作,办理优待证87人。

【基层治理】 坚持和发展"枫桥经验",健全多元共治体系,乡村治理能力和治理效能不断提高。积极落实"1133"基层治理工作机制,成立基层治理功能型党支部,打造基层治理平台,建立排查、化解、考核三项机制,制定问题、责任、整改三个清单。先后组织召开专题会、推进会10余次,排查调解矛盾纠纷169起,答复宁夏信访平台信访件6起、"12345"便民服务热线135件,办结率为100%。认真组织开展信访维稳、矛盾纠纷排查调处、常态化扫黑除恶、防电信诈骗"国家反诈APP"安装注册及打击整治养老诈骗等工作,充分利用各类会议、电子显示屏、悬挂横幅、发放宣传单、微信群等方式,围绕"无诈骗、无新增吸毒人员、无命案"三无乡镇创建,深入开展预防网络电信诈骗、道路交通安全等法治宣传教育等宣传活动60余次,发放宣传资料9000余份,悬挂横幅100余条、张贴公告1000余份,邀请乡村法律顾问开展法治讲座10余次。进一步压实"六包一"责任,未发生群体上访、越级上访事件。加强宗教事务依法管理,强化法规宣传,严格教职人员管理。进一步落实安全生产责任制,扎实整改安全隐患,全年未发生重特大安全生产事故,森林火灾实现零发生。

【生态环境】 始终把习近平生态文明思想贯穿经济社会发展的全过程,持续优化人居环境,稳步推进宜居宜业美丽乡村建设。全面落实"河湖长制"责任,建成三级林长制组织体系,完成道路绿化28公里。按照"拆、清、整、绿、建、亮、管"要求,结合"月百户"清洁行动,以小庄村、井湾村2个乡村振兴示范村建设为抓手,累计完成边沟治理80公里,村庄绿化650余亩,清理生产生活垃圾1200余吨,拆除残垣断壁9000余米,发动群众11000人次。利用农户庄前屋后废弃砖瓦、零碎木块等建成农家花园、菜园、果园300余处,对所有道路主干道、公共场所、重点区域,划分责任区,定人、定片、定任务、定责任,构建乡村组三级"网络化"管理制度,将包片领导、村"两委"班子成员、村民小组长、公益性岗位、生态护林员纳入"网格化"管理,形成了集中整治、"网格"保洁、全民参与的长效机制。坚持把"厕所革命"作为提升群众生活品质的重要抓手,对农村户厕开展常态化"回头看",实施农村户厕改造150座。

田坪乡

【概　况】　田坪乡位于西吉县西部干旱带,距离县城约42公里。地处宁夏、甘肃两省交界处,地理区位优越、交通便利,是西吉县名副其实的西大门,土地总面积168.3平方公里,下辖12个行政村,67个村民小组,总人口11192人,有户籍人口3763户10848人,其中常住人口1786户5777人。2022年脱贫人口人均收入增速13.76%,全乡人均可支配收入增速19.15%。

【基层党建】　全面贯彻落实党的二十大精神和习近平总书记来宁视察重要讲话及指示批示精神,进一步捍卫"两个确立",增强"四个意识",坚定"四个自信",做到"两个维护"。2022年组织党委理论学习中心组学习24次,干部理论学习45次,开展专题研讨14次,红色教育1次,慰问获得党内功勋荣誉表彰、困难党员55名;颁发"光荣在党50年"纪念章9枚,开展"我为群众办实事"实践活动200余件。坚持从严治党,持续加强学习教育,筑牢拒腐防变思想防线,结合腰庄村党支部书记李国珍违纪案,深刻剖析违纪原因,提出以案施治对策建议,做深做实做细查办案件"后半篇文章",推动以案示警、以案促改、以案正风工作掷地有声。认真落实"三会一课"、主题党日、组织生活会、民主评议党员等制度,开展"导师帮带制"工作,研究评选出9对帮带对象结成帮带对子,促进基层干部提高工作能力。严把"入口关",全年培育入党积极分子9人、确定发展对象16人、发展预备党员10人。进一步加强村党组织带头人、致富带头人储备和菜单式全员培训119人,提升带头人理论水平和示范带头能力。

【党风廉政】　围绕"一把手"和领导班子这个关键少数,严格落实述责述廉、督查检查、廉政谈话、追责问责等制度,持续压紧压实党组织全面从严治党主体责任、"一把手"第一责任人责任和班子成员"一岗双责"责任,推动主体责任和监督责任贯通协调、一体落实。2022年,针对全县开展违规发展党员专项整治问题反馈,给予党纪处分4人,组织处理5人;针对乡村振兴、环境整治、安全生产等具体问题开展监督检查5轮次,发现问题14个,其中村集体"三资"管理问题3类9条,反馈问题整改清单5份,下发《督查通报》3期,约谈村"两委"主要负责人2人,2名村干部被问责免职。围绕全县"干部作风专项整治",延伸开展全乡干部作风大整顿百日专项行动,专题学习县纪委有关干部作风《督查通报》4期,集中开展干部作风督查5轮次,对工作中作风不实,只指挥不上阵、只安排不跟进、只部署不落实的5个村和13名未到岗开展工作的驻村工作队员和包村干部给予全乡实名通报,督促2名疫情防控工作不力的村"两委"主要负责人向乡党委做出检查并给予诫勉谈话,2名村干部副职和1名村党支部书记因工作原因责令辞职或劝退,5名村干部在乡村干部大会上公开检讨。始终保持反腐高压态势,加大案件查办力度,围绕县纪委线索清零"百日攻坚"专项行动,精心组织开展"3·23廉洁从政警示日"活动,适时通报曝光各类典型案例9期28起54人,督促审查调查人写出反思材料6份,下发监察建议书2份,先后2次组织乡村干部前往县警示教育馆和禁毒主题公园参观并接受警示教育，不断增强干部廉洁从政意识。扎实推进小微权力"监督一点通"应用，督促12个村累计公示各类信息500余条，受理各类举报信件11件次，集中纠治了一批农业农村、环境整治、惠农补贴、民政低保和救助等领域群众反映强烈的突出问题，全乡政治生态明显改善，干群凝心聚力、干事创业的氛围更加浓厚。

【经济建设】 坚持把产业转型升级作为"富民"的源头性、根本性、长效性举措，紧紧围绕农业增效、农民增收这个中心，以推进农业供给侧结构性改革为主线，以优化产业结构调整为重点，大力实施"一村一品""一村多品"工程。严格落实粮食生产功能区种粮属性，巩固提升粮食综合生产能力，确保全乡粮食播种面积稳定在8.29万亩，粮食总产量稳定在2万吨以上。不断壮大养牛产业，按照"家家种草，户户养牛，自繁自育，适度规模"的发展思路，重点培育大岔村肉牛养殖示范村1个，全乡养殖肉牛达到5572头。巩固提升马铃薯产业，集中打造马铃薯产业集群，全乡马铃薯种植面积稳定在4.65万亩，完成原种繁育664亩，一级种繁育2000亩，打造薯玉套种标准化种植基地2.2万亩，推进马铃薯产业提档增值，以二岔村、三岔村为核心，打造薯玉间作5000亩集中连片核心示范点。做强做精杂粮产业，以庙山村、李沟村、田坪村、腰庄村为核心，打造4个集中连片优质杂粮种植示范基地3500亩，带动群众扩大种植面积，推进杂粮产业高质高效。盘活田坪村和李沟村肉牛养殖场2个，养殖规模达到200头，解决了土地闲置和部分困难群众就业问题。

【文化建设】 积极组织开展"国家安全"宣传、篮球比赛、文艺演出、"送戏下村"等各类移风易俗活动41场，组建志愿服务队13支，带领村民开展环境卫生整治志愿服务活动36场次，参与人数1200余人次。围绕"四个一"主题活动，选树表彰"移风易俗示范户""脱贫光荣户""好婆婆""好媳妇"等先进典型150余人，全乡文化事业蓬勃发展，乡风民风不断提升。

【创新经营】 加大扶持力度激发就业创业活力，以宣传动员外出务工和推行联农带农机制就近务工为重点，全力推动全员务工创收，增加务工收入，巩固提升农民专业合作社8家、家庭农场1家，带动就近务工184人，结合移民安置点基础设施提升改造工程、以工代赈、农村人居环境示范村整治等项目工程，组织田坪村脱贫户、移民户等家庭94人实现就近务工，收入113万元。动员移民点群众就近创业，新开各类小吃、商铺27家。紧盯移民区撂荒地整改，加大产业扶持力度，落实产业补贴政策，依靠产业合作社和扶贫车间的运行模式，鼓励动员引导群众走集约化种植路子，或将闲置土地以每亩50元统一流转到合作社集体种植，或在合作社以地入股，享受土地分红的同时在合作社每天务工收入150元。通过订单农业，依托田坪村杂粮加工车间，辐射全乡种植杂粮1万亩，进一步优化了123产业结构，实现了"产加销"一体化闭环产业链。

【乡村振兴】 严格落实"四个不摘"，健全防返贫动态监测和帮扶机制，不断巩固拓展脱贫攻坚成果。新纳入边缘易致贫户3户15人，脱贫不稳定户16户66人，突发严重困难户6户25人；按照"缺什么补什么"的原则，及时跟进产业就业、医疗救助、社会保障、安全住房等帮扶措施，坚决防止出现返贫风险。对全乡脱贫户和"三类人员"继续落实普惠性政策和特惠性政策，申报"雨露计划"学生资助353人次，新增低保15户25人，申报高龄津贴和养老共24人。全力推动全员务工创收，增加务工收入，全乡共转移就业劳动力3568人，务工6个月以上1784人，巩固提升农民专业合作社8家、家庭农场1家，带动就近务工184人。通过以工代赈、农村人居环境示范村整治项目，组织群众90余人实现就近务工，收入75万元。

【基础设施】 2022年,田坪乡积极向上级党委和政府争取各类项目资金支持,组织实施田坪村移民安置点实施基础设施提升改造工程、田坪村以工代赈项目、农村人居环境示范村整治等项目工程,在田坪村新建污水处理站一座,铺设上、下水管道,新建花园2410米,栽植防护旱柳227株等,拆除重建破损围墙1821米,维修破旧墙面2472平方米,配套卫生厕所160座,配备垃圾桶20个,全面提升基础设施和公共服务功能。

【民生保障】 加大对困难群众救助力度,全年共发放民政救助资金98万元,救助困难群众532人次,发放民政救灾资金53万元,救助受灾群众1579人次;加大低保核查整治力度,审核取消有车、有房、有合作社等不符合条件农村低保对象81户117人,进一步做好低保户、残疾人、五保户的动态管理及各种救助工作,实现应保尽保;认真做好城乡居民养老保险和医疗保险收缴工作,参合率达到98%以上。

【基层治理】 坚持党建引领,持续深化"1133"乡村治理模式,以平台建设为抓手,以网格化管理为基础,统筹各方力量,加强部门联动,积极探索"枫桥经验"的"田坪版",形成"五治"(自治、法治、德治、联治、智治)融合治理新格局,有效降低治安案件发生率。建好基层治理平台,围绕持续深化"1133"工作机制,按照"职能不变、联合运作、优势互补、服务大局"的原则,统筹整合全乡力量,建成田坪乡社会治理综合应用平台,有效衔接乡、村、群众纵向网络,统筹综治中心、综合执法办公室、"两所一庭"、党群服务中心、新时代文明实践站等横向网络,建立信访包案制度,不断完善"三个一"信访工作机制(全乡一盘棋、一张网、一个落实),建成高效稳定的"乡、村、组"三级网格治理体系,每季度召开信访联席会议,分析研判信访纠纷,由乡党委书记、副书记划片包案,包村领导包村,包村干部、村干部、网格员包户包人,对有上访诉求或矛盾纠纷的提前介入,联合化解,对信访积案按照"包接待、包协调、包督办、包落实、包稳定"的五包措施,推动群众合理诉求依法及时就地解决,信访突出矛盾有力有效化解,确保"问题不解决不放过、隐患不消除不放过、责任不落实不放过、整改不到位不放过、群众不满意不放过",实行销号管理。在化解矛盾中坚决落实"三到位一处理",2022年12345便民服务热线办件33件,各村管控刑满释放人员18人、精神照顾22人,社区安置帮教14人,禁毒管控人员5人。切实做到"一包到底,一案一清",在全乡形成"人人都重视、个个抓落实"的良好工作格局。广泛开展宣传教育,营造良好治理氛围,充分利用、乡村夜间课堂,积极组织学习《中华人民共和国民法典》《中华人民共和国保守国家秘密法》《中华人民共和国安全生产法》等法律法规知识28次,开展"打击养老诈骗""国家安全教育日"等各类活动18场次,悬挂横幅30余条,在有问题风险的村组开展法治知识专题讲座50场次,不断营造尊法学法守法用法的浓厚氛围,使平安创建工作家喻户晓,人人皆知,让"平安田坪"深入人心。依托基层社会治理数字化乡村建设,在村组道路、田间山头安装摄像头500多个,确保可视范围内社会综合治理各项工作顺利开展,并逐步完善"智慧乡村"综合服务平台各项基础数据,建成各类基层治理模块,真正实现基层治理现代化新突破。

【生态环境】 狠抓美丽乡村建设,打造农村人居环境整治示范村2个,改造农村户厕152座,按照"合理区划、网格管理、定人定责、层层督查"工作原则,推行1+X+Y+N(村支部书记+组长+保洁员+全体农户)的四级网格化管理模式,结合新时代文明实践站积分制管理,通过爱心超市实体化运行,引导农民逐步养成良好卫生习惯,推动村庄清洁行动制度化、常态化、长效化。

马建乡

【概　况】　马建乡位于西吉县西部,属滥泥河流域河垴发源地,海拔高度1925米,黄土高原丘陵地段,东邻吉强镇、南接震湖乡、西壤田坪乡、北靠红耀乡,乡政府驻地马建村,距西吉县城30公里,乡域总面积174.1平方公里。全乡共辖13个行政村,87个村民小组,户籍人口5040户20919人,全乡常住人口2877户12661人。全乡现有劳动力13150人,耕地面积154965亩,其中已实施退耕还林(草)45775.1亩,耕地类型分为旱平地和坡耕地两类,其中坡耕地占总耕地面积的70%以上。

【基层党建】　把学习宣传贯彻习近平新时代中国特色社会主义思想作为基层党组织和广大党员、干部教育培训的"必修课",通过党委理论学习中心组专题学习、党员干部理论学习、乡村干部例会、"三会一课"、农村党员冬季轮训等形式,坚持常学常悟,切实做到学思用贯通、知信行合一,进一步强化理想信念和使命担当。全年组织党委理论学习中心组学习20次,干部理论学习51次,廉政警示教育2次,禁毒警示教育1次,理论宣讲志愿服务活动26次,专题研讨8次,知识测试6次。全面夯实抓基层党建和全面从严治党第一责任人职责,建立"三个清单",落实"两个责任",不断加大从严治党力度。加坚持党管意识形态工作,牢牢守住意识形态主阵地,掌握意识形态工作的领导权、主动权、话语权。积极开展党支部结对共建工作,实现组织建设、民族团结、环境整治、乡村治理、产业发展等重点工作结对共建,提升党支部的凝聚力和战斗力。全年新发展党员6名,全乡有四星级行政村党组织4个,三星级行政村党组织7个,二星级行政村党组织2个。

【党风廉政】　制定《马建乡党务公开、政务公开、村务公开制度》《马建乡村民监督委员会工作制度》等多项制度,通过以会代训等方式着力加强对村务公开、涉农扶贫资金使用、"三资"管理等政策法规宣传教育,全面推动"443"监管机制和"331"监管平台落地落实,主动接受群众监督。持续加强干部作风建设,严肃整治群众身边的不正之风,全年行政案件立案19件,其中查处16件,办结率84.21%。

【经济建设】　深入实施藏粮于地、藏粮于技战略,提高农业综合生产能力,今年在白虎、马建2个村实施高标准农田建设项目10500亩。积极转变农业发展方式,深化农业供给侧结构性改革,促进农业高质量发展,实现农民增收致富。以基地化为着力点,推进优势产业上规模,稳定粮食播种面积,确保粮食生产目标落实到村、到组、到户、到地块。全乡粮食总播种面积目标任务97633亩,完成播种面积97970.23亩,其中马铃薯30097亩,小麦6499亩,籽粒玉米44557亩,豆类1069亩,建设500亩以上玉米大豆带状复合标准化示范基地1个。坚决守稳耕地红线,做足"土地文章",通过土地流转、复耕方式,整治刘垴、大湾、台子3个村22户农户撂荒地230.5亩,积极对接调配优质化肥、农地膜、农药等物资,组织科技"特派员"和"田专家"实地指导种植技术培训,推动粮食稳产增效。新培育刘垴村为养殖示范村,全乡肉牛养殖示范村达到9个,肉牛养殖量和存栏量分别达到2.3万头和1.3万头。以效益化为出发点,推进产业种植有甜头,在同化、张湾2个村实施薯玉间作种植3275.8亩,大豆玉米复合种植6353.9亩,补贴资金127万元,见犊补母2972头,补贴资金148.6万元。2022年各类农业项目补贴资金达2000余万元。积极组织剩余劳动力外出务工增收,结合"点对点"输送和就近务工等措施,向福建、浙江、内蒙古等地区输送劳动力145余人次,区内县外转移就业883人次,县内就近务工3112人次,人均月收入达4000元以上。新建马建乡移民安置区集中养殖园区,努力探索并推行"三资"入园、"企业"入驻、"五统一"管理的"315"园区党建工作机制，探索出一条"党组织+集体经济+企业+农户"的产业发展新路径。实施好园区周边高标准农田建设，在白虎村和马建村实施高标准农田项目1.1万亩，维修田间道路14.91公里。以集约化为突破点，推动移民致富有奔头，打造马建、同化两个村为乡村振兴示范村，改造提升移民安置点基础设施，完成农村户厕改造125户，不断提升群众获得感和幸福感。

【文化建设】 以"文化润乡"为统揽，进一步增进文化认同。坚持党建引领，发动乡风文明建设"新引擎"，深化铸牢中华民族共同体意识教育，不断增强各族群众对中华文化的认同。加强监督引导，树立乡风文明建设"新风尚"，以"移风易俗""村规民约"为抓手，弘扬社会公德、传承家风美德、彰显个人品德，积极组织开展"礼赞二十大 奋进新征程"等文艺汇演和戏曲比赛活动，丰富群众精神文化生活，唱响美好生活赞歌，营造健康、文明、和谐的社会新风气，进一步增进"五个认同"，不断铸牢中华民族共同体意识。充分利用户外宣传牌、横幅标语、乡村"大喇叭"、文化墙、微信公众号等平台，多层次多渠道加大宣传力度，推动党的民族政策家喻户晓、深入人心；持续推动铸牢中华民族共同体意识教育进教案、进课堂，让民族交往交流交融的种子在孩子们心灵深处扎根；分层分众开展"团结互助共致富"等主题宣传教育活动，不断增强各族群众的情感联系、文化共性、心灵共鸣，让民族团结理念融入生产生活、根植心灵深处。

【乡村振兴】 以巩固脱贫攻坚成果同乡村振兴有效衔接为目标，以健全防止返贫动态监测和帮扶机制为抓手，继续紧盯"两不愁三保障"，坚决守住防返贫致贫底线。组织乡村干部、第一书记、驻村队员对全乡农户开展了全覆盖、零死角的地毯式摸底排查，对因大病重病、因灾害、突发事件造成主要劳动力、部分完全丧失劳动力、刚性支出较大、收入缩减的农户及时纳入监测对象，做到"应纳尽纳、应测尽测"。针对大病、重灾等易致贫原因，做好针对性预防措施和事后帮扶措施，全力保障困难群众基本生活。现有"三类人群"105户512人，其中边缘易致贫户64户300人，脱贫不稳定户41户212人。通过增加公益性岗位、享受低保等方式，最大可能地降低群众因灾、因病、因学影响收入大幅度下滑风险。截至目前，新增低保63户149人，申请孤儿2户6人，保障高龄老人15人，公益性岗位98人，护林员87人。紧盯"五大产业"，结合全乡实际，加快产业发展步伐，让产业发展成为乡村振兴"新引擎"。全年完成农村危房改造4户，补助资金12万，开展抗震宜居农房改造加固33户新建16户，补助资金71.6万。

【基础设施】 按照"五室一院一广场"标准，整合村综合文化服务中心等建设项目，加大村级活动场所建设和修缮力度，积极争取、多方筹措，维修张湾、杨路村部，基础改造提升大湾、同化村部，提升大坪村公共服务能力，新建西吉县图书馆马建分馆、文化馆马建分馆、文化大舞台、马建乡篮球场，使乡村组织活动场所成为联系服务群众的桥梁纽带。在移民安置点新建围墙1000米，低矮护墙520米，混凝土硬化1750平方米，面包砖铺设4000平方米，路牙子铺装3000米，实心护坡600平方米，建设花园260平方米，墙面粉刷5000平方米，安装大门50个，操场铺设塑胶场板520平方米，敷设波纹管排水管道2564米，配套污水检查井142座，恢复排水明渠401米，恢复路面2567.57平方米、道牙1200米、地面1550平方米，新建污水处理站1座，停车场1处。

【民生保障】 2022年，全乡共有低保户1370户2013人；高龄262户262人；五保户34人；纯孤儿1户2人，困境儿童16户29人；享受残疾人津贴的轻度残疾97人，重度残疾252人。全年发放低保910万元，发放高龄补贴103万元，发放残疾补贴90.695万元，补贴孤儿发放382841元，发放五保户补贴246984元。

【基层治理】 深入开展社会治安综合治理，积极预防处理各类群体性事件，实行信访工作专班和联调联处机制，开展村级联合办公日，妥善化解邻里纠纷、家庭婚姻纠纷、土地纠纷等各类纠纷，扎实开展线索摸排，加强重点领域治理，开展政策法规大宣传、矛盾纠纷大排查、治安乱点大整治，依法打击社会乱象。推动扫黑除恶专项斗争工作往深里做、往实里走，社会治安状况持续好转。深入开展民族团结进步创建"八大行动"，巩固好宗教领域突出问题整治成果。健全村级信访中心运行，帮助群众答疑解惑、化解矛盾，切实将矛盾解决在最基层、解决在萌芽状态，切实维护社会和谐稳定。全年化解邻里纠纷、家庭婚姻纠纷、土地纠纷等各类纠纷156起，回复便民热线113起，按时办结区、市、县信访转办信访件15件。严格落实安全生产"党政同责、一岗双责"责任制，扎实开展重点行业、重点领域安全生产排查，在地质灾害预防、森林草原防火、道路交通、食品卫生安全等方面建立健全责任制和信息报送制度，最大限度保障群众生命财产安全。

【生态环境】 深入实施"百村示范、千村整治、万户清洁"行动，以"拆、清、绿、整、建、亮、管"为主要整治内容，突出"抓示范、建机制、补短板、促提升"，开展"万户清洁行动"，引导全民参与，持续巩固整治成果，变冬闲为冬忙，农村人居环境整治工作成效明显。坚持党建引领促业务提升，坚持书记抓、抓书记，层层压实责任，构建上下联动、齐抓共管工作机制，组织农户清理庄前屋后三堆1129户，拆除土坯房340多座，残垣断壁15640米，清理生活垃圾1028吨，新砌护坡5400平方米，示范引导农户利用废旧砖瓦、木头、酒瓶等建设"两个园子"674座，村容村貌焕然一新。多种途径宣传《马建乡关于农村人居环境整治倡议书》，探索推广农村人居环境整治积分制，每月评定示范户，形成村比村、组比组、户比户的创先争优氛围，充分调动群众参与主动性，从"要我干"向"我要干"转变，打造有温度的幸福家园。发挥群众主体作用，推行人居环境整治村民自治，将农村人居环境整治列入村规民约，实行网格化管理，建立人居环境整治黑红榜公示制度，制定了《马建乡农村人居环境网格化管理奖罚办法》，实施"月抽查月排名、季评比季排名、年终综合考评"督查考评机制，建立了有制度、有标准、有队伍、有资金、有督查的人居环境整治长效机制。

震湖乡

【概　况】 震湖乡位于西吉县西南部，距县城32公里，与甘肃会宁县相邻。乡域总面积153.35平方公里，耕地面积12万亩，退耕林地4.68万亩，水堰11个占地面积0.3万亩。全乡下辖17个行政村113个村民小组，户籍人口5486户18905人，常住户3052户11660人，2022年年底，全乡农民人均可支配收入达13903元。

【基层党建】 坚持将抓好党建作为最大的政治任务，严格落实党组织书记抓党建"第一责任人"责任。认真落实党委班子成员党支部工作联系点制度，巩固提升"基层党建全面提升年"建设成果，持续开展"一抓两整"示范县乡创建行动，认真落实"三会一课""双评双定"等组织生活制度，创新开展党建"3+X"结对共建活动，全力提高各支部基层党建水平。坚持以专业化乡村组干部队伍建设推动中心工作任务高质高效落实，发挥四级网格化管理的优势，将巩固脱贫攻坚成果同乡村振兴有效衔接、疫情防控、安全生产、环境整治等各项工作纳入村干部绩效考核，长期坚持村组干部工作例会制度和周工作列清单结算制度，全程跟踪问效。坚持"双培双带"，加强"两个带头人"队伍建设，选育储备村级后备干部34名，培育致富带头人124名，扶持合作社22家。突出政治标准，严把发展党员入口关，坚持将致富能手、大中专毕业生、退役军人、优秀返乡青年等优秀人才作为优先培养对象,吸收入党积极分子44名,严格按程序高标准落实发展党员指标任务。不断激发党组织的战斗堡垒和党员的先锋模范作用,组织党员参加服务群众、志愿服务等活动1215人次。

【党风廉政】 始终牢固树立"四个意识",坚定"四个自信",做到"两个维护",旗帜鲜明讲政治,把党的领导贯穿政府工作全方位、全过程;坚决落实乡党委决策部署,持续推进法治政府建设,自觉接受人大依法监督和社会舆论监督。全面贯彻落实党风廉政建设责任制,强化"一岗双责",自觉遵守中央八项规定精神及有关实施细则要求,坚决纠正"四风"中形式主义和官僚主义出现新问题;严格落实基层减负要求,精简文风会风,让干部有更多时间深入基层一线、深入农户家中;制定单位管理制度并严格执行,干部队伍建设和管理得到进一步加强,营造了风清气正、干事创业的良好环境。

【经济建设】 紧扣产业定位,主动谋划布局,积极做好"种植+养殖+劳务+文旅"四篇文章,产业结构不断优化升级。坚持把粮食安全作为头等大事,对标下达的8万亩粮食种植任务,积极引导农民调整产业结构,综合统筹种植业和养殖业"双发展"路径。全乡实施高标准农田1.43万亩,复垦撂荒耕地3550亩,落实青贮玉米2.8万亩、马铃薯2.2万亩、小秋杂粮3000亩、油料9000亩、玉米大豆带状复合种植8000亩、冬小麦6690亩、春小麦1200亩。全乡培育肉牛养殖示范村6个,5头牛以上养殖示范户622个,50头以上肉牛养殖专业户15个,百头以上肉牛饲养合作社8家,全乡牛存栏0.75万头、羊存栏0.9万只、猪存栏0.25万头、家禽存栏1.3万羽。结合"两个不撂荒"要求,制定《震湖乡务工人员就业情况暨"四查四补"摸排统计表》,设列15项23个统计指标,做到精准摸排、准确掌握、分析研判,结合乡村振兴示范村、"出户入园"等项目建设,对未就业人群进行岗位安置,全乡6300人实现稳定就业,工资性收入明显增加。依托震湖世界第二大、亚洲第一大堰塞湖独特的自然、人文旅游资源,借助乡村振兴示范村项目实施,投资400余万元改造提升党岔村小学、维护修缮山顶古堡、加快国土修复绿化,打造建成"苍天一滴泪"文创基地,已作为全县旅游打卡地进入全县红色旅游总线路,并按照"一村一品"发展思路,以党岔村为核心辐射带动周边立眉等6个村,发挥优势互补,联合推动全乡产业、文化、旅游等全面融合高质量发展。

【文化建设】 充分发挥"一约四会"作用,大力宣传社会主义核心价值观,深化移风易俗,累计表彰奖励"脱贫光荣户""精神道德模范"等500余人次;按照"五有"标准,进一步完善各村新时代文明实践站建设,开展积极健康的文化体育活动120余场次;持续开展文明村镇(单位)申报工作,现有国家级文明村1个、区级文明村1个、市级文明村(单位)2个、县级文明村14个。

【乡村振兴】 聚焦"守底线、抓发展、促振兴",全面推进巩固拓展脱贫攻坚成果同乡村振兴有效衔接。先后召开工作推进会20次、调度会5次,就脱贫人口增收、"四查四补"防返贫动态监测和衔接推进"五大振兴"等任务详细安排部署,按照县委、县政府要求,紧扣中心任务,严把时间节点,扎实推进各项任务落实。坚决消除返贫风险,严格落实"四个不摘"要求,抓好目标、政策、力量、工作"四个衔接",健全监测、帮扶、责任、考核"四项机制",结合每月"四查四补"和集中大排查,先后制定相关文件32份,年内全面整改完成各级督查反馈的14个方面57个问题,全乡排查出的121个问题,有力补齐"三保障"短板弱项;走访排查出"八必访"人群177户544人,因户因人施策,坚决杜绝"体外循环、一兜了之"现象发生,按照"缺什么补什么"的原则,精准落实35户130人的监测户帮扶措施140余条,压实入户责任、掌握基本情况、精准分析研判、落实帮扶措施,切实把监测成果落在进村入户上,把帮扶成效呈现在群众满意上。紧盯脱贫群众收入增速高于当地农民收入增速、脱贫地区农民收入增速高于全国农民收入增速的"两个高于"工作目标,在增加脱贫群众收入上下大力气,紧盯经营性、工资性、财产性和转移性收入,全面落实种养任务,强产业基础。全力增加外出务工就业人员数量,夯实务工收入基础。全力挖掘土地产权改革潜力,拓宽群众增收渠道。全程做好为民服务保障,兜底群众政策红利。2022年全乡农村居民人均可支配收入13903元,较2021年增长1275.4元,与全县平均水平基本持平,增速为10.1%,增速高于全县农村居民人均可支配收入增速。

【民生保障】 持续抓好社会保障、文明创建等民生重点工作,切实提升广大群众的获得感、幸福感、安全感。按照"精准施救、应保尽保、应退尽退"的低保原则,认真开展低保评审工作,2022年新增农村低保45户65人,发放低保、五保及救灾救助等各类保障资金1100余万元。大病、慢性病患者实现乡村医生"签约服务"全覆盖,全面落实大病集中救治和重病兜底。有序开展退役军人等优抚对象优待证申领,在元旦、春节、"八一"等重大节日开展走访慰问,累计慰问80余人次。投入200余万元完成苏堡、张撇等村农电网升级改造,惠及群众723户1568人,进一步提升群众生活用电质量。新修和硬化党岔至红庄、毛坪至张岔村组道路32公里,维修大型水毁道路12处、小型水毁道路73处,开展村组道路日常性维护和修缮200余公里,道路交通条件全面改善,群众安全出行更加便利。年内新建卫生厕所134座,切实提升群众生活水平。新改造危窑危房2座,建设抗震宜居房屋11座,加固原有不安全住房31座,实现农村所有住房安全等级鉴定全覆盖。

【基层治理】 聚焦党的二十大、冬奥会、冬残奥会及重点节日期间维稳安保工作,全面落实基层治理"1133"体制机制,以乡综治中心为核心,联合乡派出所、法庭和司法所在乡域范围内开展夜间治安巡逻10余次。充分利用县社会治理综合应用平台,对全乡辖区1.57万人、61个单位、102个场所的信息进行全面排查摸底,全面掌握基础信息。健全矛盾纠纷排查化解工作机制,加强对重要节点、重点项目、重点领域的风险矛盾排查梳理和信息捕捉,排查化解矛盾纠纷128起,依法依规办理"12345"便民热线136件。强化联合执法整治机制,严厉打击黄赌毒、电信网络诈骗等违法犯罪活动,常态化开展扫黑除恶,定期开展安全生产隐患排查整治,共检查各类场所50余处,消除各类安全隐患100余处,社会大局保持安全稳定。

【生态环境】 深入贯彻落实习近平生态文明思想,坚持绿水青山就是金山银山的理念,不断推动震湖生态持续向好。一是家庭院落更美丽。制定下发《震湖乡2022年农村人居环境整治行动实施方案》和《关于开展震湖乡农村人居环境整治"月百户"推进计划的通知》,成立乡农村人居环境整治"月百户"清洁行动领导小组,组建工作专班,明确工作责任,紧盯每村每月10户整治任务,一周一督查,一周一通报,一户一户过,全年通过"月百户"验收460户,"月百户"清洁行动取得显著成效。结合主题党日和新时代文明实践志愿服务活动,村组干部、党员、志愿者、热心群众齐上阵,对标对表"五美"要求开展环境整治,形成了"干部抓起来、党员、志愿者动起来、群众跟上来"的浓厚氛围。全年共拆除残垣断壁1000米、废弃圈舍40座,清理"三堆"100余吨,清理生活垃圾、建筑垃圾90余吨,清理畜禽粪便50余吨,清理沟渠河道5.2公里,整治乱搭乱建10处,修整路基、护坡3.6公里。严格落实"河长制"工作要求,切实担负起湿地保护重任,加强日常巡查,持续开展入河湖排污口排查工作,集中开展河道整治行动20余次;全面推行"林长制"工作机制,加强秸秆禁烧巡查、林业有害生物防控等活动;以打造乡村振兴示范村为契机，以党岔村为中心，补栽补造云杉、柳树等各类苗木2800余株，种植经果林1300棵，实现生态效益和经济效益并重，植被覆盖率持续上升，震湖湿地作用进一步发挥。

兴平乡

【概　况】　兴平乡地处西吉县南部滥泥河流域，距离县城21公里，总面积140.1平方公里，耕地面积13.08万亩。境内梁峁起伏、沟壑纵横，属典型的黄土丘陵沟壑区，平均海拔1800米加之暴雨、冰雹、霜冻等自然灾害多发并发，对农业生产和农民生活影响十分严重。下辖12个行政村、97个村民小组，常住人口3201户15188人。全乡肉牛存栏1.4万头，肉羊存栏2.8万只，2022年全乡农民人均可支配收入13064.7元。

【基层党建】　从严落实"三会一课"、民主生活会、组织生活会、谈心谈话等制度，以党委中心组理论学习为重点，带动广大党员干部积极参加理论学习，累计开展集中学习39次，专题研讨14次，举办读书班1期，到村讲党课36人次。积极组织村"两委"班子参加各类集中培训，不断提高村干部政治觉悟、提升村干部业务能力。深入开展"一抓两整"示范县乡创建活动，持续落实"三大三强"行动、"两个带头人"工程、"三强九严"工程；围绕选、育、管、用各环节，建立完善优秀干部、党员日常发现、动态管理、持续培养、适时使用的"全链条"机制。成功创建四星级村党支部5个、三星级村党支部6个、二星级村党支部1个，认真做好12个党建示范村的打造提升工作。扎实开展村"两委"班子换届"回头看"，进一步查漏补缺，夯实基层战斗堡垒作用，全年调整村干部13名，培育村级后备力量39名，致富带头人133名，确定入党积极分子17名，发展对象12名，预备党员1名。乡党委将全乡13个党支部组成6个结对共建体开展结对共建，通过"5+1"结对共建模式，进一步增强党支部的凝聚力和战斗力，努力构建"资源共享、优势互补、互相促进、共同提高"的党建工作新格局；围绕"党建强、乡村兴、群众富"目标，把党组织建在合作社、产业链上，发挥基层党组织堡垒作用。推行"党支部+合作社+党员+群众"的党建工作机制，实施支部带领、能人带头、党员带动"三带"模式，提升组织引领创业致富能力。

【经济建设】　牢牢守住粮食安全底线，全面落实粮食安全党政同责，强化政策落实，引导农户发展春小麦种植1821.5亩，玉米大豆复合种植10411余亩，分别完成县级下达种植的200%、170%，以粮饲兼用型玉米品种为主种植玉米3.5万亩，马铃薯种植1万亩，打造玉米大豆复合种植千亩示范点四个，杂粮千亩示范点8个。着力抓好肉牛主导产业，坚持走"品牌化、规范化、标准化"肉牛产业路线，通过养殖技术培训、品种改良、饲草料调运、联系金融机构开展信贷业务上门服务等措施，积极引导全乡肉牛养殖户增栏补栏。依托"4710"（即4个重点村7个示范村10个百头合作社），完成县上下达的肉牛存栏任务，年底存栏1.4万头，出栏达1万头。打造高山冷凉蔬菜基地2个，全乡辣椒、南瓜种植达2000亩，打造兴平土鸡、兴平胡麻油、兴平杂粮品牌，两家合作林下养殖土鸡10000只，培养胡麻油加工车间两家，杂粮车间两家，胡麻油、杂粮年产量分别达100吨、500吨。扎实做好稳岗就业，落实闽宁帮扶机制，帮扶责任人主动动员适工村民21名到福建福清市进行务工，提高农民工资性收入；全年安置农村公益性岗位38人，全乡转移就业劳动力6700余人，创收1.8亿元。全乡购买"铁杆庄稼保"4700人。

【文化建设】　广泛开展最美家庭、优秀共产党员、美丽庭院、最美志愿者、最美保洁员等评选活动13场次。依托新时代文明实践站，开展政策理论宣讲、送戏下乡、送医下乡、家风宣讲、环境卫生评比等文明实践活动20余次,大力弘扬社会主义核心价值观。

【社会治理】 按照"把健康发展与科普宣传相结合,与查病治病相结合"的原则,扎实推进育龄妇女健康检查工作,完成孕检任务103对。不断提高乡卫生院为居民提供常见病、多发病的诊疗服务,提供基本公共卫生服务12类52项内容,家庭医生签约13412人,不断满足了群众就医需求。积极探索农村小规模学校发展与建设,有序推进乡村学校相对集中办学。将控辍保学作为提高基础教育质量的突破口,全乡辍学率为0。完成春秋季雨露计划资助学生663人次,发放补助资金99.45万元。

【乡村振兴】 扎实开展防止返贫动态监测和帮扶工作,压实乡村组干部和驻村工作队143人压实网格化管理责任,精准有效开展监测工作。全乡脱贫户1359户6643人,脱贫不稳定户64户341人边缘易致贫户145户724人,突发严重困难户2户9人。扎实开展整改工作,全面入户走访排查具体问题,及时精准掌握脱贫户、三类户、困难户相关情况对有返贫致贫风险的农户,通过建立问题清单,明确整改任务,建立整改台账及问题、措施、责任"三个清单",做到环环相扣、层层落实、级级递进,闭环管理推动问题整改落实到位。制定印发《兴平乡"三类人群"产业帮扶实施方案》,多方筹措资金,从种植业、养殖业和就业三个方面给予帮扶,围绕玉米大豆复合种植、肉牛保栏护栏、土鸡养殖帮扶等方面出台具体政策,精准制定"一户一策"帮扶方案,充分发挥主观能动性,对应监测对象返贫致贫风险,科学研判,创新帮扶机制。积极筹措资金,结合兴平土鸡产业,向有养殖条件和养殖能力的136户监测对象每户免费发放土鸡苗20只,户均增收2000元以上。确保"三类人群"产业稳步发展,收入稳定增长。加强易地搬迁后续扶持,落实《西吉县2022年实施移民致富提升行动任务清单》,聚焦产业、就业、社会融入三件事,落实"六项重点任务",对全乡10个移民安置点由10名乡领导班子成员包抓,对移民群众进行联户帮扶,对移民安置点破损基础设施进行维修,常态化开展产业就业、"四查四补"、人居环境、公共服务、社会融入等工作。

【基础设施】 进一步提升乡村水、电、气、网、路等基础设施建设,路面改造提升20公里,坚持建管养运齐发力,打造"四好农村路"2条,完成清洁能源改造251户。争取项目资金270余万元,对石堡安置点和团结安置点基础设施进行改造提升,结合乡村振兴示范村建设项目对团结安置点基础设施进行提升改造,建设水冲式公共厕所1座,小微公园1处,全民健身场地1处,放置3方垃圾箱12个;建设乡村振兴示范村2个,硬化巷道8.2公里;全乡完成道路绿化52公里,安装太阳能路灯130盏;在团结、高崖村实施乡村振兴示范村项目,为2个村采购3方钢制垃圾箱120个,整合人居环境整治项目资金采购垃圾箱170个,布设在王湾等8个村农户居住集中的路段;利用王湾等9个村的村级综合治理经费采购时风牌三轮垃圾拉运车9辆;筹措资金给高崖、团结、王堡村常住户、清真寺等场所全部采购配收垃圾箱,实现全乡所有行政村配备垃圾箱和垃圾拉运车全覆盖。

【民生保障】 坚持以人民为中心的发展思想,抓好基本民生保障工作,切实做好低保资金、高龄补贴、残疾人生活补贴、残疾人护理补贴、困境儿童补贴、特困供养人员生活补贴审核发放工作。2022年,全乡共有低保1964户2901人,月发放低保资金96万元;全乡享受高龄补贴237人,月发放资金7万元;全乡享受残疾人生活补贴763人,月发放资金8.3万元;全乡享受残疾人护理补贴429人,月发放资金5.1万元;全乡有困境儿童51人,月发放生活补贴资金5.1万元;全乡有特困供养人员21人,月发放生活补贴资金1.3万元。2022年,全乡对因大病、重残支出型贫困家庭实施临时救助683户167.14万元。

【基层治理】 全面落实"1133"基层治理机制，建立领导、乡村组干部四级网格，全乡12个村97个村民小组全覆盖，以网格管理"小支点"撬动基层治理"大格局"。同时根据就近原则成立网格化服务管理党小组，让党员切实发挥在基层治理中模范带头作用。开展"6·26禁毒宣传月""4·15全民国家安全教育日"、疫情防控、扫黑除恶、《中华人民共和国民法典》《中华人民共和国保守国家秘密法》《反有组织犯罪法》等普法宣传活动22场次，发放政法各方面宣传资料及宣传礼品共4000余份，设立永久标语与横幅50余处。充分发挥乡村两级人民调解委员会作用、"四位一体"多元解纷机制，深入开展矛盾纠纷排查化解，坚决防止"小事拖大、大事拖炸"，共处理各类信访矛盾纠纷122件，均已办结，办结率为100%。在全乡各村、街道及重要路段共安装监控探头217个，全部接入监控网络，为维护社会治安稳定提供有力的保障。

【生态环境】 以"月百户"整治为抓手，结合"河长制""路长制"，开展以修建花园菜园、种植"庭院经济"、清理"三堆"、治理荒沟荒坡、垃圾和污水处理为主的农村人居环境整治，探索建立农村居民垃圾分类、垃圾处理费等机制，通过网格化管理、积分制奖励、卫生户评选等形式动员群众自觉参与环境整治，年内整治卫生示范户600户以上，打好人居环境整治"全民战役"。积极推进农村"厕所革命"，新建卫生厕所220户。建立农村人居环境整治长效机制，严格落实三级网格化管理和"包路包户"机制，进一步加大督查力度，实行曝光机制和月考核制度。

西滩乡

【概　况】 西滩乡位于县城南部约18公里处，土地总面积98平方公里，耕地面积93577亩，林地1.47万亩。全乡下辖10个行政村65个村民小组，现有户籍人口3645户15689人，其中回族人口15396人，占98.1%。常住人口1563户6803人。

【基层党建】 乡党委下辖11个党支部，有党员278名，四星级党支部3个，三星级党支部3个，二星级党支部4个，一星级党支部1个。发展种植养殖专业合作社25个，培育"两个带头人"111名。2022年，扎实推进基层党建"六项行动"和农村党建"一抓两整"行动，全面落实党建基本制度，有力促进全乡党建工作新发展。

【党风廉政】 乡党委全面落实党风廉政建设主体责任，乡纪委切实履行党风廉政建设监督责任，持续推进党风廉政建设认真落实各项规定，积极探索和研究新形势下基层党风廉政建设工作的新思路、新方法、新措施。乡纪委全年共处置乡村干部问题线索9件8人，其中1件1人经初核后予以了结，立案审查6人，给予党政纪处分5人，正在接受审查1人。切实加强日常监督，对干部工作不力及工作推进乏力等问题一经发现及时提醒，全年共给予诫勉谈话问责1人，谈话提醒4人。扎实开展违规收送红包礼金和不当收益及违规借转贷或高额放贷专项整治工作，圆满完成专项整治任务，通过狠抓党风廉政建设为全面推进全乡各项工作再上新台阶提供有力的纪律保证。

【经济建设】 按照"家家种草，户户养牛，自繁自育，适度规模"的发展思路，大力发展肉牛养殖业，改建西滩乡肉牛发酵饲料帮扶车间，完成林家沟村肉牛养殖场改造提升，全乡肉牛饲养量19319头、存栏量11104头、出栏量8215头，肉牛养殖收入占比不断增加。扩大青贮玉米等优质牧草种植面积，全乡种植全株青贮玉米2万亩。按照"调结构、转方式、促融合"的发展思路，坚持以市场需求为导向，推进蔬菜产业优化升级，探索"高效节水+新型农业主体+产业"融合的现代农业发展路径，实施吊咀村高效节水灌溉+马铃薯原种繁育基地建设项目，建立700亩脱毒马铃薯原种繁育基地，年创收直接经济效益210万元，108户农户创收58万元，联农带农效益显著。牢牢守住耕地保护红线，落实最严格耕地保护制度，坚决遏制耕地"非农化"、防止"非粮化"，按照"调结构、促融合"的发展思路，大力调整种植业结构，促进种植业规模化、集约化、产业化发展。建设张村堡、甘岔500亩玉米大豆带状复合种植示范基地2个，完成玉米大豆带状复合种植4366亩，建设大岔村100亩春小麦种植示范基地，完成春小麦种植1425亩，特色农业产业布局进一步优化，粮食安全底线进一步守牢。

【文化建设】 广泛宣传政策法规，加强农民实用技术培训。有效发挥精神引领和典型带动作用，10个村"一约四会"和"四德榜"全部实现上墙入栏。加强精神文明建设，大力开展文化体育活动，开展好婆婆、好媳妇、道德模范、环境整治模范户等移风易俗评选表彰活动，落实文明实践积分制度，建设林家沟、张村堡2个"爱心超市"，切实推动移风易俗活动落地落实。

【社会治理】 全乡家庭医生签约服务达到100%，基本医疗缴费人数13080，参保率达到100%。无辍学学生。现共有公益性岗位120人（含光伏公益性岗位44人）、护林员47人。常住户自来水入户覆盖率达到100%，贫困群众稳定实现了"两不愁三保障"。一次性通过国家和区市县教育均衡验收。配合完成第七次全国人口普查、完成全国示范型退役军人服务站创建工作，所有行政村增设"党群服务中心"、配套石墨烯取暖器。

【乡村振兴】 聚焦"守底线、抓发展、促振兴"，严格落实"四个不摘"要求，突出增加脱贫群众收入核心，紧抓产业就业两个关键，牢牢守住不发生规模性返贫底线，调优配强帮扶人才队伍，集聚乡村干部、帮扶责任人和驻村工作队力量落实帮扶责任，调整驻村工作队员2人，调整包村领导2人、包村干部2人，持续补足壮大村级工作力量。深化"3310"工作机制，将全乡所有农业户籍人口纳入防止返贫动态监测范围，把10个驻村工作队、28名驻村干部、191名帮扶责任人、169名村组干部全部纳入动态监测网格，常态化组织开展"四查四补"防返贫动态监测排查工作，一月一上报、一月一调度，全面开展"三保障"及饮水安全短板弱项排查，确保问题清零。对重点人群做到"八必访"，对未消除风险的18户73人三类人群，逐户建立"一户一策"，通过引导就近就业、提供就业岗位等方式针对性开展帮扶，拓宽增收渠道，确保风险定期消除。聚焦"两不愁三保障"，全乡实施危房改造5户、抗震宜居7户、危房加固35户，摸排整改供水不稳、管道破裂等问题15户，人民群众获得感成色更足。2022年全乡脱贫人口人均纯收入10162.714元，增速位居全县前列。

【民生保障】 紧紧围绕教育、就业、医疗等社会民生热点领域，坚持不懈为群众办实事做好事，认真落实惠民政策，扎实推进各项民生保障工作行稳致远。积极争取对西滩中心小学低年级部进行基础设施改造，教育教学环境持续优化。扎实开展"控辍保学"工作，建立联户帮扶"三留守"运行框架，实现适龄儿童"零辍学"。稳岗就业积极推进，按照"三个一批"（就近就业一批、政策帮扶就业一批、劳务输出转移一批）的就业思路，通过合作社、乡村公益性岗位、落实就业创业奖补政策、以工代赈项目、扶贫车间、劳务转移输出等方式带动全乡稳定转移就业4220人，其中脱贫劳动力转移就业1633人。购买铁杆庄稼保2954人，发放小额信贷3650户1.51亿元，鼓励农户多元化创业就业，不断提高致富、带富能力。织密社会保障网，新增低保52户109人，发放救灾救助资金137.5万元1110户，医疗保险征缴率达既定任务的97%，大病保险实现全覆盖。

【基层治理】 积极探索"党建引领+乡村治理"新模式，大力发扬新时代"枫桥经验"及"村民警+村民小组长+N"治理模式，认真落实基层治理"1+6"实施方案，全面推行"1133"工作机制，累计排查化解各类矛盾纠纷60起,及时处理"12345"便民服务热线咨询投诉件62件,矛盾纠纷调处率达100%,形成了"小事不出村、大事不出乡、矛盾不上交、纠纷早化解"的良好局面。推出黑虎沟村"红土豆工作室"法律小讲堂,建成林家沟、甘岔村农村综合性数字化、智慧化管理平台,线上开设智慧党建、网格化管理、环境整治、积分超市等功能模块,积极探索实现农村法治、自治、德治的有效融合,实现森林草原防火、社会治安巡逻、防汛减灾等"全村一张网"在线动态监管,乡村治理现代化水平得到有效提升,西滩乡林家沟数字乡村治理案例被自治区民政厅选为全区12个基层社会治理典型案例。依托新时代文明实践站,组织召开移风易俗专题宣讲会10场次,发放移风易俗倡议书5000份,组织签订红白喜事承诺书300余份,红白事项村民俭办承诺书600余份,深入推进移风易俗、培育文明乡风。认真贯彻落实习近平总书记关于民族工作的重要论述,持续推进民族团结进步示范乡创建。

【生态环境】 持续开展农村人居环境整治行动,牢固树立全乡上下"一盘棋"思想,按照"拆、清、整、建、绿、亮、管"工作要求,大力推进农村人居环境整治,开展好"月百户"和"美丽庭院"建设。实施甘岔、吊咀农村人居环境整治示范村、林家沟村闽宁乡村振兴示范村、西滩村农村人居环境综合整治提升以工代赈示范项目,完成生活污水处理站,建设三格式立冲卫生厕所110座。实施何庄、甘岔荒山绿化造林工程500亩,在312省道和农户房前屋后栽植各类行道树和庭院经济树6170棵,各类花草20亩。依托312旅游环线,打造生态文明、美丽宜居、绿色发展的美丽新甘岔,新建"工匠之家",传承非物质文化遗产,丰富乡村振兴文化底蕴。深入开展农村人居环境整治"月百户"计划,大力推进"五清一改一绿一亮"村标准和"五美"户标准建设,村容村貌明显改善。全乡"月百户"推进户330户,验收合格率达90%以上,农村人居环境面貌明显改善。

王民乡

【概　况】 王民乡位于西吉县城东南30公里,属黄土高原干旱丘陵区,地处滥泥河流域,东与将台、兴隆交界,西与平峰、兴平相连,北和西滩毗邻,南与甘肃静宁县原安乡接壤,下辖12个行政村61个村民小组,总面积94.14平方公里,耕地面积7.1万亩,林地2.0万亩,草地2.5万亩。以旱作农业为主,主要农作物以马铃薯、玉米、杂粮、冬小麦等。现有户籍人口2751户11670人,常住户1460户6691人。2022年农村人均可支配收入12213.2元,增速13.6%,位居全县第一。

【基层党建】 持续开展"六项行动"和"一抓两整"示范县乡创建活动,以"五抓五强五提升"为载体,抓实抓细基层党组织标准化、规范化建设,推动基层党建全面提升。创建基层党建示范点1个,完成12个农村党建示范村和村级活动场所规范化建设。认真落实"三会一课"、组织生活会、民主评议党员等制度,不断完善制度体系,强化制度落实,切实把党内政治生活严起来、实起来。严格落实村干部动态调整机制,着力选优配强村级班子,有效利用训勉、问责、调整等组织措施,及时调整村"两委"班子成员7名,全面营造干事创业的良好氛围。组织开展专题业务培训会,将各项重点中心工作纳入村"两委"干部培训中,持续实施村干部学历提升计划,对5名村干部进行学历提升,开展村"两委"班子培训班2场次,全面提升村"两委"干部的理论水平、业务知识和综合素质,破解"本领恐慌"。全面建立2022年村级发展"一本账",深入推进"两个带头人"工程,共培养带头人99名,其中双带头人9人。壮大村集体经济,小湾、姚坡、二口、红太村持续深化"党支部+合作社+农户"模式,培育发展特色产业,进一步壮大村集体经济,2022年全乡12个村集体经济收入均达到5万元以上。

【乡村振兴】 始终把巩固拓展脱贫攻坚成果作为重大政治任务,守住不发生规模性返贫的底线。常态化开展"四查四补",完善动态监测和精准帮扶机制,聚焦"两不愁三保障"和饮水安全,新建抗震宜居房6户,加固安全隐患住房8户,解决季节性停水问题2户,排查解决其他各类问题9条。新识别纳入监测对象15户60人,消除风险63户318人,落实"一户一策"79户385人。加强金融帮扶支持,新增小额信贷3319.8万元,贷款覆盖率82.92%。开展劳动力"不撂荒"行动,农村劳动力转移就业3378人,新增公益性岗位36个,全乡脱贫人口人均纯收入同比增长15.81%,稳定实现了"两个高于"的目标。积极争取涉农整合资金支持,深化闽宁协作帮扶,实施小湾村引水上山项目1个,培育打造乡村振兴示范村2个。高质量完成国家和自治区巩固拓展脱贫攻坚成果同乡村振兴有效衔接综合考核验收。

【农业产业】 立足资源禀赋,发挥特色优势,推进主导产业提质增效,做大做强富民兴村产业。守牢粮食安全底线,落实最严格耕地保护制度,采取"长牙齿"耕地保护硬措施,整治耕地"非粮化",复耕复种撂荒地500亩,新建高标准农田2.8万亩,夯实了粮食安全基础。完成玉米大豆复合种植4400亩,马铃薯种植5600亩,杂粮种植6000亩,粮食种植面积稳定在3.4万亩以上,总产量达到1.7万吨。做强草畜产业,持续发展规模化、标准化养殖,培育发展规模化养殖合作社4家,9个肉牛示范村不断发展壮大,种植青贮玉米等优质饲草2.98万亩,加工调制玉米青贮饲料5万吨,肉牛、羊饲养量2.1万头、2.45万只,存栏1.17万头、1.37万只,出栏0.93万头、1.08万只,年产值达9700万元。做大冷凉蔬菜产业,县域内率先践行市委提出的"三统三分"机制,探索低水高用、引水上山种植模式,在小湾村、王民村发展高效节灌4200亩,种植甜椒、南瓜等高山冷凉蔬菜。通过"企业+村集体+基地+农户"运营方式,带动群众就近务工1100人(次),人均增收0.12万元,村集体收入增加4.2万元。土地流转赚租金、基地务工赚薪金、村社分红赚股金的"三金增收"成为致富新渠道。

【基层治理】 坚持把统筹发展和安全贯穿全乡工作各方面全过程,不断巩固安定团结的社会局面。深化"1133"基层治理模式,进一步完善"智慧乡村"5G数字化平台,推进"四位一体"多元解纷机制,坚持常态化排查化解矛盾纠纷,排查化解各类矛盾纠纷96起,信访件12起,调解率100%。宣传引导群众3200人注册国家反诈中心APP,有效预防电信诈骗案件1起5.8万元,全年辖区电诈案件较去年下降71.4%。牢牢把握铸牢中华民族共同体意识的主题,依法加强对宗教场所、宗教事务管理,不断巩固和发展全乡民族团结、宗教和顺的良好局面。落实安全生产"一岗双责"制度,不断完善各类应急预案,建立应急队伍13支。层层压实工作责任,细化网格管理,与各村、辖区企业、乡属单位签订安全生产协议150余份。加大隐患排查整治和督导检查,开展各类安全生产风险隐患排查整治专项行动60余次,累计整改安全隐患198处,排查整治经营性自建房9栋。加大宣传培训,举办农机安全操作现场培训会2次,开展各类安全宣传活动26场次,全乡安全形势保持平稳。

【民生保障】 坚持以民为本、普惠共享,全面改善群众生活,切实解决群众的操心事、烦心事、揪心事。全面落实农村最低生活保障政策,各类社会保险扩面提标,实现应保尽保、应助尽助、应享尽享。取消不符合政策的低保对象265户391人,新增66户96人;发放各类津补贴资金4400余万元,各类救助资金227万元。大力宣传城乡医疗保险政策,城乡居民医疗保险参保率达88.54%以上,常住居民基本实现参保,家庭医生签约率达到100%。全面落实退役军人服务保障和拥军优属政策,发放各类优抚资金15.5万元。国防动员、防灾减灾救灾、消防、工会、共青团、妇女儿童、老龄和慈善等社会事业全面进步,民生福祉持续增进。

【乡村文明】 始终把乡村文化振兴作为工作重点,依靠文化滋养文明新风,支撑乡村文明,为乡村振兴提供文化助力。扎实开展文化惠民活动,建成综合文化服务中心1个,组织开展"送戏下乡"文化惠民演出及群众自发演出10场次,参与1200余人。鼓励举办形式多样的文体活动,群众文化活动日益丰富。围绕高额彩礼等陋习,不断完善乡规民约,积极发挥"一约四会"作用,利用各村新时代文明实践站,举办各类精神文明建设活动,通过村民自治,有效遏制高额彩礼和大操大办,推动移风易俗工作逐步制度化、法治化、规范化,文明新风逐步形成。

【生态环境】 坚持生态优先、绿色发展,护好绿水青山,造就金山银山,打造群众"幸福靠山"。生态文明建设扎实开展。持续巩固扩大自然保护区绿盾行动成果,大力推进国土绿化行动,全民义务植树1.2万株,绿化道路63公里。落实"林长制",厘清山林资源界线,扎实推进山林确权登记工作和山林资源确权颁证,全面开展冬春季护林防火宣传,狠抓禁牧封育工作,林业生态文明建设成果不断巩固。污染防治深入推进。深入实施"蓝天、碧水、净土"保卫战,积极推进土壤污染防治和残膜回收利用,全面压实河长责任,常态化开展清河行动和河道专项整治行动,清理生活垃圾及废弃物8765吨,治理水沟6条23公里,回收残膜221吨。人居环境有效改善,扎实推进农村人居环境整治提升,以"月百户"整治为抓手,筹措资金90万元、参与群众1200人次,配备垃圾箱210个,修整边沟、路肩28.3公里,打造人居环境整治示范村5个。深入推进"厕所革命",新改造农村户厕100户,农村卫生厕所覆盖率达到34.3%。不断健全农村环境卫生整治长效机制,推行网格化管理,落实重点地段划片保洁管理制度。

什字乡

【概　况】 什字乡位于西吉县东南部,与原州区、隆德县毗邻,乡政府距离县城60公里,总面积112平方公里,耕地面积13.9万亩,属于干旱贫困半山半川区,下辖16个行政村、84个村民小组,总人口6119户26043人,常住人口4098户15212人。草畜产业是全乡主导产业,什字乡是全县草畜产业重点乡。

【产业发展】 压紧压实粮食安全党政同责,确保粮食种足种满不撂荒。全乡种植小麦765亩、马铃薯1284亩、杂料300亩、玉米种植8.7万亩(籽粒玉米5.1万亩、青贮玉米3.6万亩,玉米大豆复合种植3043亩)。坚持"生态优先、以草定畜、以种促养、种养结合"的原则,持续发展肉牛养殖、青贮种植等重点产业。发展壮大2个自治区级高标准肉牛养殖示范村和15个县级肉牛养殖示范村,2022年饲草产量约31.5万吨,肉牛存栏约4.3万头,出栏2.95万头,饲养量达7.25万头,草畜产业扩量增效。认真落实各项产业政策,发放原原种3751户254.8万粒,发放春覆膜48714卷,涉及农户5651户,受益人口23951人。发放实际种粮农民一次性补贴36.3万元,兑付"见犊补母"补贴资金1146.8万元,全株青贮玉米饲草补贴27.8万吨556.4万元,让老百姓享受实实在在的优惠。

【乡村振兴】 建立健全防止返贫动态监测和帮扶机制,严格落实"四个不摘",坚持队伍不撤、力度不减,加强精准帮扶,302名帮扶责任人结对帮扶1620户7838人脱贫户和87户484人监测户,实现脱贫户与监测户结对帮扶全覆盖。紧盯薄弱环节,持续做好控辍保学、家庭医生签约、住房和饮水安全保障。扎实开展"三类人群"摸排认定工作,新识别纳入35户178人,消除风险5户26人。对标对表国家考核评估反馈的14个方面57个问题,结合全乡实际排查出各类具体问题67个,全部完成整改。用活管好驻村干部队伍,全乡16个行政村驻村工作队累计协调帮扶资金260万元,解决群众急事难事48件,全力助推乡村振兴。加大就业帮扶工作力度,通过公益性岗位安置脱贫群众家门口就业,规范安置105名保洁员、58名护林员。发放金融贷款3.9亿元,涉及农户2718户,其中脱贫户1555户,覆盖率91%,全面保障脱贫户的产业发展资金需求,有效巩固脱贫成果。

【项目建设】 坚持以项目建设促乡村振兴为目标,完成了什字乡人居环境以工代赈建设项目、什字移民点基础设施提升工程及什字村、保卫村2个乡村振兴示范村建设,对13个行政村108处水毁道路进行抢修,涉及资金1020万元。配合县行业部门完成了什字至红城14.2公里村道建设、谢寨水库和北台坝加固工程、谢寨村污水处理工程、什字中学宿舍楼、山庄希望小学教学楼建设等项目。

【基层治理】 深入开展平安乡村建设,调整优化网格设置,配强网格工作力量,基层平安建设基础不断夯实。积极推行"1133"基层治理体系和"1+1+4+X"矛盾纠纷调处机制,打造了新店村基层综合治理示范点,16个行政村警务室和警务专干实现全覆盖。成功调处化解矛盾纠纷61件,信访问题17个。全年共接警649起,其中矛盾纠纷300余起、治安案件24起,处罚15人,移交刑事案件4起,较去年同比下降10%。深入贯彻党的民族政策和宗教工作基本方针,民族团结、宗教和顺局面切实巩固,统战宗教工作取得全县第一的好成绩。全面落实安全生产责任制,常态化开展安全生产隐患大起底大排查大整治三年专项行动、"百日攻坚"专项行动,开展重点领域安全隐患排查行动40次,整治安全隐患31项,有效遏制重特大安全生产事故发生。牢固树立红线意识,核查疑似新增农村乱占耕地问题图斑210个,下达整改通知书27个,整改新增农村乱占耕地问题图斑35个(拆除1个)。

【民生保障】 全面落实低保兜底和困难救助政策,加大入户排查力度,推进低保提标扩面,实现了辖区内困难群众"应保尽保、应助尽助"。2022年全乡发放农村最低生活保障1766户2747人1020万元、高龄津贴178人75万元、五保津贴29人22万元、孤儿津贴38户57人68万元、残疾人"两项补贴"155万元,解决临时救助64.3万元,共计发放民政类补贴1458余万元。切实保障了困难群众基本生活。

【社会治理】 扎实做好就业创业工作,争取公益性岗位38个,有组织地向福建、内蒙古等地劳务输出100余人,加强职业技能培训和就业服务指导16场次500余人,多举措提升群众就业能力。深入推进文化惠民供给,综合文化活动中心实现全覆盖,在山庄、新店、北台等村增加篮球场、健身器材等体育设施设备,举办各类群众文化活动12场,惠及群众2000余人。实施医疗服务"双提升"计划,拓展"互联网+医疗健康"应用,认真落实新冠病毒感染"乙类乙管"措施,全力守护人民群众身体健康和生命安全。退役军人服务保障体系不断健全。

【集体经济】 多措并举发展壮大村集体经济,杨庄村村集体经济年收入17万元以上,南台等6个村集体经济年收入达7万元以上,其他各村村集体经济年收入均达到5万以上。

【生态环境】 以"五清一改一绿一亮"和农户家庭"五美"为目标,持续深入推进农村人居环境整治"月百户"清洁行动和农村厕所改造,完善农村基础设施,乡村面貌显著变化。按照"凡违必拆、违建清零"要求,拆除土坯房和残垣断壁350余处、私搭乱建22处,清理"三堆"、建筑垃圾等3200余吨;改造农村厕所151户;绿化乡村道路10.2公里;生态修复黄土高原水土流失面积1106亩。乡域整体环境面貌得到有效改善。

马莲乡

【概　况】　马莲乡位于西吉县东南部，属葫芦河川道区，距离县城约35公里，土地总面积104.6平方公里，耕地面积9.2万亩。全乡有16个党支部、15个行政村、69个村民小组、5396户21885人；有中小学13所，在校学生1794名；有合法登记宗教活动场所36所；有中小型水库、骨干坝、淤地坝13座。建有现代循环农业产业园2个、淀粉加工企业1个，全乡发展种养殖合作社25个，培育"两个带头人"143名。2022年，全乡居民人均可支配收入14356元。

【基层党建】　建立健全乡党委中心组学习、集体学习、专题学习、日常学习、履职培训机制，全年开展乡党委中心组学习22次，干部集中学习28次，专题研讨4次，邀请专家辅导2次。认真履行管党治党主体责任，从严从紧抓班子、带队伍、转作风，严守政治规矩，强化政治责任。发挥党支部战斗堡垒和党员先锋模范作用，注重选拔政治素质好、业务素质好，致富能力强、带富能力强的人员担任村"两委"班子成员，年内调整补齐村党支部书记2名、村党支部副书记1名、村委会主任1名、村委会副主任1名、村妇联主席1名。以党支部"一抓两整"为抓手，在建强组织、发展党员、"双评双定"、壮大村集体经济等重点工作上下功夫、出实招、见成效。

【党风廉政】　认真落实党风廉政建设主体责任，严格对表对标，坚持从严从实，认真贯彻落实中央八项规定及其实施细则精神，严格执行党中央和区市县党委关于作风建设的各项规定，认真开展违规收送红包礼金和不当收益及违规借转贷或高额放贷问题专项整治工作，常态化开展"四风"自查自纠，一体推进不敢腐、不能腐、不想腐，做深做实查办党员干部违纪违法案件。全年乡纪委受理初核问题线索13起，初核了结1件、立案审查7件，给予党纪处分7人，形成了查处和震慑顶风违纪行为的高压态势。

【经济建设】　守好粮食安全底线，完成粮食播种面积40416亩，其中小麦4449亩（春小麦683亩），籽粒玉米7763亩（大豆玉米带状复合种植4346亩），马铃薯21528亩，杂粮油料2475亩。新建高标准农田1.35万亩，集中开展耕地和劳动力"两个不撂荒"行动，坚决遏制耕地"非农化"和防止耕地"非粮化"，力争"家家有产业、户户无闲人"。依托"两山一川"优势，确定"山区种青贮、川区种蔬菜、全域搞养殖、多点做示范"的产业发展思路。全乡种植青贮玉米31074亩，为发展肉牛养殖奠定了良好基础。依靠川道区土地集中连片的优势，流转土地7780亩，配套铺设喷灌等高效节水灌溉设施，建设马莲乡川道区农业产业高质量发展区，种植5200亩冷凉蔬菜，种植早熟马铃薯1380亩，开展玉米大豆复合1200亩，提高了土地利用效率。发挥高标准肉牛养殖示范村带动作用和企业龙头效应，采用"党支部+企业（基地）+合作社+农户"发展模式，全乡肉牛产业已初步实现规模化、集约化发展，全年肉牛出栏量达到1.3万头以上，增加收入5200万元，提供农民人均可支配收入4000元。青贮饲草20万吨，受益1600户8000人，补贴资金400万元。采取高效节灌设施统一建设与分业配套、农村土地统一经营与农民分项获利、农业经营体制改革统一组织与分工协作的"三统三分"机制，不断提高农村土地集约高效利用率，实现了农村改革增能、农业发展增效、农民参与增收。采取"党建+企业+农户"的模式，走出了一条土地流转的新路子，形成"6+1"收入新机制（即流转费600元/亩，村集体分红100元/亩）。建立"土地流转及务工收入保底+土地入股分红+农民与企业合约参与"经营获利模式，务工农户人均可创收15600元，实现土地流转、年底分红、机械使用、信息服务、技能培训等多个方面分项获利，"一体发展、分工协作、优势互补、利益共享"的企农利益联结机制逐步形成,有力促进了产业发展和农民增收。积极争取闽宁协作等涉农资金2100余万元,实施马莲村以工代赈设施农业日光大拱棚、张堡塬村闽宁乡村振兴示范村、张堡塬村肉牛养殖出户入园、特色种植试验种植基地建设等4个重点项目,打造张堡塬村、南川村乡村振兴示范村2个,培育致富带头人10余名,全乡村集体经营性收益达到226.21万元。

【文化教育】 新建新堡小学教学楼,有效改善教学条件,全乡义务教育阶段控辍保学率为100%,兑付"雨露计划"助学补助593人次88.95万元。扎实开展文化惠民活动,东洼村"建设美丽乡村"文体活动、北山村"乡村振兴杯"篮球赛、罗曼沟村篮球赛成功举办,群众文化活动日益丰富。围绕高额彩礼等陋习,不断完善乡规民约,积极发挥"一约四会"作用,利用各村新时代文明实践站,举办各类精神文明建设活动20余场次,文明新风逐步形成。

【社会治理】 组织开展种植养殖、装载机、手工编织等技能培训750人次,转移就业6045人,其中区内就业4916人,区外就业1132人(新疆748人,福建22人,其他省区362人),强化联农带农机制,开辟蔬菜大棚、示范村建设等7个劳务基地,带动务工1000余人,向丰和四丰帮扶车间用工200余人;全面落实教育扶持惠民政策,雨露计划受益学生554人、补助资金843000元,困难家庭学生社会帮扶3万元,送教上门困难学生5人。

【乡村振兴】 严格落实"四个不摘"要求,紧紧围绕"两个高于"目标任务,健全完善防返贫"3310"动态监测帮扶机制,重点关注脱贫户、监测户对象"两不愁三保障"及饮水安全、收入支出变化等情况。精准落实帮扶措施,累计消除风险监测对象114户515人,2022年全乡脱贫人口人均纯收入9975元,同比增长17%。严格落实动态"清零"整改措施,扎实开展自查自纠,全面查找漏统、漏项、漏扶、漏管问题及"两不愁三保障"薄弱环节,整改完成发现问题96个。加强防返贫监测网格化管理,对重点人群和特殊群体进行"八必访"、实行"一键预警"和部门预警,及时入户核实并启动认定程序,做到应纳尽纳。2022年核实预警信息375条,新增监测对象31户114人(脱贫不稳定16户53人,边缘易致贫14户57人,突发严重困难1户4人),精准落实产业、就业、教育、健康、金融、危房改造、低保救助、扶志扶智、社会帮扶等10项帮扶措施。按照西吉县2022年农业产业发展扶持政策,全年落实各类农业产业补贴1100万元;积极开展金融帮扶工作,全年累计发放金融贷款950户4673万元、"富民贷"83户1440万元、妇女创业贷款57户750万元。2022年全乡硬化、维修村组道路72公里,维修移民安置点道路3公里;新建卫生厕所40座,其中节水防冻型水冲30座,管网式水冲10座;加固维修房屋38个,新建安全住房8个。

【民生保障】 严格落实惠农资金"一卡通"发放政策,确保农村转移支付、生态补偿、粮食直补和农村低保等资金拨付到位。2022年,全乡累计发放低保资金820余万元、临时救助资金92万余元、生活补贴资金74.18万元、孤儿津贴42万元、农村五保生活补助与护理补贴31.55万元、高龄津贴73.57万元、残疾人两项补助137.29万元、优抚金28.63万元养老津贴38.46万元、耕地地力补贴359万元。2022年,新增低保91户130人,全部保障到位。2022年度医疗保险收缴人数21969人,享受城乡居民养老待遇1984人。完成孕前健康检查186对,完成免费健康检查660余人,妇女两癌筛查579人(次)。办理准生证157人次。

【基层治理】 严格按照《关于建立"1133"机制的实施方案》,充分发挥基层治理综合平台作用,建立精准高效运行的排查、化解、考核三项机制和问题、责任、整改三个清单。针对土地流转、乡道硬化、低保核查等重点领域,开展突出矛盾问题排查,共排查问题23个,办结率100%。充分发挥综治中心、派出所、司法所、各村委会的协调联动作用,对重点人群做到底数清楚、事项清楚、动向清楚,切实稳控到位,为党的二十大、自治区第十三次党代会胜利召开营造和谐稳定环境。全乡在册吸毒人员管控率达100%,累计接受社区矫正人员49名。全年开展禁毒宣传80余次,先后发放宣传单4000余份,开展禁毒专题讲座15次,统一组织乡村两级干部接受禁毒警示教育2次,开展大型专题禁毒宣传活动18次,受教群众总数达5000余人。扎实开展安全生产百日专项整治行动、道路交通安全百日集中攻坚行动和自建房专项整治行动,聚焦社会治安乱点、道路交通安全、命案防控等重点领域,先后开展安全生产专项整治行动88次,排查企业单位、门店商家、宗教场所722家(次),发现整改各类事故隐患和问题163条。认真学习宣传贯彻习近平法治思想,扎实开展"八五"普法,全年在各村和中小学开展普法讲座30余场次。全乡在职在编干部职工全部参加法宣在线学习,督促参学人员每天坚持在线学习,全乡完成积分77314分。顺利完成马莲派出所迁建,先后在罗曼沟村和张堡塬村建设"心连心"示范警务室,打造了乡村治理的坚强阵地。在全县19个乡镇中率先组建"马莲川义警队",深层激发人民群众正能量,营造了警民携手共同维护社会大局长治久安的良好氛围。

【生态环境】 坚决完成各级各类环保督察反馈问题整改,全力抓好农村人居环境整治和"月百户"行动,着力打造山清水秀、天蓝地绿、宜居宜业的美丽乡村。建设南川村、张堡塬村两个乡村振兴示范村,打造张堡塬村闽宁乡村振兴示范村,按照"一村一景,一村一特色"的标准,既建好村庄的"面子"又提升村庄的"里子"。以"月百户"行动为抓手,结合"美丽庭院"创建,由面上整治向庭院清洁拓展,对前期整治工作进行"回头看",实行干部包户制,组织驻村工作队、村"两委"成员等进行包户,确保农村人居环境整治落实落细。在打造整洁干净的村容村貌过程中,注重引导改变群众生活习惯,实现环境整治和乡风文明相互促进、相互转化、相互影响。

硝河乡

【概　况】 硝河乡位于西吉县东南部,距县城18公里,566国道穿境而过,交通便利。全乡总面积131.5平方公里,耕地10.2万亩,退耕还林19477.6亩。辖12个行政村82个村民小组,户籍人口4957户19936人,常住人口3063户13477人。2022年全乡脱贫人口人均纯收入是13576.46元,增速为16.56%,全乡农民人均可支配收入是14323元,增速为9.3%。

【基层党建】 严格落实"三会一课"、主题党日、组织生活会、民主评议党员、"双评双定"等基本组织生活制度,激发党组织和党员的积极性,不断增强党员政治意识,提高政治站位。完成12个村党支部标准化建设,实现12个行政村"党群服务中心"全覆盖。

【党风廉政】 严明党的政治纪律和政治规矩,始终把纪律和规矩挺在前面,持之以恒落实中央八项规定和实施细则精神,驰而不息纠正"四风"。坚持厉行节约、勤俭办事,强化预算管理。严格落实党风廉政建设责任制和"一岗双责",加强对乡村干部的廉政教育、日常管理和监督约束,教育引导乡村干部明底线、知敬畏、守规矩。

【经济建设】 按照"家家种草,户户养牛,自繁自育,适度规模"的发展思路,建成苏沟、关庄"出户入园"肉牛养殖小区2个,培育新庄、关庄、马昌肉牛养殖示范村3个,全乡肉牛饲养量达3.4万头。扩大青贮玉米等优质牧草种植面积,种植青贮玉米4万亩,籽粒玉米2万亩,大力推广全株玉米青贮饲草加工调制技术,加工调制饲草12.8吨。按照"调结构、转方式、促融合"的发展思路,以市场需求为导向,推进蔬菜产业优化升级。提升改造硝河村、隆堡村高效节水灌溉900亩,建成和美移民安置点高标准育苗日光温室(拱棚)7座,建设马昌村、硝河村、隆堡村露地标准化蔬菜种植示范基地4个,蔬菜种植面积稳定达到1万亩以上,产值达7000余万元。牢牢守住耕地保护红线,落实最严格耕地保护制度,坚决遏制耕地"非农化""非粮化",新建高标准农田0.8万亩,冬小麦等粮食种植面积稳定在3万亩。

【文化建设】 培育和践行社会主义核心价值观,广泛开展社会公德、职业道德、家庭美德和个人品德教育,提高全民文化素质和道德修养。抓好农村文化体育事业建设,发挥村级文体活动场所的阵地作用,丰富农村群众文体生活。

【社会治理】 紧紧围绕教育、就业、医疗等社会民生热点领域,持续开展为民办实事活动,扎实推进各项民生保障工作行稳致远。教育教学持续优化,稳妥撤销20人以下村小及教学点5处,新建硝河乡九年一贯制宿舍楼,有效改善学生居住条件;扎实开展"控辍保学"工作,建立联户帮扶"三留守"运行框架,实现适龄儿童"零辍学"。

【乡村振兴】 聚焦"守底线、抓发展、促振兴",落实"四个不摘",紧盯"五个聚焦",抓好"四个衔接",牢牢守住不发生规模性返贫底线,切实做好巩固拓展脱贫攻坚成果同乡村振兴有效衔接各项工作。调优配强帮扶人才队伍,集聚乡村干部、帮扶责任人和驻村工作队力量落实帮扶责任,申请调整驻村工作队员2人,调整包村领导6人、包村干部16人,培育致富带头人36人,持续补足壮大村级工作力量。深化"3310"工作机制,将全乡所有农业户籍人口纳入防止返贫动态监测范围,确定183名网格员和232名帮扶责任人定期对"八必访"重点人群进行走访排查,常态化组织开展"四查四补"防返贫动态监测排查工作,一周一上报、一月一调度,核实"一键预警"信息418条,排查研判识别纳入三类人群38户162人,消除风险监测对象4户28人,做到应纳尽纳。深入实施移民致富提升行动,探索"1234"工作新思路,着力解决产业、就业、社会融入三件事,打造致富产业有特点、人居环境有看点、整体工作有亮点的美丽移民新村。聚焦"两不愁三保障",实施危房改造4户,建设抗震宜居房11户,加固C级房屋40户,解决84户供水不稳定问题,人民群众获得感成色更足。

【基础设施】 以建设生态宜居、文明幸福的美丽家园为目标,实施马昌、隆堡等5个人居环境整治示范村。完成村组道路建设138.79公里,建设农村客运招呼站12个,自然村实现"四通"。存量危房全部消除、安全饮水全部覆盖、村组道路全部硬化,人民群众生活品质不断提升,农村面貌发生了翻天覆地的变化。

【民生保障】 大力实施移民致富提升行动,紧紧围绕解决好和美新村248户移民产业、就业、社会融入3个难点问题,构建"乡-村-排-移民户"网格化管理机制,实施和美新村基础设施提升改造工程和"出户入园"养殖园区项目。同时,将劳务产业作为移民群众增收的"铁杆庄稼",通过开展订单式、定向式技能培训,鼓励群众以就近务工、外出务工、自主创业等方式,持续拓宽群众增收致富渠道;全乡共举办各类培训班20期(次),受训群众0.2万余人(次),累计组织转移就业1652人,公开招聘公益性岗位146个,护林员53人;坚持"应保尽保,应兜尽兜",新增低保17户22人,调整低保45户57人,全年发放各类救助保障资金1306.77万元。稳岗就业积极推进,按照"三个一批"的就业思路,通过合作社带动、乡村公益性岗位、劳务转移输出、落实就业创业奖补政策等方式带动全乡稳定转移就业4612人,其中脱贫劳动力转移就业1342人。发放小额信贷877户4990.3万元,富民贷79户1173万元,鼓励农户多元化创业就业,不断提高致富、带富能力。

【基层治理】 探索建设"乡、村、组"三级网格治理体系,将8名包村领导,25名包村干部,12支驻村工作队,78名村组干部全部编入乡村治理大网格,设立了村级综治工作站,配齐"一村一法律顾问、一辅警、一人民调解员",实现12个行政村警务室全覆盖。认真落实基层治理"1+6"实施方案,推行基层治理"1133"工作机制,累计排查化解各类矛盾纠纷77起,及时处理"12345"便民服务热线咨询投诉件57件,矛盾纠纷调处率达100%,形成了"小事不出村、大事不出乡、矛盾不上交、纠纷早化解"的良好局面。依托新时代文明实践站,组织召开移风易俗专题宣讲会12场次,发放移风易俗倡议书5000份,组织签订红白喜事承诺书260余份,红白事项村民俭办承诺书720余份,定期举办"最美系列"评选活动,深入推进移风易俗、培育文明乡风。

【生态环境】 开展大规模国土绿化行动,全面推行"林长制",管好林草资源,实施乡村道路绿化20公里,治理新庄村地质灾害隐患点,种植庭院经济1000亩。加强环保执法,严控秸秆垃圾焚烧,统筹推进"四尘"治理,坚决整治"散乱污"企业,推进集中供热区域煤改电,保空气质量优良天数比例保持在90%以上。推动农业绿色低碳循环发展,加大秸秆多元化利用和农用残膜回收加工转化,农作物秸秆综合利用率达到90%、农用残膜回收率达到90%。实施新庄村、关庄村有机肥加工项目,提高畜禽粪污资源化利用率。按照"拆、清、整、建、绿、亮、管"工作要求,持续开展农村人居环境整治行动,开展"月百户"和"最美庭院"创建活动,整治农户500户,建设美丽庭院44户。完成户厕改造220户,清理生活垃圾、建筑垃圾3200余吨。全面落实河、林、田长制要求,强化日常巡护监管,铁腕整治乱倾乱倒、乱占乱建等违法违规行为,认真完成固原市环保督察局督查反馈问题,清理"三堆"、砂石堆2000余吨,清理沟渠河道30公里,下发限期整改通知书23份,整改违法违规占用耕地200宗,复垦还田50亩。组织开展街道综合整治专项行动,联合城管、市场监管、派出所等多个部门单位,对街道乱搭乱建、乱摆乱放进行集中整治,出动人力300余人次、重新划分停车位200余个,更换维修垃圾桶23个,安装路灯牌56个,街道"脏乱差"的乱象得到有效遏制。

偏城乡

【概　况】 偏城乡是西吉县的东大门。东与原州区中河乡、张易乡接壤,南接马莲乡、硝河乡,西邻吉强镇,北靠白崖乡和沙沟乡。距西吉县城28公里,距固原市区29公里,309国道穿境而过,交通便利。全乡总面积204.59平方公里,耕地面积169590亩,退耕地53360亩。辖17个行政村105个村民小组,总人口7333户28360人,常住人口3722户15934人。

【基层党建】 始终把党的领导贯穿工作始终,坚定不移转作风,切实把增强"四个意识"、坚定"四个自信"、做到"两个维护"落在日常,不断提升发展质效,努力建设人民满意的服务型政府。制定《偏城乡党委理论学习中心组2022年专题学习计划》《2022年偏城乡干部理论学习安排》,完善"周一、周五"学习制度,开展党委理论学习中心组集中学习13次,干部理论学习80次、专题研讨交流20余次,扎实开展习近平总书记视察宁夏重要讲话和重要指示批示精神"大学习、大讨论、大宣传、大实践"活动,自觉把旗帜鲜明讲政治贯穿于政府工作各方面全过程。

【党风廉政】 持续深化党风廉政建设,严格落实一岗双责、党政同责,坚持立足全面,既突出关键少数又面向全体党员,强化班子成员对各自分管领域党风廉政建设责任,确保管党治党有重点、无盲区。加大对疫情防控、项目建设等重点工作、中心工作以及涉及群众利益问题监督检查力度,制定《偏城乡工作机制（试行）》《偏城乡常态化督查工作方案》，大力宣传推广运用基层小微权力"监督一点通"，常态化开展从严加强干部监督管理专项整治，持续推进干部作风转变。扎实开展违规收送红包礼金和不当收益及违规借转贷或高额放贷、巩固拓展脱贫攻坚成果同乡村振兴有效衔接、惠民政策落实等民生领域的腐败问题和不正之风排查整治工作，完成县委第一巡察组巡察反馈6个立行立改问题和2个信访件及3个方面32个问题整改工作。先后开展廉政警示教育6次，办理基层小微权力"监督一点通"举报件9件，处置问题线索17件，立案7起，党纪处分7人。

【经济建设】 突出稳产业、保产量、抓项目、促增收，有力促进农业基础稳固、农村和谐稳定、农民安居乐业。将建设高标准农田作为保障粮食安全的重要举措和实施乡村振兴战略、实现农业增效、农民增收的重要抓手，在上马村、车路村新建高标准农田1.4万亩。充分利用下堡村和车路村水库资源，引进企业配套1200万元，在北庄、下堡、车路、姚庄4个村配套建设高效节水灌溉设施5000亩，落实引水上山举措，做好"低水高用"文章，在提高水资源利用率、增加农民收入的同时，全面改善农业生产条件，有效推动农业规模化、机械化、现代化，保障粮食稳产、增产、高产。认真落实"藏粮于地、藏粮于技"战略，种植小麦0.63万亩、玉米8.4万亩（籽粒玉米3.9万亩）、马铃薯0.9万亩、杂粮2万亩，落实春小麦补贴6322.7亩126.45万元、三次种粮补贴134.93万元。全乡发展肉牛养殖2.8万头、羊2.5万只，扶持建设养殖示范户124户，其中50头以上养殖大户31户，落实"见犊补母"补贴1.33万头663.3万元，培育建设养殖专业合作社34家，其中百头以上肉牛养殖专业合作社2家。成立姚庄村肉牛养殖服务协会，组织乡村干部包抓到户改进肉牛品种，推动肉牛养殖提质增效。建成花儿岔村千亩以上紫花苜蓿示范点1个，高崖、榆木千亩杂粮示范点2个，全乡青贮池建设总量达1946座，全株玉米青贮饲料年腌制量达18万吨，落实饲草加工补贴资金360.8万元。引进西吉县诚誉种植专业合作社在北庄、车路、姚庄、下堡4个村3万亩高标准农田连片区集约化、规模化种植高山冷凉蔬菜5000亩，建成全县面积最大的高山冷凉蔬菜标准化种植基地，建成下堡村540万株日光温室大棚育苗基地和大庄村600亩冷凉蔬菜种植基地，使群众通过产业发展"联农带农富农"机制分项获利，推动农村土地集约高效利用，实现农村改革增能、农业发展增效、农民参与增收，实现"两个不撂荒"，使更多群众不断鼓起"钱袋子"。

【社会治理】 深化"互联网+医疗健康"，乡卫生院自筹资金近百万元，规范化布置改建口腔科门诊、妇科门诊等科室，邀请县医院各相关科室负责人莅临指导开展院前急救、院感防控、三级医师查房、医护质量等相关培训近10场次，顺利通过自治区2022年"优质服务基层行"活动等工作专家组现场复核评价和固原市卫健委"老年友善医疗机构"建设评审，确定达到自治区"老年友善医疗机构"建设标准。城乡基本医疗等社会保险应保尽保，家庭医生签约14224人。撤并黄塔、杏湾、高崖、老关4个小规模学校，逐步提高教学质量，全面落实"双减"政策。2022年新考录本科大学生再创新高，表彰奖励新考录本科学生136人13.6万元。参与全县广场舞大赛和篮球运动会并取得二等奖和第八名的好名次。

【乡村振兴】 聚焦"守底线、抓发展、促振兴"，扎实做好巩固拓展脱贫攻坚成果、实施乡村振兴战略有关具体工作，守住了不发生规模性返贫的底线，脱贫基础更加稳固、成效更可持续。防返贫机制运行良好。认真落实"四个不摘"要求，结合全县防返贫"3310"动态监测帮扶机制和"八必访"，定期开展防返贫监测帮扶大排查和"回头看"行动，全面落实"一键预警"和常态化"四查四补"。2022年新识别监测对象50户226人,其中脱贫不稳定户17户82人,边缘易致贫户15户59人,突发严重困难户18户85人,脱贫群众人均纯收入11669.4元,增速16.38%。"两不愁三保障"成效稳定。紧盯"两个高于"目标,对所有农户开展全覆盖拉网式排查,进一步夯实基础、补齐短板弱项。实施危房改造4户,抗震宜居农房改造11户,维修加固房屋53户。发放"雨露计划"931人次,补助139.65万元,转移农村劳动力5557人,脱贫人口实现稳定就业2473人,申报"在乡返乡"等各类补贴56人15.78万元,购买"铁杆庄稼保"5410人。新建花儿岔村党员活动室218.8平方米,在下堡村建成设施农业日光温棚5座,打造偏城乡高山冷凉蔬菜标准化种植基地和上马、高崖2个乡村振兴示范村,全面完成扶贫资产确权登记。高质量通过国家2022年度巩固拓展脱贫攻坚成果同乡村振兴有效衔接考核评估,2022年宁夏第一批重大项目集中开工现场推进会(西吉分会场)在上马村举行,全县2021年度巩固拓展脱贫攻坚成果同乡村振兴有效衔接考核评估发现问题整改工作现场推进会在下堡村召开。

【基础设施】 疏通涵管、道路130余米,完成7个淤地坝加固,偏城、高崖等12个村3.5公里水毁道路抢修。结合县委第一巡察组巡察反馈问题整改,改造提升(新建)偏城街道公厕2处,拆除农贸市场私搭乱建29户310平方米,清运建筑垃圾30吨,排查整治农贸市场房屋安全隐患76户(处)9102平方米。重新开通双羊套村1300余亩土地生产道路,硬化大庄村大沟组和偏城乡中心小学门口巷道0.12公里、大庄至曹垴村道6公里。新建曹垴村中型淤地坝1座,为309国道沿线5个村配备垃圾清运车3辆,垃圾箱90个。

【民生保障】 2022年,落实低保2351户3131人1259万元,发放特困供养、集中供养、分散供养老人生活补助金22人22.3万元,临时救助1237人201.7万元,残疾人两项补贴364人60.6万元,高龄补贴236人81.3万元,孤儿津贴54人66万元,邻里照护5人7.2万元,优抚对象生活补助55人25万元。自然灾害应对及时,组织乡村干部全力开展防冻防汛工作,发放低温冷冻救助资金515户16万元。采取有效举措应对持续干旱天气,在旱情严重时段为17个村购买水泵26台、水管158米,指导群众充分利用淤地坝、水库、机井等水资源进行浇灌,安排专用车辆为偏城村对子沟组60户村民"送水上门",解群众燃眉之急,最大化减少旱灾带来的损失。

【基层治理】 牢固树立底线思维,全力化解重大风险,圆满完成党的二十大维稳安保任务,推动形成政治安全、社会安定、人民安宁的良好社会局面。坚持和发展新时代"枫桥经验",全面运用"1133"基层治理机制和西吉县"四位一体"多元解纷机制,深入开展"八五"普法,培育"法律明白人"170人,在下堡村下堡组开展自然村评理说事+公共法律服务点试点工作。常态化开展扫黑除恶斗争,深入推进打击整治养老诈骗专项行动,成功化解大庄砂厂与群众之间纠纷,追回车路、北庄村农民工工资,化解婚姻家庭、经济、土地等各类纠纷185起,处理"12345"便民热线共计153件,办结各类信访件24件,解决历年环境整治债务纠纷5件,信访维稳形势稳定向好。建成上马村民族团结进步主题广场,全乡民族团结、宗教和顺,铸牢中华民族共同体意识不断增强。

【安全生产】 牢固树立安全发展理念,学习宣传贯彻《中华人民共和国安全生产法》,乡综合执法办多次联合派出所、司法所和相关办公室(中心)开展"安全生产月"等集中宣传活动,集中排查解决学校、加油站、砂厂、门店、宗教场所等安全隐患和安全生产领域突出问题163家(次),排查整改事故隐患和问题15处,整改完成率100%。为17个行政村购置手提喇叭51个,全天候循环播放普及防溺水、防汛、防火、防疫、防地质灾害、交通安全、农机安全等各类安全提示信息,加强风险和隐患预警,做到常态化应急值守,不断提升灾害预防和应急处置水平。综合执法更加有力,进一步明确工作纪律和责任,建立健全了安全生产管理机构,组成了一支职能健全,指挥有力的安全生产管理队伍,及时对乡安委会成员进行调整充实。与辖区行政村、学校以及相关企业、责任人签订安全责任书,组织开展应急实战演练2次,地震地灾应急演练1次,应急消防演练1次,及时制止违建22起、拆除2起,检查劝导200余人次,做到有法必依,违法必究,执法必严。

【生态环境】 深入贯彻落实习近平生态文明思想,坚持生态优先、绿色发展,尊重自然、顺应自然、保护自然。深入推进"五清两改一绿""百村示范、千村整治、万户清洁"行动,严格落实"河长制""林长制",加强日常巡查管护。成立偏城乡用水协会,配合完成"三区三线"划定,严格落实建房审批制度,完成宅基地打点30户,处理疑似违法图版400宗,拆除非法乱建4处,全力推进"四权改革",持续打好蓝天、碧水、净土"三大保卫战"。扎实开展农村人居环境整治"月百户"行动和"美丽庭院"创建工作,拆除残垣断壁3000米,清理门前"三堆"200余吨,生活垃圾和建筑垃圾5000余吨,清理沟渠河道20公里,整治乱搭乱建36处,通过"月百户"行动整治农户420户,修整树坑6000余个,绿化道路30余公里,常态化开展3个水库和16个淤地坝巡查工作,深入推进农村"厕所革命",新建卫生厕所141户。

沙沟乡

【概 况】 沙沟乡地处西吉县东北部土石山区。乡域总面积192.7平方公里,距县城约43公里,平均海拔1716米,年均降雨量400毫米左右。全乡下辖11个行政村47个村民小组,户籍人口3881户16240人,常住人口1853户8374人,耕地面积6.9万亩,林地10.39万亩,草地12.8万亩。2022年,全乡农民人均可支配收入11980.6元。

【基层党建】 深入学习宣传贯彻党的二十大精神,全面落实习近平总书记视察宁夏重要讲话和重要指示批示精神,力促理想信念更加牢固,累计开展党委理论学习中心组学习12次、"一五"干部理论学习70余次,开展"筑牢粮食安全我先行"等主题党日活动15次,专题学习研讨6次,开展各类知识竞赛、测试5次,举办干部理论学习夜读班8期、村党支部书记和第一书记集中培训4期,班子成员到村开展党的二十大精神宣讲活动50余次。全面落实"抓乡促村、整乡推进、整县提升"示范县乡创建行动,扎实整顿软弱涣散基层党组织,以"导、帮、带""讲、评、晒"为抓手,建立了"强村带弱村"工作机制,累计开展各类活动7次。严把党员发展质量关口,吸纳入党积极分子16人,发展对象6人,预备党员7人,正式党员7人。储备村级后备干部33名,发现培养后备力量26名。

【党风廉政】 认真履行抓基层党建和全面从严治党工作第一责任人职责,制定了"分管统筹,包片负责,对口管理"的党建工作模式。持续推进党风廉政建设,召开专题会议4次,谈话提醒10人次,免职1人,发出通报5期,与班子成员开展谈心谈话30余次。常态化开展"从严加强干部监督管理切实转变干部作风"专项整治,开展青年干部大实践大锻炼活动4次。

【经济建设】 坚持"藏粮于地、藏粮于技",全年落实粮食种植面积50999亩,完成800亩春小麦和4000亩大豆玉米带状复合种植任务,整治复种撂荒地2025.2亩。聚焦养殖业提质扩量,建成"出户入园"肉牛养殖园区1个,打造肉牛养殖示范村1个,培育养殖示范户33户,全乡肉牛饲养量达14135头;建成肉羊养殖示范村3个,培育示范户214户,全乡肉羊饲养量达60802只。围绕土地集约高效利用"三统三分"机制,培育陶堡、大寨露地蔬菜标准化种植基地2个1450亩,打造东沟、顾沟杂粮油料种植基地2个5200亩，"反租倒包"模式深入推广，农业经营体制改革有序推进，联农带农效益初步凸显，农业现代化建设步伐稳中有进。落实农业产业补贴政策，全年累计拨付农业产业补贴资金674.2万元，不断增强群众发展产业信心，激发产业发展动力。

【文化建设】 依托新时代文明实践站，积极开展各类惠民文化活动，累计举办"送戏下乡"、广场文化活动50余场次，组织"最美婆婆""最美家庭"等先进典型评选活动4次，参加全县职工篮球运动会获得第3名、全县广场舞大赛中获得三等奖，进一步推动文化事业繁荣发展。

【社会治理】 着力践行以人民为中心的发展思想，持续改善人民生活，不断推动人民获得感、幸福感、安全感更加充实、更有保障、更可持续。坚持教育优先发展，撤并整合小规模学校1所，本科上线学生67名，中考录取率52.8%，位居全县前列。深化"互联网+医疗健康"，远程医疗有效应用，医疗服务梯队持续优化，中医药优势发挥明显，重点人群家庭医生签约率100%，陶堡村、中口村、满寺村卫生室被评为全区五星级村卫生室，医疗保障更加坚实可靠。

【乡村振兴】 紧扣巩固拓展脱贫攻坚成果同乡村振兴有效衔接，聚焦"守底线、抓发展、促振兴"，落实"四个不摘"，抓好"四个衔接"。定期开展防返贫监测帮扶大排查，用好"四查四补"，实行"一键预警"，先后识别纳入监测对象14户78人，制定帮扶措施59条。全面落实"八必访"，精准落实10项帮扶措施，给予大额救助23户11.6万元，解决29户监测对象用煤量86吨，排查农村自建房1759间，加固自建房1户，落实危房改造10户、抗震宜居房1户，维修供水管道1.2公里，新增自来水入户25户，"雨露计划"拨付资金490人次105.75元，脱贫人口等特殊群体医疗参保率100%、慢性病签约全覆盖，5657名脱贫人口、监测对象购买乡村振兴健康保。集中开展耕地和劳动力"两个不撂荒"行动，累计转移农村劳动力4652名，脱贫人口实现稳定就业1687人，脱贫人口人均纯收入12177.12元，较上年同比增长16.46%，"两个高于"目标稳定实现。对标57个考核评估反馈问题，制定整改措施121条，全部完成整改。扎实推进"十项清零"行动，全面起底巩固拓展脱贫攻坚成果同乡村振兴有效衔接中的短板弱项，共查摆整改各类问题102个。积极争取资金项目，打造乡村振兴示范村2个，培育致富带头人89名，全乡11个村集体经营性收益达到112.37万元。

【基础设施】 结合"移民致富提升行动"，大力推进基础设施建设，先后实施了"十二五"移民安置点综合整治和污水处理工程，维修了顾沟村、陶堡村移民安置点排水渠，维修硬化道路3.8公里、沥青道路7.2公里，安装亮化路灯60盏，对满寺村村部进行维修扩建，建成叶沟村文化活动广场。

【民生保障】 医疗保险等社会保险应保尽保，全乡1076名残疾人、19名特困供养人员、37名困境儿童、167名高龄老人全部在册管理，全年新增低保29户61人、调整48户55人，临时救助发放1412户236.54万元，试点实施重度残疾人邻里照顾服务，社会救助机制更加趋于完善。退役军人服务工作全面开展，退役军人和其他优抚对象建档立卡、优待证办理工作获得全县第1名。

【基层治理】 认真落实"1133"基层治理机制，注重社情、民情和纠纷难题，推行"三色识别工作法"，累计排查化解各类矛盾纠纷216起、信访诉求11件，全乡矛盾纠纷排查化解率达99.9%。深入开展"八五"普法，开展各类宣传活动16场次，培育法律明白人110人，村级法律顾问实现全覆盖。纵深推进安全生产专项整治三年行动，建立各项应急制度10项，开展应急演练活动3次，完成农用车辆反光膜张贴。积极有效应对严重旱情，累计发放各类救灾资金54.09万元，综合防灾减灾能力明显增强。

常态化开展扫黑除恶斗争,深入推进打击整治养老诈骗专项行动和反电信诈骗工作,22名吸毒人员、1名社区矫正对象、66名刑满释放人员管理到位,全年办理治安案件30件,同比下降40%。加强民族团结进步事业发展,妥善处理宗教领域矛盾纠纷,不断巩固民族团结、宗教和顺的良好局面,进一步铸牢中华民族共同体意识。

【生态环境】 持续开展国土绿化行动,实施生态保护与修复7100亩,绿化道路18公里,栽植各类苗木1.2万株、庭院经济林2068株,全乡森林覆盖率27.74%,高于全县平均水平。全面实施河长制、林长制,着力推进大气污染"四尘同治"、水体污染"五水共治"、土壤污染"六废联治",完成垃圾填埋场整治改造,维修生活污水处理站1座,投入使用垃圾箱75个、垃圾转运收集车6辆,回收农业残膜280吨,整治河道沟渠8条10.2公里,拆除违法建筑23处、残垣断壁6.8公里。深入推进"五清两改一绿""百村示范、千村整治、万户清洁"和"月百户"行动,建立环卫清扫保洁、垃圾转运处理、运营维护机构队伍和收运处置体系。建成农村卫生厕所149座,建设小花园78个、小菜园62个,清理"三堆"820余吨、生活垃圾和建筑垃圾1680余吨,修整路基、护坡7.2公里,整治乱搭乱建126处,创建"美丽庭院"235户,"月百户"整治庭院360户。

白崖乡

【概　况】 白崖乡位于西吉县东北部,距离县城约26公里,土地总面积199.8平方公里,耕地面积10.62万亩,粮食种植面积5.54万亩,退耕还林面积3.64万亩。全乡下辖11个行政村50个村民小组,现有户籍人口3411户13560人,常住户1443户5922人。2022年,全乡农村居民人均可支配收入12176.9元。

【基层党建】 始终坚持将党的政治建设放在首位,深入学习贯彻习近平新时代中国特色社会主义思想、党的二十大精神和自治区第十三次党代会精神,思想理论水平进一步提升,对党忠诚成为全乡上下最鲜明的品格。推行"星级+"工作模式。全面推进党支部标准化规范化创建和党员"积分换星"考评新模式,严格"双评双定"考核标准,建立健全加强党员经常性教育、管理、监督各项制度,构建农村党员干部管理新机制。做好"两个带头人"工程,新培养党组织带头人3名,致富带头人22名。推行支部帮带"星级+"工作措施,由四星级党支部带动二星级党支部,形成捆绑式互帮互学互促,进一步提升薄弱党组织战斗力。探索推行"强村带弱村"帮扶带动发展模式。坚持"党建+"工作模式引领,将党建工作与粮食安全、产业发展、城乡人居环境整治等中心工作结合起来,以高质量党建引领高质量发展。

【党风廉政】 落实全面从严治党要求,认真贯彻中央八项规定及其实施细则精神,深入推进党风廉政建设和作风建设。严格落实"过紧日子"要求,从严控制"三公"经费,扎实开展工程建设政府采购领域专项整治,驰而不息纠"四风"、治"歪风"、强作风。此外,统筹推进司法、民族、宗教、民兵预备役、老龄、残疾人等工作,支持工会、共青团、妇女儿童等事业加快发展。法治水平明显提升。严格执行"三重一大"事项集体决策制,坚决贯彻民主集中制,自觉接受人大、政协和社会各界监督,高质量办理人大代表议案建议7件。加大政务公开力度,全面公开政务信息49条,在政务新媒体发布信息16条,确保权力在阳光下运行。村务监督不断健全。强化村级事务事前、事中、事后全过程监管,用好用实"一项清单",规范填写"一本日志",建好管好"一组台账"。通过运用"331"、基层小微权力"监督一点通"等服务平台,实现群众小微权力事项监督零距离,公开各类民生服务资金6次,全年访问量46730人次,真正打通基层监督"最后一公里"。

【经济建设】 坚持"藏粮于地,藏粮于技"战略,按照"政策不养懒汉,土地无闲田"思路,认真抓好农业生产。2022年,全乡完成粮食种植面积40408亩,其中小麦5105亩、玉米15964亩、杂粮10977亩、油料8362亩,完成蔬菜和牧草种植21000亩。全乡开展土地流转经营6961.8亩,引进种植专业合作社14家,带动就近务工就业79人,增加土地流转费收入91.31万元。按照"支部建在产业上,党员聚在产业上,农民富在产业上"的工作思路,采取"支部+合作社+企业+农户"模式,打造阳洼村万亩种植基地,白崖、小坡等6个千亩玉米种植基地,建设鹞子川村、库房沟村、小坡村养殖重点村、全力建成阳洼村"出户入园"项目。构建起以草畜产业为主导,小秋杂粮、油料等为补充的增收产业体系。全乡肉牛饲养量达到14043头、羊饲养量达到52567只、家禽饲养量达到14993羽。坚持把"稳就业、保就业"摆在更加突出位置,努力克服疫情影响,强化就业优先政策,全面开展就业帮扶工作,通过实施点对点一站式服务,组织闽宁劳务输出,鼓励贷款创业,积极落实援企稳岗补贴等措施,全年转移农村劳动力3414人,脱贫人口实现稳定就业1545人,人均工资性收入达1.3万元。

【文化建设】 围绕"党建+"工作模式,成立白崖乡新时代文明实践志愿者服务队3个,村级志愿者服务队11个。乡级志愿者服务队由乡党委班子成员任队长,村级志愿者服务队由各村党支部书记(副书记)任队长,充分发挥基层党组织战斗堡垒作用,党支部书记亲自抓、带头做,明确分工任务,层层压实责任,推动新时代文明实践工作落实到位。培养新时代乡土人才24名,开展移风易俗、抵制高额彩礼等活动36场次,评选"好媳妇""好婆婆"等161人次。

【社会治理】 稳步推进基层整合审批服务执法力量改革,"五办四中心"行政管理职责进一步明确,行政效能有效提升。狠抓乡村干部和驻村工作队管理,实施"导师帮带制",全年组织开展专题培训16场次,培训乡村干部和驻村工作队1300余人次,不断提高乡村干部能力水平。行政效能不断增强。坚持作风能力"两手硬",打造担当实干的干部队伍,政府的执行力和公信力不断提高。全乡教学质量稳步提升,一至八年级学业水平在全县排名靠前,2022年中考75人参加考试,高中录取39人,录取率52%。派出所荣获全县季度考核第一名、第二名各一次,年度考核第七名。卫生院顺利通过国家级"优质服务基层行"基本标准验收。

【乡村振兴】 聚焦动态监测帮扶、"两不愁三保障"和饮水安全,常态化开展"四查四补"工作,对全乡1441户13578人开展集中排查,排查问题216个,建立整改台账,立行立改。脱贫成果得到全面巩固。严格落实"四个不摘"要求,扶持政策不变,支持力度不减,帮扶队伍不撤,补短板强弱项。全年实施危房改造1户,新建抗震宜居房4户,新增自来水入户14户,义务教育阶段无辍学学生,脱贫户医疗保险参保率100%,常住人口自来水覆盖率100%。监测帮扶机制不断完善,按照"早发现、早干预、早帮扶,有人管、管到位"要求和"5·10·15"简化程序,全年累计识别三类人群12户61人(其中脱贫不稳定户7户41人,边缘易致贫户5户20人)及时跟进帮扶措施,确保动态清零。村集体经济不断发展壮大,全乡村集体经济收益10万元以上2个,5万元以上5个,5个光伏发电村平均实现年收益17万元。

【基础设施】 积极向上对接争取项目政策资金,全年累计争取项目12个,投资金额4078万元。积极谋划储备项目。利用"变冬闲为冬忙"机遇,深入调研,认真谋划,广泛听取意见建议,扎实做好项目入库工作,完成入库项目36个。全区第二批重大项目开工仪式在白崖乡鹞子川村召开,"引黄入西"工程穿越白崖乡5个行政村。扎实推进库房沟村、余套村乡村振兴示范村项目建设,乡村环境焕然一新。认真实施白崖街道、阳洼村污水处理站项目,彻底解决生产生活污水难题。阳洼村农资服务中心、黑窑洞村党群服务中心、小坡村业务用房、白崖村旧法庭改造项目，为村级为民服务提供更广阔的办公平台。黄河农村商业银行便民服务点项目，打通服务群众"最后一公里"。乡政府办公楼亮化项目，成为白崖街道夜晚一道亮丽的风景线。

【民生保障】 社会保障网格不断紧密，不折不扣落实好低保、医保、养老、救助等社会保障政策，进一步做好政策、对象、标准、管理的有效衔接，确保符合条件的群众"应保尽保、应扶尽扶"。全乡低保对象共计1583户2589人、五保户18户19人、一二级重度残疾266人、享受高龄补贴114人、孤儿29户54人。全年累计发放临时救助63.6万元，救灾资金65.5万元，发放"三色"暖心包物资83份、发放"防疫健康守护包"61份。

【基层治理】 依托"1133"工作机制，创新推出"1+警司法+N"的白崖具体做法，健全完善四级网格化矛盾纠纷信访案件排查化解机制，平安白崖、法治白崖建设扎实推进，乡政府整合资源，设立综治中心，库房沟村建成综治大院，全县首批落实村级"1133"运行机制。全年共排查化解矛盾纠纷37起，处理各类信访件15件，办结投诉件5件，回复"12345"便民服务热线群众诉求82条。稳定解决泉沟塔村水涝灾害和阳洼村残膜问题引发的网络舆情。

【生态环境】 以"百村示范、千村整治、万户清洁"行动为契机，坚持示范引领、以点带线、以线促面、整体推动工作方法，全年清运处理生活垃圾1661吨，日清运量4吨，整治房屋院落165处、新建农村卫生厕所63间、回收废弃残膜1267吨。全力创建库房沟村环境整治示范村，建立环境卫生常态管理机制，打造了环境整治新模式。开创了环境整治新纪录。扎实推进"月百户"计划，用好"四支队伍"，健全"积分换星、督查考核、通报评比"三项机制，坚持河长制、路长制、环境卫生网格制三制结合，高质量、高标准通过"月百户"验收352户，验收合格率达到97.6%，全县"月百户"流动红旗连续3个月留在白崖乡，开创了验收新纪录。建立了环境整治新标准。探索出"踏实、踩平、差不多一条线"工作法，全乡公路两侧打造高标准行道树坑109.8公里，夏沙公路（白崖段）29公里高标准行道树坑整治被县委、县政府列为全县农村公路行道树坑整治标准，为建设"四好"农村公路给出了"标准答案"。

火石寨乡

【概　况】 火石寨乡位于县城以北25公里处，乡域面积163.3平方公里，耕地面积6.2万亩，林地4.5万亩。辖9个行政村54个村民小组，户籍人口3519户13941人，常住人口2456户8926人。

【基层党建】 全乡持续推进基层党建"六项行动"，扎实开展农村党建"抓乡促村、整乡推进、整县提升"示范县乡创建行动。全面加强村级活动场所维护和布置，对红庄、沙岗村级党员活动室室内规范化布设，落实村级组织办公经费、乡村治理专项经费和村干部报酬待遇、村民小组组长和村监会成员任职补贴。严格落实"三会一课"制度，及时整改"三会一课"开展不及时、活动不扎实、记录不规范等问题。认真开展"双评双定"活动，强化正向激励反向监督。对照建强村党组织、推进强村富民、提升治理水平、为民办事服务四项职责，加强第一书记、驻村工作队日常考核管理工作，做好发展党员、党员教育培训、流动党员管理、党费收缴等工作，持续整治党员信仰宗教和参与宗教活动问题。

【党风廉政】 以县委"三抓三促"工作思路为抓手，探索建立"2+5+N"模式，即对工作不认真、纪律不严格、作风不扎实的乡干部在年底考核时进行量化打分，对末位的2人进行交流；对在防返贫动态监测、农村人居环境整治等重点工作中不能胜任的村干部,结合绩效考核免职1人;N是对全乡54名村民组长、85名生态护林员及127名公益性进行考核,对工作不合格的辞退或者解聘若干名,全年共罢免村民组长1名、解聘护林27名、公益性岗位46名。

【经济建设】 扛稳粮食安全责任,守好粮食安全底线,全年共完成粮食种植面积38720亩,其中种植春小麦6190亩、玉米12300亩、马铃薯17810亩、杂粮2420亩。加强撂荒地整治工作,全乡共摸排撂荒地289户1998.4亩,全部完成整改。推进区域化布局、标准化种植,由村集体组织牵头,合作社统一经营,围绕马铃薯、杂粮、冷凉蔬菜、草畜、小麦五个产业进行区域化布局和标准化种植。推进农业经营模式创新,组织小红庄、大红庄、沙岗、小川、石洼等5村开展土地经营权改革,将1万余亩耕地经营权全部流转到村集体,由村集体统一管理,有种植意愿的合作社和农户通过返租倒包的形式向村集体流转土地,进行统一经营。完善了"村集体+合作社+农户"的利益联结机制,引导新型经营主体与农民建立紧密、稳定的合作关系,提高农业综合效益和竞争力,带领农户发展现代农业,增收致富。沙岗村6911亩耕地通过流转、集体分红等形式,全村人均财产性收入占比达2.2%,村民就近务工收入人均可达1.5万元,初步实现了土地统一经营,农民分享获利。全年转移就业2990人(其中福建和东西部协作省份161人),新申请公益性岗位81人,牛存栏6300头,饲养量11000头。

【文化建设】 利用春节等节假日开展群众文体活动4场次,石洼、新开、石山等村举办了"乡村振兴杯"农民篮球运动会,沙岗村举办了"庆三八"妇女节文艺汇演。持续推动义务教育均衡发展和控辍保学工作,配合县教育部门完成大红庄、小红庄村小撤并工作,顺利开展了2022年庆祝教师节活动。

【社会治理】 实施教育质量提升行动,加大控辍保学工作力度,确保适龄儿童100%完成义务教育。实施全民健康水平提升行动,加大两险收缴力度,使得全乡参保率达到95%以上,重点人群100%参保;完善突发疾病防控应急预案,做好新冠疫情常态化防控工作;开展农村妇女"两癌"筛查和孕前检查工作,提高农村妇女健康和生育水平;开展"健康细胞"示范点创建活动以及爱国卫生运动;落实大病救助和民政救助政策,减轻群众负担,防止群众因病返贫。实施社会保障服务提升行动,全面落实社会保障制度,对因病、因灾、因学及突发事故导致生活困难群众及时给予最低生活保障和民政救助等,兜住返贫底线。

【乡村振兴】 扎实开展2021年度巩固拓展脱贫攻坚成果同乡村振兴有效衔接考核评估发现问题整改工作。以"六大提升行动"为抓手,常态化开展"四查四补"工作。全乡最低生活保障人口1511户2269人,全家A类低保54户120人。今年新增(包括户内增加)低保21户28人,全家保4户7人。特困供养户22人,高龄124人,孤儿24人,享受困难残疾人生活补贴317人,护理补贴224人,单老户67人,双老户115户230人。全乡现有脱贫户1087户4537人,三类监测对象91户420人(脱贫不稳定户45户210人,突发严重困难户5户21人,边缘易致贫户41户189人),已消除风险62户289人,未消除风险29户131人。

【基础设施】 改造提升石洼村县内移民安置点,完善基础设施,提升产业发展。对下庄安置点排水渠、沉陷地基、院落围墙等进行维修,栽植行道树500棵,荒坡绿化12亩,修建文化墙240平方米,购置小垃圾箱75个。完成石洼村吊岔安置点20户居民院落围墙维修加固。完成罗庄、小川2个村5.14公里巷道硬化工程和小川、沙岗两个乡村振兴示范村项目建设,完成沙岗村闽宁协作牛棚改造提升项目建设。

【基层治理】 全面落实西吉县"1133"基层治理工作机制,探索创新"1+4"("1"是以党的建设为引领。加强村党组织建设,提高村党支部书记能力,落实党建基本制度,调动"两个带头人"的活力,发挥村党组织的战斗堡垒作用。"4"是实现德治、法治、自治、智治融合发展)乡村治理新模式,构建乡村治理新格局,提升乡村治理现代化水平。大力实施德治,依托新时代文明实践中心,完善"一约四会",发挥"乡贤"作用,提高群众思想道德素质,提升村级事务德治水平。加强法治建设,以"八五"普法为依托,发挥乡派出所、司法所和法律顾问作用,提高群众法律意识,提高村级事务法治化管理水平。贯彻村民自治,落实"四议两公开"和网格化管理制度,实现村上的事村民说了算。以罗庄、沙岗、小红庄为试点推动建设数字化智慧平台,运用现代化手段开展村级事务智能化管理。坚持"围绕振兴抓党建、抓好党建促振兴"主线,紧扣平安建设主题,全力争创全国民主法治示范村,小红庄民主法治示范村创建工作已通过区级验收。

【生态环境】 持续开展人居环境整治工作,认真落实"拆、清、整、绿、建、亮、管"工作措施和"月百户"行动,积极推行"五化"模式,坚决遏制"乱"的现象、改善"脏"的面貌、转变"差"的印象。今年以来共拆除残垣断壁2300米、废弃圈舍210座、露天厕所78座,清理"三堆"、砂石堆1600余吨,清理生活垃圾、建筑垃圾960余吨,清理沟渠河道12条130公里,整治乱搭乱建360处,修整路基、护坡42公里,修整树坑2000余个,修补围墙360处,绿化道路5.6公里。建立垃圾污水收集处理体系,筹资800余万元实施排污与厕改一体化建设项目,在沙岗村建设污水处理厂一座。对全乡危旧土坯房及残垣断壁彻底拆除,实施农户"三园"工程,即每户群众因地制宜建设一个花园、一个菜园、一个果园,实现村容村貌整体提升。

组织机构与组成人员

中国共产党西吉县第十五届委员会

固原市委副书记、西吉县委书记
      白学贵
县委副书记、县长 杨生俊(回族,3月离职)
      马天峡(回族,3月任职)
县委副书记、党校校长 邵剑波
县委副书记 庞子杰(挂职,3月任职)
县委常委、组织部部长 刘杏萍
县委常委、副县长、行政学校校长
      张 杰(8月离职)
县委常委、副县长 李 林(挂职)
县委常委、副县长 魏廷峰
县委常委、政法委书记 吴铁军(11月离职)
      白 瑞(回族,11月任职)
县委常委、纪委书记、监察委主任
      祁 忠(11月离职)
      倪万枢(11月任职)
县委常委、统战部部长 马生林(回族)
县委常委、副县长 林传烜(挂职)
县委常委、人武部常委 单国典
县委常委、宣传部部长 陈国涛
县委常委、副县长、行政学校校长
      郑 超(7月任职)

西吉县第十八届人民代表大会常务委员会

党组书记、主任 李 聪
党组副书记、副主任 王旭东
副主任   杨青鸿(回族)
      王宏忠(回族)
      刘宏霞(女)

西吉县第十八届人民政府

县委副书记、县长 马天峡(回族)
县委常委、副县长 张 杰(8月离职)
      魏廷峰(8月任职)
      李 林(挂职)
      林传烜(挂职)
      郑 超(8月任职)
副县长   孙占新
      李彦科(9月任职)
      鲜瑞芳(回族,女)
      冯玉宝(回族)
      马绍瑞(回族)

中国人民政治协商会议西吉县第十二届委员会

党组书记、主席　　马保师(回族)
副主席　　　　　　王自元
　　　　　　　　　马桂英(女,回族)
　　　　　　　　　马国荣(回族)　王庭孝

中共西吉县纪律检查委员会 西吉县监察委员会

县委常委、纪委书记、监委主任
　　　　　　祁　忠(10月离职)
　　　　　　倪万枢(10月任职)
纪委副书记、监委副主任
　　　　　　马常林(回族)
纪委副书记、监委副主任
　　　　　　何成玉
纪委常委、监委委员　　张金霞(女)
纪委常委、监委委员、办公室主任
　　　　　　王科军
纪委常委、监委委员、信访室主任
　　　　　　马旭琴(女,回族)
纪委常委、监委委员　　刘鹏博
纪委常委、监委委员、第二纪检监察室主任
　　　　　　姚旭斌(1月离职)
　　　　　　田彦龙(4月任职)
纪委常委、监委委员、第三纪检监察室主任
　　　　　　刘鹏博(4月离职)
　　　　　　黄彦山(4月任职)
案件监督管理室主任　　丁　宁
党风政风监督室主任　　火　霞(女)
案件审理室主任　　　　田彦龙(4月离职)
　　　　　　倪菊红(4月任职)

中国人民解放军西吉县人民武装部

部　长　　　　　刘　震
政　委　　　　　单国典
副部长　　　　　王　伟

西吉县人民法院

党组书记、院长　　　　李　军
党组副书记、副院长　　郭　军
党组成员、副院长　　　马占山(回族)
党组成员、第八纪检监察组组长
　　　　　　　　　　古培龙(回族)
党组成员、刑庭庭长　　苏文兵(回族)
党组成员、审管办主任　马建强(回族)
专职委员　　　　　　周具强
　　　　　　　　　　辛小强(回族)
综合审判庭庭长　　　马文芳(女,回族)
立案庭庭长　　　　　马孝国(回族)
司法警察大队队长　　马力克(回族)
新营法庭庭长　　　　戴亚雄
兴隆法庭庭长　　　　袁学文(回族)
白崖法庭庭长　　　　马　红(回族)
震湖法庭庭长　　　　杨晓亮
综合办公室主任　　　王　睿
政治部主任　　　　　雷亚斌(回族)

西吉县人民检察院

党组书记、检察长　　马彦平(回族)
党组副书记、副检察长　董立新
党组成员、副检察长　　陈进刚(回族)
党组成员、政治部主任　马福成(回族,10月离职)

党组成员、检委会专职委员
　　　　　　　　　葛银珍
党组成员、第一检察部主任
　　　　　　　　　邓洁丽(女)
第二检察部主任　　韩　振(回族)
第三检察部主任　　王亚兵(回族)
办公室主任　　　　田　芳(女)

宁夏西吉工业园区党工委、管理委员会

党工委书记　　　　杨生俊(回族,3月离职)
　　　　　　　　　马天峡(回族,3月任职)
党工委副书记、管委会主任
　　　　　　　　　马耀宏(回族)
党工委副书记、纪工委书记
　　　　　　　　　张　杰
副主任　　　　李宗强　刘芳芳(女)

西吉县委工作部门

县委办公室
办公室主任、保密局局长
　　　　　　　　　杨建富(11月离职)
政研室主任、县委办副主任
　　　　　　　　　李文蛟(回族)
办公室副主任、督查室主任
　　　　　　　　　崔武强
办公室副主任　　　李　云
办公室副主任、国安办副主任
　　　　　　　　　赵红雨
办公室副主任、档案局局长
　　　　　　　　　高　通

县委组织部
县委常委、组织部部长　刘杏萍(女)

副部长、公务员局局长　赵进学
副部长、老干部局局长、县离退休干部党工委书记、县非公有制经济组织和社会组织工委书记
　　　　　　　　　于　霞(女,回族)
副部长　　　　　　邓继民(1月任职)
离退休干部党工委副书记
　　　　　　　　　李智芳(女)
非公有制经济组织和社会组织工委专职副书记
　　　　　　　　　闫玥睿(女,6月任职)

县委宣传部
县委常委、宣传部部长　陈国涛(回族,福建挂职)
县委宣传部副部长、文明办主任
　　　　　　　　　何永红(女)
县委宣传部副部长、新闻出版局局长
　　　　　　　　　刘德飞
文明办专职副主任　王　芳(女)

县委统战部
县委常委、统战部长　马生林(回族)
副部长、民宗局局长　王忠权(回族)
副部长、县侨务办公室主任
　　　　　　　　　马建明(回族,1月离职)
　　　　　　　　　沈建学(1月任职)
副部长、县港澳台工作办公室主任
　　　　　　　　　马文元(回族)

县委政法委
县委常委、政法委书记　吴铁军(11月离职)
县委常委、政法委书记　白　瑞(11月任职)
副书记　　　　马学孔(回族,11月离职)
　　　　　　　　　梁肇楠(11月任职)
　　　　　　　　　杨　梅(女、回)
　　　　　　　　　何建智

县委政策研究室

主　　任　　　　　李文蛟（回族）

副主任　　　　　　韩继贞（回族）

县委网络安全和信息化委员会办公室

主　　任　　　　　马学红（女，回族）

副主任　　　　　　熊晓霞（女，1月任职）

县委机构编制委员会办公室

主　　任　　　　　王　斌

副主任　　　　　　杨孟虎（回族）

县委巡察办

主　　任　　　　　谢　祎（1月离职）

　　　　　　　　　吴卫和

　　　　　　　　　（2022年4月任职）

副主任　　　　　　马　霞（女，回，4月任职）

巡查组副组长　　　苏晓铮（回，4月离职）

　　　　　　　　　李鹏强（4月任职）

　　　　　　　　　杨小红（女，回，4月任职）

西吉县委直属事业单位

县委党校（行政学院）

县委副书记、党校校长　邵剑波

常务副校长　　　　赵红阳

副校长　　　　　　吴俊升

　　　　　　　　　杨　俊（2022年8月任职）

县委党史和地方志研究室

主　　任　　　　　郎凤明

副主任　　　　　　朱萧杰

　　　　　　　　　沈军炜（8月离职）

　　　　　　　　　陈兵兵（女，8月任职）

档案馆

馆　　长　　　　　席俊杰

副馆长　　　　　　靳　和（6月离职）

　　　　　　　　　张致远（1月任职）

　　　　　　　　　沈军炜（8月任职）

地震局

局　　长　　　　　马思东

融媒体中心

主任、广播电视台台长　马嘉潞（女，回族）

副主任　　　　　　李晓斌

　　　　　　　　　马腾飞（回族，8月离职）

　　　　　　　　　张小燕（女，8月任职）

西吉县人大常委会工作部门

人大常委会办公室

办公室主任　　　　王建树

办公室副主任　　　毛云婧

　　　　　　　　　（女，回族，12月离任）

代表联络与选举委员会

主　　任　　　　　雷　平

法制工作委员会

主　　任　　　　　范永强

财政经济工作委员会

主　　任　　　　　柯占花（女，回族）

教科文卫工作委员会

主　　任　　　　　张　勇（回族）

西吉县政协办公室及各工作委员会

政协办公室

办公室主任　　　　　　金玉山(回族)
办公室副主任　　　　　马文梅
　　　　　　　　　　　(女,回族,1月离职)
　　　　　　　　　　　戴沛康(1月任职)
提案和委员联络委员会主任
　　　　　　　　　　　马学义(回族)
经济委员会主任　　　　李效虎
科教文卫体委员会主任
　　　　　　　　　　　马雪松(女,回族)
社会治理委员会主任　　黄达伟

西吉县人民政府工作部门

政府办公室

办公室主任　　　　　　张茂祥(回族)
办公室副主任、信访局局长
　　　　　　　　　　　张　贇(回族,5月任职)
办公室副主任、督查室主任
　　　　　　　　　　　焦　娟(1月任职,女)
办公室副主任　　　　　王远敏(挂职)
　　　　　　　　　　　马建宁(回族,11月离职)
电子政务中心主任　　　周　玺(8月离职)
　　　　　　　　　　　马泽昆(9月任职)

发展和改革局

党组书记、局长　　　　冯永福
党组成员、副局长　　　王军江
　　　　　　　　　　　张建斌(1月任职)

教育体育局

县教工委书记、党组书记、局长
　　　　　　　　　　　郭文全(10月任职)
教工委专职副书记　　　姚建生(回族)
副局长、政府教育督导室主任
　　　　　　　　　　　伏彦林
副局长　　　　　　　　郭文全(10月离职)
县纪委派驻第二纪检组长
　　　　　　　　　　　董瑞红(女)

科技局

党组书记　　　　　　　周玉平
局　长　　　　　　　　王百灵
党组成员、副局长　　　李　劼(女)

公安局

政府副县长、公安局党委书记、局长
　　　　　　　　　　　孙占新
党委副书记、政委　　　马博辉(回族)
党委委员、派驻纪检组组长
　　　　　　　　　　　喜卫平(回族)
党委委员、副局长　　　李登成
　　　　　　　　　　　牛彦峰(4月任职)
　　　　　　　　　　　马立鑫(回族,4月任职)
　　　　　　　　　　　刘建奇(8月任职)

民政局

党组书记、局长　　　　谢瑞启
党组成员、副局长　　　孙艳丽(女)

司法局

党组书记、局长　　　　单　辉(回族)
党组成员、副局长　　　马天雄(回族,8月离职)
　　　　　　　　　　　段彦君
　　　　　　　　　　　舍　霞(女,回族,8月任职)

财政局

党组书记、局长　　　　陈贵祥

党组成员、副局长	袁存福(回族)		马 彬(回族,3月挂职)
党组成员、副局长	高 强(11月任职)		雷兵兵(6月任职)
	杨 倩(女,3月挂职)	副局长	何 云

人力资源和社会保障局

党组书记、局长	张 瑞
副局长	杨治国
	刘 烨(女,回族,6月任职)
主 任	邹国强 金雪峰
队 长	马国栋(回族,4月任职)
院 长	杨正才(7月任职)

自然资源局

党组书记、局长	马建安(回族)
党组成员、副局长	李九定
	尹廉明(1月任职)
	刘东阳(回族,10月离职)
	马福成(回族,10月任职)

住房和城乡建设局

党组书记、局长	潘宏强
党组成员、副局长	马志勇(回族)
	李学健
	张彦华

交通运输局

党组书记、局长	李 景
党组成员、副局长	戴华盛(10月离职)
	窦新伟
	单 毅(回族)
	丁志鹏(3月挂职)

水务局

党组书记、局长	冯建洲
党组成员、副局长	张国军

农业农村局

党组书记、局长	马 杰(回族,10月离职)
	戴华盛(10月任职)
副局长	戴玉聪
	高泽宇(10月离职)
	马林选(10月任职)
	赵 强(11月离职)
	马效武(回族,10月任职)

商务和工业信息化局

党支部书记、局长	李维东(8月离职)
	薛立斌(8月任职)
副局长	郭 强
副局长	惠兴龙(挂职)

文化旅游广电局

党组书记、局长	陈丽霞(女,回族)
党组成员、副局长	马晓玲(女,回族)
	马兴林(回族)

卫生健康局

局 长	李军义(2月离职)
	冯良斌(6月任职)
副局长	张 堃(6月离职)
	马 惠(女,回族,6月任职)
	户鼎文

应急管理局

局 长	陈 杰
副局长	靳巧红(女) 朱建斌

审计局

党组书记、局长	赵玉德

党组成员、副局长	张军良	党组成员、副局长	马存林(回族)
	王晓峰(5月任职)		李国文(5月任职)

党组成员、服务中心主任 顾耀斌(回族)

市场监督管理局
党组书记、局长　　王莹
党组成员、副局长　　马存虎(回族)
　　　　　　　　　张继伟
　　　　　　　　　高海忠(回族)

统计局
局　长　　冉泓
党组书记　　薛立斌(8月离职)
　　　　　　李维东(8月任职)
副局长　　黄武

乡村振兴局
局　长　　赵现瑞(10月离职)
　　　　　赵强(11月任职)
副局长　　丁怀远(回族)
　　　　　马学武(回族)
　　　　　蒙亚柏　陈泉(挂职)
服务中心主任　　张平

医疗保障局
局　长　　赵君郁
副局长　　高芳弟(女)
　　　　　马宝义(回族,6月任职)

审批服务管理局
党组书记、局长　　王钰珽(女)
副局长　　姚仓海　张兰兰(女)
政务服务中心主任　　马有智(回,6月离职)
　　　　　　　　　周玺(8月任职)

退役军人事务局
党组书记、局长　　蒙彦瑞(5月任职)

西吉县人民政府直属事业单位

机关事务管理中心
主　任　　焦启明
副主任　　柯万昌(回族)
　　　　　王剑(8月任职)

火石寨国家地质森林公园管理处
主　任　　马学孔(回族,8月任职)
　　　　　牛克虎(8月离职)
副主任　　马世学(回族)　武志华

西吉县群众团体

总工会
人大副主任、总工会党组书记、主席(兼)
　　　　　　　　　杨青鸿(回族)
党组副书记、副主席　　陶志明
党组成员、副主席　　王悦

团委
书　记　　马小龙(回族)
副书记　　马小丽(女,回族)

妇女联合会
主　席　　杨秀玲(女)
副主席　　康淑英(女)

工商业联合会
县委统战部副部长、党组书记
　　　　　　　　　丁力东(回族)

主席、民间商会会长　　鲜重真(回族)
驻会副主席、民间商会副会长
　　　　　　　　　　马权武(回族)

伊斯兰教协会
常务副会长　　　　　苏发国(回族)
副会长　　　　　　　海永峰(回族)

科学技术协会
党组书记、主席　　　王生海(回族)
副主席　　　　　　　陈　静

残疾人联合会
党组书记、理事长　　马林选(10月离职)
　　　　　　　　　　赵现瑞(10月任职)
党组成员、副理事长　马文梅(女,回族)

文学艺术界联合会
文联党组书记、主席　马彦华
文联党组成员、副主席　马利娅
　　　　　　　　　　(女,回族,6月任职)

红十字会
常务副会长　　　　　张彦峰
副会长兼秘书长　　　杨　芳(女)

乡　镇

吉强镇
党委书记　　　　　　魏廷峰(4月离职)
　　　　　　　　　　李学智(回族,4月任职)
镇　长　　　　　　　马　雄(回族,4月离职)
　　　　　　　　　　李旭卓(4月任职)
人大主席　　　　　　李旭卓(4月任职)
　　　　　　　　　　杨　洁(6月任职)

党委副书记　　　　　赵进学(6月离职)
　　　　　　　　　　于　辉(回族,6月任职)
　　　　　　　　　　彭飞翔(4月挂职)
纪委书记　　　　　　禹丽娟(女,回族)
副镇长　　　　　　　闫青英
　　　　　　　　　　马龙飞(回族)
　　　　　　　　　　李永辉
人武部部长　　　　　马利明(回族)
组织委员　　　　　　马莉莎(女,回族)

兴隆镇
党委书记　　　　　　王志玉(回族)
镇　长　　　　　　　王文宁
人大主席　　　　　　田存福(回族)
党委副书记　　　　　王正涛
纪委书记　　　　　　王维毅
副镇长　　　　　　　马维杰(回族,6月离职)
　　　　　　　　　　杨　芳(女,回族)
　　　　　　　　　　史宗强(4月离职)
　　　　　　　　　　张世坤(回,6月任职)
　　　　　　　　　　杨　伟(6月任职)
人武部长　　　　　　王国龙(回族,10月离职)
组织委员　　　　　　王晓琴(女,回族,8月离职)
　　　　　　　　　　蔡亚兰(回,女,8月任职)

平峰镇
党委书记　　　　　　王占俊
镇　长　　　　　　　田浩江(回族,9月离职)
　　　　　　　　　　苏玉军(回族,9月任职)
人大主席　　　　　　杨　洁(6月离职)
　　　　　　　　　　张　堃(6月任职)
党委副书记　　　　　李虎荣
纪委书记　　　　　　尹廉明(5月任职)
　　　　　　　　　　王　峰(1月任职,12月离职)
副镇长　　　　　　　王　峰(1月离职)

	马伯韬(回族)	**偏城乡**	
	苏 艳(女,回族)	党委书记	李学智(回族,4月离任)
组织委员	马小彦(女,回族)		马 雄(回族,4月任职)
人武部长	冯 强	乡 长	杨东宏
		人大主席	李永飞
将台堡镇		党委副书记	王存军(回族)
党委书记	马永虎(回族)	纪委书记	兰亚海(回族)
镇 长	刘学森	副乡长	刘治斌(4月离职)
人大主席	王江平(8月离职)		温小虎(6月任职)
	刘喜君(女,8月任职)		苏 辉(回族)
党委副书记	马宏雄(回族)		马小花(女,回族)
纪委书记	王晓霞(女,11月离职)	人武部部长	马璀强(回族)
副乡长	于振国(回族)	组织委员	马 兰(女,回族,1月离职)
	吴静恬(女)		马延年(回族,2月任职)
	郭 瑞(挂职)		
	梁延康	**什字乡**	
人武部长	马有智(回族,6月任职)	党委书记	单泽民(回族)
组织委员	马 惠(女,回族,8月离职)	乡 长	李 杰
	王晓琴(女,回族,8月任职)	人大主席	马 宁(回族,6月离职)
			马晓玲(女,回族,6月任职)
新营乡		党委副书记	安永峰(8月离职)
党委书记	王富军(回族)		赵文斌(8月任职)
乡 长	闫 霖(女)	纪委书记	黄彦山(7月离职)
人大主席	吴振刚		王 铍(8月任职)
党委副书记	高东升(3月离职)	副乡长	刘 烨(女,回族,6月离职)
	张 营(8月任职)		马建平(回族,6月任职)
乡党委副书记(挂职)	李自强(3月离职)		崔武强(1月离职)
	李 琰(4月任职)		张武强(1月任职)
纪委书记	焦燕燕(女)		惠旭程(回族)
副乡长	卢柏河 权 威	组织委员	单永梅(女,回族)
	王国龙(10月任职)	人武部长	田小飞(回族)
组织委员	李慧文(女,回族)		
人武部长	马建平(回族,6月离职)	**马莲乡**	
	王宏武(回族,6月任职)	党委书记	张志高
		乡 长	王如林(回族)

人大主席	郭春强		单亚军(6月任职)
党委副书记	马明云(回族,10月离职)		单倍奇(10月任职)
纪委书记	张金霞(女,5月离职)	人武部长	李晓斌
	王 炯(5月任职)	组织委员	郝金鹦(女,回族)
副乡长	苏广前(回族)		
	马 玲(女,回族)	**马建乡**	
	马飑龙(回族)	党委书记	马爱萍(女,回族)
人武部长	陈伟	乡 长	伏正强
组织委员	马金林(回族,10月离职)	人大主席	柯良贵(回族)
		党委副书记	田麦盛
兴平乡		纪委书记	金 刚(回族)
党委书记	麻志虎(回族)	副乡长	穆 原(回族)
乡 长	陈晓宁		郭 玥(5月任职)
人大主席	刘晓飞		陈彤彤(女)
党委副书记	赵 芳(女)	武装部长	谢杜明(5月任职)
纪委书记	邓 智	组织委员	闫玥睿(女,6月离职)
副乡长	陈兵兵(女,8月离职)		李宁霞(女,8月任职)
	马 伟(回族,6月任职)		
	马志宏(回族,5月离职)	**硝河乡**	
	马 辉(回族)	副县长、党委书记	郑 超(8月离职)
组织委员	马锦明(女,回族)	党委书记	王志杰(8月任职)
人武部长	马 伟(回族,6月任职)	乡 长	马瑞玲(女,回族)
	马宏明(6月任职)	人大主席	王凤奇
		党委副书记	赵常炜(回族,1月离职)
震湖乡			苏兴林(8月任职)
党委书记	冯良斌(5月离职)	纪委书记	董向红
	靳 利(6月任职)	副乡长	王建平(回族)
乡 长	周 丽(女,回族)		张丁丁 孙文强(6月离职)
人大主席	杨国奇		田永逸(8月任职)
党委副书记	张 营(8月离职)	组织委员	程 雁(女,11月离职)
	安永峰(8月任职)	人武部长	杨宗月(回族)
纪委书记	赵志杰(8月离职)		
	王登峰(8月任职)	**田坪乡**	
副乡长	黎 军	党委书记	高君琴(女)
	牛艳艳(2月离职)	乡 长	刘 强(10月离职)

	马明云(回族,10月任职)	**王民乡**	
人大主席	刘喜君(女,8月离职)	党委书记	王　剑
	王江平(8月任职)	乡　长	单哈三(回族)
党委副书记	张志芳(女,回族)	人大主席	撒风雄(回族)
纪委书记	程振祺	党委副书记	雷兵兵(6月离职)
副乡长	苏占德(回族)	纪委书记	苏发明(回族)
	马　彬(回族,1月任职)	副乡长	秦福成(回族,6月离职)
组织委员	杨军良		蔡　娟(女,6月任职)
人武部长	王光达(回族)		马　源(回族,8月任职)
		组织委员	马　敏(女,回族)
红耀乡		人武部长	马　源(回族,8月任职)
党委书记	李维星		
乡　长	苏玉军(回,9月离职)	**火石寨乡**	
	田浩江(回,9月任职)	党委书记	马占兵(回族)
人大主席	王天鹏	乡　长	左　瑾(女)
党委副书记	王海霞(女)	人大主席	杨汉祯
纪委书记	王国芳(女,4月离职)	党委副书记	蒙　科
	刘治斌(4月任职)	纪委书记	苏兴林(回族,8月离职)
副乡长	王　炯(4月离职)		秦福成(回族,8月任职,
	安建龙(11月离职)		11月离职)
	姚旭君(11月任职)	副乡长	杨　俊(8月离职)
人武部长	马　林(回族)		王　升
组织委员	马利娅(女,回族,6月离职)		黄金枢(回,8月任职)
	穆明丽(回族,女,8月任职)	人武部部长	马学武(回族)
		组织委员	陈兰兰(女,回族)
西滩乡			
党委书记	陈志伟(回族)	**白崖乡**	
乡　长	马欣妍(女,回族)	党委书记	王汉珍
人大主席	马存福(回族)	乡　长	穆小平(回族)
党委副书记	何红伟(女)	人大主席	高士平
纪委书记	姚旭斌(1月任职)	党委副书记	于　辉(回族,6月离职)
副乡长	王金环(回族)		李学锋(8月任职)
	杨瑞瑞(女)	纪委书记	张进军
组织委员	姚桃花(女,回族)	副乡长	何俊明(回族)
人武部长	马继红(回族,11月离职)		穆　欣(女,回族,9月离职)

组织委员	王 艳(女)	党委委员、纪检组组长	田春雷
人武部长	黄金枢(回族,8月离职)		
	杨学贵(回族,8月任职)		

国家统计局西吉调查队

队 长	陈 岩
副队长	李小菊(女,3月离职)
监察员	李向林

沙沟乡

党委书记	任鹏军
乡 长	马学文(回族)
人大主席	马存平(回族)
党委副书记	梁肇楠(8月离职)
	赵志杰(8月任职)
纪委书记	赵文斌(8月离职)
	马小军(回族,8月任职)
副乡长	铁建林
	杨小红(女,回族,4月离职)
	马小军(回族,8月离职)
	马晓梅(女,回族,7月任职)
	李志杰(8月任职)
组织委员	白 霞(女,回族)
人武部长	段锦伟(6月离职)

西吉县消防救援大队

政治教导员	罗 斌(3月离职)
	魏礼全(3月任职)
大队长	柳 勇(3月离职)
	李 勇(3月任职)

西吉县吉强消防救援站站长　　徐志慧

西吉县吉强消防救援站政治指导员　　秦 浩

武警西吉中队

政治指导员	王 涛
中队长	郭亿粟

自治区、固原市直属机构

固原市生态环境局西吉分局

局 长	云里飞(回族,7月离职)
	牛克虎(7月任职)
副局长	马炳良(回族)
	马兴科(回族,7月离职)
	马学武(7月任职)

西吉县税务局

党委书记、局长	台满平
党委委员、副局长	白旭军(8月离职)
	胡振明(8月离职)
	拜四清(回族,8月任职)
	代军军　席鹏昊

气象局

党组书记、局长	陈永旭(主持工作)
纪检组长	曹自勤
副局长	李淑霞(女)

固原市住房公积金管理中心西吉分中心

副主任	李振琦(回族)

供销社

党支部书记、主任	伏育荣
监事会主任	赵玉德
理事会副主任	王建吉　谢维斌

商业总公司

党支部书记、总经理	陈尚祯

国网西吉供电公司

公司经理、党总支副书记	王　辉
党总支书记、工会主席	朱林银
副经理	殷黎明（回族）
	谢国勇

中盐宁夏盐业有限公司西吉分公司

党支部书记、经理	韩文勤（7月离职）
	马　军（回族，7月任职）
副经理	马　军（回族，7月离职）

西吉县烟草专卖局（分公司）

党支部书记、局长（经理）	
	杨玉芬（女，回族）
副局长	叶治国（4月任职）
	李　勇（4月离职）
副经理	张宗义

中国邮政集团有限公司西吉分公司

总经理	李进东（6月离职）
	仇永宁（6月任职）
副总经理	杨　军（6月离职）
	兰春晨（6月任职）

人民银行西吉支行

党组书记、行长	杨国明（回族）
党组成员、副行长	刘汉荣
党组成员、纪检组长、副行长	
	卜娟娟（女）

农业银行西吉支行

党委书记、行长	张怀昌
党委委员、副行长	陈奇峰　周学良
	林敏锴（2月挂职）
党委委员、纪委书记	李柏玉（回族）

建设银行西吉支行

支部书记、行长	王维胜
副行长	王　伟（回族，10月离职）
	张军和（10月任职）
	贾立庭（6月离职）
营运主管	安国强

西吉农村商业银行

党委书记、董事长	白义军（回）
党委副书记、行长	张文有
党委委员、监事长	李维成（3月离职）
	杜冬娜（3月任职）
党委委员、副行长	马耀江（回）
	庞　剑（9月离职）
	王　瑞（女）
党委委员、纪委书记	陈建文（3月任职）
行长助理	王　忠（3月任职）

中国邮政储蓄银行西吉县支行

支部书记、支行长	马沛祥
副行长	王亚丽（女）

工商银行西吉支行

行　长	马玉祥（回族，4月离职）
	马凌龙（8月任职）
副行长	田光荣（回族，4月—8月代理主持工作）

宁夏银行西吉支行

行　长	于京钢
副行长	杨启旺（回族）

石嘴山银行西吉支行

行　长	张小龙（9月离职）
	李　静（女，9月任职）
副行长	费洋

西吉汇发村镇银行
董事长	郑　宇
行　长	陈小鸿(回族,12月任职)
行长助理	王　刚

中国移动西吉分公司
经　理	方小程(8月离职)
	牛军明(8月任职)

中国联通西吉分公司
西吉城区网格总经理	杨　亮(1月离职)
	杨　阳(1月任职)
西吉乡镇网格总经理	杨　阳(1月离职)
	禹红利(1月任职)

中国电信西吉分公司
总经理	杨俊乾
副总经理	刘治学
	李斌斌(女)

中国人民财产保险股份有限公司西吉支公司
经　理	郭晓平(8月离职)
	张旭升(8月任职)
副经理	王小宁(4月离职)
	王银侠

中国人寿保险西吉支公司
总经理	刘　亮
副经理	刘　杰

六盘山水务西吉分公司
经　理	张佑林
副经理	马晓东(回族)
	赵旭升　赵　亮
	张　健

中国石油天然气股份有限公司宁夏固原销售分公司
经理、支部书记	郑建明
副经理	高志鹏

荣誉榜

2022年受国家部委表彰奖励的先进集体简表

获奖单位	荣誉称号	授奖单位	授奖时间(年月)
西吉一小	全国优秀少先队集体	共青团中央 教育部 全国少工委	2022年12月
西吉八小	全国优秀少先队集体	共青团中央 教育部 全国少工委	2022年12月
西吉县第一小学少先队大队、西吉县第八小学五(4)中队	2022年度全国优秀少先队集体	共青团中央 国家教育部 全国少工委	2022年12月
国家税务总局西吉县税务局吉强税务分局	全国三八红旗集体	中华全国妇女联合会	2022年2月
西吉一小	八一爱民学校	教育部 中央军委政治工作部	2022年3月
西吉三小	全国第七届中小学艺术展演活动朗诵类小学组二等奖	教育部	2022年11月
火石寨小红庄村（司法局打造）	火石寨小红庄全国民主法治示范村	司法部、民政部	2022年12月
将台堡镇	将台堡镇荣获全国乡村旅游重点镇	文化和旅游部	2022年10月
西吉一小	亚洲足球梦想学校	第19届亚运会组委会	2022年2月
西吉县项目办	2021年西部计划绩效考核优秀等次服务县项目办	全国大学生志愿服务西部计划项目管理办公室	2022年4月

2022年受自治区(含领导小组)表彰奖励的先进集体简表

获奖单位	荣誉称号	授奖单位	授奖时间(年月)
西吉县司法局	全区人民满意公务员集体	宁夏回族自治区党委、政府	2022年12月
西吉县人武部	拥政爱民模范单位	宁夏回族自治区党委、政府、宁夏军区	2022年1月
西吉县财政局	2022年度实施乡村振兴战略先进集体一等奖	自治区党委农村工作领导小组	2022年2月
西吉县财政局	2022年度实施乡村振兴战略进位奖	自治区党委农村工作领导小组	2022年2月
西吉七中	全区民族团结进步示范学校	自治区党委统一战线工作领导小组	2022年4月
国家税务总局西吉县税务局	2022年第一批自治区健康细胞示范机关	自治区健康水平提升行动领导小组 自治区爱卫办	2022年9月
西吉县卫生健康局	健康宁夏建设考核二等奖	宁夏回族自治区健康宁夏建设领导小组	2023年2月

2022年受自治区厅局表彰奖励的先进集体简表

获奖单位	荣誉称号	授奖单位	授奖时间(年月)
西吉一小	全区中小学生"我心中的英雄"主题征文活动优秀组织奖	宁夏回族自治区党委宣传部 宁夏回族自治区教育厅	2022年1月
优秀组织奖	"宁"聚正能量 共筑中国梦 宁夏网络文明建设精品征集评选活动	自治区党委网信办、自治区文明办、自治区教育厅、自治区公安厅、自治区总工会、共青团宁夏区委、自治区妇联、人行银川中支	2022年12月
西吉一小	自治区文明校园	宁夏回族自治区精神文明建设指导委员会	2022年4月
西吉二小	2022—2024年度自治区文明校园	宁夏回族自治区精神文明建设指导委员会	2022年4月
西吉县第一小学六(4)中队、西吉县第一小学五(8)中队、西吉县第三小学二(2)中队	2022年宁夏"红领巾奖章"四星章集体	共青团宁夏回族自治区委员会 宁夏回族自治区教育厅 宁夏少工委	2022年10月
共青团西吉县委员会	优秀单位	共青团宁夏回族自治区委员会	2023年2月
西吉县龙王坝乡村振兴青年突击队	第13届宁夏青年五四奖章集体	共青团宁夏回族自治区委员会 宁夏回族自治区青年联合会	2022年5月
田坪乡中心小学	全区2022年度表现突出少先队集体	共青团宁夏回族自治区委员会 宁夏回族自治区教育厅 少先队宁夏回族自治区工作委员会 自治区人力资源和社会保障厅	2022年9月
西吉三小	宁夏"红领巾奖章"集体四星章	共青团宁夏回族自治区委员会 宁夏回族自治区教育厅 少先队宁夏回族自治区工作委员会	2022年11月
西吉三小	全区2022年度表现突出少先队集体	共青团宁夏回族自治区委员会 宁夏回族自治区教育厅 自治区人力资源和社会保障厅 少先队宁夏回族自治区工作委员会	2022年9月
西吉一小	全区优秀少先队集体	共青团宁夏回族自治区委员会 宁夏回族自治区教育厅	2022年9月
西吉县教育体育局	参加全区中小学生"健康人生 绿色无毒"禁毒征文活动获优秀组织奖	共青团宁夏回族自治区委员会 自治区教育厅	2022年12月
西吉县妇女联合会	自治区三八红旗集体	宁夏回族自治区妇女联合会	2022年7月
西吉县吉强镇人民政府	自治区三八红旗集体	宁夏回族自治区妇女联合会	2022年7月
西吉三中	2022年宁夏回族自治区学生三人制篮球锦标赛(初中女子组)第三名	宁夏回族自治区教育厅 宁夏回族自治区体育局	2022年7月
西吉三中	2022年宁夏回族自治区学生篮球锦标赛(初中女子组)第二名	宁夏回族自治区教育厅 宁夏回族自治区体育局	2022年7月
西吉二中	2022年宁夏回族自治区学生篮球锦标赛(初中男子组)第二名	宁夏回族自治区教育厅 宁夏回族自治区体育局	2022年7月
西吉六小	自治区级体育传统特色校	宁夏回族自治区教育厅 宁夏回族自治区体育局	2022年11月
西吉八小	自治区级体育传统特色学校	宁夏回族自治区教育厅 宁夏回族自治区体育局	2022年11月

续表

获奖单位	荣誉称号	授奖单位	授奖时间(年月)
西吉县教育体育局	第七届全国学生"学宪法 讲宪法"活动宁夏赛区暨宪法学习卫士杰出组织单位奖	宁夏回族自治区教育厅	2022年11月
西吉四中	2022年全区中小学德育示范校	宁夏回族自治区教育厅	2022年12月
西吉五中	全区第三届"笔墨中国"优秀组织学校奖	宁夏回族自治区教育厅	2022年7月
西吉一小	自治区德育示范校	宁夏回族自治区教育厅	2022年12月
西吉一小	全区中小学生文明交通宣传作品征集优秀组织单位	宁夏回族自治区教育厅	2022年12月
西吉一小	"互联网+教育"应用大赛典型案例二等奖	宁夏回族自治区教育厅	2022年12月
西吉二小	全区第七届中小学生艺术展演西吉县第二小学荣获器乐类小学甲组三等奖	宁夏回族自治区教育厅	2022年12月
西吉二小	全区第七届中小学生艺术展演西吉县第二小学荣获舞蹈类小学甲组三等奖	宁夏回族自治区教育厅	2022年12月
西吉二小	全区第七届中小学生艺术展演西吉县第二小学荣获戏剧类小学甲组三等奖	宁夏回族自治区教育厅	2022年12月
西吉二小	全区第七届中小学生艺术展演西吉县第二小学荣获朗诵类小学甲组二等奖	宁夏回族自治区教育厅	2022年12月
西吉二小	2022年全区中小学德育示范校	宁夏回族自治区教育厅	2022年10月
西吉二小	全区第三届"笔墨中国"优秀组织学校奖	宁夏回族自治区教育厅	2022年7月
西吉六小	自治区中小学德育示范学校	宁夏回族自治区教育厅	2022年12月
西吉八小	自治区级家庭教育指导服务示范校	宁夏回族自治区教育厅	2022年11月
西吉三幼	自治区家庭教育优秀家长学校	宁夏回族自治区教育厅	2022年1月
马莲乡中心小学	全区第七届小学生喜剧类三等奖	宁夏回族自治区教育厅	2022年12月
沙沟乡中心小学	自治区家庭教育优秀家长学校	宁夏回族自治区教育厅	2022年11月
马建九年一贯制学校	自治区中小学德育示范学校	宁夏回族自治区教育厅	2022年12月
西吉县教育体育局	参加全区122交通道路作品征集活动获优秀组织奖	宁夏回族自治区教育厅 自治区交通运输厅	2022年12月
西吉三小	自治区家庭教育指导服务示范校(园)	宁夏回族自治区教育厅	2022年11月
西吉县教育体育局	宁夏第五届农民篮球争霸赛	宁夏回族自治区体育局	2022年7月
西吉县教育体育局	"体总杯中国城市篮球联赛宁夏选拔测试赛(成人男子组)	宁夏回族自治区体育局	2022年7月
西吉县教育体育局	宁夏首届工间操大赛	宁夏回族自治区体育局	2022年8月
西吉县教育体育局	宁夏第九届社会体育指导员交流展示大赛	宁夏回族自治区体育局	2022年8月
西吉县教育体育局	2022年全区健身气功站点联赛	宁夏回族自治区体育局	2022年8月

续表

获奖单位	荣誉称号	授奖单位	授奖时间（年月）
西吉县教育体育局	2018—2021年度全区群众体育先进单位	宁夏回族自治区体育局	2022年10月
西吉县教育体育局	"体总杯中国城市篮球联赛宁夏选拔测试赛（青少年U16男子组）	宁夏回族自治区体育局	2022年7月
西吉县公安局	集体二等功	宁夏回族自治区公安厅	2022年5月
西吉县公安局交通管理大队车辆管理所	全区公安政务服务示范点	宁夏回族自治区公安厅	2022年11月
西吉县公安局西会高速西吉西收费站检疫站点	集体三等功	宁夏回族自治区公安厅	2022年10月
西吉县公安局马莲派出所	集体嘉奖	宁夏回族自治区公安厅	2022年10月
西吉县公安局沙沟派出所	集体嘉奖	宁夏回族自治区公安厅	2022年10月
西吉县公安局固西高速西吉东收费站检疫站点	集体嘉奖	宁夏回族自治区公安厅	2022年10月
西吉县公安局治安出入境管理大队	集体三等功	宁夏回族自治区公安厅	2022年11月
西吉县公安局网安大队	集体嘉奖	宁夏回族自治区公安厅	2022年11月
西吉县公安局警务保障室	先进集体	宁夏回族自治区公安厅	2022年12月
西吉县财政局	2022年1—11月份全区村综合改革转移支付预算执行情况成绩突出单位	宁夏回族自治区财政厅	2022年12月
西吉县财政局	2022年普惠金融发展示范区	宁夏回族自治区财政厅	2022年6月
西吉县财政局	2021年度资产年报编制工作考评成绩突出单位	宁夏回族自治区财政厅	2022年12月
西吉县财政局	2021年度预算执行分析工作成绩突出单位	宁夏回族自治区财政厅	2022年12月
西吉县财政局	2021年度财政总决算工作成绩突出单位	宁夏回族自治区财政厅	2022年12月
西吉县财政局	2021年度部门决算工作成绩突出单位	宁夏回族自治区财政厅	2022年12月
西吉县财政局	2022年度1—10月政府券资金支出工作突出单位	宁夏回族自治区财政厅	2022年11月
西吉县财政局	2022年度1—9月财政预算执行工作领先单位	宁夏回族自治区财政厅	2022年10月
西吉县人力资源和社会保障局	全区人力资源和社会保障工作先进集体	宁夏回族自治区人力资源和社会保障厅	2022年12月
西吉县就业创业和人才服务中心	全区人力资源和社会保障工作先进集体	宁夏回族自治区人力资源和社会保障厅	2022年12月
将台堡镇红军寨	将台堡镇红军寨荣获全区五星级乡村旅游示范点	宁夏文化和旅游厅	2022年1月
西吉县水务局	关于表彰全区应急管理（安全生产）工作先进集体和先进个人的决定	自治区安委会办公室 应急管理指挥部办公室 应急管理厅	2022年2月

续表

获奖单位	荣誉称号	授奖单位	授奖时间(年月)
将台堡镇司法所	将台堡司法所荣获自治区最美公务员集体	全区"人民满意公务员"和"人民满意公务员集体"表彰领导小组办公室	2022年11月
西吉一小	全区中小学生"人民防空为人民"主题征文活动优秀组织奖	宁夏回族自治区人民防空办公室 小龙人学习报社	2022年1月
西吉县应急管理局	2021年度全区安全生产工作表扬成绩突出集体	宁夏回族自治区安全生产委员会办公室	2022年5月
田坪乡大岔村	2022年第一批自治区健康村示范点	自治区健康水平提升行动领导小组办公室、自治区爱卫办	2022年9月
西吉农村商业银行	自治区健康示范单位	自治区健康水平提升行动领导小组办公室 自治区爱卫办	2022年9月
西吉县金融工作局	宁夏防范非法集资短视频大赛三等奖	宁夏防范和处置非法集资工作领导小组办公室	2022年6月
西吉三小	2022年义务教育阶段作业设计与学校典型案例二等奖	宁夏回族自治区教育厅教研室	2022年12月
西吉农村商业银行	黄河银行经营先进集体	宁夏黄河农村商业银行股份有限公司	2022年12月
西吉县供销合作社	荣获2022年度市县供销社绩效管理考核三等奖	宁夏区供销合作社联合社	2023年1月
共青团西吉县委员会	宁夏希望工程先进单位	宁夏青少年发展基金会	2023年2月
宁夏金曜塑业有限公司	宁夏希望工程优秀合作伙伴	宁夏青少年发展基金会	2023年2月
西吉二幼	"我是安全小达人"短视频大赛优秀奖	宁夏教育装备和校园风险管理中心	2022年11月

2022年受固原市表彰奖励的先进集体简表

获奖单位	荣誉称号	授奖单位	授奖时间(年月)
西吉县教育体育局	教育工作先进集体	中共固原市委员会 固原市人民政府	2022年9月
西吉中学	教育工作先进集体	中共固原市委员会 固原市人民政府	2022年9月
西吉六中	教育工作先进集体	中共固原市委员会 固原市人民政府	2022年9月
西吉一小	教育工作先进集体	中共固原市委员会 固原市人民政府	2022年9月
西滩乡中心小学	教育工作先进集体	中共固原市委员会 固原市人民政府	2022年9月
西吉一幼	教育工作先进集体	中共固原市委员会 固原市人民政府	2022年9月
平峰镇中心小学	教育工作先进集体	中共固原市委员会 固原市人民政府	2022年9月
兴平乡中心小学	教育工作先进集体	中共固原市委员会 固原市人民政府	2022年9月
马莲乡中心小学	教育工作先进集体	中共固原市委员会 固原市人民政府	2022年9月
马建九年一贯制学校	教育工作先进集体	中共固原市委员会 固原市人民政府	2022年9月
红耀九年一贯制学校	教育工作先进集体	中共固原市委员会 固原市人民政府	2022年9月
田坪中学	教育工作先进集体	中共固原市委员会 固原市人民政府	2022年9月
平峰中学	教育工作先进集体	中共固原市委员会 固原市人民政府	2022年9月
西吉四中	教育工作先进集体	中共固原市委员会 固原市人民政府	2022年9月
西吉二小	教育工作先进集体	中共固原市委员会 固原市人民政府	2022年9月
袁河中学	教育工作先进集体	中共固原市委员会 固原市人民政府	2022年9月
西吉职中	教育工作先进集体	中共固原市委员会 固原市人民政府	2022年9月
西吉六小	2022年固原市"红领巾奖章"集体三星章	中共固原市委员会 市教育体育局 市少工委	2022年9月

2022年受国家级部门(单位)表彰奖励的先进个人简表

姓名	工作单位	荣誉称号	授奖单位	授奖时间(年月)
田彦龙	县纪委监委	嘉奖	中央纪委 国家监委	2022年9月
马秀花	西吉县兴隆镇兴隆社区	全国最美家庭	中华全国妇女联合会	2022年5月
王英	西吉县田坪乡黄岔村	全国五好家庭	中华全国妇女联合会	2022年5月
何淑丽	西吉县统计局	全国统计系统先进工作者	人力资源和社会保障部 国家统计局	2022年8月
马爱拜、卢维、林伯韬、林昕然、徐菁、谭念念、李忆琦、孙雨尘、滕金海、马红玲、马丽、蓝聪慧、杨青莲	西部计划志愿者	"2021—2022年度宁夏大学生志愿服务西部计划优秀志愿者"	全国大学生志愿服务西部计划项目管理办公室	2022年10月
马爱拜、卢维、林伯韬、林昕然、徐菁、谭念念、李忆琦、孙雨尘、滕金海、马红玲、马丽、蓝聪慧、杨青莲	西部计划志愿者	"2021—2022年度宁夏大学生志愿服务西部计划优秀志愿者"	全国大学生志愿服务西部计划项目管理办公室	2022年10月
马爱拜、卢维、林伯韬、林昕然、徐菁、谭念念、李忆琦、孙雨尘、滕金海、马红玲、马丽、蓝聪慧、杨青莲	西部计划志愿者	"2021—2022年度宁夏大学生志愿服务西部计划优秀志愿者"	全国大学生志愿服务西部计划项目管理办公室	2022年10月
马爱拜、卢维、林伯韬、林昕然、徐菁、谭念念、李忆琦、孙雨尘、滕金海、马红玲、马丽、蓝聪慧、杨青莲	西部计划志愿者	"2021—2022年度宁夏大学生志愿服务西部计划优秀志愿者"	全国大学生志愿服务西部计划项目管理办公室	2022年10月

2022年受自治区厅（局）表彰奖励的先进个人简表

姓　名	工作单位	荣誉称号	授奖单位	授奖时间(年月)
李晓斌	西吉县融媒体中心	全区优秀新闻工作者	自治区党委宣传部	2022年11月
单博阳、王甲禾、马金凤、高贵武、南浩恩、王佳妮、马诺一	西吉县少先队员	2022年度"红领巾奖章"四星章个人	共青团宁夏回族自治区委员会 宁夏回族自治区教育厅 宁夏少工委	2022年10月
金玉龙	宁夏金耀塑业有限公司	第13届宁夏青年五四奖章个人	共青团宁夏回族自治区委员会 宁夏回族自治区青年联合会	2022年5月
刘雪梅	西吉县人民医院妇产科主任	自治区三八红旗手标兵	宁夏回族自治区妇女联合会	2022年7月
苏德花	宁夏向丰农牧业开发有限公司	自治区三八红旗手	宁夏回族自治区妇女联合会	2022年7月
刘　婷	西吉县第三中学教师	自治区三八红旗手	宁夏回族自治区妇女联合会	2022年7月
郝金鹦	西吉县震湖乡党委委员、组织委员、宣传委员	自治区三八红旗手	宁夏回族自治区妇女联合会	2022年7月
李多升	西吉县教育体育局	全区中学英语教学论文初中组一等奖	宁夏回族自治区教育厅	2022年3月
张鹏峰	西吉县教育体育局	全区第三届"笔墨中国"汉字书写一等奖	宁夏回族自治区教育厅	2022年7月
吴亚东	宁夏西吉中学	全区"三字一话"综合奖三等奖	宁夏回族自治区教育厅	2022年1月
朱　慧	宁夏西吉中学	全区中学英语创新设计高中组一等奖	宁夏回族自治区教育厅	2022年3月
刘新亮	宁夏西吉中学	全区中学英语创新设计高中组二等奖	宁夏回族自治区教育厅	2022年3月
逯凤萍	宁夏西吉中学	全区中学英语教学论文高中组三等奖	宁夏回族自治区教育厅	2022年3月
潘　宁	宁夏西吉中学	全区中学英语教学论文高中组三等奖	宁夏回族自治区教育厅	2022年3月
朱　慧	宁夏西吉中学	全区中学英语教学论文高中组三等奖	宁夏回族自治区教育厅	2022年3月
边淑琼	西吉县第二中学	全区中小学《习近平新时代中国特色社会主义思想学生读本》教学设计评选:初中二等奖	宁夏回族自治区教育厅	2022年8月
李旭智	西吉县第二中学	全区中小学《习近平新时代中国特色社会主义思想学生读本》教学设计评选:初中二等奖	宁夏回族自治区教育厅	2022年8月
王碧天	西吉县第三中学	全区中学英语创新设计初中组三等奖	宁夏回族自治区教育厅	2022年3月
马西琴	西吉县第三中学	全区中学英语创新设计初中组三等奖	宁夏回族自治区教育厅	2022年3月
马西琴	西吉县第三中学	全区中学英语教学论文初中组一等奖	宁夏回族自治区教育厅	2022年3月
明生燕	西吉县第三中学	全区中小学《习近平新时代中国特色社会主义思想学生读本》课堂教学评选:初中二等奖	宁夏回族自治区教育厅	2022年8月

续表

姓　名	工作单位	荣誉称号	授奖单位	授奖时间(年月)
王悦玲	西吉县第三中学	关于2022年"基础教育精品课"遴选结果：一等奖	宁夏回族自治区教育厅	2022年12月
魏彩凤	西吉县第三中学	关于2022年"基础教育精品课"遴选结果：二等奖	宁夏回族自治区教育厅	2022年12月
沈瑞巧	西吉县第四中学	全区中学英语创新设计:初中组三等奖	宁夏回族自治区教育厅	2022年3月
田　丽	西吉县第四中学	全区中学英语创新设计:初中组三等奖	宁夏回族自治区教育厅	2022年3月
卢慧娟	西吉县第四中学	全区中学英语创新设计高中组三等奖	宁夏回族自治区教育厅	2022年3月
卢慧娟	西吉县第四中学	全区中学英语教学论文高中组一等奖	宁夏回族自治区教育厅	2022年3月
朱晓莲	西吉县第四中学	全区中学英语教学论文高中组三等奖	宁夏回族自治区教育厅	2022年3月
苏桂桂	西吉县第四中学	全区中小学幼儿园创新素养论文二等奖	宁夏回族自治区教育厅	2022年4月
杨建伟	西吉县第四中学	全区中小学《习近平新时代中国特色社会主义思想学生读本》教学设计评选高中二等奖	宁夏回族自治区教育厅	2022年8月
马　恒	西吉县第五中学	全区"三字一话"综合奖二等奖	宁夏回族自治区教育厅	2022年1月
康　莉	西吉县第五中学	全区中学英语创新设计初中组二等奖	宁夏回族自治区教育厅	2022年3月
杜　桦	西吉县第五中学	全区中学英语创新设计初中组三等奖	宁夏回族自治区教育厅	2022年3月
杨晓辉	西吉县第五中学	全区中学英语教学论文初中组三等奖	宁夏回族自治区教育厅	2022年3月
宋汉洲	西吉县第五中学	全区中学英语教学论文初中组三等奖	宁夏回族自治区教育厅	2022年3月
康　莉	西吉县第五中学	全区中学英语教学论文初中组三等奖	宁夏回族自治区教育厅	2022年3月
马景皓	西吉县第五中学	全区第三届"笔墨中国"汉字书写二等奖	宁夏回族自治区教育厅	2022年7月
焦培元	西吉县第五中学	全区第三届"笔墨中国"优秀指导教师奖	宁夏回族自治区教育厅	2022年7月
高　菊	西吉县第六中学	全区中学英语创新设计初中组二等奖	宁夏回族自治区教育厅	2022年3月
王　娟	西吉县第六中学	全区中学英语创新设计初中组二等奖	宁夏回族自治区教育厅	2022年3月
李　静	西吉县第六中学	全区中学英语创新设计初中组三等奖	宁夏回族自治区教育厅	2022年3月
马　萍	西吉县第六中学	全区中学英语教学论文初中组二等奖	宁夏回族自治区教育厅	2022年3月
王艳丽	西吉县第一小学	全区"三字一话"综合奖一等奖	宁夏回族自治区教育厅	2022年1月
吴仲学	西吉县第一小学	全区中小学幼儿园创新素养论文一等奖	宁夏回族自治区教育厅	2022年4月
丁淑霞	西吉县第一小学	全区中小学幼儿园创新素养论文二等奖	宁夏回族自治区教育厅	2022年4月
高　霞	西吉县第一小学	全区中小学幼儿园创新素养论文二等奖	宁夏回族自治区教育厅	2022年4月

续表

姓　名	工作单位	荣誉称号	授奖单位	授奖时间(年月)
马玉清	西吉县第一小学	全区第一届基础教育教学成果二等奖	宁夏回族自治区教育厅	2022年6月
杨俊琪	西吉县第一小学	全区第一届基础教育教学成果三等奖	宁夏回族自治区教育厅	2022年6月
王俊鹏	西吉县第一小学	全区第一届基础教育教学成果三等奖	宁夏回族自治区教育厅	2022年6月
蒙一博	西吉县第一小学	全区第三届"笔墨中国"汉字书写二等奖	宁夏回族自治区教育厅	2022年7月
闫梓晴	西吉县第一小学	全区第三届"笔墨中国"汉字书写三等奖	宁夏回族自治区教育厅	2022年7月
刘芳芳	西吉县第一小学	全区中小学《习近平新时代中国特色社会主义思想学生读本》课堂教学评选小学低段一等奖	宁夏回族自治区教育厅	2022年8月
马　虹	西吉县第一小学	全区中小学《习近平新时代中国特色社会主义思想学生读本》课堂教学评选小学高段二等奖	宁夏回族自治区教育厅	2022年8月
陈　燕	西吉县第一小学	全区中小学《习近平新时代中国特色社会主义思想学生读本》教学设计评选小学低段一等奖	宁夏回族自治区教育厅	2022年8月
南瑞妍	西吉县第一小学	全区中小学《习近平新时代中国特色社会主义思想学生读本》教学设计评选小学低段一等奖	宁夏回族自治区教育厅	2022年8月
段学军	西吉县第一小学	全区中小学《习近平新时代中国特色社会主义思想学生读本》教学设计评选小学低段二等奖	宁夏回族自治区教育厅	2022年8月
伏晓玲	西吉县第一小学	全区中小学《习近平新时代中国特色社会主义思想学生读本》教学设计评选小学低段二等奖	宁夏回族自治区教育厅	2022年8月
高巧玲	西吉县第一小学	全区中小学《习近平新时代中国特色社会主义思想学生读本》教学设计评选小学低段二等奖	宁夏回族自治区教育厅	2022年8月
李召兄	西吉县第一小学	全区中小学《习近平新时代中国特色社会主义思想学生读本》教学设计评选小学低段二等奖	宁夏回族自治区教育厅	2022年8月
罗　霞	西吉县第一小学	全区中小学《习近平新时代中国特色社会主义思想学生读本》教学设计评选小学低段二等奖	宁夏回族自治区教育厅	2022年8月
马　莉	西吉县第一小学	全区中小学《习近平新时代中国特色社会主义思想学生读本》教学设计评选小学低段二等奖	宁夏回族自治区教育厅	2022年8月
王彩霞	西吉县第一小学	全区中小学《习近平新时代中国特色社会主义思想学生读本》教学设计评选小学低段二等奖	宁夏回族自治区教育厅	2022年8月
魏　楠	西吉县第一小学	全区中小学《习近平新时代中国特色社会主义思想学生读本》教学设计评选小学低段二等奖	宁夏回族自治区教育厅	2022年8月
杨文美	西吉县第一小学	全区中小学《习近平新时代中国特色社会主义思想学生读本》教学设计评选小学低段二等奖	宁夏回族自治区教育厅	2022年8月

续表

姓 名	工作单位	荣誉称号	授奖单位	授奖时间(年月)
李金萍	西吉县第一小学	全区中小学《习近平新时代中国特色社会主义思想学生读本》教学设计评选小学高段一等奖	宁夏回族自治区教育厅	2022年8月
马 丽	西吉县第一小学	全区中小学《习近平新时代中国特色社会主义思想学生读本》教学设计评选小学高段一等奖	宁夏回族自治区教育厅	2022年8月
王乾红	西吉县第一小学	全区中小学《习近平新时代中国特色社会主义思想学生读本》教学设计评选小学高段一等奖	宁夏回族自治区教育厅	2022年8月
朱月秀	西吉县第一小学	全区中小学《习近平新时代中国特色社会主义思想学生读本》教学设计评选小学高段一等奖	宁夏回族自治区教育厅	2022年8月
猴 婷	西吉县第一小学	全区中小学《习近平新时代中国特色社会主义思想学生读本》教学设计评选小学高段二等奖	宁夏回族自治区教育厅	2022年8月
李学文	西吉县第一小学	全区中小学《习近平新时代中国特色社会主义思想学生读本》教学设计评选小学高段二等奖	宁夏回族自治区教育厅	2022年8月
马世花	西吉县第一小学	全区中小学《习近平新时代中国特色社会主义思想学生读本》教学设计评选小学高段二等奖	宁夏回族自治区教育厅	2022年8月
南瑞妍	西吉县第一小学	全区中小学《习近平新时代中国特色社会主义思想学生读本》教学设计评选小学高段二等奖	宁夏回族自治区教育厅	2022年8月
石 青	西吉县第一小学	全区中小学《习近平新时代中国特色社会主义思想学生读本》教学设计评选小学高段二等奖	宁夏回族自治区教育厅	2022年8月
张晓霞	西吉县第一小学	全区中小学《习近平新时代中国特色社会主义思想学生读本》教学设计评选小学高段二等奖	宁夏回族自治区教育厅	2022年8月
郑力盈	西吉县第一小学	全区中小学《习近平新时代中国特色社会主义思想学生读本》教学设计评选小学高段二等奖	宁夏回族自治区教育厅	2022年8月
陈丽娟	西吉县第一小学	关于2022年"基础教育精品课"遴选结果:二等奖	宁夏回族自治区教育厅	2022年12月
陈慧娟	西吉县第一小学	关于2022年"基础教育精品课"遴选结果:二等奖	宁夏回族自治区教育厅	2022年12月
南瑞妍	西吉县第一小学	关于2022年"基础教育精品课"遴选结果:二等奖	宁夏回族自治区教育厅	2022年12月
朱进宝	西吉县第二小学	全区中小学幼儿园创新素养论文一等奖	宁夏回族自治区教育厅	2022年4月
马忠礼	西吉县第二小学	全区中小学幼儿园创新素养论文二等奖	宁夏回族自治区教育厅	2022年4月
李小明	西吉县第二小学	全区第一届基础教育教学成果三等奖	宁夏回族自治区教育厅	2022年6月
张静怡	西吉县第二小学	全区第三届"笔墨中国"汉字书写一等奖	宁夏回族自治区教育厅	2022年7月
李 娜	西吉县第二小学	全区中小学《习近平新时代中国特色社会主义思想学生读本》课堂教学评选小学高段一等奖	宁夏回族自治区教育厅	2022年8月

续表

姓　名	工作单位	荣誉称号	授奖单位	授奖时间(年月)
李　静	西吉县第二小学	全区中小学《习近平新时代中国特色社会主义思想学生读本》教学设计评选小学低段一等奖	宁夏回族自治区教育厅	2022年8月
刘淑慧	西吉县第二小学	全区中小学《习近平新时代中国特色社会主义思想学生读本》教学设计评选小学低段二等奖	宁夏回族自治区教育厅	2022年8月
王　芸	西吉县第二小学	全区中小学《习近平新时代中国特色社会主义思想学生读本》教学设计评选小学低段二等奖	宁夏回族自治区教育厅	2022年8月
张娥明	西吉县第二小学	全区中小学《习近平新时代中国特色社会主义思想学生读本》教学设计评选小学高段一等奖	宁夏回族自治区教育厅	2022年8月
刘殿军	西吉县第二小学	全区中小学《习近平新时代中国特色社会主义思想学生读本》教学设计评选小学高段二等奖	宁夏回族自治区教育厅	2022年8月
杨翠娥	西吉县第二小学	全区中小学《习近平新时代中国特色社会主义思想学生读本》教学设计评选小学高段二等奖	宁夏回族自治区教育厅	2022年8月
马辉才	西吉县第二小学	关于2022年"基础教育精品课"遴选结果:二等奖	宁夏回族自治区教育厅	2022年12月
郭　慧	西吉县第三小学	全区中小学《习近平新时代中国特色社会主义思想学生读本》教学设计评选小学低段一等奖	宁夏回族自治区教育厅	2022年8月
慕莉莉	西吉县第三小学	全区中小学《习近平新时代中国特色社会主义思想学生读本》教学设计评选小学低段一等奖	宁夏回族自治区教育厅	2022年8月
冉　慧	西吉县第三小学	全区中小学《习近平新时代中国特色社会主义思想学生读本》教学设计评选小学低段一等奖	宁夏回族自治区教育厅	2022年8月
马小平	西吉县第三小学	全区中小学《习近平新时代中国特色社会主义思想学生读本》教学设计评选小学低段二等奖	宁夏回族自治区教育厅	2022年8月
王小平	西吉县第三小学	全区中小学《习近平新时代中国特色社会主义思想学生读本》教学设计评选小学高段一等奖	宁夏回族自治区教育厅	2022年8月
何　斌	西吉县第三小学	全区中小学《习近平新时代中国特色社会主义思想学生读本》教学设计评选小学高段二等奖	宁夏回族自治区教育厅	2022年8月
樊彦清	西吉县第四小学	全区第一届基础教育教学成果二等奖	宁夏回族自治区教育厅	2022年6月
马玉莲	西吉县第四小学	全区中小学《习近平新时代中国特色社会主义思想学生读本》教学设计评选小学低段二等奖	宁夏回族自治区教育厅	2022年8月
王小秀	西吉县第四小学	全区中小学《习近平新时代中国特色社会主义思想学生读本》教学设计评选小学低段二等奖	宁夏回族自治区教育厅	2022年8月
马　丽	西吉县第五小学	2022年"基础教育精品课"遴选二等奖	宁夏回族自治区教育厅	2022年12月
马建红	西吉县第五小学	关于2022年"基础教育精品课"遴选结果:二等奖	宁夏回族自治区教育厅	2022年12月
李冬梅	西吉县第五小学	关于2022年"基础教育精品课"遴选结果:二等奖	宁夏回族自治区教育厅	2022年12月

2022年受固原市表彰奖励的先进个人简表

姓　名	工作单位	荣誉称号	授奖单位	授奖时间(年月)
马　麒	西吉县兴隆镇中心小学	教育工作先进个人	中共固原市委员会 固原市人民政府	2022年9月
刘效武	西吉县新营乡中心小学	教育工作先进个人	中共固原市委员会 固原市人民政府	2022年9月
蒙屹峰	西吉县将台堡镇中心小学	教育工作先进个人	中共固原市委员会 固原市人民政府	2022年9月
赵文梅	西吉县马莲中学	教育工作先进个人	中共固原市委员会 固原市人民政府	2022年9月
赵玉梅	西吉县第六小学	教育工作先进个人	中共固原市委员会 固原市人民政府	2022年9月
陈　鸿	西吉县教育考试中心	教育工作先进个人	中共固原市委员会 固原市人民政府	2022年9月
王志芬	西吉县硝河乡九年一贯制学校	教育工作先进个人	中共固原市委员会 固原市人民政府	2022年9月
柳小娟	西吉县第三幼儿园	教育工作先进个人	中共固原市委员会 固原市人民政府	2022年9月
杨汉国	西吉县田坪乡中心小学	教育工作先进个人	中共固原市委员会 固原市人民政府	2022年9月
韩宗明	西吉县第七中学	教育工作先进个人	中共固原市委员会 固原市人民政府	2022年9月
薛永智	西吉县第二中学	教育工作先进个人	中共固原市委员会 固原市人民政府	2022年9月
马淑英	西吉县特殊教育九年一贯制学校	教育工作先进个人	中共固原市委员会 固原市人民政府	2022年9月
王瑞强	西吉新营中学	教育工作先进个人	中共固原市委员会 固原市人民政府	2022年9月
姜　黎	西吉县第四小学	教育工作先进个人	中共固原市委员会 固原市人民政府	2022年9月
马辉才	西吉县第二小学	优秀教师	中共固原市委员会 固原市人民政府	2022年9月
王建斌	西吉县震湖乡中心小学	优秀教师	中共固原市委员会 固原市人民政府	2022年9月
谢亚骥	西吉县将台中学	优秀教师	中共固原市委员会 固原市人民政府	2022年9月
陈国仕	西吉县吉强镇中心小学	优秀教师	中共固原市委员会 固原市人民政府	2022年9月
陈常荣	西吉县马建乡九年一贯制学校	优秀教师	中共固原市委员会 固原市人民政府	2022年9月
赵　宁	西吉县红耀乡九年一贯制学校	优秀教师	中共固原市委员会 固原市人民政府	2022年9月
曹　普	西吉县沙沟中学	优秀教师	中共固原市委员会 固原市人民政府	2022年9月
张钊学	西吉县田坪中学	优秀教师	中共固原市委员会 固原市人民政府	2022年9月

续表

姓　名	工作单位	荣誉称号	授奖单位	授奖时间(年月)
何万珍	西吉县沙沟乡中心小学	优秀教师	中共固原市委员会 固原市人民政府	2022年9月
单　俊	西吉县什字乡中心小学	优秀教师	中共固原市委员会 固原市人民政府	2022年9月
杨永冬	西吉中学	优秀教师	中共固原市委员会 固原市人民政府	2022年9月
郭豹强	西吉中学	优秀教师	中共固原市委员会 固原市人民政府	2022年9月
魏　旭	西吉中学	优秀教师	中共固原市委员会 固原市人民政府	2022年9月
王　慧	西吉县第八小学	优秀教师	中共固原市委员会 固原市人民政府	2022年9月
马明文	西吉县第五中学	优秀教师	中共固原市委员会 固原市人民政府	2022年9月
马耀武	西吉县马莲乡中心小学	优秀教师	中共固原市委员会 固原市人民政府	2022年9月
㚖　丽	西吉县兴平乡中心小学	优秀教师	中共固原市委员会 固原市人民政府	2022年9月
马　林	西吉县兴隆中学	优秀教师	中共固原市委员会 固原市人民政府	2022年9月
李　娟	西吉县平峰镇中心小学	优秀教师	中共固原市委员会 固原市人民政府	2022年9月
高　雅	西吉县什字中学	优秀教师	中共固原市委员会 固原市人民政府	2022年9月
马　奇	西吉县火石寨乡九年一贯制学校	优秀教师	中共固原市委员会 固原市人民政府	2022年9月
王文乾	西吉县平峰中学	优秀教师	中共固原市委员会 固原市人民政府	2022年9月
何　斌	西吉县第三小学	优秀教师	中共固原市委员会 固原市人民政府	2022年9月
白纯雪	西吉县偏城乡中心小学	优秀教师	中共固原市委员会 固原市人民政府	2022年9月
郭金鹏	西吉县第四中学	优秀教师	中共固原市委员会 固原市人民政府	2022年9月
成东强	西吉县第四中学	优秀教师	中共固原市委员会 固原市人民政府	2022年9月
刘忠雄	西吉县第三中学	优秀教师	中共固原市委员会 固原市人民政府	2022年9月
马　兰	西吉县第一小学	优秀教师	中共固原市委员会 固原市人民政府	2022年9月
翟旭红	西吉县第一小学	优秀教师	中共固原市委员会 固原市人民政府	2022年9月
马海梅	西吉县白崖乡九年一贯制学校	优秀教师	中共固原市委员会 固原市人民政府	2022年9月
马巧燕	西吉县西滩乡中心小学	优秀教师	中共固原市委员会 固原市人民政府	2022年9月
程　程	西吉县职业中学	优秀教师	中共固原市委员会 固原市人民政府	2022年9月

续表

姓　名	工作单位	荣誉称号	授奖单位	授奖时间（年月）
丁瑞新	西吉县职业中学	优秀教师	中共固原市委员会 固原市人民政府	2022年9月
程　亮	西吉县震湖中学	优秀教师	中共固原市委员会 固原市人民政府	2022年9月
兰丹丹	西吉县偏城乡下堡 九年一贯制学校	优秀教师	中共固原市委员会 固原市人民政府	2022年9月
宋志荣	西吉县吉强镇袁河中学	优秀教师	中共固原市委员会 固原市人民政府	2022年9月
王志林	西吉县吉强镇袁河中学	优秀教师	中共固原市委员会 固原市人民政府	2022年9月
夏科强	西吉县第六中学	优秀教师	中共固原市委员会 固原市人民政府	2022年9月
陈慧萍	西吉县人民医院	抗疫模范	海南市人民政府	2022年8月
王文霞	西吉县人民医院	抗疫模范	海南市人民政府	2022年8月
王　侠	西吉县人民医院	抗疫模范	海南市人民政府	2022年8月
姚　昳	西吉县人民医院	抗疫模范	海南市人民政府	2022年8月
樊亚莉	西吉县人民医院	抗疫模范	海南市人民政府	2022年8月
胥鑫军	西吉县人民医院	最美逆行者	中卫市人民政府	2022年10月
王鲁宁	西吉县人民医院	最美逆行者	中卫市人民政府	2022年10月
陈慧萍	西吉县人民医院	抗疫模范	中卫市人民政府	2022年10月
刘晗明	西吉县人民医院	抗疫模范	中卫市人民政府	2022年10月
王文霞	西吉县人民医院	抗疫模范	中卫市人民政府	2022年10月
王　侠	西吉县人民医院	抗疫模范	中卫市人民政府	2022年10月
姚　昳	西吉县人民医院	抗疫模范	中卫市人民政府	2022年10月
燕江云	西吉县人民医院	抗疫模范	中卫市人民政府	2022年10月
王　伟 王彦琪	西吉县人武部	人武部建设先进个人 嘉奖	固原军分区	2022年12月

2022年度西吉县效能目标管理考核结果

一、考核等次

1. 乡镇组

优秀等次(7个)：

将台堡镇、吉强镇、马莲乡、王民乡、田坪乡、火石寨乡、偏城乡

良好等次(12个)：

白崖乡、硝河乡、震湖乡、兴平乡、新营乡、兴隆镇、西滩乡、什字乡、平峰镇、马建乡、沙沟乡、红耀乡

2. 县直部门(单位)第1组

优秀等次(4个)：

统战部、组织部、网信办、政研室

良好等次(8个)：

县委办公室、政法委、巡察办、宣传部、人大常委会办公室、政协办公室、编办、纪委监委

3. 县直部门(单位)第2组

优秀等次(6个)：

机关事务服务中心、团委、科协、妇联、党校、文联

良好等次(9个)：

融媒体中心、总工会、工商联、红十字会、党史地方志研究室、火石寨管理处、残联、档案馆、伊协

4. 县直部门(单位)第3组

优秀等次(4个)：

农业农村局、乡村振兴局、政府办公室、自然资源局

良好等次(6个)：

商务和工业信息化局、住房城乡建设局、水务局、交通运输局、发展改革局、财政局

5. 县直部门(单位)第4组

优秀等次(6个)：

教育体育局、公安局、卫生健康局、退役军人局、文化旅游广电局、应急局

良好等次(9个)：

人力资源和社会保障局、科技局、市场监督管理局、统计局、审批局、医保局、司法局、民政局、审计局

6. 区、市驻县单位组

优秀等次(10个)：

调查队、税务局、气象局、宁夏银行西吉支行、西吉农商行、六盘山水务公司西吉分公司、供电公司、农行西吉支行、电信公司、移动公司

良好等次(14个)：

邮储银行西吉支行、人保公司、邮政公司、固原市生态环境局西吉分局、汇发村镇银行、财保公司、网络公司、建行西吉支行、石嘴山银行西吉支行、人行西吉支行、工商银行西吉支行、联通公司、烟草局、盐业公司

二、考核奖励

1. 乡镇、县直部门(单位)干部职工年度考核、个人效能奖，以县委编办核实2022年12月底在编在岗人员总数为准，参照区市标准发放。

2. 县法院、检察院由自治区高级法院、检察院确定考核结果后评定等次，个人效能奖执行区直机关标准，由自治区统发。西吉工业园区被自治区考核为良好等次，个人效能奖参照良好等次标准发放。商业总公司、县人武部(涉及地方编制人员)、供销社评定为良好等次，个人效能奖按照良好等次发放。县人大、政协各工作委员会按照县人大常委会办公室、政协办公室考核等次，负责人参照办公室班子成员发放奖金。

2023年是贯彻党的二十大精神的开局之年，

是落实自治区第十三次党代会部署的发力之年。各乡镇、各部门(单位)要坚持以习近平新时代中国特色社会主义思想为指导,全面学习贯彻落实党的二十大和习近平总书记视察宁夏重要讲话指示批示精神,深入开展主题教育和"大学习、大讨论、大宣传、大实践"活动,全面落实自治区第十三次党代会和自治区党委十三届二次、三次全会及固原市委五届五次六次七次全会部署要求,坚持稳中求进工作总基调,完整、准确、全面贯彻新发展理念,主动融入新发展格局,着力推动高质量发展,更好统筹发展和安全,坚定不移抓产业项目促发展、抓城乡整治促提升、抓纪律作风促落实,按照"要想富先修路、要增产抓农田、要效益兴水利、要跨越强工业"的思路,加快建设农业强县,创建国家乡村振兴示范县,为西吉人民过上更加美好的生活而团结奋斗。

重要文献选载

西吉县2022年全面推进乡村振兴工作要点

2022年,是党的二十大和自治区第十三次党代会召开之年,是实施"十四五"规划承上启下之年,也是巩固脱贫攻坚成果全面推进乡村振兴关键之年,做好"三农"工作,稳住"三农"基本盘,对保持平稳健康的经济环境、国泰民安的社会环境、政通人和的政治环境具有特殊重要意义。

一、总体要求

(一)指导思想。以习近平新时代中国特色社会主义思想为指导,深入学习贯彻党的十九大和十九届历次全会、中央农村工作会议和习近平总书记视察宁夏重要讲话精神,全面落实自治区党委十二届十四次全会、农村工作会议精神,按照市委第五次党代会、全市两会、市委农村工作会议和县委第十五次党代会、县两会确定的目标任务,立足新发展阶段、贯彻新发展理念、融入新发展格局,坚持农业农村优先发展总方针,以农业供给侧结构性改革为主线,以推动高质量发展为主题,加强党对"三农"工作的全面领导,牢牢守住保障粮食安全和防止规模性返贫两条底线,突出抓好产业发展、乡村建设、乡村治理三项任务,大力实施"五大提升行动",扎实推进"四权改革",推进全面乡村振兴取得新进展、农业农村现代化迈出新步伐。

(二)主要预期目标。粮食总产量达到38.5万吨,实现农业增加值增长4%,农村居民人均可支配收入增长11%。

二、坚决守牢"两条底线",保障供给防返贫

(一)守住保障国家粮食安全底线

1.稳定粮食面积产量。严格落实粮食安全省长责任制及党政同责要求,将粮食安全工作纳入县委效能目标考核,完善考核办法,强化粮食生产扶持政策落实,开展面向种粮农民的多环节社会化服务,守牢粮食安全底线。深入实施"藏粮于地、藏粮于技"战略,严格落实粮食生产功能区种粮属性,恢复增加小麦种植面积,示范推广玉米大豆带状复合种植,推进粮食安全产业带建设,巩固提升粮食综合生产能力,确保粮食播种面积稳定在133.6万亩,其中:夏粮13万亩(小麦10万亩、夏杂3万亩),秋粮120.6万亩(玉米36万亩,马铃薯68.6万亩,秋杂16万亩),粮食总产量稳定在38.5万吨以上,全面完成2.0万亩春小麦和8.0万亩大豆玉米带状复合

种植任务。

2.稳定"菜篮子"等重要农产品供应。培育重要农产品多元市场经营主体，提升收储调控能力。扩大蔬菜种植面积，稳定生猪产能，提高牛羊肉和蛋产品生产能力，强化应急和节日期间市场调控。抢抓北菜南运基地建设机遇，发挥夏季冷凉优势，面向南方消费市场建设绿色蔬菜直供基地，打造一批标准化蔬菜基地。强化农产品质量安全监管，蔬菜和肉产量分别达到68万吨、6万吨。

3.落实"长牙齿"耕地保护硬措施。全面落实耕地保护党政同责，高效发挥"田长制"作用，严格落实耕地保护政策，实现全县耕地保有量和基本农田保护面积动态平衡。严格管控耕地占补平衡，建立补充耕地立项、实施、验收、管护全程监管机制，确保耕地产能与所占耕地相当。实行最严格的土地用途管制，确保永久基本农田重点用于粮食生产，新建高标准农田全部用于粮食生产。进一步加大耕地保护和执法力度，以"零容忍"的硬措施巩固"大棚房"问题专项清理整治成果，加大"撂荒地"整治力度，坚决遏制耕地"非农化"、严格管控"非粮化"，对耕地"非农化"新增问题实行"零容忍"，对连续2年撂荒农户停止发放耕地补贴，依法依规督促已种植非粮食作物的逐步恢复粮食生产。建立耕地数量、种粮情况监测预警和评价通报机制。加强耕地质量提升，新建高标准农田20万亩，实现高标准农田全部上图入库并衔接国土空间规划"一张图"。

4.实施种业振兴行动。全面开展农业种质资源普查收集，完善种质资源数据库建设，加强"西吉驴"品种遗传资源保护。全面提升国家马铃薯区域性良种繁育基地建设质量，强化马铃薯三级种薯繁育体系建设，生产原原种8000万粒以上，选育出地方特色突破性5个马铃薯新品系。加大新品种推广力度，引进推广种植宁薯18号、陇薯7号、法国皇后西芹、耐寒优秀西蓝花、釜山88小番茄、玛索彩椒、羊肚菌、翠甜菜心、牛心甘蓝、张杂谷13号等新品种60个以上。积极探索建设西门塔尔良种肉牛研究院。

5.加大农田水利设施建设。坚持"以水四定"原则，统筹供水、调水、蓄水、节水，推进灌区配套和节水改造，重点实施"水库水+高位蓄水池+滴灌""机井+滴灌"工程，新增及改造提升高效节水7.84万亩。实施葫芦河中型灌区续建配套与节水改造项目，新建灌溉泵站4座，铺设管道21条114.8公里，配套各类建筑物508座，实现灌溉用水由单一地下水资源向以地表水资源为主，地表水与地下水协调利用转变，进一步提高灌溉用水资源保证率。实施葫芦河中型灌区骨干管网与田间管网连通工程，铺设管道685公里，新建计量设备和信息化工程。实施火石寨沙岗、平峰王庆等片区高效节水提升改造工程。加强设施农业基地建设，新建蔬菜钢架结构大中拱棚1000座、日光温室100座，改造提升日光温室300座。扩大优势品种种植规模，大力推广设施农业新装备和绿色标准化生产技术，提升四季稳定生产和均衡上市能力。鼓励发展工厂化集约养殖、立体生态养殖等新型养殖设施。

6.加强农业科技创新推广。实施农业高质量发展科技支撑行动，利用县级财政安排R&D投入，撬动全社会R&D投入持续增长，确保全社会R&D投入及投入强度完成区市下达目标任务，实施科技成果转化项目6个，加强科技创新平台建设力度，发挥科技特派员、乡村振兴指导员和"三区"人才在全面推进乡村振兴战略中的作用。聚焦农产品加工、农业绿色发展、农业机械化、栽培技术等关键领域，集中攻关关键核心技术。深化农机农艺结合，大力推广作物品种、栽培技术和农机装备集成配套作业技术模式，持续推进农业生产全程机械化、特色优势产业全面机械化，配套各类农机总量达7.9万台(件)，农机总动力达到65.8万千瓦，农机化耕种收综合作业水平达到70%以上。加大农机购置与应用补贴政策实施力度，扩大粮食和特色产业发展亟需机具补贴范围。

7.加强农业重大灾害防范。强化农业农村、水务、气象灾害监测预警体系建设,增强极端天气应急能力。立足抗大旱、防大灾,建设一批应急水利设施,提升防旱补给能力和防汛处置能力。强化农业生产设施工程维修,提升防冻、防冰雹等能力。加强动植物疫病防控体系建设,加强动物产地检疫及牛羊定点屠宰场屠宰检疫,加快玉桥动物及动物产品指定通道建设工作,严把出入县境检疫关,严格动物调运登记备案制度,切实加强动物运输车辆登记备案工作,强化生猪产品调运监管,严防重大动物疫情暴发和疫情引入;加强重大动物疫病防控免疫,全面推行动物疫病强制免疫"先打后补"政策。(牵头单位:农业农村局、发展改革局、科技局、自然资源局、水务局;配合单位:应急管理局、财政局、气象局、各乡镇)

(二)守住不发生规模性返贫底线

1.健全防止返贫动态监测和帮扶机制。建立监测标准年度调整机制,在2021年6000元参考值基础上浮10%,2022年自治区参考值为年人均纯收入6600元。健全防返贫"3310"动态监测帮扶机制,优化监测对象自上而下排查和自下而上申报流程,严格把握标准和程序,缩短认定时间,落实各项针对性帮扶措施,做到应纳尽纳、应帮尽帮、应消尽消,稳定消除返贫致贫风险,实现动态管理、动态清零。坚持每季度至少调度一次工作开展情况,及时通报反馈"识别纳入不及时、帮扶措施不精准、消除风险不到位"等问题,并抓好整改落实。健全监测、帮扶、责任、考核"四项机制",强化跨部门工作会商,持续提升返贫监测帮扶数据质量,推动防止返贫监测和低收入人口动态监测数据共享。

2.开展常态化"四查四补"。持续开展查损补失、查漏补缺、查短补齐、查弱补强,精准识别确定监测对象。坚持行业部门协调联席会议机制和问题动态清零机制,规范监测预警和风险消除程序,定期排查并解决返贫致贫风险,及时解决"两不愁三保障"动态新增问题,推动"四查四补"长效化、常态化。依托全国防返贫信息监测系统,持续跟踪"两不愁三保障"及饮水安全,扭住监测标准、帮扶标准、退出标准关键环节,至少组织开展一次集中排查,结合集中排查全面梳理巩固脱贫成果责任、政策、工作落实和问题整改情况,确保问题整改清零不反弹。

3.持续巩固拓展脱贫攻坚成果。对新增"两不愁三保障"问题建立台账、逐一销号、动态清零,实现脱贫人口和监测对象义务教育、基本医疗、住房安全、饮水安全保障全覆盖。健全控辍保学常态化工作机制,确保除身体原因不具备学习条件外脱贫家庭义务教育阶段适龄儿童不失学辍学。持续跟踪脱贫人口、监测对象缴纳基本医疗保险和医保政策落实情况,符合救助条件的要及时纳入基本医保、大病保险、医疗救助三重制度保障,发现问题及时反映、推动解决。建立农村脱贫人口住房安全动态监测机制,重点关注因地质灾害不可抗力或房屋老化出现新增危房和住房安全保障情况,排查解决好新增危房居民的安全住房问题,通过农村危房改造和抗震改造等多种方式保障低收入人口基本住房安全,实现动态清零。建立健全农村供水特许经营长效管护机制,全面推进"互联网+城乡供水"项目建设,重点关注供水工程管护是否到位、水质是否达标、保证率是否达标等问题,加大农村供水工程日常监管,不断提升农村供水保障水平。

4.积极争取重点帮扶县政策支持。根据《国家乡村振兴重点帮扶县巩固拓展脱贫攻坚成果同乡村振兴有效衔接实施方案》,认真落实好自治区12个行业部门出台的《关于支持乡村振兴重点帮扶县的若干意见》,积极争取国家和区市政策倾斜支持力度,用活用好现有的16个方面101个帮扶支持政策措施,一一对照完善我县巩固拓展脱贫攻坚成果全面推进乡村振兴工作清单和配套出台相关政策性文件,推进政策项目化、项目清单化、清单责任化,列出年度工作计划、实行挂图作战,推动各项政策举措落实落细落地,全面推动重点帮扶县发展。(牵头单位:乡村振兴局;配合单位:县委办、政府办、县委组织部、县纪委监委、教育体育局、民政局、财政局、人力资源和社会保障局、住房城乡建设局、水务局、农业农村局、卫生健康局、乡村振兴局、医疗保障局、科技局、残联,各乡镇)

三、突出抓好"三项任务",统筹推进促振兴

(一)培强做优特色优势产业,推进农业高质量发展

1.着力打造肉牛产业集群。按照"家家种草,户户养牛,自繁自育,适度规模"的发展思路,积极打造产品加工增值链、资源循环利用链、质量全程控制链有机融合的肉牛产业集群,推进肉牛产业延链增值。全力抓好饲草基地建设,打造高标准紫花苜蓿种植基地7个、千亩以上青贮玉米示范基地2个,青贮玉米等优质饲草种植面积达到44.75万亩,大力推广饲草调制技术,调制饲草180万吨以上,新建3000吨以上饲草配送中心5家,确保优质饲草供给充足。加快发展规模化标准化养殖,培育"5·3·60"模式肉牛养殖示范村16个,建设"出户入园"肉牛养殖小区17个,组建"龙头企业+合作社+家庭农场"利益联合体1个,培育社会化综合服务站7家;新培育50头以上养殖经营主体35家;加大良种基础母畜扩繁和品种改良,引进推广西门塔尔、安格斯肉牛冻精16万支,改良黄牛8万头,补栏西门塔尔肉牛3万头,大力推广"西繁东育""山繁川育"和"户繁场育"的肉牛养殖繁育模式,集中打造1个4代以上西门塔尔肉牛繁育基地,探索建设西门塔尔肉牛研究院。持续延长产业发展链条,依托水发浩海集团建设10万头肉牛屠宰加工厂1个,推进全产业链发展。力争全县肉牛饲养量达到50.1万头,全产业链产值达到80亿元。

2.着力打造马铃薯产业集群。按照"种薯繁育、鲜薯外销、淀粉生产、主食开发"四薯并进的路子,集中打造马铃薯产业集群,推进马铃薯产业提档增值。持续强化马铃薯三级种薯繁育体系建设,生产原原种8000万粒以上,建设国家区域性马铃薯良种繁育基地11万亩,其中:原种繁育基地1万亩、一级种繁育基地10万亩。加强标准化基地建设,建设鲜薯外销商品薯基地30万亩、淀粉加工原料薯基地23.6万亩、早熟菜用及加工商品薯生产基地4万亩,打造马铃薯种薯繁育示范乡镇2个,示范村10个,全县马铃薯种植面积稳定在68.6万亩。强化马铃薯产品加工销售,支持佳立、万里、宁夏亲亲食品等马铃薯产品加工企业,生产淀粉6.5万吨、"三粉"3万吨,加工马铃薯薯片、薯条等主食产品5000吨,依托将台堡、新营、田坪3个马铃薯市场,外销鲜薯60万吨以上,助推马铃薯产销对接。力争马铃薯产业全产业链产值达到20亿元。

3.着力打造清凉蔬菜产业集群。按照"调结构、转方式、促融合"的发展思路,坚持以市场需求为导向,打造清凉蔬菜产业集群,推进蔬菜产业优化升级。高效节水先行,新增及改造提升高效节水灌溉7.84万亩,其中新增0.81万亩,改造提升7.03万亩。新建(改造提升)蔬菜育苗中心4个,年育苗能力达1亿株以上。建设露地蔬菜标准化种植基地23个、设施瓜菜标准化种植基地7个、蔬菜集成应用新品种新技术示范基地2个,建立菜心、娃娃菜、西蓝花等轮作为主的高端蔬菜生产基地2万亩。在马莲乡张堡塬村建设永久性供港蔬菜基地1000亩,依托水发集团在将台建设智慧农业示范基地500亩,建立"订单蔬菜"生产基地5000亩,全县蔬菜种植面积稳定在15万亩(复种5万亩)。支持水发浩海、绿康等蔬菜加工企业大力发展速冻、脱水等干菜精深加工,年加工各类蔬菜15万吨。加强冷链体系建设,新建蔬菜冷藏保鲜库5000平方米以上,争取建设蔬菜集配中心和蔬菜销售市场,加强"农商超"对接,积极拓宽销售渠道,构建蔬

菜产销一体化体系。力争蔬菜产业全产业链产值达到15亿元。

4.着力打造杂粮（油料）产业集群。按照"栽培技术标准化、基地建设规模化、市场营销网络化、产品加工精深化"的发展思路，打造杂粮（油料）产业集群，推进杂粮（油料）产业高质高效。大力发展"企业（合作社）+基地+农户"的订单种植模式，集中连片建设500亩以上的杂粮（油料）标准化种植基地40个4万亩，打造杂粮（油料）新品种新技术集成示范园2个。依托宁夏兴鲜杂粮、国辉面粉加工、宁夏震湖实业有限公司等10个杂粮（油料）加工企业，加工杂粮、油料1万吨以上。积极发展电子商务等新业态，重点打造吉强芦子沟等杂粮电商销售平台，扩大电商销售规模。力争杂粮产业全产业链产值达到5亿元。

5.着力推行新"三品一标"。全面推进品种培优、品质提升、品牌打造和标准化生产新"三品一标"认证规范，加快建立特色优势农产品高质量发展标准体系。培育一批农业龙头企业标准"领跑者"，推动新型农业经营主体按标生产，围绕马铃薯、蔬菜等产业创建一批绿色优质标准化原料基地、标准化生产基地。加大食用农产品合格证推广力度，积极推行合格证+二维码质量追溯模式，实行生产过程全程质量监测。大力培育提升农产品品牌，注册地理标志证明商标1个，新认证"两品一标"农产品5个，完成"六盘山肉牛"、西吉马铃薯原原种"吉兴"、原种"吉祥"、一级种"吉泰"品牌创建。大力宣传"六盘山牛肉""西吉马铃薯""西吉芹菜"等区域公用品牌、产品品牌，进一步提升"西"字号农产品知名度。

6.着力推进农业绿色发展。坚持绿色发展理念，聚焦农业生态环境污染防治，推行绿色生产方式。抓好农业节水控水，大力推广高效节水灌溉和覆膜保墒旱作农业等技术，实施覆膜保墒旱作节水农业90万亩。加强畜禽粪污资源化利用，规模养殖场（户）粪污处理设施配套率达到100%，综合利用率达到95%以上，全县畜禽粪污综合利用率达到92%以上。加强农作物秸秆综合利用和农膜回收利用，秸秆综合利用率达到90%以上，残膜回收率达到95%以上。加强农业投入品规范化管理，扩大有机肥替减化肥，农药、化肥利用率达到41%以上。进一步压实农药包装废弃物回收处理责任，加快构建农药包装废弃物回收利用及安全处置体系，强化农业面源污染防治，不断优化农业生产环境。

7.着力开发乡村新业态。坚持走产销一体化、农文旅融合化发展的路子，发掘农业多种功能，彰显乡村多元价值。实施乡村休闲旅游提升计划，充分整合特色农业、生态优势、红色文化和民俗风情等资源，以设施农业、家庭农场等为依托，加快发展休闲农业、观光农业等新业态，评选星级农场5家，接待乡村游客50万人次。实施"互联网+农产品"出村进城计划，加快发展邮政、供销等农村电商物流配送产业和网络直播带货新业态，完善农村电商服务平台5家，培育村级电商服务站60家。推动资本、技术、资源等要素集约化配置，实现农业种植、电子商务、乡村旅游等产业深度融合。（牵头单位：农业农村局；配合单位：发展改革局、财政局、乡村振兴局、科技局、自然资源局、水务局、商务和工业信息化局、市场监督管理局、文化旅游广电局、固原市生态环境局西吉分局、各乡镇）

（二）扎实稳妥推进乡村建设，提升农村宜居环境

1.科学规划乡村建设布局。落实乡村振兴为农民而兴、乡村建设为农民而建的要求，坚持自下而上、村民自治、农民参与，制定乡村建设行动实施方案，坚持因地制宜、分类建设，有力有序推进。坚持数量服从质量、进度服从实效，求好不求快，把握乡村建设的时度效。立足实际，科学谋划，打造各具特色的现代版的富春山居图。不断补齐农村供水、用能、出行、道路等短板，加强普惠性、基础性、

兜底性民生建设,解决好有新房没新村、有新村没新貌,使农村具备基本现代条件。加大传统村落保护利用,稳步推进零星散居、空心化率超过40%搬迁撤并类村庄调整整治。聚焦农村厕所革命、污水治理、垃圾处理、村容村貌提升等重点,打造乡村建设示范村19个。(牵头单位:乡村振兴局;配合单位:农业农村局、水务局、自然资源局、各相关部门(单位),各乡镇)

2.持续完善公共服务设施。继续加大乡村基础设施建设支持力度,重点实施好道路交通管护、保障供水工程、电网提质改造、综合服务设施等基础性工程。持续开展"四好农村路"示范创建,新(改)建农村公路10条60公里,实施公路生命安全防护工程,对14条345.5公里农村公路增设路面标线3330平方米、交通标志156块、波形护栏1424米、示警柱157根、钢减速带36米。实施农村人居环境整治示范村巷道硬化160公里。实施葫芦河中下游片区农村供水保障提升项目,铺设管道40.31公里,配套各类建筑物140座等。继续实施危房改造和抗震宜居农房改造,逐步建立农村低收入人口住房安全保障长效机制。实施农村通信网络基础设施延伸工程,逐步实现千兆光纤网络重点行政村全覆盖,推动5G网络向农村公共场所延伸,新建5G基站136座、4G基站73座,全面解决58个行政村网络覆盖弱问题。实施农村电网巩固提升工程,新建10千伏线路74公里,改造0.4千伏线路239公里,新增及更换变压器105台容量19.6兆伏安,完成动力电入户12000户。(牵头单位:发展改革局;配合单位:民政局、财政局、自然资源局、住房城乡建设局、交通运输局、水务局、农业农村局、商务和工业信息化局、文化旅游广电局、供销社、国网西吉供电公司、电信西吉分公司、移动西吉分公司、联通西吉分公司,各乡镇)

3.开展农村人居环境整治。以农村厕所革命、生活垃圾治理、村容村貌提升等为主攻方向,深入推进农村人居环境整治行动,狠抓美丽乡村建设。结合"百村示范、千村整治、万户清洁"行动,立足"五清两改一绿",持续改善村容村貌,以"拆、清、整、绿、建、亮、管"为重点,打造农村人居环境整治示范村59个,突出清理死角盲区,由"清脏"向"治乱"拓展,由村庄面上清洁向屋内庭院、村庄周边拓展,引导农民逐步养成良好卫生习惯,推动村庄清洁行动制度化、常态化、长效化。坚持把"厕所革命"作为提升群众生活品质的重要抓手,改造农村户厕3000座,新改户用厕所基本入院入室,大力实施厕所革命整村推进项目,因地制宜推进厕所粪污分散处理、集中处理与纳入污水管网统一处理,鼓励联户、联村、村镇一体处理。(牵头单位:乡村振兴局、农业农村局;配合单位:住房和城乡建设局、自然资源局、乡村振兴局、固原市生态环境局西吉分局,各乡镇)

4.强化科技人才支撑。引导各类人才向乡村振兴一线流动,摸清本乡本土人才资源,建立信息库和需求目录,精准对接上级人才项目,搭建平台、强化服务,千方百计吸引和留住人才。健全县乡村干部结对联系在外优秀人才制度,打好"乡情牌""乡愁牌",每个村吸引3~5名在外务工经商人员、退役军人、离退休干部等以适当方式关心回报家乡。健全基层专业技术人员职称评聘"定向评价、定向使用"评价制度,对中高级专业技术岗位实行总量控制、比例单列。允许农技人员通过提供增值服务合理取酬。实施高素质农民培育计划、乡村产业振兴带头人培育"头雁"项目、乡村振兴巾帼行动,培育一批带动能力强、有一技之长的"土专家"、"田秀才"。培养一批乡村建筑工匠、手工业者、非遗传承人等乡土人才,助力乡村振兴。(牵头单位:组织部、人力资源和社会保障局;配合单位:科技局、农业农村局、自然资源局、住房和城乡建设局、文化旅游广电局,各乡镇)

5.开展一村一年一事行动。持续健全完善事项议定、资金统筹、五级联动、清单管理、编号建档、长效规划六项机制,在全县19个乡镇295个行政村实施基础设施、产业发展、公共服务、乡村治理、农村改革等方面"一村一年一事"行动,切实补齐农村改革短板弱项。(牵头单位:农业农村局;配合单位:发展和改革局、财政局、自然资源局、水务局、文广局、交通运输局、固原市生态环境局西吉分局、住房和城乡建设局,各乡镇)

6.加强县域商业体系建设。实施县域商业建设行动。整合交通商贸、供销、邮政等资源,加快构建县乡村三级物流服务网络,建设一批"多站合一"的乡村客货邮综合服务站、"一点多能"的村级寄递物流综合服务点,实施"快递进村"工程,完善农村电商服务平台5个,建设农资服务社6个。开展汽车下乡和绿色智能家电以旧换新,促进家电家具家装等消费。加快实施"互联网+"农产品出村进城工程,推动建立长期稳定的产销对接关系。鼓励运用直播带货模式销售当地农产品。支持新型经营主体新建、改扩建农产品仓储保鲜冷链设施。加强乡镇农贸市场和商贸中心建设。推进"数字供销"示范区建设。(牵头单位:商务和工业信息化局;配合单位:农业农村局、供销社、邮政公司,各乡镇)

7.推进乡村生态文明建设。牢固树立绿水青山就是金山银山理念,坚持走"生态优先、绿色发展"路子。持续抓好河湖长制、林长制落实,统筹推进山水林田湖草系统治理。持续实施生态修复工程,开展大规模全域绿化行动,完成造林绿化18.15万亩,其中月亮山水源涵养林建设5万亩、人工造林6.9万亩、未成林抚育提升6.25万亩。积极开展全民义务植树造林活动,动员群众在房前屋后就近造林、见缝插绿。全县森林覆盖率达到22.77%、草原植被覆盖度96.8%。持续打好污染防治攻坚战,确保空气环境质量优良比例天数达到90%以上,全地域全时段全过程推进"四尘同治",再生水利用率提高到40%以上。建立多元化生态保护机制,健全自然资源产权和用途管制制度,全面建设生态市场化机制,提升生态环境监管能力。(牵头单位:自然资源局、水务局、固原市生态环境局西吉分局;配合单位:各乡镇)

(三)突出实效强化乡村治理,建设和谐文明乡村

1.乡村治理示范创建。推进乡村治理示范村镇创建,选优育强基层骨干队伍,充实乡镇"五办四中心"工作力量,推动县级综治中心实体化运行,乡镇和村(社区)综治中心规范化建设,培育乡村治理中心1个,创建文明村镇18个,力争三年实现乡村两级综治中心规范化建设达标率100%的目标。按照基层治理"1+6"总体部署,全面完成乡村、社区、宗教、校园、企业、社团等6个领域3年工作目标,彻底解决基层党组织弱化和治理体系不健全、治理能力不适应、治理责任不落实等突出问题,推动形成"党委牵头、政府搭台、乡镇吹哨、部门联动"的新格局,提高组织动员能力、依法治理能力、管理服务能力和群众自治能力等,切实把基层治理能力转化为治理效能。(牵头单位:政法委;配合单位:组织部、宣传部、统战部、公安局、司法局 民政局、教育体育局、卫生健康局、财政局、文化旅游广电局、人力资源和社会保障局、农业农村局、商务和工业信息化局、乡村振兴局,各乡镇)

2.精神文明平台建设。认真抓好习近平新时代中国特色社会主义思想"七进"和学校"三进"工作。持续深化习近平新时代中国特色社会主义思想网上阐释,开展"新媒体走基层"等系列主题网络宣传活动。开展群众性文化活动。举办"东西南北"全县农民春晚暨"文化科技卫生"三下乡活动,春节期间组织开展"元宵节"社火大赛;举办全县广场舞大赛、青年歌手大赛;全年开展"送戏下乡"100场次、"戏曲进乡村"114场次、广场文化演出35场次(含秦腔展演)、农村放映电影3000场次以上。广泛开展道德模范、身边好人、"最美人物"选树宣

传学习活动。深化民族团结进步教育,树牢马克思主义民族观宗教观,创建民族团结示范乡镇5个、示范村10个。开展移风易俗专项行动,充分发挥红白理事会、村民议事会、道德评议会等基层群众组织作用,常态化加大高价彩礼、大操大办、厚葬薄养、封建迷信、铺张浪费等不良风气治理。(牵头单位:县委宣传部;配合单位:县委组织部、民政局、文化旅游广电局、融媒体中心、各乡镇)

3.平安法治乡村建设。以乡村、社区、宗教、校园、企业、社团治理体系建设为抓手,深化推广"四位一体"多元解纷机制,打造"枫桥经验"西吉样板,真正实现"小事不出村、大事不出乡、微矛及时调、矛盾不上交",进京越级访控制在4人以内,网上信访按时办结率、参评率和受理率,初信初访办结率、重复信访化解率,市以上交转信访件办结率均达到100%。深化"55124"村级治理和民主自治模式,探索建立村规民约奖惩机制;依法加强宗教事务管理,持续整治宗教领域突出问题,切实巩固宗教和顺平静良好局面。准确把握新时代民族工作的历史方位、重要任务,深化铸牢中华民族共同体意识宣传教育,提升民族事务治理能力,推进全国民族团结进步示范县创建,奋力开创民族工作新局面。开展常态化扫黑除恶斗争,防范打击各类邪教活动,纵深推进工程建设政府采购等重点领域专项治理;牢固树立"电诈可防"理念,创建无电信诈骗乡镇,全面提高群众防诈骗意识和对电信诈骗手段的辨识能力,切实有效预防电信网络诈骗案件发生。抓好安全生产专项整治三年行动巩固提升。(牵头单位:统战部、政法委、公安局、司法局;配合单位:信访局、检察院、教育体育局、民政局、安监局、农业农村局、商务和工业信息化局、各乡镇)

4.乡村治理数字化。开展百万农民数字应用提升行动,推进乡村"互联网+公共服务",创建数字治理试点村,加快电信"村村享"、移动"惠村"、联通"美丽乡村"等应用平台建设。打造西吉县社会治理综合应用平台,引导社会力量积极参与乡村治理数字化,实现基础数据互通共享、矛盾纠纷预警调处、法律服务一网通办、网格管理精准高效,信息发布、民情收集、议事协商、便民服务等村级事务线上运行,让数据多跑路、群众少跑腿,切实提升我县基层治理智能化水平。(牵头单位:商务和工业信息化局、公安局;配合单位:电信公司、移动公司、联通公司、各乡镇)

四、持续深化"四权改革",创新机制激活力

(一)全面推进用水权改革

优化农业、工业、生活及规模化畜禽养殖生产配水体系,建立符合县域用水权交易平台、政府收储调控机制和监测监管体系,科学制定年度水权使用计划,严禁高耗水产业发展,全年全县用水总量控制在6670万立方米以内。建立水权核定、分配、出让、交易等信息公开机制,做好用水权资格确认、水量核准等工作,加强用水权市场交易监管,推动各项制度性改革成果成熟稳定,转化为日常运行制度,形成水资源配置优化、效益明显、依法交易的长效机制。以用水权改革强化水资源监管,开展深度节水控水行动,推动落实水资源"四定"原则,为高质量发展提供安全的水资源保障。(牵头单位:水务局;配合单位:固原市生态环境局西吉分局、商务和工业信息化局、农业农村局、自然资源局、六盘山水务公司、各乡镇)

(二)全面推进土地权改革

盘活土地资源,完成经营性集体建设用地入市,充分显现土地权改革红利。坚持节省集约用地,加大批而未供、闲置用地盘活处置力度,着力减轻用地压力。完成集体建设用地基准地价、中心城区土地级别与基准地价更新编制工作。深入开展农村土地制度改革,开展农村土地承包经营权确权登记常态化管理,积极开展承包权经营权抵押贷款。依法贯彻"三权分置"制度,稳妥推进农村土地承包地"长久不变"政策落地落实,规范提升农村承

包土地租赁、托管、股份合作等经营模式,规范土地流转服务,推进土地适度规模经营,增加土地流转2万亩。建立工业用地二级弹性出让年限和"标准地"供应制度,建成市级建设用地二级市场交易平台。(牵头单位:自然资源局、农业农村局;配合单位:发改局、商务和工业信息化局、住房和城乡建设局、各乡镇)

(三)全面推进山林权改革

全面推行林长制,强化森林草原资源保护发展。鼓励社会资本投资碳汇林建设,发展储备林、碳汇林,为碳汇交易储备能量。在山林资源有效勘界确权基础上,大力实施山林地所有权、承包权、经营权"三权分置"改革,赋予经营权抵押融资等权能,依法开展山林权抵押、担保贷款,森林保险实现全覆盖。山林权交易全面有序开展。(牵头单位:自然资源局;配合单位:固原市生态环境局西吉分局、财政局、各乡镇)

(四)全面推进排污权改革

按照"源头治理-河道治理-流域治理"思路,坚持"五水"共治,加大对葫芦河入河排污口排查整治力度,确保区域水环境、水生态安全。严格落实淀粉企业"一企一策"要求,强化淀粉汁水还田资源化利用安全高效。建立排污权有偿取得机制,对新改扩建项目新增排污权一律实行市场交易有偿取得,倒逼排污企业降污减排。根据排污权市场交易机制,科学制定全县排污总量使用计划,积极推进富余排污量入市交易,引导指导企业积极参与排污权交易。健全排污监管体系,实现重点排污单位在线监测全覆盖,逐步提升一般排污单位在线监测能力建设,依法查处各类环境违法违规行为。(牵头单位:固原市生态环境局西吉分局;配合单位:水务局、工业园区管委会、商务和工业信息化局、各乡镇)

五、深入推进"五项行动",改善民生促发展

(一)深入实施移民致富提升行动

紧盯102个生态移民安置点和5个移民社区(13个劳务移民小区),按照"六到村"(规划、产业、任务、示范、联系、考核)要求,加快规划编制,实现规划应编尽编。调整优化16个800人以上移民安置区(点)领导包抓和责任部门协同推进工作机制。聚焦就业产业、基础设施、公共服务、人居环境、社会融入"五项重点任务",打造移民致富建设示范安置区9个,建设移民安置点集中养殖园5个;依托闽宁对口帮扶政策支持,打造"十三五"劳务移民"闽宁创业街"产业基地;结合"出户入园""幸福农家院""美丽庭院"等项目,改造安置区闲置圈棚多元化发展菌菇、菜苗等庭院经济。围绕肉牛、马铃薯等重点产业,积极推行土地流转、务工就业、入股分红、托管代养、订单农业、社会化服务等方式,全面提升移民安置村产业发展。全面提升安置区(点)基础设施和服务水平,提升14个安置区基础设施和公共服务功能,对12个安置区实施排水管网铺设项目,不断提升移民群众幸福感。千方百计拓展移民就业增收渠道,精准开展移民职业技能培训1000人次。(牵头单位:乡村振兴局;配合单位:组织部、发展改革局、财政局、教育体育局、科技局、公安局、民政局、人力资源和社会保障局、住房和城乡建设局、水务局、农业农村局、商务和工业信息化局、文化旅游广电局、卫生健康局、医疗保障局、各乡镇)

(二)扎实推进城乡居民收入提升行动

抓实抓细"两个提升、两个拓宽"增收措施,确保城乡居民人均可支配收入分别增长8%和11%。提升工资性收入水平。持续稳定扩大就业,积极搭建就业平台,组织开展"春风行动""就业援助月"等专项活动,对有劳动能力的脱贫人口,确保脱贫家庭至少1人转移就业。开发青年见习岗位40个、公益性岗位800个以上,新增城镇就业1700人以上。实施转移就业专项促进计划,实现农村劳动力转移就业11万人以上。落实创业扶持政策,培育创业实体300户,发放创业担保贷款3800万元以上。提

升转移性收入水平。严格落实就业创业、强农惠农等补贴政策,推动产业补贴向联农带农能力强、效果好的新型经营主体、肉牛养殖"出户入园"等倾斜,推动农业保险增品扩面提标,打好政策、财政、保险"组合拳",构建农业补贴长效机制。拓宽经营收入渠道。巩固提升76家帮扶车间生产经营规模,推广"龙头企业+合作社+基地+农户"经营模式,健全农民与企业利益联结机制,构建农民与新型经营主体利益共享、风险共担的利益共同体,实现"抱团"发展促增收,带动发展肉牛、绿色食品、生态经济等乡村产业,全面提升农产品加工能力,让农民享受更多产业增值收益。拓宽财产收入渠道。深化农村资源变资产、资金变股金、农民变股民"三变"改革,提高农村居民财产性收入占比。深入实施"四权"改革,盘活农村集体经营性闲置资产,鼓励村集体经济组织开展股份分红,提高农民集体分红收益,拓宽农民租金、股息、红利等财产性收入渠道。(牵头单位:人力资源和社会保障局、农业农村局;配合单位:县委组织部、发展改革局、财政局、自然资源局、水务局、住建局、统计局、调查队、固原市生态环境局西吉分局,各乡镇)

（三）深入实施基础教育质量提升行动

全面推进城乡义务教育一体化改革发展,以县域内优质学校为龙头,深入探索并优化教育集团,稳步推进小规模村小撤并和乡村学校集中办学,实施2022年义务教育薄弱环节改善与能力提升项目,持续扩大义务教育资源供给,有效化解义务教育阶段"城镇挤、乡村弱"的问题。积极探究并总结"双减"和"五项管理"先进典型经验,进一步做强做优学生营养改善管理工作,全面推进"互联网+教育"有机融合,加快推进中小学数字校园网络升级改造,完成乡镇学校校园网络改造,提升基础网络支持能力,大力推广在线互动课堂系统探索"双师课堂"教学模式和"优秀带普通"的教研模式,全方位开展基础教育质量提升"大展示、大比武、大练兵、大评比、大参与、大访谈"5+1系列活动,有效提升基础教育质量,缩小城乡教育差距,促进教育均衡发展。深化"县管校聘"改革,全面推进教育教学"共同体"学校师资轮岗交流常态化机制,进一步优化师资队伍结构,促进优秀教师城乡均衡配置。完善教师队伍培养机制,通过岗位培训、外出学习、置换提升、学历进修等多种方式和渠道,不断提升教师专业素养,完善人才激励机制,制定优惠政策,加强免费师范生人才引进,坚持留住用好现有人才与引进急需紧缺人才相结合,建设县级教师教学及服务岗位创新骨干团队50个,打造一支高水平农村教师队伍,为全面提高我县基础教育质量提供坚实保障。(牵头单位:教育体育局;配合单位:发展改革局、财政局、人力资源和社会保障局,各乡镇)

（四）深入实施全民健康水平提升行动

实施好全民健康水平提升"十大工程",推进"健康西吉"建设。加强乡镇卫生院专业科室和村卫生室标准化建设,力争全县至少有1家卫生院达到国家推荐标准,村卫生室达到国家标准。全面落实城乡居民基本医疗保险、大病保险、医疗救助"三重保障"和防范化解因病返贫长效机制,优化高血压等主要慢病签约服务,调整完善县域内先诊疗后付费政策。继续开展三级医院对口帮扶并建立长效机制,充分发挥"互联网+医疗健康"促进作用,持续提升县乡村三级医疗机构诊疗能力。加大医疗卫生机构基础设施建设和设备配备力度,继续深化疾病预防控制体系综合改革,改善疾病预防控制机构条件,保障医疗服务能力全面提升。继续开展健康科普"六进"活动,深入推进"三减三健",推广使用"小三件",大力普及卫生健康知识,引导农民群众树立健康生活理念,养成良好生活习惯,顺利通过自治区卫生健康县城创建工作。开展健康细胞创建活动,创建健康社区(乡村)、健康机关(事业单位)各10所、健康企业2家、健康学校5所、健康家庭20户,全县居民健康素养水平达到24%。(牵头

单位：卫生健康局；责任单位：医保局、各相关部门（单位），各乡镇）

（五）深入实施社会保障服务提升行动

完善社会保障体系，加强社保、医保基金监管治理，抓好参保扩面，实现应保尽保，城乡居民基本养老和基本医疗参保率分别达到96.8%和95%。积极上线运行国家医保信息服务平台，年内实现医保电子凭证激活率达到85%以上，进一步方便参保群众就医结算。继续完善城乡居民基本医疗保险制度，巩固住院待遇保障水平，县域内政策范围内住院费用支付费用比例稳定在70%左右。完善最低生活保障制度，合理确定低保标准，科学认定农村低保对象，严格控制保障面，健全分类施保、动态管理机制和低保渐退制度；提高政策精准性，严格执行自治区城乡低保标准自然增长机制。将低保对象、特困供养对象、孤儿及流浪乞讨人员等纳入核心监测范围并实施兜底救助；对遭遇突发事件、意外伤害、重大疾病等基本生活陷入困境，给予应急性、过渡性救助，织密兜牢基本生活保障网，确保基本生活不出问题。完善推广"社会保障+产业扶持""双兜底"做法，对低保、残疾、孤儿等特困群体，统筹项目资金设立产业发展基金，通过入股分红、合作社托养等办法，加强产业收入保障。（牵头单位：民政局、人力资源和社会保障局、卫生健康局、医疗保障局、残联；配合单位：各乡镇）

六、完善体制机制建设，加强党对"三农"工作领导

（一）完善工作机构

各乡镇党委、政府要扛起抓"三农"的政治责任，落实农业农村优先发展的方针，健全党委领导、政府负责、县乡村三级书记上下贯通、一抓到底的乡村振兴工作体系。推进县委农村工作领导小组议事协调规范化制度化建设，重要涉农议题提交领导小组研究，各职能部门具体执行落实，发挥好牵头抓总、统筹协调作用。强化党委农办决策参谋、统筹协调、政策指导、推动落实、督导检查等各项职能，配齐配强与所承担的职能要求相适应的人员力量，加强内部机构建设，完善运行机制，切实把"三农"工作统起来、抓起来。（牵头单位：县委办、编办；配合单位：县委农村工作领导小组成员单位，各乡镇）

（二）坚持党建引领

发挥农村基层党组织战斗堡垒作用，全面开展村党组织书记乡村振兴主题培训，加强换届后村级班子建设。开展"抓乡促村、整乡推进、整县提升"示范县乡创建行动，创建党建工作示范乡镇3个、示范村30个，实施"两个带头人"工程，培育龙头型、创业型、领军型致富带头人200名以上，"二合一"带头人180名以上。加强党支部标准化规范化建设，常态化整顿软弱涣散基层党组织。派强用好驻村第一书记和工作队，推动派出单位与第一书记和工作队所在村实行责任捆绑，运用派出单位资源力量支持乡村发展，加强管理考核和激励保障，切实推动履职尽责。（牵头单位：组织部、民政局、乡村振兴局；配合单位：县委农村工作领导小组成员单位，各乡镇）

（三）典型示范全面推动

把典型示范作为引领发展的重要举措，开展乡村振兴示范创建，对各地推进乡村振兴的经验做法进行总结提炼，选树一批典型案例，让更多的成功经验、典型案例成为引领全县乡村振兴的风向标。打造一批示范样板，采取先创建后认定的方式，创建自治区示范县、示范乡示范村。推进农业现代化示范区创建，发挥现代农业聚集效应，推动农业高质量发展。组织干部到区内外进行现场观摩、交流学习，创建一批乡村发展有特点、乡村建设有看点、乡村治理有亮点的示范典型，营造实干争先、比学赶超的工作氛围。（牵头单位：乡村振兴局；配合单位：县委农村工作领导小组成员单位，各乡镇）

西吉县2022年农业产业高质量发展实施方案

为切实转变农业发展方式,深化农业供给侧结构性改革,全面推进乡村振兴战略实施,促进农业产业高质量发展,巩固拓展脱贫攻坚成果,健全农业产业发展长效机制,构建现代农业产业体系、生产体系、经营体系,加快推进农业农村现代化,制定本方案。

一、总体思路

坚持以习近平新时代中国特色社会主义思想为指导,全面贯彻落实党的十九大、十九届历次全会及中央、区市县农村工作会议精神,坚持农业农村优先发展总方针,以实施乡村振兴战略为总抓手,以深化供给侧结构性改革为主线,以农民增收为核心,以推动高质量发展为主题,以科技创新为根本动力,聚力"四大提升行动""四权改革",坚决守好粮食安全底线,加快培育肉牛、马铃薯、清凉蔬菜、杂粮(油料)"四个产业集群",聚焦农业科技引领、农业绿色发展、特色品牌强农、规范农业执法、深化农村改革"五个重点",夯实农业发展基础,激发农村发展活力,拓宽农民增收渠道,促进农业高质高效、乡村宜居宜业、农民富裕富足。

二、目标任务

全县农作物播种总面积210.08万亩,其中:粮食作物133.6万亩、经济作物31.73万亩、饲草作物44.75万亩,粮经饲结构比为63.6:15.1:21.3。肉牛、肉羊、生猪、家禽饲养量分别达到50.1万头、64万只、9.6万头、40.1万羽。农业增加值增长4%,农民人均可支配收入增长11%。

三、重点工作

(一)守好粮食安全"一个底线",夯实农业发展新基础

全面落实粮食安全党政同责,守牢粮食安全底线,深入实施"藏粮于地、藏粮于技"战略,强化粮食生产扶持政策落实,巩固提升粮食综合生产能力,完成粮食播种面积133.6万亩,其中:夏粮13万亩(小麦10万亩、夏杂3万亩),秋粮120.6万亩(玉米36万亩,马铃薯68.6万亩,秋杂16万亩),粮食总产量达到38.5万吨以上。全面落实2万亩春小麦种植和8万亩玉米大豆带状复合种植,大力实施耕地质量提升工程,新建高标准农田20万亩,坚决遏制耕地"非农化"和防止耕地"非粮化",有序推进撂荒地利用,防止永久基本农田闲置。

(二)坚定不移做强"四个产业",开创产业发展新局面

立足资源禀赋,发挥特色优势,围绕肉牛、马铃薯、清凉蔬菜、杂粮(油料)"四个产业",全力打造特色优势产业集群,加快构建现代农业"三大体系",扎实推进三产融合发展,不断强化乡村振兴产业支撑。

1.肉牛产业集群。按照"家家种草、户户养牛、自繁自育、适度规模"的发展思路,积极打造肉牛产品加工增值链、资源循环利用链、质量全程控制链有机融合的肉牛产业集群,推进肉牛产业延链增值。全力抓好饲草基地建设,打造高标准紫花苜蓿种植基地7个、千亩以上青贮玉米示范基地2个,青贮玉米等优质饲草种植面积44.75万亩。大力推广

饲草调制技术,调制饲草180万吨以上,新建3000吨以上饲草配送中心3家。加快发展规模化标准化养殖,培育"5360"模式肉牛养殖示范村18个,建设"出户入园"肉牛养殖园区17个,组建"龙头企业+合作社+家庭农场"肉牛产业联合体1个。加大良种基础母畜扩繁和品种改良,引进推广西门塔尔、安格斯肉牛冻精16万支,改良黄牛8万头,补栏西门塔尔肉牛3万头。大力推广"西繁东育""山繁川育"和"户繁场育"肉牛养殖繁育模式,集中打造1个4代以上西门塔尔肉牛繁育基地,探索建设西门塔尔肉牛研究院。持续延长肉牛产业发展链条,依托水发浩海集团建设10万头肉牛屠宰加工厂1个,推进肉牛产业全产业链发展。力争全县肉牛饲养量达到50.1万头,实现全产业链产值80亿元,提供农民人均可支配收入3000元以上,占农民人均可支配收入25%左右。

2.马铃薯产业集群。按照"稳面积、提单产、促加工、扩营销"的发展思路,集中打造马铃薯产业集群,推进马铃薯产业提档增值。持续强化马铃薯三级种薯繁育体系建设,支持恒丰等马铃薯种薯生产企业生产原原种8000万粒以上,建设国家区域性马铃薯良种繁育基地11万亩,其中:原种繁育基地1万亩,一级种繁育基地10万亩。繁育马铃薯原种1.5万吨、一级种薯15万吨以上。加强标准化基地建设,建设鲜薯外销商品薯基地30万亩,淀粉加工原料薯基地20万亩,早熟菜用及加工商品薯生产基地4万亩,打造马铃薯种薯繁育示范乡镇2个,示范村10个。强化马铃薯产品加工,支持佳立、万里、宁夏亲亲食品等马铃薯产品加工企业生产淀粉6.5万吨、"三粉"3万吨,加工马铃薯薯片、薯条等主食产品5000吨。加强马铃薯产销对接,依托将台堡、新营、田坪3个马铃薯市场,外销鲜薯60万吨以上。全县马铃薯种植面积68.6万亩,全产业链产值达到20亿元,提供农民人均可支配收入2000元以上,占农民人均可支配收入15%左右。

3.清凉蔬菜产业集群。按照"调结构、转方式、促融合"的发展思路,坚持以市场需求为导向,打造清凉蔬菜产业集群,推进蔬菜产业优化升级。新增及改造提升高效节水灌溉7.7万亩,其中:新增1.2万亩、改造提升6.5万亩。新培育蔬菜育苗中心4个,年育苗能力达1亿株以上。建设露地标准化蔬菜种植基地23个、设施瓜菜标准化种植基地7个、蔬菜集成应用新品种新技术示范基地2个,建立菜心、娃娃菜、西蓝花等轮作为主的高端蔬菜生产基地2万亩,在马莲乡张堡塬村建设永久性供港蔬菜基地1000亩,依托水发集团在将台堡镇建设智慧农业示范基地500亩,建立"订单蔬菜"生产基地5000亩。支持水发浩海、绿康等蔬菜加工企业大力发展速冻、脱水等干菜精深加工,年加工各类蔬菜15万吨。加强冷链体系建设,新建蔬菜冷藏保鲜库5000平方米以上,争取建设蔬菜集配中心和蔬菜销售市场,加强"农商超"对接,积极拓宽销售渠道,构建蔬菜产销一体化体系。全县蔬菜种植面积15万亩(复种5万亩),全产业链产值达到15亿元,蔬菜产业提供农民人均可支配收入1200元以上,占农民人均可支配收入的10%左右。

4.杂粮(油料)产业集群。按照"栽培技术标准化,基地建设规模化,市场营销网络化,产品加工精深化"的发展思路,打造杂粮(油料)产业集群,推进杂粮(油料)产业高质高效。大力发展"企业(合作社)+基地+农户"的订单种植模式,建设集中连片500亩以上的杂粮(油料)标准化种植基地40个4万亩,打造杂粮(油料)新品种新技术集成示范园2个。依托宁夏兴鲜杂粮、国辉面粉加工、宁夏震湖实业有限公司等10个杂粮(油料)加工企业,加工杂粮、油料1万吨以上。积极发展电子商务等销售新模式,重点打造吉强芦子沟等杂粮电商销售平台,扩大电商销售规模。全县杂粮(油料)种植面积38.73万亩,全产业链产值达到5亿元,提供农民可支配收入500元以上,占农民人均可支配收入的5%以上。

（三）全力聚焦"五个重点"，激活农业发展新要素

1.聚焦农业科技引领。围绕特色优势产业，强化关键核心技术攻关，深化产学研融合。加快农业信息化，加强农业农村基础数据资源体系建设。优化基层农技推广体系，持续加大高素质农民、农村实用人才培训力度，培训高素质农民500人、农村实用人才2000人。加大新品种新技术推广力度，建设马铃薯新品种选育基地200亩，选育出适合西吉种植的马铃薯品系5个。引进推广种植宁薯18号、陇薯7号、法国皇后西芹、釜山88小番茄、玛索彩椒、羊肚菌、翠甜菜心、牛心甘蓝、张杂谷13号等新品种120个以上。推广应用土壤深松耕、水肥一体化和病虫害绿色防控等技术30多项，农作物良种覆盖率达到95%，农业主推技术到位率达到90%以上。深化农机农艺结合，持续推进农业生产全程机械化、特色优势产业全面机械化，配套各类农机总量达7.9万台（件），农机总动力达到65.8万千瓦，农机化耕种防收综合作业水平达到70%以上，农业科技贡献率达到57%以上。

2.聚焦农业绿色发展。坚持绿色发展理念，聚焦农业生态环境污染防治，推行绿色生产方式。抓好农业节水控水，大力推广高效节水灌溉和覆膜保墒旱作农业等技术，实施覆膜保墒旱作节水农业90万亩。加强畜禽粪污资源化利用，建设畜禽粪污堆放棚20个、沉淀池20座、1000平方米以上的村级粪污处理站5个，全县规模养殖场（户）粪污处理设施配套率达到100%，畜禽粪污综合利用率达到95%以上。加强农作物秸秆综合利用，实施农作物秸秆打捆15万吨，秸秆综合利用率达到90%以上。加强农膜回收利用，回收农用残膜2.5万吨，残膜回收率达到95%以上。全面推广"一控两减三基本"绿色生产技术，农药、化肥利用率达到41%以上，使用量实现"零增长"。进一步压实农药包装废弃物回收处理责任，加快构建农药包装废弃物回收利用及安全处置体系，强化农业面源污染防治，不断优化农业生产环境。

3.聚焦特色品牌强农。按照"打造一个品牌、带活一个产业、富裕一方农民"的思路，依托资源优势，统筹推进品牌建设，带动特色产业快速发展。以绿色食品、有机农产品、地理标志农产品和规模农产品追溯为重点，加大食用农产品合格证推广力度，积极推行"合格证+二维码"质量追溯模式，实行生产过程全程质量监测。加强"两品一标"申报认证和农产品品牌创建工作，注册地理标志证明商标1个，新认证"两品一标"农产品5个，完成"六盘山肉牛""西吉马铃薯"原原种"吉兴"、原种"吉祥"、一级种"吉泰"品牌创建。加大"六盘山牛肉"品牌推介力度，举办肉牛大赛暨活牛交易会、牛肉产品展销品鉴会和肉牛高层次论坛。精心组织马铃薯、畜禽产品等外向型企业参加农展会、推介会，大力宣传区域公用品牌、企业品牌、产品品牌，让"西"字号农产品出村进城、走出宁夏、享誉全国，进一步提升特色农产品美誉度、知名度。

4.聚焦规范农业执法。抓好农业综合执法规范化建设，推进农业法治宣传教育工作，学习宣传贯彻习近平法治思想，大力实施"八五"普法活动。以"农机、农药、渔业安全生产三年专项整治"巩固提升和食用农产品"治违禁控药残促提升"三年行动为重点，针对涉农领域重点时段、重点区域、重点产品和重要环节，严厉打击制售假冒伪劣农资违法行为，检查覆盖率达到100%，各类违法案件年度结案达到95%以上，切实保障农产品质量安全。加强动植物检疫执法检查，对县域内的动、植物生产企业、合作组织、个体户进行全面检查，严禁未经检疫私繁乱调，严查严管，严查调运检疫。加大农业机械安全执法检查，持续推进农机安全联组规范化建设，进一步完善安全联组考核机制，全面提升农机安全监管水平，创建平安农机示范户100户，完成拖拉机、联合收割机注册登记200台（辆），安全技

术检验6000台(辆),驾驶员培训1200人,审验800人以上。

5.聚焦深化农村改革。深入开展农村土地制度改革,开展农村土地承包经营权确权登记常态化管理,积极开展土地承包经营权抵押贷款。依法贯彻"三权分置"制度,稳妥推进农村土地承包地"长久不变"政策落地落实,规范提升农村承包土地租赁、托管、股份合作等经营模式,规范土地流转服务,推进土地适度规模经营,增加土地流转面积2万亩。发展壮大农村集体经济,实施扶持壮大村级集体经济项目村57个。加大农业经营主体培育,规范培育农民专业合作社50家、家庭农场10家,创建自治区级农民合作社示范社和四星级家庭农场4家,培育壮大农业专业化社会化服务组织20家,实施农业生产托管服务3万亩,促进小农户与现代农业有机衔接。

四、扶持政策

(一)粮食生产

春小麦种植:为保障粮食安全,鼓励扩大春小麦种植面积,农户及合作社等经营主体种植的每亩补贴200元。玉米大豆带状复合种植:推广玉米大豆带状复合种植技术,农户及合作社等经营主体种植的每亩补贴200元。

(二)草畜产业

"见犊(驹)补母":全县饲养良种基础母牛(驴)的养殖户及经营主体,每繁殖成活1头犊牛(驴)补贴500元。养殖示范村建设:新培育肉牛养殖示范村18个,每村发展养殖示范户30户以上,户均存栏肉牛5头及以上,其中基础母牛(品种为西门塔尔)3头及以上,建有60立方米以上的青贮池1座,每户补贴5000元(已享受2017—2021年养殖示范村和建档立卡户青贮池建设补贴的养殖户不再重复补贴)。新培育肉羊养殖示范村4个,每村发展养殖示范户50户及以上,户均饲养肉羊30只及以上,其中基础母羊20只及以上,每户补贴资金2000元。全株玉米青贮:养殖户及合作社等经营主体调制全株玉米青贮的每吨补贴20元,单个主体最高补贴不超过5万元。规模养殖场及出户入园养殖园区建设:按照规模养殖场建设"五化"标准,新建存栏1000头以上西门塔尔肉牛规模养殖场2个,每个补贴400万元;新建存栏500头以上西门塔尔肉牛规模养殖场(园区)1个,补贴200万元;新建存栏300-500头的西门塔尔肉牛规模养殖场(园区)3个,每个补贴100万元;新建存栏200-300头的西门塔尔肉牛规模养殖场(园区)2个,每个补贴50万元。全额支持移民安置点建设存栏300头以上"出户入园"养殖小区2个,每个补贴600-900万元。优质青贮玉米示范推广基地建设:建设2个由农业新型经营主体流转土地1000亩(其中核心展示区200亩以上)以上的优质青贮玉米推广示范基地,每个补贴20万元。饲草加工配送中心建设:新建年配送能力3000吨以上的饲草加工配送中心3家,建设饲草基地1000亩以上,有饲草收获及加工大型机械10台套以上,饲草储备加工棚1500平方米,管理用房100平方米,带动或服务农户、养殖企业50户(家)以上,每家补贴50万元。

(三)马铃薯产业

马铃薯吉兴(原原种)补贴:推广马铃薯脱毒种薯"农户自繁自用,企业繁育供种"模式,采购吉兴(原原种)5000万粒,向种植马铃薯的脱贫户、监测帮扶对象每户发放1000粒,其他农户每户发放500粒,每粒补贴0.3元,农户自筹0.1元。马铃薯新品种新技术推广:推广马铃薯新品种(陇薯7号、宁薯18号、宁薯19号、青薯9号等品种)宽幅间作玉米生态复合种植模式4万亩,每个示范区集中连片种植500亩以上,每亩补贴200元;推广马铃薯鲜食菜用型专用品种(大西洋、费乌瑞它),集中连片建设200亩以上,每亩补贴200元。马铃薯吉祥(原种)繁育基地:支持新型经营主体集中连片建设100亩以上原种繁育基地,每亩补贴400元。马铃薯吉泰

(一级种薯)繁育基地:支持新型农业经营主体建设马铃薯种薯繁育基地,建立"新型农业经营主体+农户+基地"模式,或由乡镇组织农户,集中连片种植500亩以上的马铃薯一级种薯繁育基地,种植陇薯7号、宁薯18号、宁薯19号、希森6号品种,每亩补贴200元;种植其他品种,每亩补贴100元。马铃薯产品深加工:支持马铃薯加工企业开展新产品研发,对年加工马铃薯薯条、薯片类产品达到1000吨以上的企业,每吨补贴500元,单个企业最高补贴不超过100万元。

（四）清凉蔬菜产业

蔬菜集约化育苗:对县内年蔬菜育苗量达500万株以上的经营主体,每株蔬菜苗补贴0.03元,单个经营主体最高补贴不超过90万元。蔬菜标准化基地:支持新型经营主体、农户通过流转土地、土地入股、返租倒包等形式集中连片创建订单式蔬菜标准化种植基地。集中连片种植露地标准化瓜菜基地500亩以上、设施种植50亩以上或设施+露地种植500亩以上,并配套应用高效节水灌溉的每亩补贴600元(基地不允许夹种胡萝卜、红葱);集中连片露地种植各类蔬菜300亩以上,配套应用高效节水灌溉的每亩补贴300元;旱地集中连片种植各种蔬菜200亩以上,每亩补贴200元。蔬菜加工:对收购县内蔬菜的蔬菜加工企业,年加工速冻蔬菜产成品1000吨以上,每吨加工产品补贴200元;对年加工脱水、冻干等干制品蔬菜300吨以上产成品,每吨加工产品补贴400元。单个企业最高补贴不超过100万元。

（五）杂粮(油料)产业

杂粮(油料)标准化基地建设:支持经营主体、农户集中连片创建500亩以上杂粮(荞麦面积不得超过40%)、油料标准化种植基地,每亩补贴150元。粮油加工生产车间建设:支持村集体经济组织建设粮油加工车间1座,配备相关生产设施设备,补贴235万元。

（六）农村实用技术培训

重点对西部乡(镇)肉牛养殖户或有意愿发展肉牛养殖的农户开展养殖技术培训,使其掌握饲草种植、饲草调制、科学养殖等实用技术,每人培训费500元。

（七）农用地膜补贴及残膜回收

农用地膜补贴:在全县推广旱作节水技术,按照实际种植面积给予农户地膜补贴(以土地确权面积为准),脱贫户、监测帮扶对象每户扶持地膜不超过10亩,其他农户每户扶持地膜不超过8亩,每亩地膜农户自筹40元。农用残膜回收:按照"谁使用、谁清理,谁供膜、谁回收,谁污染、谁治理"的原则加强农用残膜回收,给予农户残膜及运输费用补贴,每公斤残膜按0.7元给予农户补贴,回收企业按每公斤0.2元给予农户运输费用补贴。

（八）畜禽粪污资源化利用

在规模养殖场、合作社建设80平方米以上的标准化畜禽粪污堆放棚20座,每座补贴1万元;在规模养殖场、合作社建设60立方米以上标准化畜禽粪污处理沉淀池20座,每座补贴1.5万元;标准化畜禽污粪处理站对本村及周边养殖户畜禽粪便集中收集(收购),引入或培育有机肥加工企业使用新型高效生物菌剂发酵腐熟处理加工有机肥8万立方米,每立方米补贴50元。

（九）农产品品牌建设及营销

农产品品牌培育:支持农业企业、合作社等经营主体认定"三品"农产品(绿色食品、有机农产品、地理标志农产品)。对新认定绿色食品的,每个产品一次性奖补3万元;对新认定有机农产品的,每个产品一次性奖补5万元;对获得地理标志农产品认证的,每个产品奖补20万元。支持企业、合作社等经营主体争创自治区级著名商标和中国驰名商标,对新获得自治区级著名商标的,每个商标一次性奖补10万元;对新获得中国驰名商标的,每个商标一次性奖补20万元。农产品推介:支持企业、合作社、产业协会等经营主体参加区内外农产品展销会、农博会、洽谈会、推介会等农产品推介展示活动。对参加县内推介活动的补贴2000元/次,参加固原市内推介活动的补贴5000元/次,参加自治区内推介活动的补贴1万元/次,参加自治区外推介活动的补贴2万元/次。农产品营销:支持企业、合作社等经营主体在全国中心城市新建西吉特色农产品直销店、大型超市专销区,直销店经营面积达到50平方米以上,专销区经营面积达到10平方米以上,冠名"西吉农产品直销店(专销区)",主营西吉农产品及加工产品,销售额达到50万元的,每个门店一次性补贴5万元;销售额达到100万元的,每个门店一次性补贴10万元;销售额达到150万元的,每个门店一次性补贴15万元。

(十)农业龙头企业培育

支持农业企业申报认定农业产业化重点龙头企业,对新认定为国家级龙头企业的,每个一次性奖补15万元,对监测认定的,每个一次性奖补3万元;对新认定为自治区级龙头企业的,每个一次性奖补10万元,对监测认定的,每个一次性奖补2万元;对新认定为市级龙头企业的,每个一次性奖5万元,对监测认定的,每个一次性奖补1万元。

(十一)农业产业基础设施(高标准农田)建设

在全县17个乡镇45个行政村新建农业产业基础设施(旱作高标准农田)20万亩。

五、保障措施

(一)加强组织领导

为切实推动我县2022年农业产业高质量发展,成立农业产业高质量发展工作领导小组,由县委副书记任组长,分管县长任副组长,农业农村局、发改局、财政局、乡村振兴局等相关部门(单位)主要负责人为成员,负责配套资金、项目管理、组织验收、政策落实的监督和检查等,协调解决政策实施过程中的困难和问题。压实各乡镇和成员单位责任,形成层层落实责任、层层传导压力、层层抓好落实的工作格局。各乡镇党政"一把手"对农业产业高质量发展负总责,把主要精力和时间用在深入一线解决问题,切实履行好"第一责任人"职责,确保农业产业高质量发展重点任务落实落地。

(二)强化资金监管

对项目资金实行专账管理,凡直接补贴农户的项目资金,严格按照自治区政府办公厅《政府直补农民专项资金管理办法》有关规定,全部通过"一卡通"直接兑现农户,财政、审计等部门将资金管理使用情况列入年度审计和监督检查重点。合理分配资金,财政涉农整合资金可以根据进度和实际完成情况在农业产业发展扶持项目内调整使用。项目主管部门健全资金使用追踪问责制度,防止侵吞、挤占挪用、虚报、冒领项目资金的现象发生。农户和各类经营主体必须如实上报项目补贴种类、数量,在验收中发现或者举报查实虚报冒领补贴资金的情况,依规依法追回已发放资金,数额较大的移交司法机关,同时对虚报冒领补贴资金的农户,列入所在村失信名单,并采取通报批评、公开检讨等方式加强教育引导。

(三)严格目标考核

建立绩效目标考核机制,将农业产业高质量发展重点任务落实情况纳入全县相关部门(单位)和乡镇目标管理考核,作为考核和衡量党政主要领导及乡镇、部门(单位)工作实绩的主要内容,责任到人,奖惩到位,形成全县上下抓农业产业高质量发展的良好氛围。根据项目的总体目标任务,明确部门工作职责,细化部门任务分工,在组织领导、资金管理、科技培训、服务体系建设等方面提出具体指标,制定考核办法,奖优罚劣,确保目标任务逐项落实。同时,通过县政务网站、电视台、涉农资金"331"监管平台等途径全方位多层次发布和解读产业高质量发展扶持政策,全面接受社会监督,提高项目实施透明度,确保项目顺利实施,推进农业产业高质量发展。

关于建立"1133"工作机制的实施方案

为深入贯彻党的十九大和十九届历次全会精神及习近平总书记视察宁夏重要讲话精神，认真落实区、市政法工作会议精神，进一步加强我县基层治理工作成效，结合我县实际，制定本实施方案。

一、指导思想

以习近平新时代中国特色社会主义思想为指导，深入贯彻习近平总书记关于基层治理的重要论述，按照"党建引领、条块结合、重点培育、全面推进"的原则，以增进人民福祉为出发点和落脚点，以加强基层党组织建设、增强基层党组织政治功能和组织力为关键，以加强基层政权建设和健全基层群众自治制度为重点，以改革创新和制度建设、能力建设为抓手，坚持系统治理、源头治理、多元治理、智慧治理、依法治理，不断健全基层治理体制机制，推动政府治理同社会调节、居民自治良性互动，提高基层治理社会化、法治化、专业化、智能化水平。

二、目标任务

基层治理是国家治理的基石，基层强则国家强，基层安则天下安。统筹推进乡镇和村（社区）治理体系和治理能力现代化建设，坚持问题导向，围绕党全面领导基层治理、基层政权治理能力、基层治理体系、基层治理形态、基层治理平台、基层工作队伍、社区服务体系、基层减负等重点任务，力争用1年时间打造基层治理"1133"枫桥经验西吉模式，建立起党组织统一领导、职能部门协同配合、群众广泛参与，政治、自治、法治、德治、智治相结合的基层治理体系；构建网格化管理、精细化服务、信息化支撑、开放共享的基层管理服务平台；健全排查、化解、考核三个机制，梳理问题、责任、整改三个清单，切实补齐基层治理短板，不断压实基层治理责任。在此基础上力争用3年的时间，全面建立党组织领导的统一基层治理体制、数据共享的基层治理综合平台、动态调整的三个清单、精准高效运行的三个机制，打造人人有责、人人尽责、人人享有的共建共治共享社会治理共同体，基本实现基层治理体系和治理能力现代化建设，切实提高平安西吉、法治西吉建设水平，为全面推进乡村振兴、加快富民强县步伐提供有力保障。

三、工作机制

（一）建立一个功能型党组织，切实加强党的全面领导

为加强党对基层治理的全面领导，推动综治中心实体化运行，各乡镇成立以党委副书记（政法委员）任书记，派出所所长任副书记，武装部部长、司法所所长、法庭庭长、综治中心主任、综合执法办公室主任、妇联主席为委员，各村（社区）党支部书记为成员的功能型党支部，协调解决基层治理中的基础信息摸排、矛盾纠纷调处、信访积案化解、诉源治理和平安建设等方面突出问题。

（二）打造一个综合治理平台，切实实现数据共建共享

充分依托信息化手段，建设西吉县社会治理综合应用平台，实行村（社区）数据综合采集，打通部门数据壁垒，实现矛盾纠纷预警调处、法律服务基

础数据互通共享、网格管理精准高效,信息发布、民情收集、议事协商、便民服务等公共管理事务线上运行,让数据多跑路、群众少跑腿,切实提升我县基层治理智能化水平。

(三)建立三个机制,切实补齐基层治理短板

1.建立排查机制。把社情民意和矛盾纠纷排查工作作为经常性、基础性工作来抓,统筹乡镇综治资源,调动村(社区)干部、网格员、楼栋长等基层力量,聚焦婚恋家庭、邻里纠纷等突出矛盾,针对拖欠工资、征地拆迁、延期交房、涉众金融等重点领域,紧盯生活失意、行为失常等重点人员,常态化开展排查,做到底数清、情况明。

2.建立化解机制。把解决实际问题和思想问题结合起来,对合理合法的诉求要解决到位,对生活确有困难的要帮扶到位,对存在心理包袱的要疏导到位,确保"事心"双解、握手言和;把行政性化解和制度性化解结合起来,充分发挥各级党组织、部门优势和"三调"联动作用,推动人民调解、行政调解、司法调解针对不同人群和案事件共同发力,最大限度实现定纷止争;把依法处理和调解化解相结合,在执法司法、审判执行等各个环节,既严格依法办案,又充分注重法律效果和社会效果相统一,积极开展调解、化解工作,最大限度实现案结事了。

3.建立考核机制。赋予乡镇对"两所一庭"等县直单位派出机构工作人员考核监督权力,日常工作考核由乡镇负责,业务考核由县直单位负责,乡镇和县直部门考核分值比例由县委政法委统一确定。考核结果与评优评先、提拔任用、奖励惩戒挂钩,充分调动和激发广大干部参与基层治理工作的积极性、主动性。

(四)落实三个清单,切实压实基层治理责任

1.梳理问题清单。重点排查辖区内因婚姻家庭、邻里关系、人身损害、民间借贷、民族宗教、土地承包经营、征地拆迁、惠民政策落实、物业管理、移民安置、非法集资、国有土地房屋征收、集体土地征用、拖欠职工(农民工)工资等引发的矛盾纠纷;受理、登记群众来信、来访等,重点关注表达利益诉求强烈、网上网下串联活跃特别是重复信访、越级上访、跨区域串访、进京非访、缠访闹访等上访人员;经常组织开展行业、领域、单位、区域不稳定因素排查工作,对政治安全、经济安全、社会稳定、公共安全、网络安全、民族宗教等领域重点排查,有针对性地排查可能引发群体性信访和群体性事件风险隐患;逐条逐项建立问题清单,实行"红、橙、黄"三色预警动态管理机制。红色是指涉及面广,可能引起群体性事件,或者扬言报复社会、可能采取极端行为的重大复杂问题;橙色是指可能引起集体上访,当事人心理脆弱,性格偏执,可能引发治安案件、刑事案件的较大问题;黄色是指涉及人数较少,不易造成人身伤害和财产损失,容易化解、处理的一般问题。

2.明确责任清单。充分发挥"三色预警"和"四位一体"多元解纷机制,对登记问题清单中分流转办的事项逐条进行分析研判,明确化解措施、责任领导、责任部门及责任人、化解时限、办理结果,建立责任清单,落实化解责任。化解措施要具体翔实、可操作性强;责任领导一般为单位主要负责同志和分管负责同志;责任部门及责任人一般为具体负责办理的股室及股室负责人和工作人员;黄色风险等级问题,化解期限不得超过一个月;橙色风险等级问题,化解期限不得超过两个月;红色风险等级问题,化解期限不得超过三个月。

3.完善整改清单。坚持问题导向,按照"问题不解决不放过、隐患不消除不放过、责任不落实不放过、整改不到位不放过、群众不满意不放过"的原则建立整改清单,实行销号管理。对责任清单中超期未办结的事项,要详细描述未办结原因、存在的主要困难、是否需要上级部门协调等,并逐项制定整改措施。对于需要稳控的人员,严格按照"一人一专班"要求,切实将人员稳控在当地,切实做到不

漏一人,不漏一事,确保社会安定、人民安宁。

四、工作保障

(一)强化思想认识。进一步提高政治站位,自觉把思想和行动统一到党中央及区市县关于基层治理的决策部署上来,把做好基层治理工作摆在突出位置,充分发挥党组织战斗堡垒作用,定期听取汇报,研究解决重大问题。加强统筹协调,整合各类资源,形成合力,注重实效,确保工作层层有人抓、事事有人管、件件有着落。

(二)配强基层队伍。统筹编制资源,坚持减上补下、优化结构,配齐配强功能型党支部班子成员和职能部门工作人员,按需调配公益性岗位、警务专干、禁毒专干、综治专干等人员。

(三)健全制度机制。提高决策统筹能力,加强战略谋划,提高改革创新能力,善于从制度的层面和用改革的思路破解难题、推动工作,及时总结推广基层社会治理西吉经验。提高打击防范能力,运用好专业化、法治化、智能化、社会化力量,凝聚社会治理合力。提高基础管理能力,建好基础制度、管好基础要素、抓好基础环节、补齐基础短板,推动社会基础管理规范化、精细化、效能化。提高群众工作能力,坚持党的群众路线,创新群众工作方法,广泛运用新技术、新媒介,深入开展基层治理工作的宣传,不断提升广大群众的社会治理参与度和参与能力。

(四)强化经费保障。建立财政预算投入、费随事转、党费划转、社会支持、自我补充的基层治理经费多元筹措投入机制,完善乡镇、村(社区)公共服务设施建设资金保障和投入。落实村(社区)运转经费动态调整制度,建立村(社区)"两委"成员及其他专职人员工作报酬预算保障制度,建立为民服务专项资金长效制度,按照村(社区)管理服务工作需求和实际需要统筹安排经费。